나쁜 와인을 마시면서 살기에는
인생이 너무나도 짧도다.

괴테 Goethe

좋은 와인, 맛있는 와인 제대로 즐기기

와인의 ◆ 맛

- 스페셜 에디션 -

Romanee 24 지음

미문사

프롤로그

Romanee 24 당신은 왜 책을 쓰나요?

와인잔에 살포시 손을 올려놓고 스월링Swirling 와인을 잔에 따른 후, 잔을 둥글게 돌리는 것으로 공기와 접촉하여 향을 발산시키는 행위을 통해 녀석이 충분히 공기와 만나게 해줍니다. 코끝을 타고 신선한 과일과 꽃향기가 만발하고 힘차면서도 부드러운 숙성 풍미를 가득 품은 와인이 청량감 있게 목 뒤로 넘어갑니다. 잠시 뒤, 소파 가장 뒤 끝으로 몸을 파묻고 달콤한 기분이 몰려옵니다. 이 순간 세상의 따뜻한 사랑을 느낍니다. 제가 와인을 사랑하는 이유입니다. 16년 전 우연히 와인과의 만남을 갖고 지금까지 인연을 이어 오고 있습니다. 와인이라는 생명체는 와인이 가진 맛과 매력뿐만 아니라, 와인과 함께한 역사, 전쟁, 종교, 인물, 사건, 여행, 음식 등과 함께 수천 년 동안 너무나도 많은 이야기를 이어 오고 있습니다. 그래서 앞으로도 이 인연을 50년은 더 이어가도 그 끝을 모두 알 수는 없을 것이나, 늘 신혼 같은 마음가짐으로 평생을 사랑하며 살 수 있을 것 같습니다.

'덕후'라고 할까요? 1만 원짜리 와인으로 시작해 이젠 셀러에 보관해 둔 와인이 600병이 넘습니다. 좋은 사람을 만나면 좋은 와인을 마시고 싶고, 시간이 지난 뒤 예전과 똑같은 와인을 마시면 그 사람과 함께했던 이야기와 기억들이 떠오릅니다. 마치 향수와 같아요. 와인 수요가 늘고 있습니다. 편의점, 동네 마트나 와인 숍에서 제법 좋은 와인을 만날 수도 있습니다. 누구나 쉽고 빠르게 와인을 접할 수 있는 시대가 되었습니다. 반가운 소식입니다. 하지만 저는 와인에 입문한 분들, 와인에 관심 있는 분들에게 조금 더 깊은 와인의 세계를 소개하고 싶었습니다. 이를 위해 집에서, 분위기 좋은 곳에서 수없이 많은 와인을 따랐고 혀끝으로 이들의 역사와 이야기를 음미했습니다.

와인을 알기 위해 아카데미에 등록도 하고 관련 서적을 구매해 읽었습니다. 내로라하는 평론가나 마스터 수준의 전문가들이 발행한 서적부터 인문, 역사, 국가별로 집필된 책이 정말 많았습니다. 하지만 국내에 중급 입문을 위한 와인 테이스팅 노트는 없더군요. 그래서 제가 마셨습니다. 한 병이 두 병이 되고 두 병이 세 병이 되고 곧 수백 병의 와인이 제 입을 타고 기억 너머의 세상의 기록으로 탄생했습니다. 저의 이 기록이 와인을 사랑하는 사람들에게 귀중한 자료가 되길 바랍니다.

감사합니다.

Romanee 24 당신은 누구신가요?

16년 전 어느 날

2019년 어느 날

평생 와인 마시는 즐거운 노년

Good wine is a necessity of life for me

토머스 제퍼슨 Thomas Jefferson

목차

프롤로그

Romanee 24 당신은 왜 책을 쓰나요? ·················· 004
Romanee 24 당신은 누구신가요? ·················· 005

테이스팅 노트 보는 법 ·················· 008
테이스팅 와인 선정 ·················· 010

중급 다음은 ·················· 012

와인의 맛을 찾아 세계로

❶ 샴페인

Sparkling wine is not Champagne ·················· 022
- 샴페인이 되기 위한 기본 조건
- 샹파뉴
- 포도 품종
- 2차 발효(병 발효), 앙금 접촉과 숙성 기간

풍미 ·················· 034
주요 지역의 특징과 등급 체계 ·················· 036
- 프랑스 샹파뉴
- 프랑스 샹파뉴 이외의 지역

테이스팅 비교 ·················· 041
- (N/V 샴페인) 로제
- (N/V 샴페인) 3개 품종 블렌딩
- (N/V 샴페인) 주요 2개 품종 블렌딩
- (N/V 샴페인) 피노 누아 품종 비율이 높은 블렌딩
- (N/V 샴페인) 샤르도네 품종 100%
- (샹파뉴 이외의 지역) 프란치아코르타

페어링 ·················· 049
와인잔 ·················· 052
아로마 ·················· 054
테이스팅 노트 ·················· 058

❷ 리슬링

아로마의 끝판왕 ·················· 074
풍미 ·················· 076
주요 지역의 특징과 등급 체계 ·················· 078
- 독일
- 프랑스
- 오스트레일리아
- 미국

테이스팅 비교 ·················· 092
- (독일) 라인가우 지역
- (독일) 라인가우 지역
- (독일) 나헤 지역
- (오스트레일리아) 에덴 밸리 지역
- (프랑스) 알자스 지역 vs (미국) 콜롬비아 밸리 지역

페어링 ·················· 095
와인잔 ·················· 098
테이스팅 노트 ·················· 100

❸ 샤르도네

다양성 ·················· 114
풍미 ·················· 117
주요 지역의 특징과 등급 체계 ·················· 120
- 프랑스 부르고뉴
- 프랑스 샤블리
- 미국
- 오스트레일리아

테이스팅 비교 ·················· 137
- (프랑스) 부르고뉴 지역 코뮈날 등급 vs (미국) 나파 밸리 지역
- (프랑스) 부르고뉴 지역 레지오날 등급
- (프랑스) 샤블리 지역
- (오스트레일리아) 마가렛 리버 지역

페어링 ·················· 150
와인잔 ·················· 153
테이스팅 노트 ·················· 154

❹ 피노 누아

악마가 만든 와인 ·················· 172
풍미 ·················· 177
주요 지역의 특징과 등급 체계 ·················· 179
- 프랑스 부르고뉴
- 미국
- 오스트레일리아

테이스팅 비교 ·················· 195
- (프랑스) 부르고뉴 지역, 쥬브리 샹베르탱 마을
- (프랑스) 부르고뉴 지역, 샹볼 뮈지니 마을
- (프랑스) 부르고뉴 지역, 뉘 생 조르쥐 마을
- (프랑스) 부르고뉴 지역, 알록스 코르통 마을
- (미국) 멘도시노 카운티 지역, 앤더슨 밸리
- (미국) 나파 밸리 지역
- (미국) 오리건 주, 윌라멧 밸리 지역
- (미국) 산타 마리아 밸리 지역

페어링 ········ 206
와인잔 ········ 208
테이스팅 노트 ········ 210

❺ 네비올로

이탈리아 와인의 왕을 만나다 ········ 228
Oenotria ········ 229
풍미 ········ 231
주요 지역의 특징과 등급 체계 ········ 233
- 이탈리아 피에몬테

테이스팅 비교 ········ 239
- 바롤로 vs 바르바레스코 동일 생산자-빈티지 비교
- 바롤로 vs 바르바레스코 동일 생산자의 올드 빈티지 비교
- 바르바레스코 영 빈티지
- 바롤로 올드 빈티지 비교

페어링 ········ 242
와인잔 ········ 244
테이스팅 노트 ········ 246
이탈리아 대표는 나. 슈퍼 투스칸 vs BDM ········ 260

❻ 카베르네 소비뇽

쉽지 않은 그랑 크뤼 클라세 1855 ········ 266
풍미 ········ 269
주요 지역의 특징과 등급 체계 ········ 272
- 프랑스 보르도
- 미국
- 오스트레일리아
- 칠레

테이스팅 비교 ········ 296
- (미국) 나파 밸리 지역
- (칠레) vs (프랑스) 보르도 그랑 크뤼 5등급 비교
- (프랑스) 보르도 그랑 크뤼 3등급
- (프랑스) 보르도 그랑 크뤼 2013 빈티지
- (프랑스) 보르도 그라브 지역, 페샥 레오냥 마을

페어링 ········ 302
와인잔 ········ 304
테이스팅 노트 ········ 306
보르도 vs 나파 밸리 비교 시음기 ········ 322

❼ 시라

불타는 언덕과 교황의 새로운 집이 있는 2천 년 역사의 와인 산지를 만나다 ········ 328
시라 & 다양한 지역의 기후와 토양 특징에 따라 성공적으로 자리 잡은 시라즈 ········ 330
GSM 블렌딩 ········ 332
풍미 ········ 333
주요 지역의 특징과 등급 체계 ········ 336
- 프랑스 론
- 오스트레일리아

테이스팅 비교 ········ 350
- (프랑스) 북론 지역, 코트 로티 마을
- (프랑스) 북론 지역, 에르미타주 마을
- (프랑스) 남론 지역, 샤토 네프 뒤 파프 마을
- (오스트레일리아) 바로사 밸리
- (아르헨티나) 멘도자(사) 지역, 우코 밸리

페어링 ········ 356
테이스팅 노트 ········ 358

❽ 빈티지 샴페인, 스위트 와인, 주정 강화 와인

마지막에 마시는 와인 ········ 370
테이스팅 비교 ········ 375
- (프랑스) 빈티지 샴페인
- (포르투갈) 포트 와인
- (프랑스) 귀부 와인

테이스팅 노트 ········ 382
빈티지 샴페인 비교 시음기 ········ 388
포트 와인 ········ 396

에필로그 ········ 402
Index ········ 404
참고 문헌 및 사이트 ········ 414

테이스팅 노트 보는 법

와인21닷컴 & 미디어에 표기된 수치 사용

해당 와인의 수입사* 홈페이지에서 Image file(Bottle, Label) download, capture 사용 및 정보 확인

*와이너리 & 금양인터내셔날, 카브드뱅, 나라셀라, 동원와인플러스, 레뱅드매일, 롯데와인, 빈티지코리아, 신세계L&B, 씨에스알 와인, 아영FBC(와인나라), 에노테카코리아, 페르노리카 코리아

1. 로랑 페리에, 퀴베 로제 브뤼
Laurent Perrier, Cuvee Rose Brut

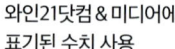 스파클링

원산지	프랑스 / 샹파뉴 Champagne
와이너리	로랑 페리에 Laurent Perrier
포도 품종	피노 누아 Pinot Noir 100%

당도 ○○○○○   산도 ●●●●○
바디 ●●●○○   타닌 ○○○○○

D 95, WE 94, WS 93, JS 92
'09~'13 5년 연속 대한항공 비즈니스, 퍼스트 클래스 서빙 와인

WINE ENTHUSIAST 2021 VINTAGE CHART

Region	Appellation/Type	2011	2010	2009	2008	2007	2006	2005	2004	2003
Champagne		89	90	94	98	91	89	93	95	86

2차 발효 후 5년간 병 숙성하는 샴페인이므로 2017년 여름에 구매했으니, 최소한 2010년 이전 빈티지를 베이스 와인으로 만들었을 것이라 추측해 본다.

2010년 샹파뉴는 8~9월 폭우로 인해 매우 고생한 해인데, 샤르도네 품종이 그나마 잘 되었다고 하며, 2009년은 유난히 좋았던 한 해로 따뜻한 날씨와 풍부하고 잘 익은 과일로 기록되는 해이다.

2008년은 전설의 그레이트 빈티지를 탄생시킨 해로, 강력한 과일과 반짝이는 산도를 가진 해이다. 와인 애드버킷 Wine Advocate, WA은 2010, 2009 빈티지에 대해 89 R Ready to drink과 92 R로 평가하고 있으며, 와인 서처 Wine-searcher.com도 2010, 2009 빈티지에 대해 전반적인 품질, 컨디션에 대해 아래와 같이 설명하는데, 극명하게 차이가 나는 평가를 하고 있다.

| Vintage quality | Poor / Excellent |
| Current condition | Likely past it / Ready to drink |

wine.com, 와인21닷컴&미디어, 해당 와인의 수입사 홈페이지에서 정보 확인

RP Robert Parker, WA Wine Advocate, JS James Suckling, WS Wine Spectator, WE Wine Enthusiast, D Decanter, JD Jeb Dunnuck, V Vinous, W&S Wine & Spirits Magazine

와인 인수지애스트 Wine Enthusiast, WE에서 공개한 2021년 빈티지 차트를 참고하여, 해당 지역과 해당 빈티지의 점수를 확인, Image capture 사용, 와인 애드버킷 WA, 와인 서처 웹사이트 활용하여 설명을 추가 기재

실제 Tasting 한 연도/월 (빈티지) 에 해당

WSET Wine & Spirits Education Trust Level 3, '와인 시음의 체계적인 접근법'으로 작성했는데, 인증 시험 시 작성해야 하는 노트와는 약간의 차이가 있음. 향에 대한 세부 분류 표현 및 미각, 결론, 보조적인 설명을 기재

Tasting Note #1

2021/2 (N/V_ 병입일 미기재, 17년 구매)

Tasting Note

시각 선명도는 맑고, 색상은 연어~주황 → 핑크는 없고, 숙성 빛깔 지님. 색의 강도는 깊고 진함.

후각 상태는 깨끗, 후각의 강도는 medium(+)
1차 향: 라즈베리, 딸기 → 붉은 계열 새콤, 신선한 과일 향
2차 향: 토스트, 빵 반죽, 버터, 치즈
3차 향: (-) → 꿀, 건과류까지는 아직 잘 느껴지지 않음.
발전 단계는 숙성 중 → 색상에 비해, 풍미는 아직 어리고 숙성 중

미각 당도: dry, 산도: high, 바디: medium_샴페인 기준으로는 (+), 알코올: medium
풍미 강도는 medium(+)
여운이 medium(+)

매우 좋은 와인이며, 지금 마시기에도 좋고, 숙성 잠재력도 있음.
→ 균형미, 복합미, 여운, 강도 모두 Very Good

평점 4.3
가격 9.3만 원

⇒ 색에 비해 아직 신선하고 새콤한 과일 향이 인상적이었으며, 부드러운 풍미와 구조감이 좋았는데, 2~3년 추가 숙성 후 시음하면 숙성 향이 충분히 발현되어 복합미가 더 좋아질 것 같음.
베이스 와인이 피노 누아 품종으로 특유의 바디감과 쌉쌀함이 느껴짐.

평점 91
가격 10.4만 원

비비노 Vivino 에서 해당 와인을 검색한 결과로 평점, 가격 명시(주로 평점과 리뷰 확인)

• 장점: 쉽고 편하게, 처음 보는 와인을 사진 찍어 바로 평점을 확인할 수 있으며, 테이스팅 시 풍미에 대한 노트나 개인 리뷰 내용을 보면서 공감할 수 있음.
• 단점: 국가별 설정에 따라 가격 상이(국내 고평가), 평가자 수가 적은 와인은 왜곡 현상이 심함.

와인 서처 wine-searcher 에서 해당 와인을 검색한 결과로 평점, 가격 명시(주로 가격과 평점 확인)

• 장점: 쉽고 편하게 확인 가능하며, 빈티지-지역별 상세 내용을 확인할 수 있음.
• 단점: 국가별 설정에 따라 가격 상이

실제 Tasting 때 촬영한 사진

주의 사항 본 테이스팅 노트는 WSA 와인아카데미에서 배운 WSET 시음법으로 최대한 객관적인 표현으로 나열하듯이 작성한바, 해당 와인에 대한 좀 더 구체적인 정보와 역사, 관련된 숨은 이야기는 테이스팅 노트 전에 자세히 설명하였다. 다소 기계적인 표현으로 보일 수도 있으나, 객관적인 노트가 남아 있어야, 다음번 테이스팅에 있어 정확한 참고가 될 수 있으며, 숙성 정도나 보관 상태, 페어링하는 음식, 서빙 온도 등의 다양한 원인을 찾을 수 있는 차이점 구별 능력도 길러진다.
또한, 테이스팅은 본인마다 느끼는 향과 풍미 등이 다를 수 있으며, 테이스팅하는 방법 역시 다양하다고 생각하므로 위의 방식만을 고수할 필요는 없고 자신만의 방법을 경험치에 맞춰 정립하면 된다.

테이스팅 와인 선정

얼마 전 와타나베 준코의 《고급 와인》을 읽었다. 고급 와인을 지역별로 잘 구성하여 설명한 책이다. 수록되어 있는 와인 중 일부는 테이스팅 노트로 간직하고 있는 반면, 대부분의 와인은 도저히 시도조차도 못할 와인으로 구성되어 있었다.

2024년에는 반드시 DRC의 로마네 콩티Romanee Conti와 앙리 자이에 Henri Jayer의 크로 파랑투Cros Parantoux를 꼭 마셔 보겠다는 꿈 같은 의지 하나로 필자는 'Romanee 24'를 작가명으로 사용하고 있다. 혹시 몇 년에서 몇십 년 후에 이 꿈이 이뤄진다면, 테이스팅 노트를 모아 다시 책을 만들기로 하고, 우선 이번 책에 적합한 와인의 테이스팅 노트를 분류해 본다.

사실 필자는 가성비라는 단어는 와인에 있어서만큼은 별로 쓰고 싶지 않다. 통상 비싼 가격의 제품이 품질까지 훌륭하면 명품이 되고, 비싼 가격의 제품이나 싼 가격의 제품이나 품질이 좋지 않으면 나쁜 제품이 된다. 그렇기 때문에 싼 가격의 제품이나 가격 대비 품질이 조금 괜찮으면 가성비가 좋다고 하는데, 와인만큼은 다르게 생각하고 싶은 것이 필자의 마음이다.

세상에는 명품 와인 외에도, 가성비 와인보다는 조금 가격은 비싸지만 기대만큼의 혹은 기대를 뛰어넘는 품질을 가진 매우 좋은 와인이 너무나도 많기 때문에 가성비 와인보다는 늘 좋은 와인만 마시고 싶은 욕심이 생기는 건 다들 똑같은 마음이라 생각한다. 괴테도 나쁜 와인을 마시면서 살기에는 인생이 너무나도 짧다고 하지 않았는가. 내 힘 닿을 때까지 좋은 와인만 마시리라!

이 책에 포함된 테이스팅 노트는 밴드나 카페에서 초보자들이 자주 얘기하는 가성비 와인과 필자가 평소 마셨던 와인 중에서 명품 와인이나 가격만 비쌌던 와인은 제외하고 좋은 와인, 맛있는 와인, 숙성 이후가 더 기대되는 와인에 대한 노트를 주로 모아 놓았다. 앞으로 추가 테이스팅을 하면서 너무 실망했거나 꼭 추가해 보고 싶은 와인이 생기면 테이스팅 노트를 제외하거나 추가할 계획이며, 일부 와인은 실망한 원인을 설명하기 위해서라도 남겨 놓을 생각이다.

가급적 마트나 백화점, 아웃렛, 와인숍 등에서 쉽게 구할 수 있고, 개인의 여건이나 성향에 따라서 자주 경험할 수 있는 유명 와인을 위주로 노트를 모았다. 그런데 일부 올드 빈티지 와인의 경우 지금은 구매하기 어렵지만, 해당 와인은 충분히 구할 수 있는 와인으로 선택했다.

중급 다음은…

» **와린이**

2005년 가을, 대부분의 와린이들이 그렇듯이 이마트 와인 코너를 어슬렁대다가 가격표를 보고 만만해 보이는 칠레 와인을 샀다.
색깔로 와인을 구별할 줄 아는 필자는 막상 와인을 마셔 보고 나선 얼굴을 찌푸렸다. 그 짧은 순간 2만 원이나 주고 이걸 왜 샀나 싶기도 하며 오만 가지 생각이 다 들었다.
그로부터 2~3주가 지나고 자신도 모르게 다시 그 장소를 지나다가 다시 한번 용기를 냈다. 칠레 와인 코너를 지나 이번에는 이탈리아 와인 코너로 발을 돌렸다. 결국 다시 한 병을 집어들고 집으로 돌아왔다. 이번에는 웬걸 너무 맛있다. 이럴 수가 있나. 달달한 게 진짜 맛있어서 계속 홀짝홀짝 마셔 댔다. 결국 한 병을 금세 비워냈다. 이렇게 시작을 했는데 조금 시간이 지나자 용기도 생기고, 책도 한 권 사서 읽고 이것저것 찾아도 보게 됐다.

» **또 다른 신세계, 그 이름은 나파부터 탈보까지**

아! 미국 와인이 비싸고 유명한가 보다. 그럼 한번 사 보자!
나파 밸리라는 이름만 보고 일단 3만 원 선에서 한 병을 구매했다. 이건 또 다른 신세계다. 적당히 달달하고 알코올도 높은데 왠지 더 고급져 보였다.
1990년대에 대학을 다니고, 2000년대에 회사에 입사해 줄곧 소주와 각종 소맥, 양맥, 삼색주 등의 폭탄주를 섭렵했지만 미국 와인 특유의 잘 익은 과일 맛과 묵직함은 내게 신세계를 경험하게 해주었다.
이젠 해외 출장을 갈 때마다, 조금씩 더 용기를 내서 5~10만 원짜리 와인도 사기 시작했다. 몇 년 전 TV에서 히딩크 감독이 좋아한다던 샤토 탈보Chateau Talbot 를 이제야 사게 되다니. 한참 동안을 신주단지처럼 잘 모시다가, 2008년 겨울 어느 날, 결국 중국산 와인 셀러 하이얼Haier 도 처음으로 사게 됐다. 대부분의 와린이들이 필자와 비슷한 순서를 가지고 와인을 경험하기 시작했을 것이라 생각한다.

» 탐색기와 연애기를 지나며

하지만 이후 몇 년간 와인에 대한 애정이 식어 버리고 관심사도 다른 곳으로 많이 가면서 와인에 대한 연애 정체기를 겪게 되었다. 굳이 변명을 하자면 이직과 바쁜 직장 생활, 잦은 회식, 출산-육아 등에 따른 시간 부족이랄까? 그래도 결론은 애정이 사라졌던 시기였다. 이후 뒤늦게 대학원을 가면서 그곳에서 만난 많은 분들이 와인을 좋아했고, 함께 많은 시간을 보내며 와인을 종종 마셨는데 이때부터 다시 와인에 대한 관심이 생기면서 오랜 기간 내 와인 셀러에 방치되어 있던 와인을 다시 하나둘 꺼내 마시기 시작하였다.
방치되었던 와인이 운 좋게도 일부는 잘 숙성되어 있었지만, 대부분의 와인은 식초에 가까운 맛을 보이고 있었는데, 왜 이리 변한 것인지 솔직히 이때는 명확한 이유를 잘 몰랐다. 그래도 이 시점부터 다시 와인에 대한 관심이 급속도로 늘기 시작했고, 다양한 와인 모임에도 나가기 시작하면서 새로운 와인을 마시게 되었다는 점이 매우 중요하다.

» 뜨거운 사랑, 하지만 너무 몰랐고 앞으로 달리기만 했어

문제의 피노 누아Pinot Noir 품종 와인을 제대로 맛보게 되었다. 불과 몇 년 전인 2017년 따뜻한 봄날, 분명히 이전에도 여러 번 마셔 보았는데, 왜 이번에는 확실히 달랐을까? 특별히 어떤 와인이나 지역, 빈티지의 문제는 아니었는데, 이 시점부터 마신 다양한 와인, 특히 피노 누아 품종의 와인이 내 가슴을 한방 내리쳤다.
당구를 처음 쳤을 때 자려고 눕기만 하면 천장에서 공이 돌아다니듯이, 이때부터 와인에 대한 필자의 애정은 다시금 엄청난 속도로 불붙기 시작했다. 시중에서 쉽게 구매할 수 있는 프랑스와 미국 피노 누아 품종 와인을 계속 사 모으기 시작했고, 물론 금세 비워냈다. 품종과 지역, 테루아Terroir, 빈티지Vintage, 숙성, 브리딩Breathing 등에 대한 큰 이해 없이, 그냥 직관적으로 필자의 입맛에 좋으면 그만이었던 시기였다.
와인의 종류는 오로지 하나, 피노 누아 품종 와인만이 존재하고, 이 와인을 만드는 지역은 오직 프랑스와 미국만이 있다고 확신을 하며, 마구 마셔댔다.

짧은 시간이 또 흐르자 프랑스 부르고뉴 지역의 와인 외에는 손을 대지 않는 나쁜 병까지 생겼다. 어느덧 와인 셀러의 숫자와 여길 가득 채운 와인병의 수나 빈병들이 매주 분리수거 시 제법 쏟아져 나오기 시작했다.

» 와인 제대로 알아가기

관심과 열정은 확실히 사람과 주변 환경을 변화시킨다. 필자는 피노 누아 품종 와인만을 탐닉했으나, 다양한 사람들과 마시며 다양한 책과 블로그 등을 읽었다. 이때 '이젠 그래도 좀 알지'라는 생각을 하면서도 뭔가 스스로에게 용납되지 않는 '찝찝함'이 있었고, 이를 극복하고자 '체계적인 교육'을 받는 것이 필요하다는 생각을 했다.

항상 새해 첫날에 헬스장을 등록하고 다이어트를 하겠다는 새로운 마음 다짐을 하듯이 결국 2019년 1월에 WSA 와인아카데미를 제 발로 찾아가게 되었다. 이때부터가 사실상 필자의 와인 인생 2막이었다. 이 시점부터 와인 전반에 대한 필자의 생각과 접근 방식에 있어서 완전히 새로 태어나게 된 터닝 포인트가 되었다.

» 첫 수업. 충격 그 자체! 아~ 내 돈

'필자는 좀 마실 줄 알아. 필자가 그래도 좀 알지' 등의 가당치도 않은 생각을 가지고 '이젠 체계적인 이론 공부만 조금 하면 되겠다' 라고 생각하며 참여했던 첫 수업.

그 기억이 아직도 생생하다. WSET Wine & Sprits Education Trust Level 1 과정은 이론 수업 후, 간단한 테이스팅 시간이 있어, 화이트와인 2종류와 레드와인 2종류가 나왔다. 필자는 색깔만 보고 화이트와인 2종류를 모두 샤르도네 Chardonnay 품종이라고 생각했다. 맛을 보고 나선 하나는 어리고 저렴해서 복합미가 하나도 없는 샤르도네 품종 와인이고, 나머지 하나는 적당히 숙성된 중저가 샤르도네 품종 와인이라고 테이스팅 평가지를 작성했다.

이게 불과 2019년의 내 모습인데, 결과는 소비뇽 블랑 Sauvignon Blanc 품종 와인과 샤르도네 품종 와인이었다. 이 얼마나 황당하고 창피한 일인가? 지금까지 와인을 몇 병을 마셨고, 얼마를 썼는데…. 라는 생각이 들면서 정말 당황스러웠던 기억이 난다.

결국 필자는 지금까지 와인을 그냥 좋아해서 마시기만 했고, 제대로 테이스팅을 한 게 아니었다. 물론 이 또한 지탄받을 일도 아닌데, 이유는 그동안 잘 먹고, 잘 마시고, 잘 놀아서 그 또한 행복했던 시간이었기 때문이다.

» 조금만 더 해봐?

하지만 앞으로도 '이렇게 마실 것인가? 혹은 이 정도까지 알고 말 것인가?'라는 의문이 쌓이면서, 조금만 더 해보자는 심정으로 2개월 후, WSET Level 2 과정을 시작했다.
Level 2는 국제적으로 유명한 주요 품종에 대한 설명으로 시작해, 주요 국가별 산지를 비교해 가는 수업인데, 이론 수업 후에 갖는 테이스팅 실습이 정말 좋았다. 그동안 프랑스에서도 부르고뉴 지역에 대해서만 집중되었던 필자의 와인 편식을 해소할 수 있는 아주 좋은 기회였다.
실제로 오스트레일리아 에덴 밸리Eden Valley의 리슬링Riesling 품종이나, 마가렛 리버Margaret River 지역의 카베르네 소비뇽Cabernet Sauvignon 품종, 뉴질랜드 센트럴 오타고Central Otago 지역의 피노 누아 품종, 프랑스 루아르-상세르Loire-Sancerre 지역의 소비뇽 블랑, 프랑스 남론Rhone 지역의 샤토네프뒤파프Chateauneuf-du-Pape 등 그동안 무시했던 신대륙 지역의 와인과 필자에게 버림받았던 구대륙 지역의 유명 와인을 테이스팅하였다.
수업 후 주말 집에서 혼자서 테이스팅 복습을 하고 본격적으로 테이스팅을 하기 시작한 시점이다. 필자는 다양한 와인숍과 수입사 매니저들을 만났는데 이때 스스로 구매처를 다양화하고 빈티지나 가격 등에도 서서히 눈을 뜨게 되었다.

» 마지막으로 한 번만 더?

이 기세를 몰아 Level 2 시험을 보고, 아주 우수한 성적으로 합격Pass with Distinction 최상위 Grade 후, 그해 연말에 Level 3 과정을 시작했다. Level 3 과정에서 프랑스, 이탈리아, 스페인, 독일과 같은 구대륙의 세부 와인 산지에 대해 자세히 배우고 포르투갈, 오스트리아, 그리스, 헝가리 등의 주요 산지도 배우게 되었다. 또한, 신대륙 중에서는 미국, 호주, 뉴질랜드, 칠레, 아르헨티나, 남아프리카공화국의 주요 산지에 대해 배웠다. 그 범위가 다양하여 모든 산지와 품종을 한 번 훑고 테이스팅해 볼 수 있는 좋은 과정이다.
특히 이탈리아 지역은 세부 산지 및 주요 품종이 워낙 다양해서 매우 어려웠는데, 개인적으로 기억이 남고 많이 배운 지역이다. 무엇보다도 바롤로Barolo를 제대로 만나게 해준 최고의 수업이라 생각한다.
보통 여기까지 과정을 이수하고 나면 와인에 대해 받아들이는 자세나 지식의 수준, 테이스팅 테크닉 등의 수준이 많이 올라간다. 물론 개인별 경험치나 감각의 차이 등에 따라 많이 차이가 날 수 있다. 필자는 정말 열심히 듣고 복습하고 늘 와인과 함께했다.

주말에도 이론과 테이스팅을 꼭 복습했고 특히 테이스팅은 매우 열심히 복습했다. ^^
문제는 여기서 시작됐다.
필자의 열정에 도통 브레이크가 밟아지지가 않았는데, 업계 관계자 아닌 그냥 취미나 관심 수준에서 시작한 필자가 당시 왜 갑자기 시험을 보겠다는 생각을 했는지 아직도 잘 모르겠는데, 아무튼 결국은 시험을 신청해 버렸다.
Level 2 시험은 객관식 5지 선다형 시험인 데 비해, Level 3 시험은 1차 객관식 시험에 이어 주관식 논술형 시험이 있고 2차로 테이스팅이 기다리고 있었다. 솔직히 테이스팅은 자신이 있었으나 주관식 시험이 문제였다.
교재의 양이 워낙 방대해서 정말이지 외우고 쓸 생각을 하면 미칠 지경이었다. 첫 수업 당시 나누어 준 책과 모범 예상 답안지를 보고 난 절대 시험은 안 볼 거라고 생각했는데, 필자가 그걸 보고 있으니 …. 생각보다 많은 동기들이 시험을 포기했다.
예상치 못한 코로나 팬데믹으로 출근을 안 하는 날이 생기고 할 일도 많이 없어지다 보니, 결국은 나눠 준 책을 씹어 먹겠다는 자세로 대부분을 외워 버렸다. 특히나 어려운 포도나무의 생장과 발효를 포함한 양조 과정 전반에 대한 내용을 읽고 또 읽고를 반복했다.
시험 당일, 자신감을 가지고 입장했는데, 시간이 왜 이리 짧게 느껴지는지. 점검은커녕, 1문제당 보통 1페이지를 써야 하는 주관식 문제에서 기억도 없이 그냥 열심히 뭔가를 빠르게 계속 쓰기만 했던 기억뿐이다.

» 이젠 그만. 마시는 데만 집중!!!

운이 좋게 이번에도 합격Pass with Merit 상위 Grade을 했다. 국내에서 강의 및 시험을 볼 수 있는 한에서는 가장 어렵고 광범위한 시험에 합격하니 이젠 마지막인 Level 4Diploma에 관심이 생겼다. 그런데 이 시험은 강의나 시험 응시를 홍콩이나, 영국, 프랑스, 미국 등에서 해야 된다고 한다.
이건 필자한테는 많이 부담이 되어 '이젠 여기까지만 하자.'라고 마음을 먹었다.
이후에도 이론-시음에 대한 애증과 열망으로 계속 강의도 듣고 와인도 마셨는데, 부르고뉴Bourgogne Master Course, 보르도CIVB 보르도 와인 마스터 인증 과정, 리오하Rioja Wine Certificate Program, 오스트레일리아Australia Wine Discovered 등의 개별 과정을 모두 이수하고, 각종 시음회와 와인 모임에 참가하면서 이젠 진정한 중급자의 대열에 오르기 위해 노력했다.
그 노력은 계속 이어져 내추럴 와인 마스터 클래스Natural Wine Master Class와 뉴질랜드 전문가 과정New Zealand Wine Certification Program을 이수했다.

이제는 직장인 와인 공부나 시음회에 참가하는 데도 거의 덕후 수준이 되었다. 뿐만 아니라 컬렉팅에도 게을리하지 않고 바쁘게 보내고 있다. 예전에는 마트나 백화점에서만 구매했지만 최근 1~2년 사이에는 서울뿐만 아니라 경기도나 강원도에 위치한 주요 아웃렛이나 와인숍에서 구매하고 있으며 프랑스, 홍콩 등에서 올드 빈티지 위주로 직구하고 있다.

» 코로나 이 녀석 … 혼술 시대

생각지도 못했던 코로나가 나타나면서 와인 애호가들에게 미친 영향은 실로 엄청났다. 전에는 와인 모임이 많았지만 갑자기 칼퇴근, 재택 근무라는 매우 어색한 상황에 처해 버렸다. 대부분의 직장인들은 반길 수도 있는 상황이었겠지만, 지속적으로 와인을 마셔 줘야 하는 필자는 이 상황이 매우 적응이 안되었다.

그러다 보니 몸이 원하는 수준의 알코올이 부족해서인지 모임을 못해서인지 몸과 마음이 금단 현상을 앓았다. 사회적 거리 두기나 사적 모임 금지 등과 관련된 법규도 잘 지키고, 개인 위생 수칙이나 마스크 착용 등도 열심히 하면서, 최대한 마셔야만 했고, 그래서 시작하게 된 것이 혼술!!! 집에서 혼자 와인 마시기였다. 혼자 열심히 마셨다.

혼술의 단점은 이야기의 구성이 약해지는 것이다. 함께 다같이, 좋은 곳에서, 즐겁게, 맛있게 마셔야 그리고 다른 사람이 가져온 스토리 있는 와인도 맛있게 마셔야 제대로 이야깃거리가 되며, 몇 년이 지나도 머리에 남는데 혼술은 그것이 안되니 참 안타깝다.

대신 장점도 있다. 바로 테이스팅을 집중해서 할 수 있고 다소 미친 사람처럼 보일 수도 있겠지만 와인과 진실된 이야기가 조금은 가능하다는 것이다.

물론, 와인과 둘이 대화를 한다는 것은 아니다. 와인을 입에 한 모금씩 머금고 이 와인의 생산자와 테루아, 역사, 관련 기사 등을 검색해 볼 수 있는 시간과 여유가 생기며, 가끔은 관련 영상을 찾아보면서 마실 수 있기 때문에, 온전히 와인과 필자 둘만의 시간을 가질 수 있다. 아마도, 이 책을 읽고 계신 분들은 필자와 같은 상황을 다들 이해해 주실 거라 믿는다.

우리가 이상한 사람이 아니죠. 와인에 빠지면 다들 이리 되는 게 맞죠?

필자는 평소 혼자 많은 영상 콘텐츠를 찾아보면서 생각하는데, 필자는 절대로 마스터 수준은 될 수 없고 Level 4 시험도 절대 보면 안 된다고 늘 스스로에게 주문을 걸고 있다.

그러면서도 혹시나 내년을 기약하며, 소믈리에학과경희대학교 관광대학원, 석사 과정 진학 설명서를 읽기도 한다. 와인아~ 어디까지 함께 갈 거니?

2021.5.8

와인의 맛을 찾아 세계로

❶ 샴페인
❷ 리슬링
❸ 샤르도네
❹ 피노 누아
❺ 네비올로
❻ 카베르네 소비뇽
❼ 시라
❽ 빈티지 샴페인, 스위트 와인, 주정 강화 와인

Champagne
샴페인

"기쁠 때도 슬플 때도 마시죠.
가끔 혼자 있을 때 마시기도 해요.
손님이 올 때도 샴페인이 빠져서는 안 돼요.

배가 고프지 않을 때는 홀짝거리고
배가 고플 때는 쭉 들이켜요.
그 외에는 절대 손대지 않아요.
목 마를 때만 빼고요."

릴리 볼랭저 Lilly Bollinger

Sparkling wine is not Champagne.

가장 행복한 순간, 좋아하는 사람들과 즐거운 시간을 보낼 때, 기분을 UP! UP! 시켜 주는 술을 선택한다면 당연히 샴페인Champagne일 것이다.

축배의 와인. 샴페인 병에서 코르크 오픈과 동시에 경쾌한 "펑" 소리가 나면 속이 다 시원해진다. 물론 모임이나 레스토랑에서는 예의상 너무나도 기운 빠지는 "피~익" 소리를 내며 오픈하게 되지만, 경우에 따라서는 적당한 소리까지는 크게 문제되지는 않는 것 같다. 이후, 서빙 시 잔에 떨어지면서 우아한 기포 소리와 함께 끊임없이 뽀글뽀글한 기포가 보여 주는 화려한 쇼 앞에서 잔을 이리저리 돌려 본다. 눈과 귀, 코, 입, 뇌, 심장 등 모든 감각 기관을 동원해서 함께 마시고 있자면 샴페인의 매력에 한없이 빠지게 된다.

뿐만 아니라 샴페인은 와인 중 유일하게 톱스타를 활용해서 화려한 광고도 하고 각자의 개성을 갖춘 병 모양과 레이블, 박스에도 어지간히 신경을 쓰고 있으니 또 다른 스토리를 공유하면서 즐거운 대화를 이어 나갈 수 있게 만든다. 샴페인-샹파뉴라는 단어가 설렘을 주는 이유는 확실히 보장되는 맛과 품질에 대한 보증의 징표가 기본이 되기 때문이다.

여름밤 시원하게 한잔하고 싶은 술은 맥주? 그렇다면 지금부터 이 책을 천천히 정독하며 읽기를 추천한다. 여름은 스파클링 와인의 계절이다. 사실 계절과 관계없이 남녀노소 할 것 없이 와인을 좀 좋아한다 싶은 사람들이 날이 좀 선선해지면 실내든 실외든 음식의 종류와 관계없이, 언제 어디서나 저렴한 프로세코Procecco나 카바Cava 부터 샴페인까지 마구 오픈을 하게 되는 시기가 바로 여름이다. 또한, 와인의 여정에 있어서 마지막 종착지는 결국 빈티지 샴페인과 피노 누아라는 것을 다들 잘 알 것이다.

경험상, 샴페인은 장소와 음식을 불문하고 언제나 진리이다. 샴페인은 통상, 아페리티프 Aperitif_서양 요리에서 식욕 증진을 위해 제공되는 식전주만으로 알고 있고, 많이들 식전이나 식사

초반에 제공되는 전채 요리Appetizer(애피타이저), 프랑스어 Hors D'Oeuvre(오르되브흐)와 함께 마시는 가벼운 와인으로 생각한다. 그런데 샴페인은 메인 코스 요리, 스테이크, 디저트 등 다양한 음식과 페어링Pairing이 되는 최고의 스파클링 와인이다.

스파클링 와인을 생산하는 나라와 지역, 그에 대한 기준과 명칭이 모두 달라 초보자들의 경우 탄산이 보이면 무조건 샴페인이라 부르는 것이 현실이다. 이러한 현실 속에서 이 장에서는 샴페인을 테이스팅하기 전 샴페인의 가치를 제대로 이해할 수 있도록 정확한 제조 방법과 기준 등을 설명하고자 한다.
이를 통해 샴페인이 왜 비싸고 훌륭한 품질을 갖춘 스파클링 와인의 최고봉인지를 이해할 수 있을 것이다. 테이스팅 노트를 통해 품종별 블렌딩 비율에 따른 차이와 숙성 여부, 샴페인 하우스에 따른 주요 특징이나 향과 풍미의 차이 등을 비교해 보고자 한다.

» 샴페인이 되기 위한 기본 조건

- 프랑스 샹파뉴 지역에서 만들어져야 한다.
- 포도 품종이 총 7가지로 제한된다.(통상 주요 품종 3가지로 설명)
- 2차 발효(병 발효)를 반드시 거쳐야 한다.
- 앙금(죽은 효모) 접촉과 숙성 기간이 필요하다.

프랑스에서 한 해 2억 3천만 병(42억 유로 가치)의 샴페인이 만들어진다. 이 중 60% 이상이 해외에 수출되고, 최대 수입국인 영국, 미국 등에서만 한 해 2천만 병 이상이 팔리고 있다. 이렇듯 샴페인은 와인을 시작한 사람들의 마지막 종착지라는 애칭처럼 언제 어디서나 어떤 음식과 함께해도 좋은 만능 와인이다.

» 샹파뉴 Champagne_샹파뉴 지역에서 만든 스파클링 와인을 영어식 이름인 샴페인이라고 부른다.

샹파뉴 지역은 파리에서 북동쪽으로 약 150km 떨어진 곳에 있다. 부르고뉴 지역의 최북단에 있는 샤블리 지역보다도 훨씬 북쪽(위도 49도로 북방 한계점)에 있다. 이 지역은 기후가 서늘하여 포도를 재배하는 데 품종의 제약이 크며, 포도가 충분히 익지 못하는 단점이 있다. 하지만 이 지역은 그 단점을 잘 이용하여, 백악질 토양에서 산도가 높고 산뜻한 풍미를 가진 포도를 가지고 1차 발효를 통해 낮은 알코올을 가진 베이스 와인을 만든다.

이후 2차 발효를 통해 알코올 도수를 1% 이상 높여 적정한 알코올과 높은 산도와 풍미를 가진 최고의 스파클링 와인인 샴페인을 만들어내고 있다.

와인쟁이 부부로 유명한 엄정선, 배두환 부부의 와인 여행 가이드 《프랑스 와인 여행》에 따르면 샴파뉴 지역의 토양은 6,500만 년 전, 대양으로 뒤덮여 있었으며, 지각 변동으로 융기가 이루어져 물이 빠져나가자 화석과 미네랄이 풍부한 백악질 토양이 남게 되었다고 한다. 우리가 통상, 샴페인이나 샤블리 와인을 마시면서 느끼는 미네랄 풍미라는 것이 이런 오랜 역사를 통해 느껴지고 있었다니 참으로 신기할 뿐이다.

샴파뉴 지역에서 샴페인을 만들기 약 100여 년 전 프랑스 남부에 위치한 리무Limoux 지역에서는 스파클링 와인을 최초로 양조하였다. 하지만 이 지역에서는 샴페인과 같이 2차 발효 및 침전물 제거 등을 하지 않았으며, 모작Mauzac이라는 품종을 사용하여 발효가 덜 되었을 때 병입을 하고 이후 병 내에서 추가 발효가 일어나면서 기포Bubble가 만들어지게 했는데, 성공하지는 못하였다. 최근에는 샴파뉴와 동일한 방식으로 스파클링을 만드는 데 모작 품종의 한계인지 풍미나 복합미, 구조감 등 전반에서 떨어지는 것을 경험했다.

» 포도 품종

샴페인을 만드는 데 있어, 블렌딩에 사용되는 주요 포도 품종은 청포도 품종인 샤르도네 Chardonnay와 적포도 품종인 피노 누아Pinot Noir, 피노 뫼니에Pinot Meunier 3가지가 있다.

① 샤르도네
Chardonnay

② 피노 누아
Pinot noir

③ 피노 뫼니에
Pinot Meunier

① 31%
② 38%
③ 31%

① 샤르도네 품종은 높은 산도와 신선한 풍미, 시트러스-초록-감귤류의 과일 향과 풍미를 제공하며, N/VNon Vintage 샴페인에 샤르도네의 비율이 높아질수록 신선하고 상큼한 느낌이 강해진다. 샤르도네 품종을 100% 사용하여 만든 블랑 드 블랑Blanc de blancs 샴페인은 미네랄과 순수함이 돋보이며, 높은 산도로 인해 숙성 잠재력이 뛰어나다. 숙성 시 효모의 구수한 풍미와 섬세한 기포의 힘과 지속성이 뛰어난 점이 일품인데, 샴페인 하우스별로 빈티지 블랑 드 블랑을 최고 품질의 라인업으로 갖추고 있는 이유이다.

② 피노 누아 품종은 바디감과 구조감을 갖게 하며, 붉은 과일 향을 제공하고 장기 숙성이 가능하다. N/V 샴페인에 피노 누아의 비율이 높아질수록 구조감 있고 골격이 단단해진다. 피노 누아 품종을 100% 사용하여 만든 블랑 드 누아 Blanc de Noir는 구조감이 좋고, 파워풀하며 미네랄, 효모 풍미뿐만 아니라 붉은 과일 풍미가 길게 여운으로 남아서 피노 누아 품종이 재배되는 지역과 피노 누아 기반의 샴페인 하우스에서는 빈티지 블랑 드 누아가 최고의 품질을 갖춘 샴페인이다.

③ 피노 뫼니에는 날씨가 변덕스러운 샹파뉴 지역에서 안정적인 생산량을 항상 보장해 주는 품종으로 적포도이다. 피노 뫼니에는 어느 정도 바디감과 구조감을 가지며, 포도가 빨리 익고 과일의 향과 맛도 좋은 편이다. 그래서 블렌딩 된 샴페인에 과일 향의 풍부함을 충분히 제공하는 역할을 하는데 섬세한 풍미는 부족하다. 피노 뫼니에 품종을 100% 사용하여 만든 블랑 드 누아는 많이 출시되지 않는다. 국내에 몇 개 제품이 수입되고 있으니 한번 경험해 보길 추천한다.

이 외에도 피노 그리 Pinot Gris로 알려진 프로멘토 Fromenteau, 피노 블랑 Pinot Blanc, 프티 메슬리에 Petite Meslier, 아르반 Arbane 품종이 있는데, 전체의 0.3% 미만이다.

　　　피노 그리　　　　피노 블랑　　　프티 메슬리에　　　아르반

» 2차 발효(병 발효), 앙금 접촉과 숙성 기간

이 부분을 설명하려면, 우선 샴페인을 만드는 방법을 이해해야 한다. 샴페인 제조 순서와 방법을 이해하고 나면, 이후 프랑스 타 지역에서 만드는 스파클링 와인과 이탈리아, 스페인 등에서 만드는 스파클링 와인의 차이점을 쉽게 이해할 수 있을 것이다.

샴페인 제조 방법

❶ 포도 수확 시 기계를 사용하면 포도알의 껍질이 터져 산소와 접촉되어 신선도를 잃게 되기 때문에 손으로만 수확해야 한다.

❷ 과거부터 코카르 Coquard 압착기를 사용했는데, 최근에는 섬세한 공기 튜브를 활용하는 기압 방식 프레스를 사용하여 가볍게 압착하고 있다. 오랜 기간 노하우가 축적되다 보니 아직도 과거의 방식을 사용하고 있는 생산자들이 많다고 한다. 포도는 4톤 단위로 압착하며 아주 부드럽게 짜기 때문에 적포도 품종은 매우 옅은 색으로 추출된다.

압착 시 포도의 무게 등으로 자연스럽게 눌려 나오는 퀴베Cuvee와 압착해서 나온 타유Taille로 구분된다. 이때 법률에 정해진 양과 비율에 따라 구분 지어 압착한다. 퀴베만 사용하여 만든 고급 샴페인도 있고 퀴베와 타유를 블렌딩하여 만든 샴페인도 있다.

❸ 1차 발효를 통해 만들어진 베이스 와인은 보통 포도를 재배한 마을별, 포도 품종별, 퀴베-타유별로 별도 발효하여 구분, 관리한다.
발효는 샴페인 하우스의 성향에 따라 스테인리스 스틸과 오크를 모두 사용하여 구분한다. 베이스 와인은 통상 11% 미만의 낮은 알코올과 높은 산도를 가지는데 각 샴페인 하우스별로 자본 여력과 정책에 따라 일부 혹은 상당량을 리저브Reserve 와인으로 보관하여 다음 해부터 10여 년이 지난 후에까지도 블렌딩에 사용한다.

❹ 샴페인 양조의 꽃은 블렌딩인데, 이 역할을 하는 셀러 마스터 Chef de Cave(셰프 드 카브)는 샴페인 하우스에서 가장 높은 몸값을 가진 와인 메이커이자 품질 책임자이다. 샹파뉴는 워낙 서늘하고 빈티지별로 변동의 폭이 매우 심한 지역이다. 이 때문에 다양한 포도 품종과 마을의 베이스 와인과 수년에 걸쳐 보관하고 있는 리저브 와인으로 각 샴페인 하우스의 일관성 있는 특징과 정체성에 맞는 샴페인을 만들고자 블렌딩에 심혈을 기울이고 있다.
돔 페리뇽 Dom Perignon 하면 떠오르는 인물인 오빌레르 Hautvillers 마을 수도원의 수도사였던 피에르 페리뇽 Pierre Perignon 이 바로 셀러 마스터의 원조이다.

[출처: https://commons.wikimedia.org]

유튜브 '프랑스 와요'는 코로나 시대에 랜선 투어로 프랑스 현지의 유명 와이너리 투어 영상을 훌륭한 퀄리티에 제공해 주고 있는 필자의 애청 채널이다. 이 채널에서 다룬 루이 로드레 Louis Roederer 편을 참고하면, 매년 100명의 전문가가 1달 동안 픽셀별 모든 와인을 시음한 후, 최적의 블렌딩 비율을 결정한다고 한다. 대형 샴페인 하우스는 셀러 마스터 외에도 많은 전문가들의 의견이 반영된 노력의 결과물로 샴페인이 만들어지는 것을 알게 되었으니 이젠 대형 샴페인 하우스의 N/V 샴페인에 대해서 절대 폄하하면 안 되겠다.
샴페인도 와인이기 때문에, 결국은 베이스가 되는 와인의 향과 풍미, 품질 등이 기본적으로 좋아야 좋은 샴페인이 탄생할 수 있다. 유명 샴페인 하우스는 자금력을 바탕으로 매년 좋은 베이스 와인을 대량 구매하며, 직접 소유한 포도밭에서 만든 와인도 블렌딩에 사용한다.

❺ 샴페인이 가진 주요 특징 중 하나가 병 내에서 2차 발효를 하는 것이다. 병 내에 효모와 당분을 첨가하여 2차 발효를 하게 하는데, 이를 통해 알코올 도수는 1% 이상 오르며 발효 과정에서 발생하는 이산화탄소를 통해 최상의 기압과 기포가 만들어진다.

이때 만들어진 기포는 다른 스파클링과는 확연히 다른데, 기포가 매우 미세하고 수가 많으며 힘과 지속성이 매우 뛰어나다. 이를 시각적으로도 충분히 확인, 구별할 수 있다.

❻ 샴페인의 숙성 기간은 매우 중요하다. 숙성 기간 중 효모가 자가 분해를 통해 다양하고 강렬한 풍미를 만들어 내며 장기 숙성에도 큰 도움을 준다. 죽은 효모 찌꺼기Lee와 함께 장기간 숙성하면, 효모가 와인의 신선함과 산도를 더 유지시켜 주며, 고소한 비스킷이나 구수한 빵, 쌉싸름한 빵 반죽과 같은 특유의 풍미를 더 낼 수 있다.
N/V 샴페인은 3가지 주요 품종을 보통 1/3씩 혹은 40%:40%:20%나 샴페인 하우스별로 추구하는 특정 비율에 따라 블렌딩을 한다.
이후 15개월을 숙성하며, 이 중 앙금과 함께 12개월을 숙성해야 한다.
빈티지 샴페인은 최소 36개월을 숙성해야 하는데, 유명 샴페인 하우스의 퀴베 샴페인은 보통 5년~7년 정도 숙성하며, 일부 생산자의 경우 10년, 15년, 20년, 30년 숙성도 한다.
비싼 만큼 흥미로운 고급 와인의 세계를 선사한 와타나베 준코의 《고급 와인》에는 돔 페리뇽 샴페인은 3번의 시음 적기를 맞이한다는 철학이 있다고 한다. 처음 시음 적기가 찾아오는 때는 수확 후 약 8년 뒤, 2번째 절정기는 15년 전후, 3번째 절정기는 30년 전후로 나오며, 이에 맞춰 P2, P3가 출시되는 것이다.
샹파뉴의 2008년은 2000년대 들어 최고의 한 해였다. 일명 그레이트 빈티지가 되다 보니, 돔 페리뇽에서는 2008 빈티지를 추가로 병 숙성을 더 하여 2009 빈티지보다 1년 늦게 출시하였다. 파이퍼 하이직의 '레어'나 테탕저의 '콩트 드 샹파뉴 블랑 드 블랑'도 2021년 2008 빈티지를 출시했으며, 다른 샴페인 하우스에서도 조금씩 늦게 출시하였다.
돔 페리뇽은 많은 에디션 제품을 출시하는데, 돔 페리뇽의 마니아인 미국 팝 아트의 선구

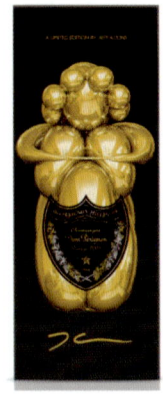

자인 앤디 워홀 컬렉션Andy Warhol Collection이 출시되었다. 또한, 대형 토끼 조각품으로 유명한 미국 현대 미술가 제프 쿤스Jeff Koons를 위한 리미티드 에디션 '오브제 돔 페리뇽 벌룬 비너스Ballon Venus'나, 28년간 돔 페리뇽의 수석 와인 메이커(셰프 드 카브)를 지낸 리샤 지어프로이Richard Geoffroy의 은퇴를 기념해 만든 레거시 에디션Legacy Edition도 있다. 아이 출생 기념 빈티지를 모으는 분들이라면, 이런 컬렉션도 관심을 가지고 모아 보는 것도 재미있으니 강추한다. 출시 이후, 금세 자취를 감춰 버리는 귀한 녀석들임을 잊지 말아야 하며, 가격은 금세 오르고 이후에는 많은 컬렉터들의 셀러 안에 고히 모셔 있기에 구하기가 매우 어려워진다.

[출처: © G.Garitan / Gyropalette_03346.JPG / Wikimedia Commons]

❼ 샴페인 하우스를 방문하면 지하 카브 입구에 전시되어 있는 푸피트리Pupitre를 사용하여 과거에는 르뮈어Remueurs가 구멍 뚫린 나무판에 꽂혀 있는 병을 수작업으로 2~3개월 동안 매번 일정 각도씩 돌려 주었다.

프랑스 와인 전반에 대해서 매우 상세히 언급하고 있는 스기야마 아스카의 《프랑스 와인 수업》에는 매일 1/8(45도) 정도씩 회전시킨다고 설명하고 있다.

침전물을 제거하기 전에 앙금을 병 입구 쪽에 모아 주는 것이 병 돌리기 작업이다. 오랜 기간 서서히 모이게 하는 이 방법은 샴페인 하우스 뵈브 클리코Veuve Clicqot에서 '샴페인의 그랑드 담'Grande Dame_위대한 여인이라 불리는 마담 클리코가 최초로 개발하였다고 전해진다. 현재는 기로팔레트Gyropalette라는 현대적 설비를 적극적으로 사용하여 1주일 만에 작업을 마칠 수 있어 시간과 인건비를 모두 줄이고 있다.

❽ 병목에 모인 침전물을 제거하는데, 과거에는 영하 20℃의 염화칼슘 용액에 병목을 넣어 냉각 후, 도구를 이용해 수작업으로 크라운 캡을 오픈하면 내부 압력 때문에 "펑" 소리와 함께 침전물이 튕겨 나오게 했다. 최근에는 자동화 설비를 활용해서 슬러시와 같이 얼어 있는 침전물이 자연스럽게 흘러나오게 하는 방법을 사용하고 있다.

❾ 침전물을 제거한 후, 부족해진 와인을 보충하고, 샴페인 하우스나 해당 샴페인의 스타일에 맞춰 당분을 추가하는 등의 조절을 하는데 이러한 작업을 도자주라고 한다.

❿ 마지막으로는 코르크Cork 마개를 병 속에 넣고, 캡Cap을 씌운 후, 뮈즐레Muselet 철사를 꼼꼼히 감아 완벽하게 밀봉한다. 샴페인 병 속의 압력은 6기압으로 자동차 타이어 속 압력의 3배나 된다고 한다. 과거 피에르 페리뇽 수사의 다양한 실험과 당시 유럽 최대 와인 소비국인 영국에서 기존의 나무가 아닌 석탄을 사용해 만든 강도가 단단한 유리병이 샴페인의 발전에 큰 영향을 미쳤음을 알 수 있는 대목이다.

샴페인은 테이스팅과는 별도로 오픈하고 남은 코르크와 뮈즐레, 캡 등에서 소소한 재미를 느껴볼 수도 있다.

같은 N/V 샴페인도 병입한 날짜가 다르므로 셀러 안에 깊숙이 보관된 샴페인은 추가 병숙성으로 아주 깊은 맛을 내는 경우도 있고, 자칫 힘을 잃어 버리는 경우도 있다.

샴페인에 사용되는 코르크는 스틸 와인Still Wine으로 발포성이 아닌 일반 와인과 마찬가지로 길쭉한 원통형의 모양이다. 대략 20~30% 정도 지름이 더 두꺼운데 병 안의 기압이 매우 강력하다 보니 좀 더 큰 코르크를 병 안에 밀어 넣어 압축을 하며, 이후 철사줄로 되어 있는 뮈즐레로 또 한번 감아 놓는 것이다.

오픈했을 때에는 길쭉한 원통형의 모양이 버섯 모양처럼 T자형을 하고 있다. 오픈 시 혹은 오픈 후 한두 잔을 마시면 코르크의 상태가 다시 부풀어 오르는 경우가 대부분이다. 또한, 병 숙성이 오래될수록 심하게 쪼그라들어 있고 잘 부풀어 오르지도 않는다.

병입일을 표기하지 않는 샴페인 하우스도 있으니, 코르크의 상태에 따라 어느 정도 숙성 정도나 풍미를 유추해 볼 수도 있다.

같은 샴페인 하우스에서도 차이를 확인할 수 있는데, 다음 사진에서도 알 수 있듯이 빌카르 살몽 Bilecart-Salmon의 경우에는 캡의 색깔이 브뤼 로제 Brut Rose, 블랑 드 블랑Bland de Blancs, 드미 섹Demi Sec별로 모두 다르다. 도츠Deutz의 경우에는 캡의 색깔은 동일하나, 캡을 둘러싼 뮈즐레의 색깔이 브뤼 로제Brut Rose와 브뤼 클래식Brut Classic이 다르다. 다른 샴페인 하우스도 디테일한 차이가 있으므로 마시면서 비교해 보는 재미도 쏠쏠하다.

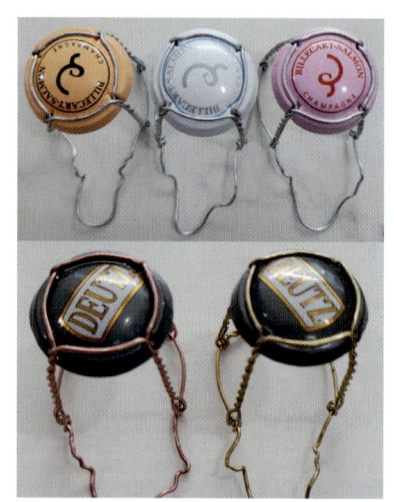

와인병

《만화로 배우는 와인의 역사》에 따르면 1642년 영국에서 근대 와인병의 아버지로 불리는 과학자 겸 모험가인 케넬름 딕비Kenelm Digby가 유리 제조소에서 석탄을 이용해 고온으로 와인병을 만들었다. 초기에는 병의 색깔이 이산화규소에 들어 있는 철 때문에 짙은 검은색이었다. 이때 처음 만든 크기가 750mL로 당시 1인당 평균 소비 추정량에 가까우며, 이 크기는 현재까지도 이어져 내려오고 있다. 당시 만든 병은 두께가 3~7mm로 매우 견고했으며, 실용성과 제조 비용, 오목한 바닥과 무게 등을 고려할 때 매우 혁신적이었다. 짙은 색은 햇빛으로부터 와인을 보호하여, 결국 이동을 편리하게 하여 해상 수출에도 큰 기여를 하였다.

이후, 해상 무역이 발달하면서 주정 강화 와인도 나오고, 큰 오크통 안에 황 심지를 태워 나무를 소독하는 와인 보존 기술네덜란드 성냥을 개발하여 사용하게 되었으니, 병 하나가 산업에 미친 영향력을 대단하다 할 수 있다.

병의 크기와 모양은 다양한 듯 보이지만 일반적인 레드와인과 화이트와인의 대부분은 2가지의 형태에서 보면 벗어나지 않는데, 보통 프랑스 보르도Bordeaux나 부르고뉴Bourgogne 스타일의 병 모양이 가장 많이 쓰인다. 예외적으로 리슬링 품종은 긴 플루트Flute병, 샴페인은 생산자에 따라 병목이 매우 길거나, 병이 엄청 굵은 스타일부터 부르고뉴나 보르도와 같은 스타일까지 다양하게 만들어지고 있다. 병의 크기도 다양하게 만들어지는데, 국내에는 통관이나 세금, 수요 등의 문제로 매그넘 병조차도 그리 많지 않은 상황이다.

샹파뉴, 부르고뉴, 보르도 지역별로 병의 크기에 따라 불리는 명칭은 다양한데, 국내에서 일반적으로 자주 불리는 명칭은 매그넘이나 하프 보틀 정도이다.

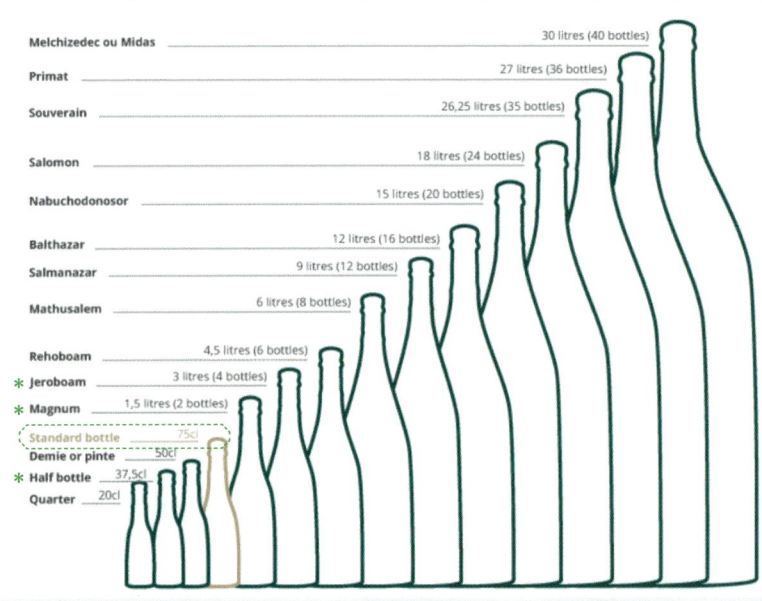

[출처: http://www.champagne.fr]

코르크

코르크는 샴페인과 와인 산업 발전에 크게 영향을 미친 천연 소재이다. 탄성이 매우 좋아 병목에서 입구에 밀착되어 와인을 수년에서 수십 년간 보존, 숙성할 수 있게 해주며, 세포 안에 든 공기 덕분에 몇 번이나 재사용할 수 있다. 온도나 습도 등의 변화에 따라 수축과 팽창을 하며 산소와의 접촉을 차단하는 역할도 한다.

코르크는 영국인들이 처음 약병을 막는 데 사용했다. 최초 샴페인 마개를 병목과 함께 실로 단단히 묶는 방법이나, 이후 주석, 놋쇠, 철사와 같은 재료로 캡이나 뮈즐레를 만들어 사용한 것 모두 영국의 발명품이니 병부터, 코르크, 마무리까지 영국인들의 역할이 매우 컸다고 할 것이다. 오픈 시 사용되는 코르크 스크루도 같은 시기 영국의 한 총포상에서 개발하였으며, 이를 T자형으로 만들어 처음으로 특허를 등록한 사람도 영국인이다.

코르크는 주로 참나뭇과에 속하는 매우 큰 키를 가진 굴참나무의 껍질에서 채취한다. 껍질의 두께가 나무 판때기와 같이 굵어 채취 후 일정 크기로 잘라 세척, 건조 등을 거쳐 기계로 구멍을 뚫어 사용한다. 나무 품질에 따라 코르크의 가격도 편차가 매우 큰 편이므로 유명 생산자들의 경우 와인 가격에 비례해 좋은 품질의 코르크를 사용한다. 비싼 코르크는 개당 3~4 유로의 가격이 나가며 저렴한 와인은 병이나 코르크가 차지하는 비용이 와인 가격 중 차지하는 비율을 낮추기 위해 저렴한 코르크를 사용하고 있다.

전 세계 코르크의 절반 이상이 포르투갈에서 만들어진다. 스페인, 모로코, 알제리 등이 주요 수출국이며 이베리아 반도와 이에 근접해 있는 북아프리카가 주요 원산지이다.

굴참나무의 평균 수명은 125~150년 정도이며 최소 25년이 지나야 처음으로 채취한다. 그 이후부터는 최소 9년이 지나야 또 다시 채취가 가능해 총 12~15번 정도 사용할 수 있다.

코르크는 품질에 따라 가격 차이가 매우 크다. 저렴한 와인은 100% 천연 코르크가 아니라 부서진 조각을 뭉쳐 만들기도 하며 천연 코르크에 구멍 난 부분을 조각이나 가루 등으로 메운 것도 있다. 오픈 후 자세히 보면 금세 차이를 알아낼 수 있다.

100% 천연 코르크가 보기에도 표면이 매우 자연스럽고 탄성, 수분 함량, 다공성 등과 같은 필요한 모든 조건을 잘 갖춘 것만 사용하기 때문에 보존성도 뛰어나 비싼 편이다. 중고급 샴페인에는 좀 더 묵직한 코르크를 사용하여 압력을 잘 버티도록 보존력을 강화해야 하기 때문에 코르크를 여러 겹으로 붙여 사용하여 밀도를 높인다.

저렴한 크레망이나 N/V 샴페인에 사용된 코르크와 고급 샴페인에 사용된 코르크도 육안으로 비교해 보자.

로제 와인 & 로제 샴페인

로제 와인의 경우, EU 법규상 레드와인과 화이트와인을 블렌딩하는 것이 금지되어 있다. 이 때문에 100% 적포도 품종만을 사용하여 저온으로 단기간 침용을 통해 붉은색을 추출하거나, 화이트와인과 같은 방식으로 압착을 한 이후 발효를 하여 만들거나, 레드와인을 만드는 방식으로 짧은 시간 발효를 하여 만든다. 반면에 로제 샴페인은 유일하게 레드와인과 화이트와인을 블렌딩해서 만들 수가 있다. 100% 레드와인으로 만들 수도 있고, 10%만 블렌딩해서 만들 수도 있고 로제 와인으로 2차 발효하여 로제 샴페인을 만들 수도 있는데, 이를 세니에Saignee 방식이라고 한다.

이렇게 만들어진 로제 샴페인은 색깔만큼이나 신선하고 상큼한 과일 향이 돋보이는데 봄여름에 식사나 파티에서 분위기를 내기에 최고의 옵션이 될 것이다.

다만, 로제 샴페인은 레드와인을 가지고 만들 수는 있어도, 절대로 레드 샴페인은 존재하지 않는다. 이탈리아의 피에몬테Piemonte주와 토스카나Tuscany주의 중간쯤에 위치한 에밀리아 로마냐Emilia Romagna주에서는 람브루스코Lambrusco라는 적포도 품종으로 만든 살짝 단맛이 나는 레드 스파클링을 만드는데 레드 샴페인이 아닌 스파클링 와인이라 부른다.

《죽기 전에 꼭 마셔 봐야 할 와인 1001》에도 선정된 바 있는 메디치 에르메테, 콘체르토Medici Ermete, Concerto와 같은 몇 가지 제품이 국내에도 수입되고 있는데 모임에 한번 가지고 나가 보길 추천한다. 식전주로 괜찮으며, 적당히 로제 샴페인이라고 생각하는 초보자들에게 새로운 경험을 제공해 줄 수 있을 것이다.

풍미

샴페인은 향과 풍미를 느끼기 전에, 이미 눈과 귀가 기포의 매력에 빠지게 되는데, 충분히 기포를 관찰하고 소리를 듣고, 잔에 코를 가까이 하면 보통 신선한 과일과 구수한 효모의 향을 느끼게 된다. 잔을 입에 가져가 한 모금 마시면 기포와 함께 엄청난 산도와 신선함이 몰려들어 오며, 이후 잔잔한 여운을 남기게 된다.

숙성 여부에 따라 비교하면, 병입되어 출시된 지 얼마 안 된 샴페인은 N/V나 빈티지 구분과 관계없이 전반적으로 시트러스한 과일 향이 지배적인 경우가 많다. 병 숙성 및 셀러 숙성이 오래된 빈티지 샴페인은 신선한 산도뿐만 아니라 꿀, 견과류와 같은 3차 숙성 풍미도 지배적으로 느낄 수가 있다.

사용된 품종에 따라 비교하면, 샤르도네 품종의 비율이 높은 샴페인은 시트러스나 핵과류 계열의 풍미가 주로 느껴진다. 피노 누아 품종의 비율이 높은 샴페인은 신선하고 새콤한 붉은 과일의 풍미가 주로 느껴진다. 이들 품종에 따라 효모 풍미나, 바디감, 전체 구조감 등에 있어서도 많은 차이가 난다.

효모의 풍미는 샤르도네 품종의 비율이 높을수록 개인적으로는 좀 더 미네랄과 구수한 빵, 토스트의 느낌을 더 강하게 받는데, 테이스팅 노트에서 여러 샴페인을 비교해 보았으니, 참고가 될 것이다.
효모뿐만 아니라, 오크를 어느 단계부터 적용했는지, 얼마만큼 사용했는지에 따라서도 크룩Krug이나 볼랭저Bollinger와 같은 강렬한 풍미와 남자다움이 느껴진다. 반대로 샤르도네 품종의 신선함과 섬세함을 최우선 가치로 내세우는 곳도 있으니 비교하면서 테이스팅한다면, 좀 더 샴페인을 잘 이해하면서 마실 수 있을 것이다.

웹 사이트 '와인 폴리' 홈페이지에서 와인과 관련된 많은 정보를 얻을 수 있다. 특히 직관적이고 단순한 설명법은 초보자들에게 매우 좋은 교재가 되는데, 세계적으로 가장 상징적인 스파클링 와인은 주요 3가지 품종으로 블렌딩된다. 가장 귀한 샴페인은 최소 3년 이상 숙성하며, 높은 산도와 가벼운 바디감과 낮은 알코올을 가지고 있고, 주요 풍미로는 시트러스 계열, 모과, 서양배 등의 과일 향과 토스트, 브리오슈, 크림, 아몬드와 같은 효모, 숙성 풍미를 가진다고 설명하고 있다.

한편, 샴페인이 가진 풍미와 부드러움, 기포가 주는 산뜻함과 목 넘김은 과거부터 왕궁의 여인들과 헐리우드의 유명 여배우들에게 늘 사랑을 받았다. 와인 강사로 유명한 케빈 즈랠리Kevin Zraly의 저서《와인 바이블Wine Bible_30주년 스페셜 에디션》에서 프랑스 국왕 루이 15세의 정부인 마담 드 파라베르Madame de Parabere는 샴페인을 마시면 얼굴이 붉어지지 않으면서도 눈을 반짝이게 하는 유일한 술이라 했다. 루이 15세의 애첩으로 알려졌으나, 실제 20년간 공식적인 정부였던 마담 드 퐁파두르Madame de Pompadour는 샴페인은 마시고 난 후에도 여인을 아름다워 보이게 하는 유일한 술이라 극찬을 했다. 또한, 프랑스 왕실에서 주최하는 연회에 유명 샴페인 하우스의 주요 와인이 납품될 수 있도록 하였으며, 루이 15세를 설득하여, 샴페인 유통에 있어서의 특혜를 주는 법령을 만들게 하는 등 프랑스 왕실에서 얻게 된 샴페인의 프리미엄은 금세 전 유럽 왕실에 퍼졌다.

주요 지역의
특징과 등급 체계

» 프랑스 샹파뉴

샴페인에 대한 등급 체계는 부르고뉴처럼 복잡하거나 다양하지는 않다. 앞에서 얘기한 샴페인이 되기 위한 기본 조건을 충족하면, 오직 샴페인 AOC_{Appellation d'Orgine Controlee_원산지 명칭 통제}에 해당되며, 품질이나 샴페인 하우스별, 지역별로 별도의 등급을 부여하지 않고, 레이블에도 AOC를 별도로 표기하지 않는다.

이에 비해, 1차 발효를 마친 베이스 와인에 대한 등급 체계는 정해져 있다. 이는 최종 완성된 제품에 해당되는 샴페인이 아닌, 블렌딩과 2차 발효 이전에 베이스가 되는 1차 발효를 마친 와인에 대한 등급 체계를 의미하는 것이다.

포도원 등급 체계 에쉘 데 크뤼(Echelle des Cru)

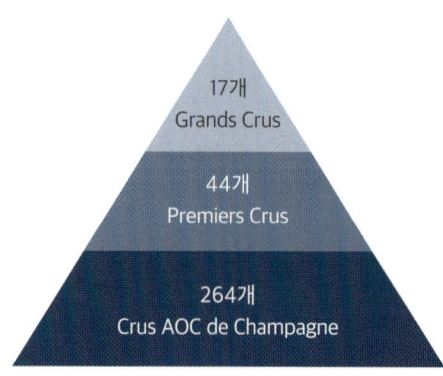

베이스 와인에 대한 포도값을 결정하는 등급 체계

샹파뉴 지역 내 마을별로 등급 부여
→ 마을 내 포도밭별 차이가 없음
→ 등급에 대한 신뢰, 품질 수준 의문

Grands Crus 마을의 포도값을 100% 기준으로 Premiers Crus는 90%~99%, Crus는 80% 이상의 가격을 책정하고 있음

포도원 등급 체계가 가진 문제점과는 별개로 샹파뉴 지역 내 RM_{Recoltant Manipulant} 샴페인 하우스는 자신들이 소유한 소규모 포도원에서 직접 포도를 재배하여 양조하며, 샹파뉴 전체 생산량의 약 25%~30% 정도를 담당하고 있다. 이에 반해 전체 생산량의 약 70% 포도밭은 10~15% 수준를 담당하고 있는 NM_{Negociant Manipulant} 샴페인 하우스는 자신들이 소유한 포도밭에서 재배한 포도를 사용하기도 하나 유명한 대형 샴페인 하우스들은 워낙 판매량이 많기 때문에 대부분 다른 그랑 크뤼 등급 포도원들로부터 많은 양의 베이스 와인을 구매하고 있다. 이렇게 대량의 샴페인을 만들다 보니 표준화된 레시피에 따라 일관적인 양조가 필요하여, 테루아를 제대로 표현하지 못한다는 부정적 평가를 듣기도 한다.

RM의 수는 약 2천 개 정도인데 대부분 소규모 생산자로, 일부는 수확한 포도를 NM에 팔기도 한다. 상당수는 단일 밭에서 그들이 직접 재배한 포도를 가지고 판매나 홍보 목적으로 레이블에 그랑 크뤼 등급 포도임을 기재한다. 이들은 테루아를 잘 표현할 수 있어서 RM만의 독특한 개성과 스타일을 유독 좋아하는 마니아층의 애호가들이 많고, 국내에 수입되는 양과 제품의 수는 많지가 않아서 꾸준히 즐기는 데 애로 사항이 많다.

반면, 500개 미만으로 알려진 대형 NM들은 마을별, 품종별, 빈티지별로 막대한 양의 리저브 와인을 가지고 있어 유명 대형 샴페인 하우스의 경우 빈티지에 크게 영향을 안 받고, 항상 일정한 수준의 품질과 자신들의 정체성을 반영하는 샴페인을 꾸준히 만들 수 있다. 일부 하우스들은 최고의 포도밭에서 재배된 포도나 베이스 와인만을 사들여 N/V 혹은 M/V_{Multi Vintage} 샴페인을 만들기 때문에 품질, 숙성 기간이나 가격이 빈티지 샴페인을 능가하기도 한다. RM 같은 NM들은 적당한 생산량과 수출을 통해 자본력을 갖춘 마니아층을 희소성으로 동시에 공략하기도 한다.

샴페인은 별도의 등급을 부여하지는 않지만, 특정 포도밭이나 빈티지, 숙성 기간 등에 따라 구분하며 같은 하우스 내에서도 각기 다른 샴페인들이 모두 서열과 다른 대우를 받게 된다. 보통 하우스별로 대표 얼굴이라 할 수 있는 엔트리급의 N/V 샴페인과 특별히 좋았던 해에만 만들어진다는 빈티지 샴페인으로 구분한다. 빈티지 샴페인은 하우스별로 각자 판단해서 좋은 해에만 만든다. 또한, 어떤 곳은 10년 동안 5번을 출시하기도 하고, 어떤 곳은 2번만 출시하기도 한다. 와인에서는 수확된 해를 영어식 표현인 빈티지라고 부르지만, 샴페인에서는 빈티지라는 용어를 사용하기보다는 밀레짐_{Millesime}이라 부른다.

N/V 샴페인이 일정한 품질을 유지하도록 빈티지 샴페인을 생산하는 해에도 최소 20% 이

상은 리저브 와인으로 유지하는데, 하우스별로 최대 40~50%까지도 유지하는 곳이 있다. 이런 훌륭한 리저브 와인으로 빈티지 샴페인을 능가하는 멀티 빈티지 샴페인을 만든다. 《고급 와인》에 따르면 크룩Krug이 빈티지와 품종이 다른 400종류의 와인이 있으며, 그랑 퀴베는 6~10년 숙성된 120종 이상의 와인을 블렌딩하고, 다시 6년 이상을 숙성시킨다.

하우스별로 대표하는 샴페인을 가리켜 프레스티지 퀴베Prestige Cuvee라고 한다. 특정 해에만 최상급 마을에서 나온 최고의 포도를 가지고 처음에 압착된 즙을 가지고 만드는 이 샴페인은 통상 장기 숙성형으로 하우스에서 이미 5년~7년 정도 병 숙성한 이후 안정화를 거쳐 출시가 된다. 구매 이후에도 보통 5~10년 이후에 적정 시음기가 도래하는 경우가 많으며, 몇 병 사서 시음 시기에 격차를 두고 테이스팅해 보면 변화되는 모습을 충분히 즐길 수 있고 샴페인에 대해 좀 더 잘 이해하는 시간이 될 것이다.

샹파뉴 주요 지역

샹파뉴 5개의 하위 지역 중에서 그랑 크뤼 포도밭이 주로 집중되어 있고, 유명한 샴페인 하우스가 모여 있는 지역은 3개 지역이다.

① 몽타뉴 드 랭스 Montagne de Reims

샹파뉴에서 가장 북쪽에 있으며 랭스 대성당 1천년간 프랑스 왕의 대관식 행사 실시으로 유명한 랭스 마을을 중심으로 한 몽타뉴 드 랭스 지역은 랭스산과 강가 주변의 경사진 언덕에 햇살을 듬뿍 받는 곳에 포도밭이 있다. 이 지역은 서리 피해가 적은 곳으로 피노 누아 품종이 가장 유명하며 피노 뫼니에, 샤르도네 품종도 상당량 재배한다. 크룩Krug이 12년간 숙성하며, 연간 3천 병만 생산한다는 앙보네Ambonnay, 부지Bouzy, 베르지Verzy, 베르제네Verzenay, 마이Mailly, 루부아Louvois 등 그랑 크뤼 마을 17개 중 9개가 이곳에 위치하고 있다. 유명 샴페인 하우스로는 크룩, 최고급 샴페인 브랜드 중 하나인 테탕저Taittinger, 마담 클리코와 푸피트리로 유명한 뵈브 클리코, 와인병에 붉은 리본으로 유명한 멈Mumm, 브뤼 스타일의 샴페인을 처음 고안했다고 전해지는 포므리Pommery, 샴페인 하우스 중 가장 오래된 곳으로 알려져 있는 하우스 중 하나인 뤼나르Ruinart 등이 있다.

② 코트 데 블랑 Côte des Blancs

샹파뉴에서 두 번째로 큰 마을인 에페르네Epernay 남쪽의 동향 언덕에 위치한 지역이다. 석회질 토양의 경사진 포도밭에서 가장 우아한 샤르도네 품종을 주로 재배하는 곳으로 화이트 품종의 언덕이라는 의미를 가진다.
크룩이 만든 유명 샴페인이자 포도밭의 이름인 클로 뒤 메닐Clos du Mesnil이 있다. 가장 희소성이 높은 샴페인 중 하나인 살롱Salon이 1911년 설립 당시부터 이곳의 포도만 사용했다는 르 메닐 쉬르 오제Le Mesnil Sur Oger와 명성이 매우 높은 마을인 아비즈Avize 그리고 크라망Cramant, 오제Oger, 쇼우이Chouilly, 와리Oiry까지 총 6개 그랑 크뤼 마을이 있는 곳이다. 이곳에서 만든 블랑 드 블랑 샴페인은 최고의 품질과 긴 여운을 보장한다.

에페르네에 위치한 유명 샴페인 하우스로는 전 세계에서 가장 유명한 하우스인 모엣 에 샹동Moet et Chandon, 가장 오래된 하우스 중 하나인 고세Gosset 등이 있다.

③ 발레 드 라 마른Vallee de la Marne

3개 주요 산지 중 가장 서쪽에 위치한 지역으로, 에페르네를 중심으로 옆으로 길게 펼쳐져 있으며, 마른강을 따라 있는 계곡 비탈길의 해가 잘 드는 곳에 포도밭이 많이 있다. 서리 피해가 심한 곳이다 보니, 주로 늦게 싹이 트고 일찍 잘 익는 피노 뫼니에 품종을 주로 재배하며 점토질의 진흙 토양이 주를 이루고 있다.

매년 빈티지에 크게 관계없이 일정한 양을 제공할 수 있고, 튀지 않는 품종 고유의 특성으로 인해 블렌딩에 적합한 장점을 가지고 있어 이 지역은 피노 뫼니에 품종의 주요 산지가 되었다.

2개의 그랑 크뤼 마을이 있는데 아이Ay에는 유명 샴페인 하우스 볼랭저Bollinger가 있고, 앙리 지로Henri Giraud가 아이에서 남동쪽에 있는 지역의 아르곤Argonne 숲에서 나온 나무를 가지고 오크통을 만들고 있어 명성이 높은 마을이다. 투르 쉬르 마른Tours Sur Marne 마을에는 로랑 페리에Laurent Perrier가 있다.

이 외에도 코트 데 블랑 남쪽의 코트 드 세잔Côte de Sézanne에서 샤르도네 품종을 주로 재배하고 있다. 가장 남쪽에 있는 코트 데 바Côte des Bar에서는 피노 누아를 주로 재배한다.

당도에 따른 표시 명칭

- 브뤼Brut → 0~12g / 1L
  - 엑스트라 브뤼Extra Brut → 0~6g
  - 브뤼 나투르Brut Nature → 0~3g
- 엑스트라 섹Extra Sec → 12~17g / 1L
- 섹Sec → 17~32g / 1L
- 드미 섹Demi Sec → 32~50g / 1L
- 두Doux → 50g 이상 / 1L

이와는 별도로 병입 시 당분을 추가하지 않은 것을 도자주 제로Dosage Zero라고 표기한다. 하우스에 따라 도자주를 얼마나 했는지에 대해서는 하우스별로 백 레이블이나 수입사를 통해 정보를 제공하기도 하고 미공개하기도 한다.

» 프랑스 샹파뉴 이외의 지역

'샴페인이 되기 위한 기본 조건'을 충족해야만 샴페인이라는 명칭을 사용할 수 있다. 하지만 과거에는 신대륙에서 생산된 스파클링 와인이 샴페인이라는 단어를 자격 없이 사용한 바 있고, 이후에는 유럽 내 다른 지역에서도 샴페인과 같은 방식Method Traditional, Classic Method으로 만들었다고 레이블에 기재한 바가 있다.

현재는 프랑스 와인법을 기본으로 만들어진 EU에서 위의 표현에 대해 사용을 금지하고 있어, 프랑스에서도 샹파뉴 이외의 지역에서 만든 스파클링 와인에 대해서는 크레망Cremant이라고 부른다.

세부 지역별로는 크레망 드 부르고뉴Cremant de Bourgogne_샤르도네, 피노 누아, 크레망 드 알자스Alsace_리슬링(Riesling), 크레망 드 루아르Loire_슈냉블랑(Chenin Blanc) 등이 있는데, N/V 샴페인보다는 다소 짧은 9개월간 앙금 숙성을 거치는 스파클링 와인이다. 지역별로 사용되는 대표 품종도 다소 상이한 특징이 있는데 개인적으로 크레망을 마셔 보면 많이 부족한 것을 느끼게 되어 가끔 가볍게 식전주나 혼술로 이용하는 편이다.

크레망이나 다른 스파클링 와인과 비교했을 때, 레이블에 일단 샴페인이라는 단어가 들어가면 기본 조건을 잘 충족한 우수한 품질의 스파클링 와인이라 생각하면 될 것이다.

국내 대표 매거진인 '와인리뷰' 최훈 대표님의 《역사와 와인》은 프랑스 루이 15세태양왕 루이 14세의 증손자가 모엣 샹동가Moet & Chandon의 샴페인을 즐겨 마셨고, 마담 드 퐁파두르도 한 번에 200병이나 사들여 별장에 보관했다고 한다. 세간에는 샴페인으로 목욕을 했고, 나폴레옹과 끈끈한 유대관계를 가지고 있었던 모엣 샹동가는 우정을 기념하기 위해 모엣 샹동 브뤼 임페리얼Imperial을 만들었다고 한다.

나폴레옹은 칼을 이용해서 그만의 병따개 퍼포먼스도 만들었으며, 그의 부인 조세핀Josephine도 모엣 샹동가를 방문했다고 하니, 샴페인만이 진정 프랑스 왕실의 술이라고 할 수 있겠다고 설명한다.

테이스팅 비교

와인 평론가 잰시스 로빈슨Jancis Robinson은 인터뷰에서 "좋은 와인이란 과도한 단맛, 산도, 탄닌, 알코올이 없는 균형이 잘 잡혀 있고, 지속적인 여운이 있는 와인입니다" 라고 균형과 여운을 강조하고 있다.

샴페인도 좋은 와인으로 만들어야 좋은 제품이 되며, 균형미나 복합미, 풍미 강도, 여운 등이 모두 완벽한 샴페인부터 하나씩 뭔가 부족한 샴페인까지 매우 다양하며, 빈티지의 차이나 품종별 블렌딩 비율에 따라 매우 다른 품질과 풍미, 구조감 등을 보인다.

이렇게 다양함을 직접 비교하고자, 샴페인의 여러 종류별 테이스팅 노트를 선택해 보았고, 부족한 부분에 대해서는 추가로 테이스팅하여 다양한 구성을 맞춰 보았다.

최대한 객관적인 테이스팅을 하고자 WSET 3단계 와인 시음의 체계적인 접근법을 적용했다. 필자의 주관적 성향과 기존에 경험했던 편견 등이 반영될까 걱정도 있는데 배운 대로 객관적인 노트를 작성하고 결론에 의견이나 당시 느꼈던 부분을 추가할 것이다.

» (N/V 샴페인) 로제

필자는 평소 샴페인에 대해서는 다소 후한 평가를 하는 편이다. 첫 번째로 N/V 샴페인에 대한 테이스팅 노트를 준비했으며, N/V에서 로제 샴페인 중 셀러 내에서 추가로 오랜 병 숙성을 거친 샴페인과 최근에 구매한 어린 샴페인을 비교해 보았다.

① 오래 숙성한 샴페인은 로랑 페리에서 만든 퀴베 로제 브뤼Cuvee Rose Brut로 100% 피노 누아 품종으로 만든 로제 샴페인이다. 오랜 시간 저온 침용하여 진한 색과 깊은 과일 향과 풍미를 많이 추출한 후, 5년간 병 숙성을 하고 출시된 N/V 샴페인이다.

과거 대한항공 비즈니스 클래스와 퍼스트 클래스에 5년 연속으로 서빙되었다.

로랑 페리에는 프랑스의 샤를 드골Charles De Gaulle 대통령이 서임 후, '위대한 시대'라는 의미로 이름을 지은 세련되고 우아함을 간직한 그랑 시에클Grand Siecle 샴페인으로 유명한 하우스이다. 자회사로는 코트 데 블랑에서 작은 그랑 크뤼 단일 포도밭에서 재배한 샤르도네 1가지 품종만 가지고 작황이 좋았던 해에만 출시하는 블랑 드 블랑 최고급 샴페인 살롱Salon과, 5번째로 오래된 샴페인 하우스인 들라모트Delamotte를 소유하고 있다.

로제 샴페인은 개인적으로 셀러에 장기 보관하지 않는 편으로 몇 병 정도만 가지고 있으며, 좋은 날에 바로 오픈해 마시고 있다. 눈으로 마시는 샴페인이라는 인식이 많고 필자도 그런 용도로 많이 오픈을 하게 된다. 그 이유는 과일 풍미가 오래가지 않을 것 같고, 로제 샴페인의 핑크빛이 연어, 주황색 등으로 변해 버린 것을 보면 그리 매력적으로 다가오질 않기 때문이기도 하다.

그래서 장기 숙성이 가능한 샴페인을 구매할 때는 가급적 유명 생산자의 블랑 드 블랑이나, 피노 누아 100%로 만든 블랑 드 누아, 피노 누아 품종이 많이 사용된 샴페인 등을 구매한다. 하지만 로제 샴페인은 블랑 드 블랑이나 샤르도네 품종이 많은 비율을 차지하는 샴페인에서는 절대 느낄 수 없는 바디감과 탄닌감, 붉은 과일과 쌉싸름한 풍미 등으로 기름기가 있는 오리고기나 연어구이 등과 페어링을 해보면 가벼운 식전주가 아닌 정식 요리와도 매칭이 되는 것을 느낄 수도 있다.

2017년 제주 면세점에서 12만 원에 구매한 후, 셀러에서 4년 정도 추가로 병 숙성을 시킨 로제 샴페인은 어떤 색과 향, 풍미를 보일까? 색깔부터 제법 올빈의 위용을 풍긴다. 하지만 맛에서는 아직도 숙성을 많이 요하는 것이 반전이라고나 할까?

② 최근에 구매한 샴페인은 국내에서도 매우 인기가 많은 샴페인 하우스인 도츠Deutz에서 만든 로제 벚꽃 에디션이다. 기존의 로제 샴페인은 피노 누아 품종 100%로 만든 데 비해, 에디션에는 샤르도네를 10% 블렌딩하여 좀 더 봄날의 산뜻한 느낌을 주고자 한 것으로 보인다. 봄 시즌에만 한정하여 소량 생산 후 출시하는 로제 샴페인으로 강원도의 아웃렛 매장에서 약 10만 원에 구매한 리미티드 에디션 샴페인이다.

로제 샴페인의 특성상, 장기간 숙성, 보관하는 것보다는 신선한 과일 풍미와 이쁜 핑크빛을 빨리 경험하는 걸 개인적으로 좋아한다. 이 샴페인은 레이블만 봐도 연한 핑크빛의 벚꽃이 금세 떨어질 것만 같아 바로 야외로 피크닉이나 여행을 가서 오픈하고 싶은 충동을 들게 만드는 샴페인이다.

붉은 과일, 신선하면서도 부드러운 풍미와 연한 핑크색을 띤 기포가 마치 구슬처럼 튀어 올라오는데 맛 이상으로 눈이 즐거운 샴페인이다. 그래서 매우 어릴 때 마셔 봤다.

» (N/V 샴페인) 3개 품종 블렌딩

두 번째로는 N/V 샴페인 중 3개의 품종을 균형 있게 블렌딩한 샴페인을 선택해 보았다. 가장 유명한 샴페인 하우스 중 하나이며, 많은 역사적 스토리를 가지고 있는 찰스 하이직 Charles Heidsieck에서 만든 브뤼 리저브Brut Reserve 샴페인이다.

60개 마을에서 선별된 피노 누아, 샤르도네, 피노 뫼니에 품종을 40%, 40%, 20%로 골고루 블렌딩하였다. 리저브 와인은 10년 이상이 된 와인이 약 40% 정도나 사용된 후, 지하 20m의 깊은 곳에 위치한 자연 동굴 카브1천년 이상 역사, 유네스코에 등재에서 3년 이상 병 숙성을 하기 때문에 N/V를 뛰어넘는 다양한 과일, 효모, 숙성 풍미와 단단한 구조감과 풍성함을 가진 매우 높은 수준의 품질을 가진 샴페인이다. 나폴레옹이 전쟁에서 승리한 이후 칼로 샴페인 병목을 쳐서 마치 잘라내는 것처럼 오픈을 했다는 사브라주Sabrage에도 등장했을 것으로 추측되는 찰스 하이직은 영국의 찰스 왕세자와 다이애나 왕세자비의 웨딩 샴페인으로도 사용되었다. N/V 샴페인으로는 최초로 데고르주망 날짜를 기록한 곳이다.

신대륙 미국에서 최초로 수입한 프랑스 샴페인이며, 1989년 개봉된 휴 그랜트 주연의 영화 샴페인 찰리의 주인공으로 다른 유명 샴페인들이 프랑스 왕이나 유럽의 왕가, 귀족들의 열렬한 사랑을 받으면서 명성을 얻은 것과는 달리, 이 하우스는 미국 와인 시장을 최초로 개척하였다.

하우스 설립자는 훤칠한 키와 모자에 지팡이를 든 신사로, 이후 미국 사교계의 스타가 되어 영화까지 만들어지는 등 매우 특이한 이력을 가지고 있다. 레오나르도 디카프리오도 이 하우스의 열렬한 팬으로 알려져 있다. 브뤼 리저브 샴페인은 '우아한 신사의 샴페인'이라 불린다. 샴페인 하우스별 엔트리급인 N/V 샴페인 중에서는 감히 최고 수준이다. 과거에는 백화점과 와인앤모어 등에서만 주로 판매가 되어 10~12만 원 정도에 구매를 했다. 최근 1년 동안은 다양한 숍이나 아웃렛에서도 행사 상품으로 1~2가지 샴페인을 더 묶어 할인 판매를 하고 있어 보통 7만 원 정도에도 구매가 가능해져 여러 병 셀러에 보관 중이다.

» (N/V 샴페인) 주요 2개 품종 블렌딩

세 번째로는 샤르도네, 피노 누아 품종의 비율이 매우 높고 서로 간에 균형감을 자랑하며, 리저브 와인을 많이 사용하여 퀄리티가 매우 좋은 샴페인 앙리오Champagne Henriot에서 만든 브뤼 수버랭Brut Souverain이다.

《신의 물방울》에서 소개된 바 있는 샴페인이며, 주인공인 칸자키 시즈쿠가 이 샴페인을 마신 후 기포가 벨벳처럼 섬세하고 미네랄감이 풍부해, 마치 하이힐을 신고 등을 곧게 펴고 샹젤리제 거리를 걷는 파리의 멋쟁이 마드모아젤Young Lady 과 같다고 표현한 샴페인이다. 이 하우스의 역사는 최고의 블랑 드 블랑 샴페인의 메종에서부터 시작되어, 현재는 요오드 광물성Iodine Minerality을 부여하는 백악질Chalk 토양의 테루아와 함께하고 있으며, 부르고뉴에서 큰 규모와 명성을 자랑하는 네고시앙Negociant이면서 직접 포도를 재배하는 도멘이기도 한 부샤 페레 피스Bouchard Pere & Fils와 샤블리의 대표 주자 중 하나인 윌리엄 페브르William Fevre와 같은 그룹에 속해 있다.

2019년도에 백화점 행사에서 해당 수입사 점장의 추천으로 구하였다. 이후 와인 셀러에 깊숙이 들어가 있어 잊고 있었던 N/V 샴페인이다. 추후 발견하고 아무런 기대 없이 오픈했는데, 순간 과일 향기와 깊은 맛에 조금 놀랐으며, 이후 꾸준히 구매하여 마시고 있다.

사실 N/V 샴페인은 가볍게 식전주로 마시거나 친한 손님이 집에 올 때나, 혹은 혼자 밤에 가볍게 마시고 있다. 와인셀러나 냉장고 안에 다양한 샴페인 하우스의 N/V 샴페인이 꽤 많이 자리잡고 있으며 빠른 속도로 마셔지는 편이다. 이렇게 회전되는 운명을 가진 샴페인 중에서는 매우 감사하고 수준 높은 샴페인 중 하나이다.

N/V 샴페인은 대부분 엔트리급의 가격과 품질을 보이지만, 샴페인 하우스의 수준을 가늠하는 지표로도 널리 알려져 있으며 빈티지 샴페인만큼이나 명성을 가진 샴페인도 꽤나 많다. 개인적으로 N/V 샴페인 중에서는 이번 테이스팅 노트에도 추가한 찰스 하이직, 앙리 지로Henri Giraud나 볼랭저 등을 꾸준히 좋아했고, 최근에는 샤르도네 품종의 비율이 높은 뤼나르, 테탕저, 필리포나Philipponnat 등을 자주 마시는 편이다.

가격대는 위의 샴페인들과 유사한 수준으로 백화점에서 8만 원대에 구매했다.

» (N/V 샴페인) 피노 누아 품종 비율이 높은 블렌딩

네 번째로는 피노 누아 품종의 비율이 매우 높고, 샴페인 하우스의 색깔이 매우 짙은 앙리 지로의 N/V 샴페인을 선택, 비교해 보았다.

에스프리 나투르Esprit Nature는 로버트 파커와 잰시스 로빈슨이 '가장 뛰어난 샴페인 하우스', '3대 샴페인 하우스' 등으로 극찬한 400년 가족 경영의 역사를 자랑하는 앙리 지로에서 만든 엔트리급 N/V 샴페인으로 파란색 레이블에는 이들이 오랜 기간 오크통 제작에 사용한 아르곤 숲의 나무를 형상화해 그린 그림이 매우 인상적이다. '오크 테루아'의 상징이라고나 할까?

유튜브 '프랑스 와요'에서 다룬 앙리 지로편에 의하면 샹파뉴에서 50km 떨어진 곳의 아르곤 숲에서 숲과 나무의 테루아까지 분석하여 숲을 구획별로 관리하고 있다고 한다. 또한, 오크통은 벌목일, 제조 연도 등을 기록으로 남겨 놓는 정성을 다하고, 과거 방식을 이용하여 숙성 시 자신들이 만든 오크만을 100% 사용하여 숙성을 하고 있다고 한다.

이 하우스의 홈페이지에서는 다음 내용을 확인할 수 있다. 이들은 포도밭에서 최소한의 개입과 살충제를 사용하지 않는 유기농 방식으로 포도를 재배한다. 그리고 달걀 모양의 암포라 형태인 사암 배럴과 같은 고급 시설에서 1차 발효를 하여 효모와의 접촉 시간과 접촉면을 극대화한다. 또한, 아르곤 오크 배럴퓌 드 셴_Fût de chêne d'Argonne에서 숙성을 한다. 피노 누아 품종의 비율이 80% 블렌딩되어 매우 단단하고 풍부한 구조감을 보인다. 리저브 와인뿐만 아니라, 그랑 크뤼 와인도 일부 블렌딩되어 있기 때문에 샴페인 하우스의 스타일이 잘 묻어 나온다는 장점이 있다.

리저브 와인으로는 1990년부터 2019년까지 거의 30년간 보관 중인 와인을 블렌딩하여 사용한다. 지하에 만든 콘크리트 탱크에서 솔레라 시스템Solera system을 접목하여 사용하며, 하우스에서 보유한 포도밭 중 약 70%에 피노 누아 품종 재배를 하고 있으니 N/V 샴페인이지만 가진 풍미가 기대된다. 가격대는 과거 국내에 수입되는 물량이 많지 않았을 때에는 9만 원 정도였는데, 최근에는 다양한 숍이나 아웃렛에서 7~8만 원대에 구매할 수 있다. 행사 상품으로 묶어 판매할 때에는 6만 원대에도 구매가 가능해져 자주 구매하고 있다.

» (N/V 샴페인) 샤르도네 품종 100%

다섯 번째로는 샤르도네 품종 100%로 만든 뤼나르Ruinart 블랑 드 블랑 샴페인으로 피노 누아 품종의 비율이 높았던 N/V 샴페인과 비교를 위해 선택했다. 평소 자주 마시던 샴페인임에도 불구하고, 최근에 테이스팅한 피노 누아 품종과의 차이점을 명확히 인지하고 싶어 다시 한번 테이스팅 및 노트 작성을 해보았다.

뤼나르는 수도사 돔 뤼나르가 하우스의 시초인데 병목에 새겨진 1729처럼, 샴페인 하우스 중 가장 오랜 역사를 가진 1세대 하우스 중 하나이다. 돔 뤼나르는 돔 페리뇽만큼 스파클링 와인에 대한 연구를 많이 했다고 한다. 투명하고 널찍한 병의 모양도 과거의 전통적인 스타일을 그대로 고수하고 있는데, 백 레이블에는 '이 병의 독특한 모습은 18세기 역사적 병들에 대한 헌사'라고 명기되어 있다.

코트 데 블랑에서 재배된 샤르도네 품종 100%로 만든 이 하우스의 N/V 샴페인은《신의 물방울》에서도 소개된 바 있다.

섬세한 기포가 눈부신 네온 불빛과 같다며, 아름다운 대도시의 야경 속에 섞여 있는 희비가 엇갈리는 이야기와 비교를 했다. 이 와인이 우아하면서 밤의 관능을 연상시키고 한편으로는 단단하고 아름다운 산과 같다고 한다. 이것은 아마도 이 샴페인은 블랑 드 블랑의 우아함과 화려한 기포와 풍미만큼이나 단단한 구조감과 힘, 여운을 동시에 가진 샴페인이라는 것을 표현한 것 같다.

오랜 기간 가족 경영으로 유지되어 오다가, LVMH 그룹에 인수되면서, 이 그룹이 보유한 화려한 샴페인 하우스 목록에도 추가되었으며, 지하 38m에 카브가 위치해 샴페인 숙성에 있어서 최고의 환경을 가지고 있다고 전해진다.

통상, 마트나 아웃렛숍에서는 판매하지 않는 샴페인으로 와인앤모어에서 13만 원대에 구매했었다. 서울 광진구에 위치한 한 전통시장 내 매장에서 10만 원 정도에 여러 병을 구매했는데, 이전 N/V 샴페인에 비해 어떤 퍼포먼스를 보여줄지 궁금하다.

» (샹파뉴 이외의 지역) 프란치아코르타

마지막으로는 샴페인이 아닌 스파클링 와인 중 하나를 선택해 테이스팅 노트를 추가했다. 카 델 보스코Ca'del Bosco에서 만든 와인이다.

샹파뉴와도 비교될 만한 이탈리아 롬바르디아Lombardia주의 작은 마을 프란치아코르타Franciacorta에서 샴페인과 거의 동일한 품종과 동일 방식으로 만들었으며, 보통 N/V 샴페인보다도 긴 25개월간 앙금 숙성을 거친 최고급 스파클링 와인이다.

프란치아코르타에서는 샤르도네, 피노 네로Pinot Nero=Pinot Noir, 피노 비앙코Pinot Bianco 품종을 가지고 샴페인과 동일한 방식으로 가격은 더 저렴한 스파클링을 만든다. 이 지역에서는 DOCG Denominazione di Origine Controllata e Garantita 등급 및 품질에 대한 대단한 자부심을 가지고 있다.

여러 번 경험해 본 바에 의하면 프로세코와는 절대로 비교 대상이 아니다. 프랑스의 샴페인과 견줄 수 있는 이탈리아 최고급 스파클링 중 하나라고 생각되는 카 델 보스코에서 프란치아코르타 퀴베 프레스티지Cuvee Prestige를 만들고 있다.

산도가 좋고 풍미가 신선하면서도 고소하며 매우 화사한 느낌을 주는데 시원하게 칠링Chilling을 하고 마시면 지속적으로 올라오는 기포가 목과 코로 들어가 순간 헛기침을 하게 만들 정도이다. 가격대는 경기도에 위치한 아웃렛에서 6만 원대에 구매하였다.

스파클링 와인

평소 샴페인을 제외한 다른 지역의 스파클링은 그다지 좋아하지 않는데, 아무래도 샴페인의 기준점이 너무 명확하다 보니 발생하는 문제인 것 같다.

가성비가 좋다는 카바는 샴페인과 같은 방식으로 병에서 2차 발효를 하며 크레망과 동일하게 9개월 이상 숙성을 해야 한다. 생산자에 따라 N/V 샴페인 못지않은 병 숙성 노력을 하고 있는데, 막상 마셔 보면 베이스 와인이 가진 한계로 인해 나의 선호도 점수에서는 많이 밀리게 된다.

지중해 바다와 인접한 카탈루냐Cataluna 지방에는 FC 바르셀로나라는 위대한 축구 클럽과 몇 달 전까지만 해도 리오넬 메시가 있었던 바르셀로나와 그 아래에 위치한 페네데스Penedes 의 계곡에서 카바가 만들어진다. 로버트 파커가 극찬한 알바로 팔라시오스Alvaro Palacios가 좀 더 내륙 쪽에 고도가 높고 급격한 경사와 척박한 환경을 갖춘 프리오랏Priorat에서 적절한 산도에 품질 좋은 와인을 만들기는 하나, 아무래도 스페인 지역의 위도나 온도 등의 특성상 재배 가능한 품종의 한계가 분명히 있는 것 같다.

카바를 만드는 주요 3대 품종인 마카베오Macabeo는 프랑스 남부 지방인 랑그독 루시옹Languedoc-Rousillon 에서도 주로 재배되는 품종으로 비우라Viura라는 이름으로 불린다. 다소 산도가 부족하고 향과 맛에서 밋밋한 매우 중성적 캐릭터를 지닌 품종이다.

두 번째로 자렐로Xarello는 아로마가 우수하나 화려한 꽃향기보다는 쌉쌀한 흙 내음 같은 풍미를 주는데 역시나 조금은 밋밋한 캐릭터를 지닌 품종이다.

마지막으로 파레야다Parellada는 신선한 레몬과 꽃향기를 지니고 있으며, 카바에서 산도를 담당하는 품종이다. 스페인은 전 세계 3위의 와인 생산국이며 프랑스, 이탈리아와 함께 와인 역사가 오래된 국가이며 리오하Rioja, 리베라 델 두에로Ribera del Duero, 리아스 바이사스Rias Baixas와 같은 유명 산지와 베가 시실리아Vega Sicilia와 같이 엄청난 와이너리가 있다. 템프라니요Tempranillo, 알바리뇨Albarino와 같은 전통 있는 품종과 우니코Unico와 같은 위대한 와인과 알바로 팔라시오스 같은 젊은 천재 양조가를 배출하였다. 낮은 평가나 비난보다는 1~2만 원대의 저렴한 가격에 살 수 있는 구대륙의 스파클링을 식전에 가볍게 마실 수 있다는 것에 감사함을 표한다. 카바의 특징을 있는 그대로 받아들여, 페어링에 잘 활용한다면 좋은 조합도 잘 찾아낼 수 있다.

독일의 젝트Sekt와 이탈리아의 프로세코는 국내에서 수입이 많이 되지는 않아, 몇 종류만 마셔 봤다. 대부분 폐쇄된 압력 탱크에서 저렴한 비용으로 대량 생산하는 샤르마Charmat 방식의 2차 발효를 택하고 있다. 숙성도 짧게 하다 보니, 병 발효만큼 효모가 자가 분해를 충분히 하지 못하며, 기포도 섬세하지 않고 크고 거칠어 지속성이 매우 약하다. 기포의 수도 적으며, 병 내 압력도 3기압으로 샴페인의 절반 수준으로 신선하고 가벼운 풍미 정도로만 끝이 나 버린다. 또한, 당도가 높은 것도 꽤 많아서 선뜻 손이 가지 않는데, 개인 기호도에 따라 여름에 가볍게 1~2잔 마시는 정도로는 괜찮다.

이 외에도 1번만 발효하다 중간에 발효를 멈춰 알코올 도수가 낮고 달콤한 이탈리아의 아스티Asti 스파클링 와인도 있다. 또 신대륙의 많은 나라, 지역에서도 최대한 서늘한 지역을 찾아 샴페인과 동일한 품종으로 샴페인과 제조 방식이나 유사한 트랜스퍼Transfer_병 내 2차 발효까지는 동일하게 진행한 후, 탱크에 와인을 모아 한번에 여과, 찌꺼기 제거 방식을 가지고 스파클링 와인을 만들고 있다.

그렇다면, 필자는 매일 샴페인만 마시는가? 아니다. 나에게도 웬만한 샴페인 하우스의 N/V급에 필적할 만한 스파클링이 있다.

바로, 이탈리아 지역의 스푸만테Spumante 등이다. 이탈리아는 아래로 길쭉한 나라인만큼 지역별로 레드와인과 화이트와인의 품종도 매우 다양하다. 위로는 베네토Veneto 지방부터 아래로 시칠리아섬까지 지역별로 다양한 스푸만테를 생산한다. 지역별로 사용하는 품종도 다양하고 생산 방법도 탱크부터 병 발효까지 다양하며 숙성 기간도 짧고 가벼운 것부터 오랜 기간 숙성하여 깊은 맛을 내는 것까지 다양하다.

필자는 이 다양한 스푸만테를 많이 경험해 보았다. 이 중에서 단연코 최고는 마지막 테이스팅 노트로 추가한 카텔 보스코의 퀴베 프레스티지이다.

샤르도네 품종 75%, 피노 네로 15%, 피노 비앙코 10%로 블렌딩되어 샴페인의 기본 품종 요건을 충족하며, 거의 블랑 드 블랑에 가깝다.

《신의 물방울》 주인공 칸자키 시주쿠가 "트레비 분수를 떠올리게 만드는 발랄한 광채와 우아함이 매력적이야" 라고 말한 바 있는 스파클링 와인이다.

필자는 이 스파클링 와인을 자주 마셨고, 지금도 몇 병 보관 중인데, 우아함과 섬세함은 늘 느끼지만, 아직도 트레비 분수는 떠오르지가 않는다.

와인 공부가 부족해서일까? 아니면, 나의 표현력의 부족일까?

마지막으로 영국의 남부 지방에서도 샴페인 제조에 사용되는 주요 품종을 재배하여 스파클링 와인을 아직도 만들고 있다. 러시아는 서남쪽 끝, 흑해 연안에 조지아, 우크라이나 등과 국경을 하고 있는 크라스노다르Krasnodar와 로스토프Rostov 지역에서 주로 스파클링 와인을 만든다. 지난 7월 소믈리에타임즈 기사 '러시아 정부, 프랑스 샴페인은 스파클링 와인만 판매 가능해' 에 의하면, 러시아의 새로운 주류법 개정안에 따라 러시아에서 만든 스파클링 와인만 샴페인으로 팔 수 있다고 하니, 얼마나 억지스럽고 재미있는 일인가? 과거 스탈린이 저가에 대량으로 만들게 한 소련 샴페인이 이제는 푸틴 대통령의 친구가 소유한 곳에서 만든 러시아 샴페인이 되어 출시가 된다니 ^^. 그래도 오랜 역사를 지닌 조지아Georgia 옆에 위치한 흑해 크림Crimean 반도에서 만든 샴페인이라 살짝 기대는 해본다.

페어링

'샴페인과 페어링' 하면 가장 먼저 캐비어Caviar_철갑상어 알을 소금에 절인 식품가 떠오른다. 카사노바Casanova도 즐겼다는 세상에서 가장 섹시한 음식이라고 하는 캐비어는 특유의 맛과 향을 제대로 즐기려면 역시나 같은 지역에서 만든 보드카Vodka가 1순위이다. 하지만 샴페인 역시 섹시함과 사치스러움의 이미지에 있어서는 전혀 밀리지 않고, 풍미뿐만 아니라 탱글거리는 질감, 입속에서 톡하고 터지는 식감이나 소리가 샴페인의 기포와도 매우 조화롭기 때문에 샴페인과 함께할 음식으로 늘 추천된다고 생각한다.

또한, 바게트나 크래커, 크림 파스타 등에 올려 먹는다면, 효모와 크리미한 풍미가 샴페인과 절묘하게 페어링이 되기 때문에 더욱 강추하겠다.

사실, 비싼 요리나 안주가 아니어도 샴페인은 페어링에 거의 만능이다. 잘 어울리는 음식으로는 회, 초밥, 굴, 새우와 같은 해산물부터 튀김 요리, 버터가 들어가거나 치즈와 함께 할 수 있는 음식, 매운 음식, 달고 짠 음식, 과일, 디저트 등 페어링에 있어서 끝이 없다.

《더미를 위한 와인 푸드 페어링》은 음식과 가장 잘 어울리는 와인을 선택하는 방법에 관한 책이다. 페어링의 기본적인 지식과 각 나라별 음식의 특징에 대한 설명이 잘 되어 있어 평소 페어링을 고민할 때 자주 참고하는 교범과 같은 책이다. 이 책의 1장에서는 간단한 페어링 요령을 설명하고 있는데, 아주 쉽게 따라 할 수 있어서 몇 가지만 첨부, 공유한다.

- 포도 품종보다는 메뉴에 가장 잘 어울리는 스타일의 와인 선택
- 음식과 향의 강도와 바디감이 비슷한 와인 선택
- 음식의 지배적인 맛과 질감에 잘 보완되거나, 대조를 이루는 와인 선택
- 음식과 같은 풍미를 가진, 자연스럽게 어울리는 와인 선택

개인적으로 동서양을 막론하고 단&짠, 단&단의 조합과 매운 음식을 달달함으로 보완하는 것은 진리라고 생각한다. 그래서 다음 장에서 다룰 리슬링 품종은 샴페인과 한식뿐만 아니라, 많은 나라, 지역의 음식에 적용할 수 있는 페어링하기 매우 좋은 와인이다.
참고로, 특별히 피하거나 페어링이 어려운 조합이 있다면, 쓴맛이 강한 음식과 탄닌이 강한 와인이나, 새콤한 음식과 산도가 낮거나 단 와인, 감칠맛이 많이 나는 음식과 오크 숙성이 많이 된 와인 등이다. 경험상 얼큰한 국물에 담긴 새우를 먹고 강한 레드와인을 마시는 건 절대로 하지 않길 바란다.
음식과의 페어링에 관해서 '와인 폴리' 홈페이지에는 짠 음식, 튀긴 음식, 비린내 나는 음식 등 어떤 음식과도 마법처럼 잘 어울리며, 아페리티프로만 마시지 말고, 메인 코스 요리와도 페어링해 볼 것을 추천하고 있다.

2019년에 너무 재미있게 읽고, 직접 따라 해보기도 했던 나의 추천 도서《열두 달의 와인 레시피》를 보면, 여러 품종별, 지역별 와인과 함께 즐길 수 있는 다양한 요리와 요리 방법이 상세히 설명되어 있다. 눈이 많이 온 날에 눈 속에서 샴페인을 담아 칠링하며 기억에 남는 밤을 보낼 것을 직접 찍은 사진과 함께 보여 준다. 샴페인과 함께 페어링할 음식으로는 브리 치즈를 오븐에 구워 따뜻하게 꿀, 견과류를 얹은 다음, 크래커를 찍어 먹을 것을 추천하고 있다. 이 조합은 나도 평소 자주 해보는 페어링 조합이며, 브리 치즈의 경우 오븐 대신 전자레인지를 사용해도 좋다.

산뜻하면서도 구수한 발효 향과 풍미가 일품인 블랑 드 블랑 샴페인은 과일 부르스게타 Bruschetta와 페어링할 것을 추천하고 있다. 산뜻한 청사과의 향과 풍미, 높은 산도, 바삭한 식감과 바게트의 풍미가 샴페인과 너무 잘 어울려 이 역시 평소 자주 해보는 조합이다.
미국 캘리포니아 스파클링 와인에는 각종 봄나물이 들어간 부침개를 이탈리아 북동부 베네토 지방에서 글레라Glera 품종을 가지고 만든 프로세코에 방울토마토를 꿀, 올리고당, 식초 등에 절인 후 부르스게타로 먹을 것도 추천하고 있다.

평소 블로그나 유튜브로도 매우 좋아하고 애독, 애청하고 있는 와인쟁이 부부의《와인이 있는 100가지 장면》에서도 샴페인과 페어링에 관한 얘기가 나온다. 샴페인의 상큼한 산도에는 신선한 모차렐라 치즈와 토마토, 어린 채소에 상큼한 발사믹 소스를 뿌린 카프레제Caprese 샐러드를 추천한다. 또한, 구수한 풍미와 통통 튀는 기포에 바삭하고 고소한 질감의 비스킷이나 얇게 자른 빵을 추천한다.

그리고 버터에 구운 관자 요리, 새우, 전 등 기름진 요리와 육회 등도 추천하고 있다.

마지막으로 최근에 읽은 책 중 하나인 《프랑스 와인 수업》에는 블랑 드 블랑과 생선 초밥, 로제 샴페인과 돼지고기 샤브샤브를 추천한다. 치즈 중에는 샹파뉴 지방의 대표 치즈라고 하는 샤우르스Chaource라는 흰 곰팡이 치즈와 랑그르Langres를 추천하고 있는데 처음 들어보는 치즈라 추천하기에 조금 망설임이 있다. 샤우르스는 산미와 감칠맛이 나는 치즈로 브리-카망베르 치즈와 비슷한 느낌으로 보인다. 랑그르는 표면을 소금물이나 술로 씻어 가면서 만드는 워시 타입의 치즈라고 하니 괜찮은 조합일 수 있겠다.

여러 책에서 전문가들이 추천한 바를 모두 정리해 보면, 필자의 생각과도 동일해진다. 결론적으로 샴페인은 모든 음식과 궁합이 다 맞는다. 혹은 대부분의 음식을 커버할 수 있다. 너무 강한 산도를 가진 음식과 너무 맵거나 짠 음식 정도를 제외하고는 적당히 센 음식은 충분히 커버할 수가 있다. 무수히 많이 실시한 임상 실험 결과이니, 야식-혼술로 새우깡부터 치즈, 냉동만두, 치킨까지 혹은 식사를 하면서 모든 음식과 시험해 보길 바란다.

와인잔

샴페인 잔으로는 보통 플루트Flute 잔을 사용한다. 샴페인에서만 느낄 수 있는 미세하고 우아한 기포와 소리는 눈으로도 마시고 귀로도 느낄 수 있는 특권을 부여하기 때문이다. 하지만 필자는 레스토랑에서 통상적으로 제공해 주는 플루트 잔이 별로 맘에는 안 든다. 고급 레스토랑이나 와인바의 경우에는 주문하는 샴페인의 퀄리티에 맞게 큰 사이즈의 플루트 잔에 서빙을 해주는 곳도 있지만, 보통 키도 작고 립Lip도 매우 작은 막잔을 많이 주기 때문에 기포도 관찰하기가 어렵고 특히 향과 풍미를 제대로 즐기기에는 부족한 경우가 많다.

그래서 집에서 혼술을 할 때는 셀러에서 오랜 기간 숙성이 된 N/V 샴페인이나, 빈티지 샴페인의 경우에는 항상 몽라셰 잔이나 볼이 좀 더 큰 화이트 잔, 리슬링 잔 등에 따라 마신다. 여행을 갈 때도 조금은 유난스럽지만, 항상 차 트렁크에 준비해 놓은 와인잔을 사용한다.

소믈리에 레드타이   소믈리에 빈티지   파토마노 퍼포먼스   맥스

샴페인 잔은 레드와인잔에 비하면, 유명 와인잔 제조사별로 모양새가 많이 다르지 않다. 그래서, 필자가 가장 좋아하는 브랜드 3개사 중, 리델Riedel의 다양한 제품 몇 가지를 비교해 보았다.
플루트 형태의 잔이 샴페인을 마시기에는 가장 이상적인데, 볼Bowl과 립 각각의 넓이나 비율에 따라 다른 즐거움을 주기 때문에 오늘 즐기고 싶은 포인트와 샴페인의 빈티지나 숙성 상태 등에 따라 선택하면 좋다.

물론, 플루트 잔에서 기포가 고르게 섞이기 때문에 향의 발산이 더 많이 되므로, 고급 샴페인을 플루트 잔에 마셔야 된다고 주장하는 사람도 있다. 궁금하다면 구글에 프랑스 랭스 대학의 제라드 리제 벨에르 교수를 검색해 보자. 관련된 기사나 블로그가 있는데, 매우 과학적인 설명과 엑스레이 같은 사진이 있으니 참고하기 바란다.

오른쪽 사진은 위키피디아에서 검색, 캡처한 사진인데, 고대 그리스에서 사용한 여러 도기 중 하나로 이 중 술잔으로 사용된 칸타로스Kantharos라고 불리는 잔이다.
크기는 정확히 모르겠으나, 양쪽에 달린 손잡이를 봤을 때 꽤 무겁고 많은 양의 와인이 들어갈 것 같다. 영화에서 귀족이나 신하들이 돌려 가면서 마시는 것을 본 적이 있다.
정교한 황금빛 문양도 멋져 한번은 꼭 이 잔에 와인을 마셔 보고 싶은 생각이 든다.

아마도, 레드와인을 따라 마치 삼국지에 나오는 장수들처럼 벌컥 마시는 용도로 쓰였을 것 같기도 하고, 이집트나 중세 유럽의 왕과 귀족들이 황금빛의 빈티지 샴페인을 따라 좀 더 우아하게 마시기도 했을 것 같다.
실제로 유기로 만든 와인잔과 주석으로 만든 작은 잔에도 가끔 와인을 마셔 보았는데 묵직함과 잔이 주는 시원함에 새로운 뭔가를 느낀다.

아로마

테이스팅 비교를 하기 위해서는 사전에 와인에 대한 많은 경험뿐만 아니라, 와이너리에 대한 역사와 정보, 해당 지역에 대한 테루아 이해, 품종에 대한 이해 등을 한 상태에서 테이스팅을 한다. 그렇게 해야 매우 정확하면서도 더 많은 경험을 할 수 있고, 머리와 가슴 속에 와인에 대한 기억이 오랫동안 남게 된다. 이에 앞서 가장 기본이 되는 것이 향과 풍미에 대한 다양한 경험을 기억하는 것이다.

이론적으로 정해 놓은 다양한 풍미에 대한 용어 정의나 테이스팅 기법이 많기 때문에 완벽히 외우거나 숙달하지 않더라도 어느 정도는 기본적인 것을 따라가면서 테이스팅해야 한다. 그렇게 함으로써 일관적인 방법에 익숙해지면서 자연스럽게 노트를 기록하게 되고, 향후에 같은 와인을 마실 때에도 참고할 수도 있어 매우 유익하다.

앞서 프롤로그Prologue에서 테이스팅 노트를 기록할 때에는 WSET 3단계 '와인 시음의 체계적인 접근법'에 따라 작성했다고 언급했다. 이 중 후각적인 요소와 관련된 매우 다양한 아로마는 배운 것 외에도 많은 전문가와 전문 서적, 블로그, 카페, 밴드 등에서 고수들이 사용하는 용어를 전반적으로 사용하려고 한다.

후각에서 느낄 수 있는 향은 포도가 가진 고유의 아로마Aroma와 양조 과정에서 느낄 수 있는 부케Bouquet로 구분하는데, 일반적으로 아로마라고 광범위하게 표현해도 무방하다.

1차 향은 포도가 가진 고유의 아로마, 발효를 통해 발현되는 아로마와 풍미를 말하며, 주로 과일, 꽃, 미네랄과 같은 향을 느낄 수 있다.

- White wine: 초록~핵~열대 과일류, 다양한 꽃, 허브 등의 식물류, 젖은 돌 등
- Red wine: 붉은~검은 과일류, 말린 과일, 장미꽃, 피망 등의 식물류, 젖은 돌 등

2차 향은 발효, 양조 과정에서 나타나는 향과 풍미를 말하며, 주로 오크, MLF, 효모 향을 느낄 수 있다.
- 오크Oak: 바닐라, 삼나무, 코코넛, 스파이시한 향신료, 초콜릿, 커피 등
- 유산 발효MLF_Malolactic Fermentation: 버터, 크림, 치즈

3차 향은 병 숙성 과정에서 나타나는 숙성 향과 풍미를 말하며, 포도 품종별로 다르나, 주로 말린 과일과 산화된 향을 느낄 수 있다.
- White wine: 꿀, 버섯, 건초, 생강, 휘발유, 말린 과일 등
- Red wine: 가죽, 흙, 담배, 젖은 잎, 고기, 버섯, 말린 과일 등
- 산화 풍미: 견과류, 초콜릿, 캐러멜, 토피 등

웹사이트 Le Comité Champagne (https://www.champagne.fr/)를 방문하면 'Aroma development in Champagne wines' 파일을 다운로드할 수 있다. 주요 3가지 품종별로 젊을 때부터 숙성을 거쳐 완전성과 복합성을 지닐 때까지의 아로마에 대한 이해를 쉽게 할 수 있도록 직관적인 사진과 용어를 기재해 놓은 매우 훌륭한 자료를 얻을 수 있다.

이 자료는 샴페인뿐만 아니라 부르고뉴 와인을 마시는 데 있어서도 충분히 활용 가능하니 사이트에 들어가서 휴대전화에 다운로드하고 테이스팅할 때마다 꼭 활용해 보길 바란다.

1. 로랑 페리에, 퀴베 로제 브뤼
Laurent Perrier, Cuvee Rose Brut

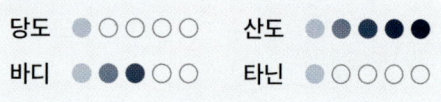
스파클링

원산지	프랑스 / 샹파뉴 Champagne
와이너리	로랑 페리에 Laurent Perrier
포도 품종	피노 누아 Pinot Noir 100%

당도 ●○○○○   산도 ●●●●○
바디 ●●○○○   타닌 ●○○○○

D 95, WE 94, WS 93, JS 92
'09~'13 5년 연속 대한항공 비즈니스, 퍼스트 클래스 서빙 와인

WINE ENTHUSIAST 2021 VINTAGE CHART

Region	Appellation/Type	2011	2010	2009	2008	2007	2006	2005	2004	2003
Champagne		89	90	94	98	91	89	93	95	86

2차 발효 후 5년간 병 숙성하는 샴페인이므로 2017년 여름에 구매했으니, 최소한 2010년 이전 빈티지를 베이스 와인으로 만들었을 것이라 추측해 본다.

2010년 샹파뉴는 8~9월 폭우로 인해 매우 고생한 해인데, 샤르도네 품종이 그나마 잘 되었다고 하며, 2009년은 유난히 좋았던 한 해로 따뜻한 날씨와 풍부하고 잘 익은 과일로 기록되는 해이다.

2008년은 전설의 그레이트 빈티지를 탄생시킨 해로, 강력한 과일과 반짝이는 산도를 가진 해이다. 와인 애드버킷 Wine Advocate, WA은 2010, 2009 빈티지에 대해 89 R Ready to drink과 92 R로 평가하고 있으며, 와인 서처 Wine-searcher.com도 2010, 2009 빈티지에 대해 전반적인 품질, 컨디션에 대해 아래와 같이 설명하는데, 극명하게 차이가 나는 평가를 하고 있다.

Vintage quality	Poor / Excellent
Current condition	Likely past it / Ready to drink

2021/2 (N/V_ 병입일 미기재, 17년 구매)

Tasting Note

시각 선명도는 맑고, 색상은 연어~주황 → 핑크는 없고, 숙성 빛깔 지님,
색의 강도는 깊고 진함.

후각 상태는 깨끗, 후각의 강도는 medium(+)
1차 향: 라즈베리, 딸기 → 붉은 계열 새콤, 신선한 과일 향
2차 향: 토스트, 빵 반죽, 버터, 치즈
3차 향: (-) → 꿀, 견과류까지는 아직 잘 느껴지지 않음.
발전 단계는 숙성 중 → 색상에 비해, 풍미는 아직 어리고 숙성 중

미각 당도: dry, 산도: high, 바디: medium_샴페인 기준으로는 (+), 알코올: medium
풍미 강도는 medium(+)
여운이 medium(+)

매우 좋은 와인이며, 지금 마시기에도 좋고, 숙성 잠재력도 있음.
→ 균형미, 복합미, 여운, 강도 모두 Very Good

⇒ 색에 비해 아직 신선하고 새콤한 과일 향이 인상적이었으며, 부드러운 풍미와
구조감이 좋았는데, 2~3년 추가 숙성 후 시음하면 숙성 향이 충분히 발현되어
복합미가 더 좋아질 것 같음.
베이스 와인이 피노 누아 품종으로 특유의 바디감과 쌉쌀함이 느껴짐.

평점 4.3
가격 9.3만 원

평점 91
가격 10.4만 원

2. 도츠, 로제 '벚꽃 에디션'
Deutz, Rose 'Cherry Blossom'

 스파클링

원산지	프랑스 / 샹파뉴Champagne
와이너리	도츠Deutz
포도 품종	피노 누아 90%, 샤르도네 10%

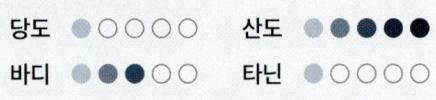

당도 ●○○○○   산도 ●●●●●
바디 ●●●○○   타닌 ●○○○○

봄 시즌 한정 '벚꽃' Edition

2016 Antonio Galloni 91
2016 Champagne & Sparkling wine world Silver

WINE ENTHUSIAST 2021 VINTAGE CHART

Region	Appellation/Type	2019	2018	2017	2016	2015	2014	2013	2012	2011
Champagne		97	97	95	93	95	93	NV	98	89

2차 발효 후 최소 36개월을 병 숙성한 샴페인이므로 최소한 2018년~2020년까지 병 숙성을 거친 이후, 2021년 봄에 출시한 제품을 필자가 구매한 것으로 추측을 해보는바 최소 2016년 빈티지를 베이스와인으로 하여, 그 이전의 리저브 와인과 일정 비율 블렌딩했을 것으로 본다.

2016년 샹파뉴는 봄 서리와 여름 폭우로 매우 힘들게 시작되었지만, 피노 누아 품종은 어느 정도 성과를 얻었다고 한다. 2015년도는 더운 날씨와 가뭄에도 불구하고 수확이 빨리 시작되었고 수확량도 적었으나, 눈부신 성공을 이룬 한 해라고 평가받는다.

와인 애드버킷은 2016, 2015 빈티지에 대해 94 TStill tannic, youthful, or slow to mature와 93 EEarly maturing and accessible로 평가하고 있으며, 와인 서처는 2016, 2015 빈티지에 대한 전반적인 품질, 컨디션에 대해 아래와 같이 설명하고 있는데, 2015 빈티지에 대한 평가가 매우 좋다.

Vintage quality	Good / Legendary
Current condition	Ready to drink, will keep

2021/5 (N/V_ 병입일 미기재, 21년 구매)

Tasting Note

시각 선명도는 맑고, 색상은 흐린 연어, 색의 강도는 진해 → 의외

후각 상태는 깨끗, 후각의 강도는 medium
  1차 향: 딸기, 라즈베리, 체리 → 붉은 계열 신선한 과일 향
    레몬, 라임, 오렌지, 피망 → 시트러스 과일 향, 식물 풍미
  2차 향: 빵 반죽, 토스트, 버터, 치즈
  3차 향: (-)
  발전 단계는 숙성 중

미각 당도: dry, 산도: medium(+), 바디: medium → 샴페인 기준으로는 (+),
  풍미 강도는 medium
  여운이 medium

  좋은 와인이며, 지금 마실 수 있지만, 숙성 잠재력이 있음.
  → 균형미, 복합미는 Very Good 여운, 강도는 Good

  ⇒ 추가 숙성을 하면 복합미는 더 발휘되겠지만, 와인의 색과 레이블, 네이밍을 고려할
    때, 봄에 구매 후 바로 마시는 것도 좋은 선택이라고 생각됨.
    피노 누아 품종의 영향으로 바디감과 구조감이 좋은데, 색상이 생각보다 빨리 변한
    것은 다소 아쉬움. → 혹시 2020년에 출시된 샴페인을 가져왔을 수도… T.T

평점 4.1
가격 6.8만 원

평점 90
가격 7.1만 원

3. 찰스 하이직, 브뤼 리저브
Charles Heidsieck, Brut Reserve

 스파클링

원산지	프랑스 / 샹파뉴Champagne
와이너리	찰스 하이직Charles Heidsieck
포도 품종	샤르도네 40%, 피노 누아 40%, 피노 뫼니에 20%

당도 ●○○○○　산도 ●●●●○
바디 ●●●○○　타닌 ●○○○○

WS 93, D 93, WE 92, RP 92
Fine Magazine NO.1 N/V 샴페인 선정

WINE ENTHUSIAST 2021 VINTAGE CHART

Region	Appellation/Type	2013	2012	2011	2010	2009	2008	2007	2006	2005
Champagne		NV	98	89	90	94	98	91	89	93

2차 발효 후 최소 3년을 병 숙성한 샴페인인데, 이 샴페인은 백 레이블을 보면 Laid in chalk cellars 2011, disgorged 2017이라 명기되어 있는바, 무려 6년간이나 백악질 셀러에 보관, 숙성된 샴페인으로 추측된다. 10년이 된 리저브 와인 비율이 40%인 것을 감안하면, 최소 2010년 빈티지를 베이스 와인으로 하여, 오래된 리저브 와인과 일정 비율 블렌딩했으니 엄청난 N/V 샴페인이다. 특이해서, 보유하고 있는 여러 병을 추가로 백 레이블을 살펴보니, Laid in chalk cellars 2016, disgorged 2019 등으로 적혀 있어 일반적인 3년 병 숙성이니, 위의 경우가 특이하다고

생각된다.

2010년 샹파뉴는 8~9월 폭우로 인해 매우 고생한 해인데, 샤르도네 품종이 그나마 잘 되었다고 하며, 2009년은 유난히 좋았던 한 해로 따뜻한 날씨와 풍부하고 잘 익은 과일로 기록되는 해이다.

와인 애드버킷은 2010, 2009 빈티지에 대해 89 R Ready to drink과 92 R로 평가하고 있으며, 와인 서처도 2010, 2009 빈티지에 대해 전반적인 품질, 컨디션에 대해 아래와 같이 설명하는데, 극명하게 차이가 나는 평가를 하고 있다.

Vintage quality	Poor / Excellent
Current condition	Likely past it / Ready to drink

2020/12 (N/V_ 2017 병입)

Tasting Note

시각   선명도는 맑고, 색상은 골드, 색의 강도는 중간~깊은 넘어가는 중
거품이 작고 섬세하며, 힘이 있고, 거품의 지속성 우수

후각   상태는 깨끗, 후각의 강도는 medium (+)
1차 향: 레몬, 모과, 살구, 복숭아 → 신선한 초록 과일~핵과일 향까지
      오렌지 껍질, 미네랄
2차 향: 토스트, 빵 반죽 → 효모 향이 구수 ~ 쌉싸름 향까지
      치즈, 크림, 버터
3차 향: 꿀, 견과류, 아몬드
발전 단계는 숙성 중

미각   당도: dry , 산도: high , 바디: medium (+), 알코올: medium (12%) → 숙성도,
바디감, 풍미 강도 때문에 알코올이 medium (+) 수준으로 높게 느껴짐.
풍미 강도는 medium (+) / 여운이 medium (+)

매우 좋은 와인이며, 지금 마실 수 있지만, 숙성 잠재력도 있음.
→ 균형미, 복합미, 여운, 강도 모두 Very Good

기포는 여전히 힘차며, 지속성이 좋음.
버터, 크림, 바닐라 향이 더 진해지며, 구조감과 바디감이 잘 느껴짐.
구수~쌉싸름했던 효모향이 브리오슈와 같은 부드러운 향으로 변함.
아몬드 향이 느껴지며, 맛에서는 아몬드와 꿀이 조금 느껴짐.
여운으로 미네랄 캐릭터가 길게 느껴짐.
⇒ 정말 맛있는 N/V 샴페인을 마시다 !!! (아직도 짱짱)

vivino
평점 4.2
가격 8.9만 원

wine-searcher.com
평점 91
가격 6.9만 원

Tasting Note #3

4. 샴파뉴 앙리오, 브뤼 수버랭
Champagne Henriot, Brut Souverain

 스파클링

원산지 프랑스 / 샴파뉴 Champagne
와이너리 샴페인 앙리오 Champagne Henriot
포도 품종 샤르도네 50%, 피노 누아 45%, 피노 모니에 5%

당도 ●○○○○   산도 ●●●●○
바디 ●●○○○   타닌 ●○○○○

D 92, RP 91, WS 91, WE 91, JS 91

프랑스 La Revue du Vin de France 최고 브랜드 샴페인 선정 (아페리티프 부문)

WINE ENTHUSIAST 2021 VINTAGE CHART

Region	Appellation/Type	2019	2018	2017	2016	2015	2014	2013	2012	2011	2010
Champagne		97	97	95	93	95	93	NV	98	89	90

2차 발효 후 최소 3년을 병 숙성한 샴페인이므로 최소한 2017년~2019년까지 병 숙성 후, 2019년 가을에 구매했으니, 최소 2015년 빈티지를 베이스 와인으로 하여 만들었을 것이라 추측되는데, 생산자의 홈페이지에는 30%의 리저브 와인을 블렌딩하였다고 명기되어 있다.

2015년 샴파뉴는 더운 날씨와 가뭄에도 불구하고 수확은 빨리 시작되었고 수확량도 적었으나, 눈부신 성공을 이룬 한 해라고 하며, 2014년도 습기로 고생은 했으나, 수확기에 대체적으로 좋았으며 피노 누아와 샤르도네 두 품종 모두 좋았던 한 해로 기억된다.

와인 애드버킷은 2015, 2014빈티지에 대해 93 E Early maturing and accessible 와 94 E로 평가하고 있으며, 와인 서처는 2015, 2014 빈티지에 대한 전반적인 품질, 컨디션에 대해 아래와 같이 동일하게 설명하고 있다.

Vintage quality	Good
Current condition	Ready to drink, will keep

2021/1 (N/V_ 병입일 미기재, 19년 구매)

Tasting Note

시각   선명도는 맑고, 색상은 레몬 → 골드빛 조금, 색의 강도는 medium
거품이 작고 섬세하며, 힘이 있고, 거품의 지속성 우수

후각   상태는 깨끗, 후각의 강도는 medium(+)
1차 향: 레몬, 사과, 은은한 꽃향기 → 시트러스 계열의 신선한 과일 향
2차 향: 브리오슈, 패스트리, 버터
3차 향: 견과류, 꿀 → 아몬드, 꿀 풍미가 조금씩 올라옴.
발전 단계는 숙성 중

미각   당도: dry, 산도: high, 바디: medium, 알코올: medium
풍미 강도는 medium(+)
여운이 medium(+)

매우 좋은 와인이며, 지금 마실 수 있지만, 숙성 잠재력이 있음.
→ 균형미, 복합미, 여운, 강도 모두 Very Good

⇒ 확실히 샤르도네 비중이 높아서 신선한 과일과 꽃향기와 풍미가 매우 좋고, 미네랄도 잘 느껴짐.
바디감은 강하지는 않으나, 풍미 강도나 여운이 생각보다 괜찮고 균형감이 전반적으로 좋음.
1~2년 숙성 후에 시음하면 2~3차 향이 더 좋아져 복합미가 잘 발현될 것으로 예상됨.

평점   4.0
가격   4.8만 원

평점   89
가격   5.7만 원

5. 앙리 지로, 에스프리 나뚜르 브뤼
Henri Giraud, Esprit Nature Brut

 스파클링

원산지	프랑스 / 샹파뉴 Champagne
와이너리	샹파뉴 앙리 지로 Henri Giraud
포도 품종	피노 누아 80%, 샤르도네 20%

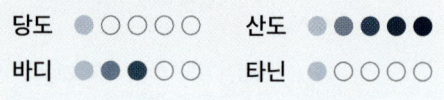

당도 ●○○○○   산도 ●●●●●
바디 ●●●○○   타닌 ●○○○○

WS 92, Vinous 90, CellarTracker 90

WINE ENTHUSIAST 2021 VINTAGE CHART

Region	Appellation/Type	2019	2018	2017	2016	2015	2014	2013	2012	2011	2010	2009
Champagne		97	97	95	93	95	93	NV	98	89	90	94

2차 발효 후 최소 3년을 병 숙성한 샴페인이므로 병입일이 2019년 4월임을 감안하면, 최소한 2016년~2019년까지 병 숙성한 것이다. 최소 2014년 빈티지를 베이스로 하여, 그 이전의 리저브 와인을 블렌딩했을 것으로 추측되는데, 정확하진 않지만 그 비율이 약 50% 정도로 들은 적이 있다.

2014년 샹파뉴는 습기로 고생했으나, 수확기에 대체적으로 좋았으며 피노 누아와 샤르도네 두 품종 모두 좋았던 한 해로 기억되며, 2013년도 피노 누아와 샤르도네 두 품종 모두 좋았던 해이다.

와인 애드버킷도 2014, 2013 빈티지에 대해 92 E Early maturing and accessible과 95 T Still tannic, youthful, or slow to mature로 매우 높게 평가하고 있다.
와인 서처는 2014, 2013 빈티지에 대한 전반적인 품질, 컨디션에 대해 아래와 같이 동일하게 설명하고 있다.

Vintage quality	Good
Current condition	Ready to drink, will keep

2021/6 (N/V_ 19.4.3 병입)

Tasting Note

시각 선명도는 맑고, 색상은 골드, 색의 강도는 medium(+)
거품이 힘이 있고, 거품의 지속성 우수 → 풍미 고려, 화이트 잔 사용

후각 상태는 깨끗, 후각의 강도는 medium(+)
1차 향: 레몬, 모과, 배, 사과, 아카시아, 허니서클 Honeysuckle_인동초, 미네랄
→ 시트러스 ~ 초록 과일 계열의 신선 ~ 달콤한 향
2차 향: 토스트, 브리오슈, 버터, 크림, 바닐라
3차 향: 꿀, 견과류, 토스트
발전 단계는 숙성 중

미각 당도: dry, 산도: medium(+), 바디: medium ~ medium(+)
풍미 강도는 medium(+) 이상
여운이 medium ~ medium(+)

매우 좋은 와인이며, 지금 마시기도 좋고, 숙성 잠재력도 있음.
→ 균형미, 복합미, 강도 Very Good, 여운 Good

⇒ 피노 누아 품종의 비중이 높고, 숙성이 꽤 진행된 풍미와 강도, 복합미, 바디감 등이 단단하며, 샤르도네의 신선함, 깔끔함이 같이 느껴져, 매우 좋음. 마치 빈티지 샴페인을 마시는 느낌임.
도사주 비율 7.5g/L, 과숙성된 느낌인지 생각보다 달콤함과 잔당감이 느껴지나, 구조감/풍미 강도/바디감, 미네랄이 있어서 충분히 조화로움.

평점 4.0
가격 6.5만 원

평점 90
가격 7.6만 원

6. 뤼나르, 블랑 드 블랑
Ruinart, Blanc de Blanc

🇫🇷 스파클링

원산지	프랑스 / 샹파뉴 Champagne
와이너리	뤼나르 Ruinart
포도 품종	샤르도네 100%

당도 ●○○○○ 산도 ●●●●○
바디 ●●○○○ 타닌 ●○○○○

WS 93, JS 93, WE 92, RP 90
CellarTracker 90

WINE ENTHUSIAST 2021 VINTAGE CHART

Region	Appellation/Type	2019	2018	2017	2016	2015	2014	2013	2012	2011
Champagne		97	97	95	93	95	93	NV	98	89

병입일이 기재되지 않아 추측하기는 어렵지만, 2021년에 출시된 샴페인으로 추측이 되며, 2017년부터 이전 빈티지들이 리저브 와인으로 사용되었을 가능성이 많다. 이 하우스는 평소 많은 양의 리저브 와인을 블렌딩하여 균형감을 맞추고 날카로운 산도에 부드러움을 더한다고 하며, 생산자의 홈페이지에는 이전 2개 연도의 리저브 와인을 20~25% 사용한다고 명기되어 있다.

와인 서처는 2017년 샹파뉴에서 샤르도네 품종이 한결같이 좋았다고 하며, 2016년도 봄 서리와 초여름의 폭우로 수확량 감소와 고르게 익지 못한 영향은 있지만, 나름 좋은 성과를 얻었다고 한다. 2015년도가 2002년, 2008년에 이어 또다시 그레이트 빈티지가 될 확률이 높은 해로 평가하고 있다.
2017, 2016 빈티지에 대한 전반적인 품질, 컨디션에 대해 아래와 같이 동일하게 설명하고 있으며, 2015 빈티지에 대해서만 Legendary로 평가하고 있다.

Vintage quality	Good
Current condition	Ready to drink, will keep

2021/3 (N/V_ 병입일 미기재)

Tasting Note

시각 선명도는 맑고, 색상은 레몬, 색의 강도는 medium
기포가 매우 작고, 힘차며, 지속성이 우수

후각 상태는 깨끗, 후각의 강도는 medium
1차 향: 레몬, 청사과, 모과, 배, 복숭아, 흰 꽃, 미네랄 → 신선하고 잘 익은 과일 향
2차 향: 비스킷, 브리오슈, 토스트, 치즈, 크림 → 부드럽고 구수
3차 향: 꿀, 견과류, 토스트
발전 단계는 숙성 중

미각 당도: dry, 산도: high, 바디: medium
풍미 강도는 medium(+) 이상
여운이 medium(+) 이상 → 은은하게 길어

매우 좋은 와인이며, 지금 마시기도 좋고, 숙성 잠재력도 아직 있음.
→ 균형미, 복합미, 강도, 여운 모두 Very Good

⇒ 높은 산도와 신선하고 깔끔한 과일 풍미에 과하지 않고 은은하게 지속되는 효모 풍미와 미네랄 캐릭터가 매우 좋음.
부드럽고 크리미한 부분도 블랑 드 블랑의 신선함을 깨지 않는 선에서 조화롭게 어울림.
캐비어를 얹힌 크래커와 함께 했는데, 짭짜름하고 비릿함과 고소함의 장점을 모두 커버, 배가시키는 깔끔한 페어링이 되었음.

vivino
평점 4.4
가격 12.2만 원

wine-searcher.com
평점 90
가격 10.7만 원

7. 카델 보스코, 프란치아코르타 퀴베 프레스티지 엑스트라 브뤼
Ca'del Bosco, Franciacorta Cuvee Prestige Extra Brut

🇮🇹 스파클링

원산지 이탈리아 / 롬바르디아 Lombardia
와이너리 카델 보스코 Ca'del Bosco
포도 품종 샤르도네 75%, 피노네로 15%, 피노 블랑 10%

당도 ●○○○○   산도 ●●●●○
바디 ●●●○○   타닌 ●○○○○

JS 92, RP 91, WS 90, WS 90

Decanter: 죽기 전에 마셔야 할 100대 와인
→ 비 샴페인 중 선정된 유일한 스파클링

WINE ENTHUSIAST 2021 VINTAGE CHART

Region	Appellation/Type	2015	2014	2013	2012	2011	2010	2009	2008	2007
Lombardy	Franciacorta	90	85	89	92	90	92	93	90	91

병입일인 2016년 3월을 기준으로, 2차 발효 후 최소 28개월을 병 숙성한 스파클링이므로 2차 발효는 2013년 11월일 것으로 추측된다. 2012년 빈티지를 베이스 와인으로 하여, 그 이전의 리저브 와인 30%를 일정 비율에 따라 블렌딩했을 것으로 추측된다.

2012 빈티지에 대해서는 진정 훌륭한 와인은 거의 없었지만, 좋은 와인은 지역에 따라 많이 만들어졌다는 평가이며, 이탈리아에서는 전반적으로 좋은 와인이 만들어졌다고 한다.
와인 애드버킷이나 와인 서처는 롬바르디아 지방에 대한 평가 수치는 별도로 없어 다소 아쉽지만, 로버트 파커나 《와인 스펙테이터》 등에서 테이스팅한 점수를 꾸준히 공개하고 있으니 참고하기 바란다.

2020/10 (N/V_ 16.3 병입)

Tasting Note

시각 선명도는 맑고, 색상은 골드, 색의 강도는 medium(+)
거품이 작고 섬세하며, 힘이 있음. 거품의 지속성이 우수함.

후각 상태는 깨끗, 후각의 강도는 medium(+)
1차 향: 사과, 배, 복숭아, 살구 → 핵과류 stone fruit 계열의 과일 향
2차 향: 토스트, 바닐라, 버터
3차 향: 견과류 → 아몬드, 꿀 향이 조금씩 올라와
발전 단계는 숙성 중

미각 당도: dry, 산도: medium(+), 바디: medium(+)
풍미 강도는 medium
여운이 medium

좋은 와인이며, 지금 마실 수 있지만, 숙성 잠재력도 있음.
→ 균형미, 복합미는 Very Good, 여운, 강도는 Good

⇒ 화이트와인 비중이 높아서 과일 풍미가 좋고, 신선함이 느껴짐.
병 숙성이 3년 이상 되어 효모 풍미와 바디감이 좋고 풍부함.
풍미 강도나 여운은 빈티지 샴페인보다 확실히 부족한데, 스파클링, 스푸만테 중에서는 확실히 산도나 복합미가 좋은 편임.
오래된 빈티지이며, 5년 이상 추가로 셀러에서 병 숙성을 거치다 보니 진한 색과 3차 향의 발현이 깊이를 더해 줌.

vivino
평점 4.1
가격 4.1만 원

wine-searcher.com
평점 90
가격 4.7만 원

Tasting Note #7

②

Riesling
리슬링

"와인이 신비로운 이유는,
셀 수 없이 많은 지역에서 나오는 데도 불구하고
위대한 와인은 특별한 장소에서
단지 소량만 생산되기 때문이다."

알렉 워 Alec Waugh

아로마의
끝판왕

영화 '와인 미라클'의 원작인 《파리의 심판》을 읽다가 형광펜으로 밑줄을 쫘~악 그은 문장이 바로 '와인이 신비로운 이유는, 셀 수 없이 많은 지역에서 나오는 데도 불구하고 위대한 와인은 특별한 장소에서 단지 소량만 생산되기 때문이다'라는 부분이다. 영국의 작가 알렉 워Alec Waugh가 1959년 《와인 예찬》에서 한 말로 당시에도 뛰어난 와인은 항상 희귀했고 그것을 당연히 여겼기에, 와인 전문가과 애호가의 통념을 표현한 적절한 문구라고 생각한다.

늘 화이트와인은 부르고뉴Bourgogne 샤르도네 Chardonnay 품종만을 떠올리며, 마음속으로 큰 벽을 치고 피노 누아Pinot Noir 품종 와인 못지않게 편식을 했는데, 2019년 WSET Level 2 수업이 나에게 큰 변화를 가져다주었다.
다양한 화이트와인 품종과 지역별 다양성에 대해 강의와 테이스팅을 통해 체험하였다. 이때 프랑스 알자스Alsace 지역의 리슬링Riesling 품종을 경험하고는 예전에 몇 번 마셔 보았던 독일 모젤Mosel 지역의 저렴하고 가벼운 스타일의 리슬링처럼 '마실 만하네' 정도의 테이스팅 결론을 스스로 내고 마친 바 있었다. *이후 경험하고 알게 된 사실인데, 알자스와 모젤 지역에도 훌륭한 와인이 많이 있었다.
국내에 수입되는 리슬링 품종의 와인이 많지는 않다. 독일 리슬링은 달고, 디저트 와인으로 마시고, 석유 향이 나는 등의 편견 때문인지 리슬링 품종이 국내에서는 힘을 발휘하지 못하고 있다.
그래도, 역시 배운 자!!! 독일 와인 업계의 문제점과 당도에 대한 집착, 알자스 지방이 역사적으로 독일과 프랑스의 오랜 전쟁사 등과 함께한다는 것, 리슬링 품종이 잘 자라는 지리적 여건 등을 배우고 나니, 이 품종에 대한 관심도 증가했다. 그리고 품질도 좋고 비쌀 수밖에 없는 이 품종이 왜 국내에서는 인정을 받지 못하고 있는지 의문도 생겼다.
1주 정도 지났을까? 평소 친하게 지낸 백화점 수입사 매니저에게 지난 주에 배웠던 품종과 관련된 다른 와인을 여러 병 주문을 해서, 주말에 홀로 열심히 테이스팅 복습을 했다. 와우!!! 신세계의 발견. 바롤로와 리슬링. 강의료와 시간이 아깝지 않았다. 결국 나의 와인은 피노 누아, 샤르도네, 샴페인에서 2가지가 더 추가되었다. 특히, 라인가우 Rheingau 지역의 리슬링은 너무나도 훌륭했다. 국내에 수입되는 라인가우 지역 리슬링은 필자가 아는 모든 숍을 뒤져 모두 사 마셔 본 것 같다.

리슬링 품종의 첫 번째 특징은 다양한 과일과 꽃, 미네랄, 숙성 향과 풍미 등에 있어 매우 강렬한 아로마를 가진다는 것이다.
두 번째 특징은 품종 자체가 가진 고유의 아로마 캐릭터가 워낙 강렬하다 보니, 샤르도네 품종이나 다른 화이트와인이 주로 사용하는 오크 숙성이나 유산 발효를 하지 않고 순수한 형태로 만들어지기 때문에 매우 깔끔하고 신선한 풍미를 가진다는 것이다.
세 번째 특징은 높은 산도를 가지고 있어 와인에 신선한 풍미를 선사하고, 와인의 균형감도 높여 주며 장기간 숙성이 가능한 힘을 가지고 있다는 것이다.
네 번째 특징은 포도 껍질이 얇아 포도가 독일과 같이 서늘한 지역에서도 잘 익을 수 있게 해주며, 만생종으로 늦게 수확을 할 수 있고, 조건에 맞춰 늦게 수확할 경우에는 귀부와인을 만들 수도 있고, 다양한 당도의 와인을 만들 수 있다는 점이다.
다섯 번째 특징은 서늘한 지역에서는 좀 더 가볍고 새콤한 과일 아로마를 가진 리슬링 와인이 만들어진다는 점이다. 조금 온화한 지역에서는 핵과류부터 열대 과일의 풍미를 가진 와인이 만들어지는데, 무엇보다도 장기 숙성을 거치면서 만들어지는 것으로 알려져 있던 페트롤 Petroleum_석유 향과 풍미가 가장 독특하고 임팩트 있는 것이 특징이다.

풍미

리슬링 품종은 다양한 아로마와 높은 산도, 풍미의 강도나 여운 등에 있어 완벽함을 주는 화이트와인의 최고봉에 있는 품종이다. 풍미를 얘기하자면, 와인 산지별로 다양한 스타일의 과일 풍미와 함께 오크나 유산 발효를 거치지 않은 신선함이 가볍지만은 않고 복합적이며, 균형감을 가진 묵직한 구조감을 선사하는 귀족 품종이다.

하지만 리슬링 품종은 마니아층만큼이나 페트롤이라는 풍미에 거부감을 갖는 층도 많이 있어, 호불호가 갈리는 품종이다. 페트롤은 오랜 숙성 풍미로 알려졌으나, 사실 미네랄 풍미의 일종으로 광물성 풍미와는 또 다른 매력을 가진 리슬링 와인의 상징이다.

샤르도네와 함께 최고의 청포도 품종으로 평가를 받는 리슬링 품종 와인은 어릴 때에는 녹색빛과 맑고 청량한 은빛을 띠다가, 오랜 기간 병 숙성을 거치면 천천히 변화하기 시작하면서 호박색으로까지 진하게 변한다.

엷은 볏짚색   진한 노란색   리슬링 포도

오감을 이용한 테이스팅 이야기인 《How Wine》에서는 리슬링 품종 와인에 대해 다음과 같이 설명한다. 즉, 작고 노르스름한 이 포도가 세계 최고의 품종 가운데 하나이다. 숙성이 더디고, 색의 단계가 변하려면 시간이 필요하며 샤르도네처럼 평범한 토양은 견디지 못하고 그랑 테루아훌륭한 토양의 포도밭에서 자라야 무기질과 긴 생명력을 받을 수 있는 고상하고 기품이 있는 품종이다.

오크통 숙성이 필요 없는 리슬링 품종에 대해 '와인 폴리' 홈페이지는 다음과 같이 설명을 한다.
리슬링은 아로마틱Aromatic 하고 레모네이드Lemonade의 수준과 비슷한 산도를 가진 화이트와인 품종으로 드라이한 스타일부터 스위트한 스타일까지 다양하게 만들어지며, 주요 풍미로는 라임Lime, 모과Green apple, 밀랍Beeswax, 자스민Jasmine, 석유 향이 지배적이며, 꽃과 배, 사과, 살구와 같은 과일 풍미와 생강, 꿀과 같은 풍미도 느낄 수 있다.

독일이 리슬링 품종 와인의 최대 생산국으로 와인 생산에 있어서 위도상 한계 지역으로 추운 지역이 많아 레드와인보다는 화이트와인을, 이 중에서도 특히 리슬링 품종 와인을 많이 생산했다. 이러한 배경으로 독일인들은 포도가 잘 익는 것을 매우 중요시했기 때문에 당도에 대한 집착으로 이어지면서 과거부터 현재까지 많은 와인이 당도가 높은 특징을 가진다.
하지만 최근 독일에서는 드라이한 와인이 인기를 끌면서 새로운 기준이 마련되었고, 주요 생산자들이 고급 트로켄Troken=dry 와인을 생산하는 데 노력을 가하고 있다. 지구 온난화의 영향으로 기후가 따뜻해지면서 포도가 잘 익고 레드와인 품종의 재배 지역도 매우 많이 늘어나 있는 상황이다.

독일만이 가진 토양과 기후적 특징을 반영한 테루아 와인 중 하나인 리슬링은 다른 품종과는 블렌딩하지 않는 고유의 특징을 보여 주는 고급 품종의 와인이다.
리슬링 품종은 오크나 유산 발효 등을 하지 않으며 주로 스테인리스 스틸에서 발효와 숙성을 하다 보니, 섬세한 아로마와 가벼운 느낌의 과일 풍미가 많다. 독일의 라인가우 지역은 좀 더 무겁고 장기간 숙성을 통한 페트롤 풍미가 강한 드라이 와인이 많다. 모젤 지역은 조금은 가벼운 느낌과 달콤하거나, 광물성 미네랄 풍미가 강한 와인, 프랑스 알자스 지역은 풍부한 과일 풍미와 리치하고 파워풀함이 주요 특징이다. 수확 연도별 특징과 포도의 재배, 수확 시기, 생산자 등에 따라 과일의 풍미나 숙성 정도에 있어서 많은 차이가 나타나기 때문에 지역별 특징으로 모든 걸 한정해서 비교하기에는 무리가 있다.

주요 지역의
특징과 등급 체계

» 독일

전 세계 리슬링 품종 포도의 약 60%가 독일에서 재배되고 있다. 오스트레일리아, 프랑스 알자스 지역보다 5~6배나 넓은 재배 면적을 가지고 있으니 그야말로 독일은 리슬링의 천국이자 리슬링의 왕이라고 할 수 있다.

와인을 생산하는 데 있어서 통상적으로 와인 벨트가 위도 30~50도 사이에 위치해야 한다고 하는데, 독일은 북위 47~52도에 위치하여 벨트의 북쪽 끝에 겨우 위치하고 있는 지역이다.

그렇다 보니, 과거부터 늘 추운 날씨에 맞춰 화이트와인 품종만을 선택하게 되었고, 좀 더 따뜻한 포도밭의 위치와 구성이 중요했으며, 포도가 얼마나 잘 익었는가에 대한 집착을 갖게 되었다.

그래서 독일의 주요 와인 산지는 강가 주변의 경사진 언덕에 위치하는데, 이는 좀 더 많은 햇살을 받기 위함이고 강의 수면에서 열이 반사되는 효과도 얻을 수 있으며, 가을에는 강을 덮은 안개를 통해 보온 효과도 얻을 수 있으니 일석삼조라 하겠다.

독일의 와인 등급 체계는 프랑스 부르고뉴가 마을이나 밭 단위로 복잡하게 이루어진 데 비하면 매우 간단한 편이다. 프랑스의 AOC Appellation d'Origine Controlee / AOP Protegee와 같은 개념인 PDO Protected Designation of Origin_원산지 명칭 보호와 IGP와 같은 개념인 PGI Protected Geographical Indication_지리적 표시 보호로 구분된다.

최고의 품질을 가진 와인인 프래디카츠바인 Prädikaswein과 크발리테츠바인 Qualitätswein 등급은 PDO, 가장 낮은 등급의 와인인 도이처바인 Deutscherwein과 란트바인 Landwein은 PGI를 적용한다. 다음 그림과 이후 설명을 자세히 읽어 보면 이해가 될 것이다.

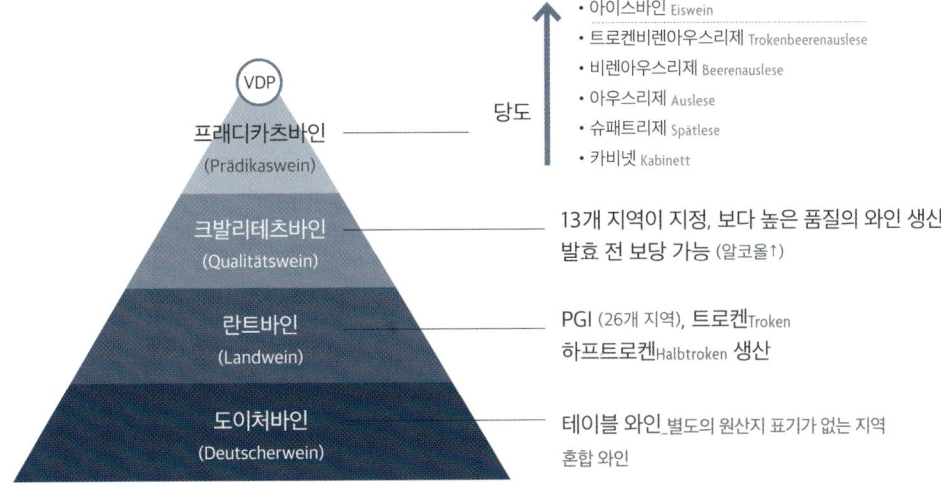

초록색에 예쁘고 길쭉한 플루트 병에 담긴 독일 와인은 매장에서 초보자들이 예쁘고 신기해서 들어 보았다가 어떻게 읽어야 되는지, 뭐가 좋은 건지 등의 어려움에 바로 직면하면서 내려놓는 와인 중 하나이다. 등급 체계나 레이블을 읽는 데 어려움을 갖는 이유 중 하나가 바로, 와인의 등급 체계와는 별도로 프래티카츠바인을 포도 과즙의 당도별로 다시 6단계로 엄격하게 구분을 해놓았기 때문이다. 아마도 다음부터 나오는 등급 용어가 오히려 더 익숙할 것이다.

독일인들이 추운 날씨로 인해 산지나 밭보다는 잘 익었는지에 대한 집착을 하게 된 결과 이러한 등급이 만들어진 것이다.

① 카비넷Kabinett은 가벼운 와인으로 산도가 높은 10도 미만의 와인이다. 보통 드라이하지 않고 중간에 발효를 멈추어 잔당을 남긴 스위트 와인Sweet wine이 많아, 잘 익은 포도로 오해를 하는 경우도 많은데, 독일뿐만 아니라 국내에서도 가장 쉽게 만날 수 있는 와인이다.

② 슈패트리제Spätlese는 독일어로 늦은 수확Late harvest을 뜻하는 단어이며, 조금 더 익은 포도를 가지고 양조를 하다 보니 레몬의 신선한 풍미에 약간의 바디감을 가진 와인이다.
보통은 카비넷 와인보다 당도가 높기 때문에 알코올이 높은데, 독일인의 취향에 맞춰 중간에 발효를 일찍 멈추어 잔당을 남긴 경우에는 카비넷보다 알코올이 낮은 경우도 많으니 선택 시 알코올 도수를 확인하여 당도를 예상해 보길 바란다.

1775년 수확기 때 대수도원장이 회의에 참석하기 위해 자리를 비우는 바람에 요하니스베르크성Schloss Johannisberg의 포도원 수사들이 허가 없이 포도를 수확할 수가 없어서 포도가 나무에 그대로 매달린 채 잘 익다 못해 썩기 시작했다. 놀라운 건 이렇게 늦게 수확한 포도가 가장 맛있었다고 한다. 이것이 늦은 수확의 슈패트리제의 기원이 되었다고 전해진다.

③ 아우스리제Auslese는 독일어로 선택을 뜻하는 단어로, 선별 수확Selelct harvest을 의미한다. 잘 익은 포도를 송이째 수확하여 양조를 하다 보니, 복숭아와 같은 핵과류부터 열대 과일의 풍미까지 가지며, 바디감이 묵직한 와인이다.

④ 비렌아우스리제Beerenauslese의 비렌Beeren은 씨, 포도알 등을 뜻하는 단어로, 잘 익은 포도알을 선별Berry harvest하여 양조를 하는데, 고당도의 농축된 포도알을 사용하다 보니 거의 귀부Noble Rot* 와인에 가까운 풍미를 얻을 수 있고 매우 정성이 들어간 와인이다.

⑤ 트로켄비렌아우스리제Trokenbeerenauslese는 마른 포도알, 즉 귀부 포도를 의미한다. 선별 수확Dry berry harvest되고 거의 말라 비틀어져 건포도화된 귀부 포도를 가지고 양조를 한 매우 스위트한 와인이며, 진하고 가장 높은 등급의 비싼 와인이다.

⑥ 아이스바인Eiswein은 겨울(11월~1월 사이)에 영하 8~10도 이하의 온도가 될 때까지 포도를 수확하지 않고 기다리다가 추운 새벽에 자연적으로 언 포도를 수확하여, 압착해 만든 와인이다. 최소 비렌아우스리제 이상의 포도로 만들기에 적합한 당도를 갖춰야 하며, 별도의 등급이 있지 않은 와인이다.

앞서 얘기한 바와 같이 프래디카츠바인은 포도 과즙의 당도에 따라 6단계로 등급을 구분했다. 이는 와인의 품질에 따른 기준이 아닌, 당도에 따른 기준이고, 리슬링 품종 외에도 다른 저렴하고 재배가 용이한 품종을 대량 생산하여 좋은 등급을 받다 보니 독일 와인에 대한 국제적 평가가 매우 낮아지는 부정적 결과를 초래하였다.

이에 맞춰 독일에서는 VDPVerband Deutscher Prädikats und Qualitätsweingüter_독일 우수 와인 양조자협회라는 새로운 생산자 동맹이 출현했으며, 약 200여 생산자가 고품질의 드라이한 화이트와인을 생산하고 있는데, 그 비율이 5% 미만으로 매우 좋은 와인이다.

이 중에서도 길쭉한 병목 위에 우측 그림과 같이 독수리 마크가 있는 와인은 최상급의 포도밭에서 만들어진 드라이한 최고급 와인이다.

VDP도 총 4단계로 분류되는데, 구츠바인Gutswein, 오르츠바인Ortswein보다 높은 최고급 두 등급은 다음과 같다.

---

* 보트리티스 시네레아Botrytis Cinerea는 귀부 와인을 만드는 데 있어 필수적인 곰팡이균이다. 밤과 새벽 동안에 이슬과 안개가 끼면서 균이 번식하고 껍질에 구멍이 나면, 낮에 햇살을 받아 수분이 증발하면서 당분이 농축된다.

- VDP: 에르스트 라게Erste Lage는 생산량이 제한되는 3단계 등급이다.
- VDP: 그로세 라게Grosse Lage는 최상위 등급이다.

'그로세 라게'라는 단어만으로도 품질이 보장되며 고급 리슬링을 경험하고 싶다면 매장에서 병목에 독수리 마크와 함께 그로세 라게를 찾으면 된다. 이 중 드라이한 와인에는 '그로세 게뱁스Grosse Gawächs'라고 별도 표기를 하거나 G.GGrosse Gawächs_약자라고 고급스럽게 병에 문양을 새기기도 하고, 레이블 하단에 별도 표기를 하기도 한다.
G.G 와인은 최소 슈패트리제 이상의 잘 익은 포도를 수확하여 만든 드라이한 와인이다. 단일 포도밭에서 손 수확을 해야 하는 조건 및 단위 면적당 수확량과 최소 숙성 기간의 제한 등 매우 엄격한 기준이 적용되어 사실상 부르고뉴 와인의 등급 체계와 비교한다면 그랑 크뤼 급의 와인이라고 할 수 있다.

모젤

모젤Mosel 지역은 프랑스의 국경과 접해 있는 곳으로 보주산맥Vosges Mts.에서 라인Rhein 강까지 흐르는 모젤강을 끼고 주로 험준하고 비탈진 지역에 포도밭이 펼쳐져 있다.
자르Saar강과 루버Ruwer강 2개의 지류를 가지는 모젤강의 인근에는 슬레이트Slate로 불리는 햇살을 잘 받고 유지가 잘되는 점판암 토양에서 자란 리슬링 품종이 대표적이다.
매우 서늘한 기후대에 속하다 보니 와인이 전반적으로 높은 산도를 가지며, 바디가 가벼운 편이다. 이 지역에서는 생산자들이 와인에 당분을 조금씩 남겨서 높은 산도와 균형감을 맞추는 노력을 하여 과일 향이 풍부한 카비넷 리슬링을 주로 만들고 있다.
반면, 일부 생산자들은 신선한 풍미를 좀 더 높이기 위해 이산화탄소를 조금 남기는 경우도 있다. 장기 숙성된 아우스리제 와인은 당도가 적당히 빠지고 산도는 유지되면서 귀부 와인 못지않은 풍미를 낸다. 드라이한 고품질의 G.G 와인은 많은 일조량과 점판암의 혜택을 받아 알코올과 바디감이 좋으면서도 광물성 느낌의 미네랄 풍미를 한껏 느껴볼 수도 있다.

《와인 바이블》은 모젤 지역의 와인은 라인가우 지역보다 산도가 높고 알코올 도수가 낮은 편이며, 사과, 배, 모과 같은 가을철 과일의 특성을 보인다고 한다.
가장 존경받는 와인 작가 중 한 명인 휴 존슨Hugh Johnson과 와인 평론가 중 한 명인 잰시스 로빈슨Jancis Robinson은 베스트셀러 저서 《월드 아틀라스 와인The World Atlas of Wine 8TH Edition》에서 모젤 지역의 와인을 다음과 같이 극찬, 묘사하고 있다.

독일 북부 지역의 포도밭이 1990년대부터 기후 변화의 혜택을 보기 시작했다. 자르 리슬링은 거의 매년 잘 익었고, 독일에서 가장 화려하고 투명한 리슬링을 만들 수 있었다. 톡 쏘는 산미는 신선한 사과의 풍미와 자극적인 맛을 살려 주고 꿀 향이 코를 간질이며, 피니시에서 금속성이 느껴지는 와인이다.
지역 내 주요 마을로는 피스포르트Piesport, 베른카스텔Bernkastel, 에르덴Erden, 그라흐Graach, 위르치히Ürzig, 브라우네베르크Brauneberg, 벨렌Wehlen 등이 있다.
모젤 피스포르트의 거장이며 700년 역사와 전통을 가진 생산자 라인홀트 하트Reinhold Haart는 모젤강이 구부러지는 작은 마을 피스포르트에서 로마 시대부터 와인을 만들고 있다. 이 생산자가 만든 하트 투 하트Haart To Haart를 2020년에 한번 테이스팅해 봤는데 잔당감이 조금 있어서 약간 매콤하고 해산물이 들어간 스파게티와 함께한 기억이 있다.
피스포르트 마을은 모젤 지역의 중간 정도에 위치하는데, 높이가 최고 200m의 절벽에서도 포도를 재배한다. 이 마을은 4세기에 로마인들이 처음으로 포도나무를 심었으며 리슬링 품종은 15세기에 처음 심어졌는데 이 지역이 최고의 조건을 가지고 있다.
구글 지도나 사진을 검색해 보면, 강가 주변으로 언덕과 포도밭, 중간에는 구불구불한 길이 보인다. 사진을 보면 이들의 열정과 노력이 상상으로도 충분히 확인될 것이다.
모젤에서 가장 유명한 포도밭이라 레이블에 가장 크게 샤츠호프베르거Scharzhofberger라고 표기하는 와인이 있다. 필자도 아직은 경험해 보지 못한 독일 모젤 지역 최고의 명성과 역사를 가진 에곤 뮬러Egon Müller가 만든 샤츠호프베르거 트로켄비렌아우스리제 2003 빈티지가 경매에서 12,000 유로약 1,600만 원에 낙찰되었다고 한다. 이 지역의 와인과 풍부한 미네랄과 섬세함, 우아함을 갖추었다는 '샤츠호프베르거' 포도밭이 얼마나 좋을지를 확인할 수 있는 하나의 지표가 된다.
샤츠호프베르거는 모젤에서 가장 유명한 포도밭이다. 부르고뉴 지역에서 그랑 크뤼 등급의 와인이 레이블에 마을명 대신 포도밭의 이름을 기재하듯이 모젤 지역에서도 이 최고의 밭이 레이블 정면에 큰 글씨로 마을명을 대신하고 있다.

에곤 뮬러는 가격을 감안할 때, 엔트리급 와인도 쉽게 경험하기 어렵다. 그렇기 때문에 샤츠호프베르거 포도밭도 가지고 있고 모젤 지역에서 대표 생산자 중 하나로 급성장한 반 폭셈 Van Voxem이 만든 알테 레벤Alte Reben을 경험해 보길 추천한다. 알테 레벤은 자르 강 인근에서 가장 유명한 포도밭이다. 100년 이상된 포도나무에서 생산된 와인의 복합미가 최고로 전해져 내려오는데, 2020년에 2018 빈티지를 테이스팅해 보니, 너무 어렸지만, 깊은 맛과 구조감을 가졌고, 강렬한 풍미를 느낄 수 있었던 좋은 와인이었다.

라인가우

라인가우Rheingau 지역은 부르고뉴 시토회Cistercian 수도사들이 포도밭을 일군 역사를 가진 곳이다. 그 이전에도 이 지역의 대표 생산자 중 한 곳인 슐로스 요하니스베르크Schloss Johannisberg가 약 1,200년 전부터 와인을 양조했다고 전해 내려오는 곳이다. 또한, 많은 VDP 회원들이 있는 곳이며 현대적인 드라이한 리슬링을 시작한 곳으로 평가받는 지역이다.

라인강 주변으로 남쪽 경사면에 포도밭이 위치해 햇빛이 강 수면의 반사 효과를 누리며, 강 안개의 보온 효과를 제대로 받아 강가 주변의 경사진 포도밭이 가지는 장점을 모두 누리고 있다. 또한, 보트리티스 시네레아가 잘 피는 곳으로 귀부 포도를 만드는 데 매우 유리한 조건을 가지고 있는 지역이다.

모젤 지역보다 조금 더 온화한 기후를 가졌으며, 강가 옆 경사진 포도밭의 장점을 누리다 보니 포도가 잘 익어, 와인이 좀 더 무거운 바디감을 가진다. 최근에는 부르고뉴의 레드와인 품종인 피노 누아의 독일식 표기인 슈페트부르군더Spätburgunder도 많이 재배되고 있다. 과거, 독일 최남단 지역인 바덴Baden이나 팔츠Pfalz 지역에서 생산하던 품종인데, 지구 온난화의 영향을 받아 북쪽 지역까지 매년 조금씩 올라오고 있는 상황이다.

《와인 바이블》은 라인가우 지역의 와인이 모젤 지역의 와인보다 바디가 더 묵직하며, 살구, 복숭아, 천도 복숭아와 같은 여름철 과일의 특성을 보인다고 설명한다. 지역 내 주요 마을로는 라인강 서쪽에서 꺾이는 지역의 급경사에 위치한 뤼데스하임 Rüdesheim, 상류 방향으로 조금 떨어진 곳에 위치한 요하니스베르크Johannisberg, 라인강의 동쪽 끝에 위치한 호흐하임Hochheim과 엘트빌레Eltville, 에르바흐Erbach, 라우엔탈Rauenthal 등이 있다.

필자의 셀레에도 라인가우 지역의 와인이 많이 있는데, 품질이나 스타일, 가격 등 전반에 있어 잘 맞는다. 물론, 모젤 지역뿐만 아니라, 나헤Nahe 지역의 된 호프Donnhoff나 엠리치 쉰레버Emrich Schoenleber, 라인헤센Rheinhessen 지역의 퀼링&길로트Kühling-Gillot Hipping 같은 생산자가 만든 리슬링 G.G는 매우 훌륭하다. 이 외에도 가끔 접해 보면 괜찮은 와인이 꽤 있지만, 국내에 수입되는 와인이 제한적이기 때문에 자주 접할 수 없는 단점도 있다.

나헤

나헤 지역은 주요 와인 산지인 모젤, 라인가우, 라인헤센 3개 지역 사이에 위치하며, 라인강을 끼고 라인가우의 건너편, 라인헤센의 좌측에 위치하는 산지이다.
다양한 토양층을 가지고 있고, 드라이한 리슬링 품종 와인을 잘 만드는 곳으로 유명하다. 라인강 인근이 아닌, 나헤강과 여러 지류에 흩어져 있는 많은 포도밭에서 다양한 스타일을 가진 좋은 와인이 만들어지고 있다.

라인헤센

라인헤센 지역은 라인강을 끼고 라인가우의 건너편에 위치하는 산지로 독일에서 가장 많은 와인을 생산하는 최대 산지이다.
과거에는 뮐러 투르가우 Müller-Thurgau라는 화이트 품종으로 당도 높은 포도를 쉽게 대량 재배하여 국제적으로 독일 와인이 향과 산도, 섬세함이 부족한 저가 와인이라는 인식을 갖게 해준 대표적인 품종의 재배가 많았다. 그런데 20년 이상의 노력을 통해 현재는 리슬링 품종뿐만 아니라 다른 청·적포도 품종을 많이 재배하는 산지로 변화되었다.
라인강을 끼고 ㄱ자 형태로 꺾인 모습을 가진 이 산지에는 1,000개의 언덕이 있는데 넓은 면적에서 재배된 포도를 가지고 많은 양의 와인이 만들어지고 있다.

» 프랑스

알자스

알자스에 가서 "프랑스인입니까? 독일인입니까?"라고 물으면 "알자시안 입니다."라고 대답한다는 말이 있다. 이곳은 독일과 국경이 붙어 있는 프랑스 동쪽 지방의 끝에 있다.
사진이나 유튜브로 이 지역의 와이너리나 주요 관광지 등을 많이 보았는데, 마치 독일의 남쪽 지역을 여행하는 느낌이었다. 이 지역은 과거 신성 로마 제국 시절부터 1~2차 세계대전까지 무수히 많은 전쟁을 치르며 소속되는 나라가 바뀌면서 두 나라의 문화가 혼재

되는 특징을 가진 곳이다.
건축물이나 와인을 봤을 때 내 눈에는 독일의 한 지역으로 보이는데, 독일 와인을 상징하는 길쭉한 플루트 병 모양이나 이 지역을 대표하는 포도 품종, 레이블 표기 방법 등을 보면 더욱 독일 스타일이 묻어나는 곳이다.

알자스 지역은 매우 건조하고 일조량이 많은 지역이다. 프랑스 북동부에 있는 남북 길이 190km의 보주산맥이 비와 바람을 막아 주며, 가을이 길고 건조하여 늦은 수확이 가능한 장점을 가지고 있다. 특히 일조량이 좋은 동쪽 지역의 언덕에 위치한 그랑 크뤼 포도밭에서는 최고의 품질을 가진 포도를 재배할 수 있고, 풀바디한 고급 화이트와인을 만들 수가 있다.
또한, 지난 1천 년 동안 지질 활동이 매우 활발하게 일어나, 매우 다양한 토양이 존재하며 이 중 화강암, 석회암, 이회토, 점토질, 화산토 등에서 좋은 와인이 많이 만들어진다.
이 지역에서도 리슬링 품종의 와인을 만들 때, 독일과 같이 오크나 유산 발효 등을 하지 않으며, 스테인리스 스틸에서 발효와 숙성을 한다. 모젤 지역이나 라인가우 지역보다는 좀 더 드라이한 스타일을 추구하는데 다소 산도가 부족한 편이다. 모젤 지역보다는 좀 더 리치하고 파워풀하며, 더 숙성된 느낌의 바디감과 강렬한 아로마를 가지고 장기간 숙성이 가능한 드라이 스위트까지의 다양한 와인을 만들기도 한다.
특히, 이 지역에서만 볼 수 있는 명칭과 스타일이 있다. 늦게 수확된 와인은 벵당쥐 타르디브 Vendange Tardive라고 하는데 이 와인은 알코올이 다소 높은 드라이한 스타일도 만들고 스위트한 귀부 와인을 만들기도 한다. 다른 하나는 독일의 비렌아우스리제 등급과 비슷한 귀부 와인을 셀렉시옹 드 그랑 노블 Selection de Grains Nobles이라고 하는데 레이블의 맨 위쪽에 상세히 적혀 있으니 와인을 구매할 때 자세히 한번 보길 바란다.

<알자스 와인 등급 체계>

- 알자스 그랑 크뤼 AOC 51개 → 전체 생산량 중 5% 미만 차지
- 크레망 Cremant 알자스 AOC 1개 (스파클링 와인) → 20% 이상 차지
- 알자스 AOC 1개 → 75%가량 차지

알자스의 와인 등급 체계는 프랑스 부르고뉴나 보르도 지역과는 완전히 다르며, 독일과 다소 유사한데, 포도밭이나 마을을 기준으로 하지 않으며, 당도를 기준으로 한다.
하지만 마을 단위의 AOC가 없고 그랑 크뤼 밭의 약 30%를 소유하고 있는 이 지역 대표 생산자 트림바크 Trimbach는 그랑 크뤼라는 명칭 대신 자신들이 소유한 포도밭의 이름인

클로 생트 윈느Clos Ste. Hune나 프레데릭 에밀Frederic Emile을 기재하는 등 AOC 자체가 크게 인정을 받지 못하고 있는 상황이다.

얼마 전 시음회에서 9년간 숙성된 프레데릭 에밀을 테이스팅해 보았다. 빈티지에 비해 매우 신선하고 산도나 바디감 등에 있어서 균형감도 매우 훌륭했다. 모젤 지역과는 다른 알자스 만의 미네랄 풍미가 솔티하면서도 은은하게 여운으로 남았다. 앞으로도 많은 시간 숙성을 통해 발전할 수 있을 와인임을 확인할 수 있었다.

알자스 지역은 전체 와인 생산량의 90% 이상을 화이트와인이 차지한다. 대표 품종인 리슬링 품종 외에도 피노 블랑Pinot Blanc 품종이나, 품질이 우수하고 풀바디하며 열대 과일과 다양한 숙성 풍미를 자랑하는 피노 그리Pinot Gris 품종과 강렬한 아로마와 무게감을 가진 게뷔르츠트라미너Gewurztraminer 품종의 비율이 매우 높다. 피노 누아 품종, 실바너Sylvaner 품종과 향기로운 아로마가 일품인 뮈스카Muscat 품종의 와인도 만드는 지역이다. 이탈리아의 가벼운 피노 그리지오와 상반된 캐릭터를 가진 트림바크에서 만든 피노 그리를 한번 경험해 보길 바란다.

2020년에 1병을 마시고, 현재 셀러에 1병이 남아 있는 트림바크 피노 그리 리저브 페르소넬Reserve Personnelle 2011은 황금빛의 진한 색과 열대 과일의 풍미, 숙성된 꿀의 풍미 등이 강렬했다. 그리고 적절한 산도와 미네랄 캐릭터로 인해 산뜻함과 신선함도 느낄 수 있었다.

수입사의 노트를 보면 15년까지 장기 숙성이 가능하다고 하니, 앞으로 5년간 더 숙성을 시킨 후 마지막 1병을 테이스팅해 볼 예정이다.

» 오스트레일리아

리슬링 하면, 독일이나 프랑스 알자스 지역의 와인을 우선 떠올리게 된다. 물론, 필자는 독일 라인가우 지역의 와인을 최고로 선호한다. 그렇지만 오스트레일리아를 대표하는 한 생산자가 만든 와인을 마신 후, 또 한번 신세계를 경험하게 되었으며 아직까지도 이 신대륙의 와인을 매우 좋아한다.

내게 새로운 경험을 주었던 와인. 오스트레일리아 화이트와인 하면 애들레이드 지역의 샤르도네였다. 단번에 그 중심을 에덴 밸리 지역으로 가져오게 만든 리슬링 와인, 그중에서도 역사와 전통을 자랑하며, 최고급 시라즈Shiraz 와인 중 하나로 뽑히는 힐 오브 그레이스Hill of Grace의 생산자 헨쉬키 Henschke가 만든 줄리우스Julius 에덴 밸리 리슬링이다.

최근에 중국으로부터 혹독한 무역 보복와인에 대한 관세, 거의 200% 수준을 당하고 있는 오스트레일리아는 신대륙 산지 중 미국 다음으로 가장 큰 산지 중 한 곳이다. 오스트레일리아는 불과 몇십 년 만에 대기업들에 의해 대규모 투자가 이루어지면서 최신 양조 기술과 혁신적인 기술이 도입되었고 급속도로 발전한 산지이다.

과거, 미국과는 달리 이 나라에는 토착 포도 품종이 없던 관계로 독일, 영국의 사업가나 의사들이 이주하면서 처음 포도를 재배하였다. 와인을 만들기 시작한 짧은 역사에도 불구하고 단기간 내에 세계적인 수준의 품질과 수출량을 기록하고 있으니 실로 대단하다.

오스트레일리아는 프랑스와 같은 복잡한 등급 체계는 적용하지 않으나, 1990년부터 LIP Label Integrity Program을 적용하고 있는데 지리적으로는 Zone, Region, Sub-region 개념으로 나누고 있다. 레이블에 품종을 기재할 경우에는 블렌딩 와인의 경우 가장 많은 비율의 품종을 제일 앞에 적어야 한다. 지역 명칭을 기재할 경우에는 그 지역에서 재배된 포도를 최소 85% 이상, 빈티지를 기재할 경우에는 그해의 빈티지가 최소 95% 이상 되어야 하는 규정이 있다.

반면, 대기업에서 생산하는 저렴한 와인은 대규모로 지역별 혹은 지역 내에서 다양한 블렌딩을 하는 독특한 산지이다.

오스트레일리아는 60개가 넘는 와인 산지가 있다. 주요 산지는 남부에 위치한 사우스오스트레일리아South Australia주, 우측으로는 가장 남부에 위치한 빅토리아Victoria주, 남동부에 위치한 뉴사우스웨일즈New South Wales주 등 3개 지역에 주로 있으며, 국가 전체 생산량의 90~95% 정도를 담당한다.

<오스트레일리아 주요 와인 산지>

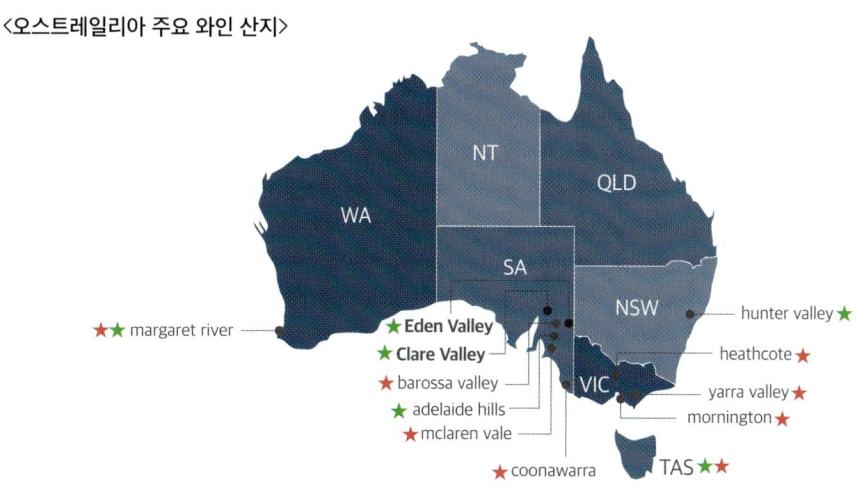

① 처음에는 남동부에 위치한 **뉴사우스웨일즈**의 주도이며 가장 큰 도시인 시드니Sydney 근처에 인접한 지역에서 와인이 많이 생산되었다. 이 지역이 아열대 기후로 덥고 습해 와인을 생산하기에 적합하지 않았으나, 흐린 날이 많아 일조량이 낮고 바다의 영향을 받다 보니, 더운 날씨를 극복할 수 있는 와인 산지가 된 특이한 곳이다.

현재는 주요 3개 지역 중 가장 낮은 생산량을 가지나, 헌터 밸리Hunter Valley에서 생산되는 세미용Semillon 품종의 와인은 블렌딩 없이 1가지 품종만으로 만든다. 일조량이 낮다 보니 드라이하고 낮은 알코올과 가벼운 바디, 산도를 가져, 보르도의 스위트 와인 주요 품종인 세미용과는 완전히 다른 스타일의 와인으로 이 지역의 유명 와인이다.

② 이후, 좀 더 시원한 날씨를 가진 남쪽 해안가 지역인 **빅토리아**주가 최대 산지가 되었다. 이 지역은 내륙에는 큰 강이 있어 관개용수에도 유리하고, 해안가에는 대도시 멜버른Melbourne도 위치하여 포도 재배와 와인 판매에 매우 유리한 지역이었다.

하지만 필록세라Phylloxera 피해로 이 지역은 완전히 파괴되었고 사우스오스트레일리아에 명성과 최대 생산량의 타이틀을 모두 넘긴 상태이다.

현재는 해안 지역은 피노 누아나 샤르도네 품종, 내륙 지역은 시라즈 품종 등을 만들고 있는데 서늘한 날씨나 토양 덕분에 프리미엄 와인이 만들어지는 지역으로 발전하고 있다.

③ 필록세라의 피해가 미치지 않은 지역인 **사우스오스트레일리아**는 대기업들이 비로소 날개를 펴고 비상한 지역이다. 왜냐하면 오늘날 오스트레일리아 와인의 위상은 결국 이 지역의 시라즈 역사와 함께하기 때문이다. 현재는 국가 전체 생산량의 40% 이상을 담당하는 최대 산지로 유명한 산지가 모두 이곳에 모여 있다.

유명 산지로는 최고의 시라즈 산지인 바로사 밸리Barossa Valley, 맥라렌 베일McLaren Vale 지역과, 최고의 샤르도네 산지인 애들레이드 힐스Adelaide Hills 지역이 있는데, '시라편'과 '샤르도네편'에서 상세히 설명하기로 한다.

리슬링 산지로는 **클레어 밸리**Clare Valley와 **에덴 밸리**Eden Valley가 있는데, 과거 애들레이드 힐스가 최고의 화이트와인 생산지였다면, 현재는 바로 위쪽에 위치한 에덴 밸리의 리슬링이 최고의 화이트와인이라는 명성을 가지고 있다.

④ 마지막으로 거대한 영토의 1/3가량을 차지하고 있는 서쪽의 **웨스턴오스트레일리아**Western Australia 중에 가장 남쪽에 위치한 **마가렛 리버**Margaret River 지역이다.

1967년에 최초로 포도나무를 심은 이래, 아직까지는 호주 전체 생산량의 5% 미만의 작은 산지이지만, 품질면에서는 가장 우수하다고 평가받는 곳 중 하나이다.
이 지역은 바다 주변에 위치하다 보니, 온화한 해양성 기후의 지역이고 자갈 토양의 포도밭이 많이 있어서 보르도와 비교되는 지역이다. 재배되는 품종도 카베르네 소비뇽 Cabernet Sauvignon, 소비뇽 블랑 Sauvignon Blanc 등으로 비슷하다.
지난 30~40년간 오스트레일리아 대륙 전체가 물 부족 상태로 대규모 관개용수가 필요한 지역이 많은데, 마가렛 리버 지역은 연평균 750mm 정도의 강수량을 보여 관개용수 없이도 포도 농사가 가능한 지역 중 한 곳이다.

클레어 밸리 & 에덴 밸리

오스트레일리아를 대표하는 리슬링 산지로 이 지역에서 만들어진 와인은 높은 산도를 가진 드라이한 와인이다. 또한, 레몬, 라임, 자몽과 같은 신선하고 새콤한 풍미와 샤블리 와인에 못지않은 미네랄 캐릭터를 가지고 있다.
두 지역은 인접해 있는데, 비교적 서늘한 기후와 큰 일교차를 잘 활용하고 있으며, 높은 지역고도 최대 500m에 포도밭을 만들어 리슬링 품종의 특징을 잘 살려내고 있다.
특히, 이 지역의 와인은 독일 와인에 비해 비교적 짧은 시간 병 숙성이 되어도 페트롤과 같은 숙성 풍미가 금세 발현된다는 특징을 가지고 있다. 산도나 1차 과일 풍미의 지속성에 있어서는 독일 와인에 비해 다소 부족하지만 가격이나 접근성, 숙성 풍미를 느끼는 데는 장점이 있는 지역이다.
얼마전, 리슬링 시음회에서 이 지역에서 만든 2019 빈티지를 테이스팅해 보았다. 아직 페트롤까지는 느껴지지 않았지만, 신선하고 산뜻한 과일 풍미와 광물성 느낌의 미네랄과 솔티함에 적정한 산도와 알코올, 바디감이 조화롭게 균형미를 갖추고 있었다.

» 미국

소비자들은 몇 년 전만 해도 미국에서 리슬링 품종의 와인을 생산한다고 하면, 매우 생소하게 느꼈을 것이다. 통상, 미국 와인은 나파 밸리라는 단어와 동일시되었고, 이 지역은 잘 익은 카베르네 소비뇽으로 통했기 때문이다.
최근 유튜브에서 방송된 이후 수요와 공급이 꽤 늘어난 워싱턴주 Washington 콜롬비아 밸리 Columbia Valley의 대표 생산자인 샤토 생 미셸 Chateau Ste. Michelle을 통해 미국도 리슬링 와인을 잘 만들 것이라는 인식이 많이 생겼다.

사실 미국에서는 샤르도네 품종이 인기를 얻기 전부터 이미 리슬링 품종이 대표 프리미엄 품종이었다.

핑거 레이크

리슬링 품종의 중심은 미국 내에서 리슬링 품종 재배로 가장 유명한 **뉴욕**New York**주**에 위치한 핑거 레이크Finger Lakes 지역이었다.

아마도 뜻밖이라는 반응을 많이 할 텐데, 뉴욕주 북쪽에 위치한 이 지역은 겨울이 매우 춥고 일교차가 심한 대륙성 기후를 가졌다. 손가락 모양으로 길게 뻗은 여러 개의 거대한 호수빙하가 이동해 형성된 깊은 빙하호가 온기를 주어 리슬링 품종 재배가 가능한 곳으로, 리슬링 묘목이 단단해 낮은 온도에도 버틸 수 있는 힘이 있다고 한다.

2017년 뉴욕에서 5~6시간 버스를 타고 이 지역을 방문한 적이 있는데, 핑거 레이크는 눈에 분명 바다로 보였다. 차로 한참을 가도 끝이 없는 거대한 호수와 주변에는 이주 프랑스인들과 독일인들이 만든 와이너리와 포도밭이 장관이다. 이 중 방문했던 한 와이너리에서 테이스팅을 했던 리슬링과 시라Syrah 품종의 와인이 꽤 기억에 남는다. 특히 레이블에 본인들의 포도밭과 멀리 보이는 호수를 사실적으로 그려 놓은 그림이 매우 인상적이었다. 국내에는 이 지역의 와인이 수입되지 않아 다시 경험할 수는 없으나, 그때 찍은 사진과 어렴풋한 기억만으로도 잊을 수 없는 좋은 경험이자 테이스팅이었다.

최근 발표된 《와인 스펙테이터》 Top 100에도 이 지역의 리슬링 와인 생산자인 포지 셀라Forge Cellars에서 만든 세네카 레이크 드라이 클래식Seneca Lake Dry Classique 2018 빈티지가 31위에 선정되며, 35위에 선정된 프랑스 알자스의 트림바크에서 만든 리슬링보다도 좋은 평가를 받았다.

콜롬비아 밸리

현재 리슬링 품종의 중심은 샤토 생 미셀이 위치한 **워싱턴주 콜롬비아 밸리**로 케스케이드Cascade 산맥 동쪽에 위치한 와인 산지이다. 알자스 지역의 보주 산맥이 비와 바람을 막아, 건조하고 일조량이 많은 지역의 특성을 보이는 것과 동일한 혜택을 입고 있는 곳으로 포도 재배에 있어 축복을 받은 지역이다.

17시간의 풍부한 일조량을 받고 자라 진한 풍미를 가진 콜롬비아 밸리 리슬링이 최근에는 미국 내에서 가장 많이 팔리며, 미국을 대표하는 리슬링 와인 산지가 되었다.

페트롤 - TDN

리슬링 와인을 설명하면서 우아한 아로마와 높은 산도만큼이나 미네랄 풍미에 대한 언급을 매우 많이 하게 된다. 테이스팅을 하다 보면, 프랑스의 샤블리Chablis 와인이나 루아르Loire 상세르Sancerre 지역의 소비뇽 블랑 품종 와인에서 느낄 수 있는 미네랄이 주로 약수, 돌, 쇠 등의 광물성 풍미라면, 부르고뉴 피노 누아 품종에서는 짭조름한 솔티 같은 미네랄을 느끼게 된다. 그리고 루아르 푸이 퓌메Pouilly-Fumé 지역의 소비뇽 블랑에서는 부싯돌과 같은 미네랄이 느끼게 되는 등 매우 다양한 지역의 토양에서 미네랄을 경험을 하게 된다. 미네랄만큼이나 리슬링 품종을 대표하는 풍미가 바로 페트롤이다. 통상, 리슬링 품종 와인을 장기간 병 숙성을 하면 느낄 수 있는 강렬한 부케Bouquet 중 하나이다. 과거 독일에서는 추운 날씨로 인한 일조량과 당도에 대한 집착으로 오랜 기간 숙성된 와인에서 느낄 수 있는 페트롤의 풍미를 고급 와인이나 좋은 빈티지에 대한 상징과도 같이 표현했다. 최근에는 오스트레일리아와 같이 일조량이 풍부한 신대륙에서 만든 어린 와인에서도 빠른 시간 내에 페트롤의 풍미를 느낄 수 있게 되었다. 일조량과 양조 기술의 발전에 의한 상징물과 같이 인식이 변화되면서 페트롤의 풍미가 더 이상 고급 이미지로만 느껴지지는 않게 되었고, 단지 소비자의 개인 취향과 선호 여부의 사항 정도로 변해 버린 것 같다.

사실 필자도 최근까지 미네랄과 달리 페트롤은 병 숙성에 따른 결과물로 미네랄과 전혀 관계없는 줄로만 알고 있었는데, 기사를 보고 페트롤이 미네랄의 한 풍미로 숙성되면서 더 강해지는 풍미라는 것을 알게 되었다. 와인업계에서 매우 유명한 기자이면서 WSA 와인 아카데미에서 강의도 하고 있는 정수지 기자님이 와인21닷컴 블로그에 작성한 '정수지의 와인 읽기_ 당근, 휘발유 그리고 리슬링' 내용에 따르면 페트롤 향 성분은 탄소 13개로 구성된 TDN디하이드로나프탈렌으로 1~3년 정도 숙성한 여러 품종의 와인에서도 느낄 수 있는데, 리슬링 품종에서 농도가 4~5배 이상 높다고 한다.

TDN 농도는 포도가 강렬한 햇빛과 열에 많이 노출될수록 높다고 한다. 또한, 포도밭에 물과 질소가 부족해 포도나무가 잎을 적게 형성한 경우나 점판암에서 자란 포도에서도 많이 형성된다고 한다.

앞서 언급한 것처럼 오스트레일리아와 같은 신대륙의 어린 와인에서 일찍 페트롤 풍미를 느낄 수 있는 것은 일조량에 영향을 받았기 때문이다. 독일의 모젤 지역은 점판암 토양에서 햇살을 잘 받아 광물성 느낌의 미네랄과 페트롤 풍미를 잘 간직하고 있다.

페트롤은 화학 전공자가 아니면 읽어 봐도 이해가 잘 되지 않는 내용으로 되어 있다. 따라서 중요 부분만 간단히 요약해 놓은 것이니 관심이 있는 독자들은 http://blog.naver.com/wine21com/221114078916 을 방문하여 자세한 내용을 정독해 보길 바란다.

TDN은 인구의 절반만이 느낄 수 있고, 농도가 일정 수치를 넘어서면 와인 애호가들조차 거부 반응을 일으킨다고 한다. 그러므로 일단은 페트롤의 풍미를 의식하지 말고 많은 지역과 스타일, 숙성 기간, 당도 등에 따라 많이 마셔 보고 이후에 자신의 취향을 정하면 좋을 것이다. 얼마전 시음회에서 처음 알게 되었는데 올빈에서는 TDN이 대부분 날아가기 때문에 거의 느껴지지 않는다고 한다. 실제로 필자도 아우스리제 1989 빈티지 테이스팅 시 느끼지 못했고, 놀라운 산도와 복합미, 균형미 등에 있어 새로운 맛과 풍미를 경험해 본바 리슬링 올빈도 적극 추천하는 바이다.

한 전문가는 어린 리슬링에서는 페트롤의 풍미가 나면 안 되며, 오랜 기간 숙성된 와인의 경우에도 페트롤이란 단어의 사용보다는 미네랄, 젖은 돌, 요오드와 같은 단어를 사용하는 것이 적절하다고 하니 참고하길 바란다.

테이스팅 비교

» **독일 라인가우 지역**

첫 번째로는 독일 **라인가우** 지역의 대표 생산자 중 하나인 **바인굿 로버트 바일**Weingut Robert Weil이다. 여기에서 초기부터 가지고 있던 키드리히Kiedricher동쪽의 단일 포도밭 그래펜베르그Grafenberg_어원 '백작의 언덕'에서 재배한 포도로 만든 프리미엄 리슬링, G.G 와인이다. 이 고급 와인은 로버트 파커가 몇 년째 95점 이상의 점수를 주고 있으며, 2017년에는 《와인 스펙테이터》 Top 100에 선정되었다. 2018 빈티지는 가지고 있는 것을 모두 보여 주기에는 어린 와인이지만, 어떠한 프레시한 아로마를 맘껏 뽐낼지 확인해 보았다.

다음에 비교할 발타사 레스Balthasar Ress의 와인이 2012, 2013 빈티지로 현재 시음 적기 중에서도 최상의 적기를 맞이한 것에 비해, 로버트 바일의 와인은 더 좋은 생산자이다. 장기 숙성 잠재력도 매우 길고, 단일 포도밭에서 재배된 프리미엄 와인이므로, 어릴 때에도 과연 얼마나 풍부한 아로마가 있을지 얼마나 단단할지, 복합미를 얼마나 갖추고 있을지 등이 궁금하여 비교해 보고 싶었다. 이 와인은 와인앤모어 청담점에서 9만 원대에 구매했다. 이 와인은 이곳에서는 최근에 출시된 스파클링부터 다양한 등급의 리슬링 와인이 늘 비치되어 있는 데 비해 다른 매장에서는 이 생산자의 와인을 거의 본 적이 없다.

와인 서처가 발표한 'The World's Best Rieslings' 순위를 소믈리에타임즈에서 인용한 기사를 보면, 에곤 뮬러 샤츠호프베르거 리슬링 트로켄비렌아우스리제 모젤Egon Muller Scharzhofberger Riesling Trokenbeerenauslese Mosel이 96점으로 1위를 차지했다. 평균 가격이 $15,261약 1,700만 원이라고 하니, 리슬링의 세계도 부르고뉴만큼이나 끝이 없는 것 같다. 2위가 바로 바인굿 로버트 바일 키드리히 그래펜베르그 트로켄비렌아우스리제 라인가우로 95점을 받았다. 평균 가격이 $852약 100만 원이라고 하니, 위에서 테이스팅한 와인과 생산자가 얼마나 좋은지 알 수 있다. 물론, 동일한 생산자에 동일한 키드리히 그래펜베르그 포도밭에서 재배한 포도이긴 하나 포도의 당도나 수확량 등에 있어서 차이가 있다. 그래서 가격이 10배 가까이 차이가 나는 것 같다. 아니면 오래된 특정 빈티지일 수도 있겠다. 그 외에도 5위에 바인굿 로버트 바일 키드리히 툼베르크 트로켄비렌아우스리제 라인가우 Turmberg Trokenbeerenauslese Rheingau가 선정되었고, 8위에는 프랑스 알자스의 트림바크가 소유한 최고의 그랑크뤼 밭인 클로 생트 윈느가 선정되었다.

» 독일 라인가우 지역

두 번째로는 앞선 어린 빈티지와 비교할 수 있는 2012, 2013 빈티지에 대한 테이스팅 노트이다. **라인가우** 지역 내 **하텐하임**Hattenheim에서 시작한 **발타사 레스**는 현재, VDP 회원으로 라인가우 리슬링을 대표하는 생산자 중 한 곳으로 성장한 생산자이다. 예전에 삼성그룹에서 만찬에 내놓았던 리슬링 와인 생산자로도 알려져 있다.

평소 필자가 즐겨 마시는 와인이다. 예전에 사놓은 와인이 여러 병 있다 보니, 오랜 기간 숙성이 잘된 2012, 2013 빈티지에 대한 테이스팅 노트를 추가함으로써, 첫 번째 어린 와인과 아로마, 산도나 숙성 풍미 등을 전반적으로 비교하기에 좋은 상대이다.

로버트 파커와 같은 평론가들은 리슬링, 샤르도네, 피노 누아와 같이 섬세한 와인보다는 보르도의 장기 숙성형 와인이나 나파 밸리와 같이 풀바디하고 파워풀한 레드와인에 대한 평가 점수가 후하다. 제임스 서클링도 이탈리아 와인이나 보르도 와인을 주로 다루기 때문에, 해외 사이트를 조회해 봐도 화이트와인은 개별 와인에 대한 평가 점수가 없는 경우가 많다. 필자는 백화점에서 9만 원대에 구매한 이 8~9년이 된 리슬링 G.G의 숙성 풍미와 복합미 수준을 확인하였고, 다시 확인하여 노트를 추가하고 싶었다.

» 독일 나헤 지역

세 번째로는 라인가우 지역 말고도 꽤 수준 높은 리슬링 와인을 만들고 있는 지역 중 하나인 **나헤** 지역이다. 모젤과 라인가우, 라인헤센 지역의 중간에 끼여 있는 곳으로 강가 근처뿐만 아니라 지류에도 넓게 펼쳐져 있다. 모래부터 슬레이트 토양, 암반층과 미네랄 퇴적까지 다양하게 구성되어 있는 곳으로 와인을 선택했는데, 독일 내 유명 평론가들에게 찬사를 받았던 **엠리치 쇤레버**Emrich Schoenleber에서 만든 와인이다. 김포에 있는 대형 아웃렛 매장을 가도 독일의 수준 높은 생산자들이 만든 리슬링 와인이 몇 종류 없기 때문에 매우 구하기도 어렵다. 이러한 단점은 있으나, 8만 원대에 구매한 것을 생각하면 부르고뉴 화이트와인에 비해서 가격 메리트도 꽤 좋은 것 같아 이 와인의 테이스팅 노트를 선택했다. 그런데 동일 생산자의 와인 중 18만 원에 구매한 G.G 와인도 매우 훌륭하지만 가지고 있는 2016 빈티지는 몇 년은 더 셀러에서 숙성이 필요해 보여 그보다는 한 단계 낮은 기본급 와인을 선택하게 되었다. 독일의 환상적인 빈티지로 유명한 2015 리슬링에 대한 기대도 있고 적정 시음 시기라는 점 등을 감안해 보면 이 선택이 더 좋을 것 같다.

» 오스트레일리아 에덴 밸리 지역

네 번째로는 **오스트레일리아 에덴 밸리**를 대표하는 최고의 생산자인 **헨쉬키의 줄리우스 에덴 밸리 리슬링** 2014, 2017 빈티지에 대한 테이스팅 노트이다. 신대륙임에도 150년 전통을 가진 이 생산자가 만든 힐 오브 그레이스라는 시리즈 와인이 2000년대 들어 2번이나 로버트 파커로부터 99점의 평가를 받았다. 또한, 《와인 스펙테이터》에서 3번이나 98점을 받은 바 있는 그랜지Grange에 버금가는 오스트레일리아의 대표 와인으로, Wine & Spirits에서 2013년에 International Wineries of the Year로 선정되는 등 명성이 높은 곳이다.
이 생산자가 만든 유명 리슬링 와인은 필자가 즐겨 마시는 와인 중 하나이다. 백화점에서 7만 원에 구매한 이 와인이 독일 라인가우 지역에 비해 얼마만큼의 퍼포먼스를 내는지 비교해 보고, 2014 빈티지와 2017 빈티지 간에 과일 풍미와 산도, 복합미 등을 비교해 보자.

» 프랑스 알자스 지역 vs 미국 콜롬비아 밸리 지역

다섯 번째로는 알자스의 대표 생산자인 트림바크가 만든 신선한 영 빈티지 리슬링과 미국 콜롬비아 밸리의 대표 생산자 샤토 생 미셀이 만든 달콤한 리슬링을 비교 테이스팅했다. 두 생산자 모두 리슬링을 처음 접할 때, 많이 만나는 와인인데, 트림바크 리슬링 알자스 Trimbach Riesling Alsace는 유튜브 채널 와인킹에서 호평을 받았던 와인이다. 또한, 2010년, 2014년, 2017년에 이어 2020년에도 《와인 스펙테이터》 Top 100 중 2017 빈티지가 35위를 차지한 가격 대비 품질이 우수한 와인이다. 샤토 생 미셀은 워싱턴주 1위 와이너리로 이 지역이 가진 자연환경의 혜택을 매우 잘 표현하고 있으며 국내에서도 인기가 많은 와인이다. 마트에서 각각 3만 원, 2.5만 원을 주고 구매한 리슬링 와인 중에는 엔트리급 와인인데, 앞에서 테이스팅한 훌륭한 와인과 어떤 점에서 가성비를 보이고 어떤 부분이 모자란지를 명확하게 알 수 있는 테이스팅이 될 것으로 기대한다.

페어링

음식과의 페어링에 관해서 《와인 폴리》 홈페이지에는 스파이스Spice한 음식을 우선 제안하고 있다. 그 이유는 리슬링 품종의 달콤함Sweetness과 산도Acidity가 매운 음식과 완벽하게 매칭되기 때문이다. 특히, 인도나 아시아의 향신료와 완벽한 조화를 이루며, 매운 오리 다리 요리가 전통적으로 페이링을 하는 음식이라고 설명한다.

- 고기/해산물 - 오리고기, 돼지고기, 베이컨, 닭고기/새우, 게
- 향신료, 허브 - 카옌 페퍼Cayenne pepper, 생강Ginger, 정향Clove, 시나몬Cinnamon
- 간장, 참깨, 데리야끼Teriyaki 소스 등을 포함한 맵고, 아로마틱한 허브
- 치즈 - 냄새가 덜 나고 섬세한 풍미의 우유 치즈
- 야채 - 야채 구이, 자연적인 단맛을 가진 야채 (코코넛Coconut, 붉은 양파Red Onion, 피망Bell pepper, 스쿼시Squash, 가지, 당근 등)

《열두 달의 와인 레시피》에서는 독일 리슬링 와인을 돼지고기 생강구이와 함께하라고 추천하고 있다. 특히, 첫눈이 내리는 가을의 끝자락에 개성이 강한 와인과 함께 간장, 설탕, 식초, 참기름 등의 양념 소스를 넣고 졸인 이 요리는 짭조름하고 달콤한 맛과 생강 향을 가져 직접 먹어 보니 정말이지 찰떡 궁합이었다.
전 세계 어느 음식이든 단맛과 짠맛의 조합은 진리인데, 여기에 다양하고 프레시한 과일 아로마와 단단한 질감과 숙성 풍미가 단맛과 짠맛의 조합에 전혀 눌리지 않고 조화로움을 이루니 너무나도 고급진 조합이다.

페어링에 대한 이론서로는 최고 수준이라고 생각되는 《더미를 위한 와인 푸드 페어링》

은 내용이 매우 좋아서 혼술뿐만 아니라 외부에서 모임이 있을 때에는 늘 사전에 페어링과 관련해서 꼭 참고를 하는 책이다.

몇 가지의 간단한 규칙과 요령부터 국가별 주요 음식에 대한 품종 매칭까지 설명이 상세히 되어 있는데 한국 음식과 관련해서는 3페이지밖에 되지 않는 점이 다소 아쉬운 부분이다. 한국 음식은 간장, 소금, 식초 등 짠맛과 고추장과 같은 매운맛 등이 많고 각종 반찬이나 음식의 스펙트럼이 매우 넓어 와인과의 페어링이 매우 어렵다. 특히 한정식당에서 코스요리를 시킬 경우에는 프랑스나 이탈리아 정식에 비해 와인의 순서를 맞추는 데 난이도가 매우 높은 편이다. 그래서인지, 《더미를 위한 와인 푸드 페어링》에서 다룬 여러 한식 중에 리슬링 품종과 페어링을 제시한 음식은 오직 하나, 꿀과 후추를 넣은 BBQ 소스로 양념한 매콤한 닭날개 조림 요리이며, 프랑스 알자스Alsace 지역의 오프-드라이Off-dry 한 리슬링을 예시로 들고 있다.

① 사실, 한국 음식에 대한 이해도와 연구가 부족한 결과라고 생각한다. 경험상 한국 음식의 짜고, 매운맛과 감칠맛 등은 페어링이 어려운 건 분명하나, 리슬링 품종이 가진 엄청난 아로마와 산도, 다양한 숙성 풍미, 구조감, 잔당감 등이 많은 한국 음식을 충분히 커버할 뿐만 아니라 조화로움을 이룬다.

실제, 매운 음식에는 오프-드라이한 리슬링과 함께하면 샴페인만큼이나 훌륭한 매칭이 되며, 약간 짜고 비릿한 생선이나 담백한 해산물 요리에는 프랑스 화이트와인 못지않게 드라이하면서도 화려한 아로마를 가진 리슬링이 매우 좋은 대안이 되기 때문이다.

또한, 가벼운 튀김 요리에는 소비뇽 블랑이나, 스파클링 와인 못지않게, 산도가 높고 가벼운 스타일의 리슬링 품종 와인이 좋은 대안이 되는 등 클래식한 한정식부터 트렌디한 K푸드나 프랜차이즈 음식까지 페어링이 가능한 이 조합을 해외에서도 좀 더 알았으면 좋겠다. 이러한 부분이 책에도 많이 반영되었으면 하는 아쉬움이 남는다.

② 기름기가 많고, 달거나 매운 양념이 많은 중국 음식에 리슬링이 제격이니 가까운 중식집에서 몇 가지 요리를 시켜 놓고, 여러 등급의 리슬링 와인을 가지고 한번 페어링해 보길 추천한다. 돼지고기나 만두, 해산물 요리 등 적용 범위도 매우 넓으니 다양하게 시켜보길 바란다. 그러면 자신의 스타일도 확실하게 알 수 있을 것이며, 산도뿐만 아니라 다양한 당도와 바디감에 따른 음식 매칭 경험을 하게 되어, 다른 품종의 페어링에도 많이 참고, 활용할 수 있게 될 것이다.

③ 배불러서 안주도 귀찮을 때에는 페어링의 만능선수인 치즈를 추천한다. 치즈가 가진 맛의 장점이나 개인의 취향을 떠나 치즈가 가진 간편성과 페어링에 대한 장점이면 충분할 것 같다.

리슬링 품종의 품질이나 등급, 당도에 따라 치즈의 염분 정도나, 질감, 식감, 냄새 등을 고려해서 선택하면 된다. 어렵다면 코스트코에서 판매하는 적당히 부드럽고 크리미한 래핑 카우 플레인 치즈나 브리-카망베르 치즈 몇 조각이면 충분하다.

치즈는 지난 수천 년의 시간을 거치면서 서양의 역사와 함께해 온 대표적인 발효 식품으로, 우유에 있는 카세인Casein_우유에 함유된 단백질의 80%를 차지 성분을 뽑아내 응고와 발효 등을 거쳐 만든다. 치즈는 단백질과 비타민, 지방이 많이 포함되어 있고 이 중 단백질에는 메니오닌Methionine이라는 아미노산이 알코올의 분해를 도와 숙취 해소에 도움이 된다. 하지만 포화 지방이 많이 들어 있으니 밤에는 적당히 드시길 바란다.

《와인 인문학 산책》에서 소개한 프랑스 속담에는, '와인 한 잔에는 맥주 한 말보다 더 많은 이야기가 들어 있다'는 구절이 있다. 과거 신의 음료였고 왕과 귀족의 음료였던 와인에 대한 자부심과 프랑스인들이 자신들의 와인에 대한 자부심을 표현하고자 남긴 문구로 생각된다. 어떤 술이 더 많은 이야기를 가지고 있는지를 떠나서, 최고의 페어링은 아마도 좋은 사람과 함께하는 이야기일 것이며, 이 페어링은 치즈보다도 아마 몇 배에서 몇십 배는 더 뛰어난 안주가 될 것이다.

비록 오늘은 혼자서 '오늘도 와인 한잔'을 하고 있지만, 위드 코로나를 맞이하여 좋은 사람과 지난 몇 년간 코로나와 함께한 이야기 꾸러미를 가지고 즐겁게 '다함께 와인 한잔'을 하고 싶다.

와인잔

리슬링 와인을 마실 때에는 통상 화이트와인잔에 따라 마시는 경우가 많은데, 레스토랑에서도 전문적인 소믈리에가 있는 매장이 아닌 한 일반 화이트와인잔을 주는 경우가 많다. 리델Riedel에서 만든 부르고뉴 몽라셰Montrachet 화이트 잔과 같이 립 부분이 크게 벌어지는 잔은 리슬링이 가진 아로마를 맘껏 뽐낼 수 있을 것 같다. 일반적인 화이트와인잔처럼 잔이 좀 작고 립 부분을 한껏 모아 주는 잔은 오래 숙성된 리슬링의 섬세한 복합미를 서서히 내뿜을 것 같다.

필자가 가장 좋아하는 와인잔 브랜드 3개사의 리슬링 와인잔을 비교해 보면 리델의 핸드메이드Hand made 라인 중 소믈리에 레드타이Sommeliers Red Tie나 파토마노Fatto a Mano , 머신 메이드Machine made 라인 중 비늄Vinum의 잔은 우리가 생각하는 일반적인 화이트와인

리델(Riedel) 레드타이　　리델(Riedel) 라인가우　　잘토(Zalto)　　지허(Zieher)

[출처: 제조사, 판매처 홈페이지]

잔의 모양을 가지고 있다. 그리고 폭이 7.8cm로 몽라셰 잔이 10.2cm, 부르고뉴 그랑크뤼 잔이 11.4cm인 것에 비하면 폭이 매우 좁고 아로마를 한껏 모아 주는 모습을 가진다. 반면에, 라인가우는 폭은 6.4cm로 더 좁으나, 립 부분이 마치 부르고뉴 잔처럼 활짝 펼쳐지는 모습을 가진다.

잘토Zalto 화이트와인잔, 지허Zieher 화이트와인잔도 각자 본인만의 스타일은 있지만, 전반적으로 볼과 립의 비율이 비슷한 편이다.

1. 로버트 바일, 키드리히 그래펜베르그 리슬링 트로켄 GG
Robert Weil, Kiedrich Grafenberg Riesling Trocken GG

 화이트

원산지 독일/ 라인가우 Rheingau
와이너리 바인굿 로버트 바일 Weingut Robert Weil
포도 품종 리슬링 Riesling 100%

당도 ●○○○○   산도 ●●●●○
바디 ●●●○○   타닌 ●○○○○

2018 RP 96, WS 93, V 91
RP 95, WS 95 (2017년 WS TOP 100)

WINE ENTHUSIAST 2021 VINTAGE CHART

Region	Appellation/Type	2019	2018	2017	2016	2015	2014	2013	2012
Rhine Region	Whites	95	92	92	90	94	90	90	92

라인가우 지역의 2018년 여름은 매우 덥고 건조했으며, 가뭄에도 불구하고 포도가 잘 익고 건강한 수확을 한 해라고 한다. 그래서인지 와인 서처는 시음 적기 기간을 무려 2045년까지로 보고 있다.

와인 애드버킷은 라인가우 지역에 대한 평가는 별도로 없으나, 라인헤센 지역의 2018 빈티지에 대해 93~95 T Still tannic. youthful. or slow to mature로 평가하고 있어 참고가 된다.

와인 서처는 이 와인의 품질, 컨디션, 시음 적기에 대해 아래와 같이 설명한다.

Vintage quality	Excellent
Current condition	Ready to drink, will keep
When to drink	2021 to 2045

2020/6 ('18)

Tasting Note (2018)

시각 선명도는 맑고, 색상은 레몬, 색의 강도는 연함.

후각 상태는 깨끗, 후각의 강도는 medium(+)
1차 향: 모과, 배, 복숭아, 레몬 → 핵과류~ 초록/감귤류 계열의 과일 향, 다양
아카시아꽃, 엘더플라워, 허브, 아스파라거스 → 은은 ~ 달달
젖은돌 → 약수, 쇠맛 느낌의 미네랄
2차 향: (-)
3차 향: 페트롤 → 조금 느껴지기 시작, 건초, 견과류 → 아직은 고소< 비릿
발전 단계는 숙성 중 → 초기

미각 당도: dry, 산도: medium(+) ~ high, 바디: medium 이상
풍미 강도는 medium(+) → 미네랄, 바닐라 느낌의 부드러움.
여운이 매우 길어 → 미네랄, 잔당감과 탄닌도 은은히 느껴짐.

매우 좋은 와인이며, 지금 마시기 좋고, 숙성 잠재력도 있음.
→ 균형미, 복합미, 풍미 강도, 여운 모두 Very Good

⇒ 프레시하고 아직 숙성이 덜 된 어린 와인임에도 본연의 아로마만으로도 엄청난
복합미를 보여 주고 있으며, 산도와 풍미 강도, 특히 매우 긴 여운과 쇠맛의 미네랄
풍미가 엄청난 임팩트를 준 와인임.
아쉬운 점은 '최소 5~10년 후에 오픈했어야 하는데'라고 잠시 후회한 부분밖에
없는 와인임. 역시 G.G!!

평점 4.1
가격 5.7만 원

평점 94
가격 8.2만 원

2. 발타사 레스, 하텐하임 리슬링 그로스 게벡스
Balthasar Ress, Hattenheim Riesling GG

 화이트

원산지	독일/ 라인가우Rheingau
와이너리	발타사레스Balthasar Ress
포도 품종	리슬링Riesling 100%

당도 ●○○○○ 산도 ●●●●○
바디 ●●●○○ 타닌 ●○○○○

RP 90, WS 89

WINE ENTHUSIAST 2021 VINTAGE CHART

Region	Appellation/Type	2019	2018	2017	2016	2015	2014	2013	2012
Rhine Region	Whites	95	92	92	90	94	90	90	92

라인가우 지역에서는 2000년대에 꾸준히 좋은 와인이 만들어지고 있다. 이 중 2013년 봄은 추웠으며, 여름에는 더위와 비로 인해 많이 어려웠던 해이다 보니 2013 빈티지에 대한 평가가 최근 중에는 가장 낮은 편에 속하며, 2012년은 봄~여름의 어려움을 잘 극복하여 수확 시기에는 좋은 조건으로 잘 마무리 할 수 있었다고 한다.

와인 애드버킷은 라인헤센 지역의 2013~2012 빈티지에 대해 83 IIrregular, even among the best wines, 90 TStill tannic, youthful, or slow to mature로 평가하고 있어 참고가 된다.

와인 서처는 이 와인의 품질, 컨디션, 시음 적기에 대해 아래와 같이 설명한다.

Vintage quality	Good (2012) / Average (2013)
Current condition	Ready to drink, will keep (2012 / 2013)
When to drink	2015 to 2023 (2012) / 2014 to 2026 (2013)

2020/7 ('12), 2020/2 ('13)

Tasting Note
(2012)

시각 선명도는 맑고, 색상은 골드, 색의 강도는 중간

후각 상태는 깨끗, 후각의 강도는 medium(+)
1차 향: 사과, 배, 복숭아, 파인애플 → 핵과류~ 열대 과일 계열의 과일 향
  오렌지 껍질, 은은한 꽃향기 → 신선한 느낌
  젖은 돌 → 약수 느낌의 미네랄
2차 향: 바닐라 → 크림 느낌, 별도의 양조 테크닉을 하지 않는데 왜 그럴까?
3차 향: 페트롤 → 많이 느껴져, 건초, 꿀 → 조금
발전 단계는 숙성 중

미각 당도: dry, 산도: high, 바디: medium(+), 알코올: medium
풍미 강도는 medium(+) → 미네랄 풍미 강함.
여운이 길어 → 미네랄

매우 좋은 와인이며, 지금 마시기 좋고, 숙성 잠재력도 있음.
→ 균형미, 복합미, 풍미 강도, 여운 모두 Very Good

⇒ 산도와 1차 아로마 향과 풍미가 너무나도 아름다운 와인으로 강도나 여운, 구조감과 지속적인 미네랄 풍미가 뛰어난 와인임. 8년된 리슬링의 숙성 캐릭터와 다양한 풍미를 끝없이 보여 주며, 묵직한 바디감을 가진 훌륭한 G.G!!

평점 4.3
가격 4.6만 원

평점 91
가격 7.9만 원

(2013) 거의 동일

3. 엠리치 쇤레버, 리슬링 미네랄
Emrich Schoenleber, Riesling Mineral

 화이트

원산지	독일/ 나헤 Nahe
와이너리	엠리치 쇤레버 Emrich Schoenleber
포도 품종	리슬링 Riesling 100%

당도 ●○○○○　산도 ●●●●○
바디 ●●●○○　타닌 ●○○○○

RP 90, Cellar Tracker 91

WINE ENTHUSIAST 2021 VINTAGE CHART

Region	Appellation/Type	2019	2018	2017	2016	2015	2014	2013	2012	2011
Mosel	Whites	98	93	93	93	96	90	89	92	93
Rhine Regions	Whites	95	92	92	90	94	90	90	92	93

독일의 2015년은 환상적이고 전설에 가까웠던 해로 평가받는데, 2014년 겨울에 내린 비가 토양 속에 비축되어 있어 포도나무가 수분을 끌어당길 수 있었다. 서리 피해도 없었고, 따뜻하고 건조한 날씨가 여름까지 계속되었으며 가을밤은 서늘하여 포도의 산도가 적당히 유지되고 잘 익게 되었다고 한다.

나헤 지역에 대한 평가는 없지만, 2015년 모젤과 라인 지역에 대해서는 2005년 이후 가장 높게 평가하였다.

와인 애드버킷도 모젤과 라인헤센 지역의 2015년에 대해 95 T Still tannic, youthful, or slow to mature와 92 R Ready to drink로 평가하여, 2013~2014 빈티지를 78 I Irregular, even among the best wines ~ 83 I로 평가한 데 비해 월등히 높은 수준으로 평가하고 있다.

와인 서처는 이 와인의 품질, 컨디션, 시음 적기에 대해 아래와 같이 설명한다.

Vintage quality	Excellent
Current condition	Ready to drink, will keep
When to drink	2017 to 2025

2020/6 ('15)

Tasting Note
(2015)

시각   선명도는 맑고, 색상은 연한 골드, 색의 강도는 연함.

후각   상태는 깨끗, 후각의 강도는 medium(+)
1차 향: 서양배, 모과, 사과, 레몬, 복숭아, 살구
→ 핵과류~ 감귤류 계열의 과일 향, 다양
아카시아꽃, 엘더플라워, 부싯돌 → 약수, 쇠맛 느낌의 미네랄
2차 향: (-)
3차 향: 페트롤, 건초 → 小
발전 단계는 숙성 중

미각   당도: dry, 산도: high, 바디: medium 이상 → 질감이 느껴짐.
풍미 강도는 medium(+)
여운 medium → 미네랄, 페트롤, 잔당이 은은히 느껴지나 짧은 편

매우 좋은 와인이며, 지금 마시기 좋고, 숙성 잠재력도 있음.
→ 균형미, 복합미, 풍미 강도는 Very Good, 여운은 Good

⇒ 전형적인 리슬링 풍미를 느낄 수 있었으며, 맛있게 마셨는데 여운이나 숙성 정도
등에 있어서는 전반적으로 아쉬움이 약간 남음.
몇 년 정도는 추가 숙성이 충분히 가능하며 숙성 풍미를 더 느낄 수 있을 것으로 보임.
나헤 지역, G.G가 아닌 와인도 충분히 맛있고 좋은 품질이라는 것을 증명.

평점   3.9
가격   3.3만 원

wine-searcher.com

평점   90
가격   3.3만 원

4. 헨쉬키, 줄리우스 에덴 밸리 리슬링
Henschke, Julius Eden Valley Riesling

 화이트

원산지   호주/ 에덴 밸리 Eden Valley
와이너리   헨쉬키 Henschke
포도 품종   리슬링 Riesling 100%

당도 ●○○○○   산도 ●●●●○
바디 ●●●●○   타닌 ●○○○○

2018   JS 93,   WE 93,   RP 91
2017   RP 93,   JS 93,   WS 90
2014   RP 93,   JS 92

WINE ENTHUSIAST 2021 VINTAGE CHART

Region	Wine Variety	2019	2018	2017	2016	2015	2014	2013	2012
Clare Valley	Riesling	94	96	97	96	96	90	92	93

에덴 밸리 지역의 자료가 없는 관계로 대표 산지 중 하나인 클레어 밸리 Clare Valley 지역의 리슬링에 관한 언급을 하면, 2011년 최악의 해를 보낸 이후 전반적으로 모든 해에 좋은 평가를 받았으며, 2017년 빈티지는 WE의 평가 중 가장 높은 점수를 받았다.

와인 서처는 이 와인의 품질, 컨디션, 시음 적기에 대해 아래와 같이 설명한다.

Vintage quality	Excellent (2017) / Good (2014))
Current condition	Ready to drink, will keep (2017 / 2014)
When to drink	2018 to 2030 (2017) / 2019 to 2030 (2014)

2021/3 ('14), 2021/1 ('17)

Tasting Note (2017)

시각 선명도는 맑고, 색상은 레몬 그린, 색의 강도는 연함.

후각 상태는 깨끗, 후각의 강도는 medium(+)
1차 향: 청사과, 레몬, 라임, 자몽
→ 시트러스 계열의 과일 향
갓 피어난 꽃 white blossom, 캐모마일,
아스파라거스
젖은 돌 → 약수 느낌의 미네랄
2차 향: (-) → MLF, Oak, Sur lee 등 추가
양조 테크닉을 하지 않아 맑고 깨끗함.
3차 향: 페트롤 → 약간 올라오는 중
발전 단계는 어림 youthful

미각 당도: dry, 산도: high, 바디: medium,
알코올: medium
풍미 강도는 medium (+) → 광물질, salty
즉 짭조름한 미네랄 풍미가 강함.
여운이 길어 → 미네랄, 탄산 → 조금 느껴짐.

좋은 와인이며, 지금 마실 수 있지만, 숙성 잠재력이
있음.
→ 균형미, 복합미는 Good, 풍미 강도,
여운은 Very Good

Tasting Note (2014)

시각 색상이나 강도가 더 진함.→ 볏짚, 테두리는 골드

후각 시트러스 계열에서 열대 과일까지 발전, 페트롤
향이 매우 많이 느껴짐.
→ 모과, 사과, 망고, 젖은 돌, 페트롤 등의 풍미가
더 강해짐(복합미↑)
바닐라? → Oak 숙성을 안 했는데 어떻게? 숙성
풍미? / 다시 한번 테이스팅해 보자!!
발전 단계는 숙성 중

미각 바디: medium(+)
→ 묵직함이 좀 더 생김(균형미↑)

⇒ 매우 좋은 와인으로 발전함. 지금 마시기 딱
좋고, 그냥 쟁여 놓고 마시길~

평점 3.7   평점 91
가격 4.5만 원   가격 6.6만 원

5. 트림바크, 리슬링
Trimbach, Riesling

 화이트

원산지	프랑스 / 알자스Alsace
와이너리	트림바크Trimbach
포도 품종	리슬링Riesling 100%

당도 ●○○○○   산도 ●●●●○
바디 ●●●○○   타닌 ●○○○○

2019 JS 92
2018 WE 92
2017 WS 91, JS 91
2016 WE 93, WS 90, JS 90

WINE ENTHUSIAST 2021 VINTAGE CHART

Region	Appellation/Type	2019	2018	2017	2016	2015	2014	2013	2012	2011
Alsace		94	93	93	90	92	89	89	92	91

2019년은 아직 단정하기는 어렵지만, 기록상 두 번째로 더운 여름임에도 유럽 및 프랑스의 주요 산지에서는 좋은 와인이 만들어졌다고 하며, WE는 알자스 지역에 대해서 지난 10년간 최고로 높은 평가 점수를 주고 있다.

2019 빈티지에 대해 와인 애드버킷이나 와인 서처는 평가하지 않고 있다. 와인 서처에서는 다른 빈티지의 경우 보통 시음 적기로 2년~8년 후 정도로 평가하였다. 2019년이 포도가 매우 잘 익은 해이기 때문에 2021년부터는 충분히 마실 수 있는 와인이라고 생각한다.

2021/8 ('19)

Tasting Note (2019)

시각   선명도는 맑고, 색상은 연한 골드, 색의 강도는 연함.

후각   상태는 깨끗, 후각의 강도는 medium
1차 향: 복숭아, 모과, 레몬, 아스파라거스, 엘더플라워, 피망, 부싯돌
→ 핵과류~ 감귤류 계열의 과일 향, 다양/ 약수, 쇠맛 느낌의 미네랄
2차 향: (-)
3차 향: 페트롤 → 小
발전 단계는 숙성 중

미각   당도: dry, 산도: medium(+), 바디: medium
풍미 강도는 medium
여운이 medium 이상 → 미네랄, 잔당이 은은하게 느껴짐.

좋은 와인이며, 지금 마시기 좋고, 숙성 잠재력도 있음.
→ 복합미는 Very Good, 균형미, 풍미 강도, 여운은 Good

⇒ 색상에 비해서 신선하고, 덜 익은 날카로운 모습도 보여 주며, 리슬링 캐릭터가 강하지는 않으나, 쇠맛의 미네랄 풍미와 조금씩 페트롤 향이 나면서 리슬링 품종임을 느끼게 해준다. (생산자의 명성에 비해 조금 실망)
포도가 잘 익어서인지, 레몬-라임-청사과와 같은 시트러스 계열의 신선함보다는 좀 더 익은 과일의 풍미가 주를 이룸.

평점   3.7
가격   3.1만 원

평점   90
가격   2.7만 원

6. 샤토 생 미셸, 콜롬비아 밸리 리슬링
Chateau Ste. Michelle, Columbia Valley Riesling

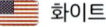 화이트

원산지	미국/ 콜롬비아 밸리 Columbia Valley
와이너리	샤토 생 미셸 Chateau Ste. Michelle
포도 품종	리슬링 Riesling 100%

당도 ●●○○○   산도 ●●●○○
바디 ●●●○○   타닌 ○○○○○

2019 Cellar Tracker 86
2018 WE 89, Cellar Tracker 86
2017 WE 89, WS 89, Cellar Tracker 85

WINE ENTHUSIAST 2021 VINTAGE CHART

Region	Wine Variety	2019	2018	2017	2016	2015	2014	2013	2012	2011
Columbia Valley	Whites	92	93	94	91	89	90	88	93	90

2019년은 매우 더운 여름임에도 미국 캘리포니아주와 같은 신대륙 와인도 전반적으로 모두 좋을 것으로 예상되고 있다.

2019 빈티지에 대해 와인 애드버킷이나 와인 서처는 평가하지 않고 있다. 샤토 생 미셸의 리슬링 품종은 빈티지와는 크게 관계없이 식사를 하면서 편하게 데일리 와인으로 언제, 어디서든 오픈할 수 있는 친근한 와인이다.

와인 서처는 이 와인의 시음 적기에 대해 아래와 같이 설명한다.

When to drink   2020   2022

2021/8 ('19)

Tasting Note (2019)

시각   선명도는 맑고, 색상은 레몬, 색의 강도는 연함.

후각   상태는 깨끗, 후각의 강도는 medium
         1차 향: 레몬, 사과, 모과, 엘더 플라워, 아카시아, 피망-야채 캐릭터 小
         2차 향: 크림, 치즈
         3차 향: 페트롤
         발전 단계는 숙성 중

미각   당도: off-dry, 산도: m ~ medium(+), 바디: medium
         풍미 강도 = medium
         여운이 medium → 아카시아, 꿀과 같은 잔당이 느껴짐.

         좋은 와인이며, 지금 마시기 좋고, 숙성 잠재력은 없음.
         → 복합미는 Very Good, 균형미, 풍미 강도, 여운은 Good

평점   3.8
가격   1.6만 원

⇒ 신선한 과일 향에 잔당이 있어서 한식에 편하게 같이 즐길 수 있는 데일리 와인임. 독일의 카비넷 와인이나 고급 트로켄 와인과는 전혀 다른 축복받은 땅인 미국만의 자연환경을 이용한 잘 익은 리슬링 와인으로 잔당을 남기고도 12%의 알코올을 가진 와인임.
취향에 따라 잔당이 싫다면, 코스트코 전용으로 판매되고 있는 드라이 리슬링을 마셔 보기 바람.

평점   86
가격   1.1만 원

3

Chardonnay
샤르도네

"몽라셰 와인은
경건한 마음으로
모자를 벗고
무릎을 꿇고 마셔야 한다."

뒤마 알렉상드르 Alexandre Dumas

다양성

"몽라셰Montrachet 와인은 경건한 마음으로 모자를 벗고 무릎을 꿇고 마셔야 한다. 고딕 성당에서 울려 퍼지는 장엄한 파이프 오르간 소리와 같은 느낌이다."

삼총사, 몬테크리스토 백작으로 유명한 프랑스의 극작가, 소설가인 알렉상드르 뒤마 Alexandre Dumas가 부르고뉴Bourgogne 코트 드 본Côtes de Beaune 지역의 특급 밭, 그랑 크뤼 Grand Cru 등급의 몽라셰에서 만들어진 와인을 칭송하며 한 말이다.

몽라셰의 주인공인 샤르도네Chardonnay 품종은 전 세계적으로 가장 잘 알려진 대표적인 청포도 품종이다. 프랑스 부르고뉴의 코트 드 본과 샤블리Chablis, 이탈리아 북부 프란치아코르타 Franciacorta부터 남부의 시칠리아Sicilia, 유럽 남부에 위치한 스페인 카탈루냐 Catalonia까지 구대륙의 여러 지역과 미국의 캘리포니아California, 오리건Oregon, 칠레의 카사블랑카Casablanca, 오스트레일리아의 애들레이드 힐스Adelaide Hills, 야라밸리 Yarra Valley, 남아프리카공화국의 워커 베이Walker Bay, 뉴질랜드의 말버러Marlborough 등 신대륙 여러 산지에 이르기까지 매우 다양한 지역에서 생산되고 있다.

샤르도네 품종은 이렇게 다양한 기후 범위 내에서 포도 재배가 가능하며, 품종 특성상 개성이 강하지 않은 편이다. 그래서 지역이나 생산자별로 다양한 양조 스타일을 적용할 수 있으며 이를 통해 다양한 복합미를 추가할 수 있다.
'샴페인편'에서 다루었듯이 샴페인의 기본-주요 품종이며, 100% 샤르도네 품종만으로 블랑 드 블랑 샴페인을 만드는 데 사용되는 고급 품종이다.
기후에 따라 과일의 향과 풍미가 다양하다. 서늘한 지역에서는 레몬, 라임과 같은 신선한 시트러스Citrus 계열의 풍미와 캐릭터를 보이고, 온화한 지역에서는 복숭아, 살구 등과 같은 핵과류를 보인다. 좀 더 따뜻한 지역에서는 바나나, 파인애플, 리치, 망고와 같은 열대 과일의 풍미와 캐릭터를 보인다.

또한, 샤블리와 같은 지역은 젖은 돌과 같은 광물성 특징을 간직한 테루아Terroir에서 오는 고유의 미네랄 풍미를 느낄 수 있으며, 오크Oak의 사용 여부나 사용 기간, 강도와 유산 발효MLF. Malolactic Fermentation_사과산이 유산으로 변환되어 부드럽고 농도가 진해짐 여부 등에 따라 각 지역별, 생산자별로 많은 다양성과 차이를 보인다.

이렇다 보니, 샤르도네 품종은 지역별, 가격대별로 서로 다른 와인과 같은 특징을 보이며, 저가 와인과 고가 와인 간의 가격이나 품질의 차이도 큰 편이다. 과일 풍미나 미네랄, 바다감, 오크의 사용 강도나 유산 발효 여부 등에 따라 사람마다 이 품종에서 좋아하는 포인트에서 차이가 발생하기 때문에 각자의 취향에 맞춰 지역을 선택하면 된다.

이렇듯 와인을 많이 접하다 보면 자신만의 스타일이 반드시 생기게 된다. 필자의 경우 첫 번째 고려 기준은 산도이다. 그 이유는 화이트와인의 경우 산도가 약한 와인은 확실히 첫 맛부터 마지막까지 계속 뭔가 부족함을 느끼게 되고 오크나 유산 발효와 같은 양조 테크닉에 와인이 묻히는 느낌을 받게 되기 때문이다.

그렇다고 뉴질랜드의 대표 품종 중 하나인 소비뇽 블랑처럼 찌를 듯한 산도와 몇 가지 심플한 과일과 풀, 채소와 같은 풍미만을 가진 신선한 느낌의 와인은 균형감이나 복합미, 여운 등에서 다소 부족함과 아쉬움이 있다. 반면 한식과 치킨 등 우리가 자주 접하는 음식과의 페어링에는 매우 좋다.

그러다 보니 두 번째 고려 기준으로 산도에 적합한 바디감과 당도, 알코올, 탄닌 등이 균형감 있고 구조감 있게 잘 잡혀 있는 것을 중요하게 생각하며, 마지막으로는 와인이 가진 복합미와 여운을 생각한다. 그래서 부르고뉴 마콩Macon 지역의 가벼운 와인과 페어링에 따라 샤블리 지역이나 신대륙에서 만든 일부 와인도 자주 마신다. 그리고 궁극적으로는 부르고뉴 코트 드 본 지역의 황금 언덕만큼이나 아름다운 황금색과 향기를 지닌 퓔리니 몽라셰Puligny-Montrachet, 샤샤뉴 몽라셰Chassagne-Montrachet, 뫼르소Meursault 마을의 와인을 선택하게 된다.

최근, 부르고뉴에서 젊은 생산자들은 코드 드 본 지역 내의 조금은 소외되어 있는 저렴한 포도밭이나, 마코네Mâconnais, 코트 샬로네즈Cotes de Châlonnaise와 같은 지역에서 많은 연구와 노력을 통해 새로운 스타일의 와인 양조를 시도하고 있다. 아로마가 소비뇽 블랑이나 리슬링 같은 품종에 비해 밋밋하고, 개성이 약한 편이라 양조하는 과정에서 양조자가 적용할 수 있는 다양한 옵션을 가질 수 있게 된다.

전통적인 생산자에 비해 오크 숙성 기간도 줄이고 있는 것이 최근의 추세이다. 사실 필자는 아직까지는 부르고뉴 전통 스타일에 가까운 적당히 묵직한 오크 숙성과 유산 발효를 거친 와인이 좋다.

화이트와인의 필수 조건이자 처음의 산뜻함과 마지막의 숙성 잠재력까지 모두 포함하는 요소 중 하나인 산도가 워낙 좋고 풍미가 다양하고 섬세하여 미국에서 보통 만들어지는 버터와 크림을 연상시키는 진한 샤르도네와는 명확히 구분되기 때문이다.

풍미

몽라셰의 황금빛이 우선 떠오르는 샤르도네 품종 와인은 어릴 때에는 녹색빛이 약간 감도는 흐린 볏짚색을 띠다가, 오크 숙성이나 오랜 기간 병 숙성을 하면 진한 볏짚색에서 연한 금색, 황금색을 띠면서 변화한다.

연한 색 ~ 진한 금색　　　　샤르도네 포도

《와인 폴리》 홈페이지에는 샤르도네 품종에 대해 다음과 같이 설명하고 있다. 샤르도네는 세계에서 가장 인기 있는 포도 품종 중 하나이며, 호리호리한 스타일부터 오크에 숙성된 풍부하고 크리미한 스타일까지 다양하게 만들어진다.

《월드 아틀라스 와인》에는 샤르도네 품종의 특징으로 광범위한 재배 지역, 다양한 스타일, 부드러움을 언급하였으며, 지나친 오크통 숙성은 금물이라고 경계하고 있다. 앞서 언급했듯이 이 품종은 대부분의 산지에서 잘 자라며 생산자에 따라 다양한 색깔을 입힐 수 있는 품종이기 때문에 균형감을 해칠 수 있는 과한 꾸밈에 대한 경고라고 생각한다.

실제로, 샤르도네 품종으로 만든 다양한 와인을 마셔 보면, 기후에 따라 과일의 향과 풍미가 가벼운 시트러스 계열부터 좀 더 달고 끈적한 열대 과일까지 다양하다.

새 오크통의 사용 비율이나 프렌치 오크통의 사용 여부, 오크 숙성 기간, Lee 콘택트나 바토나지Batonnage_저어주기 등에 따라 향과 풍미뿐만 아니라 질감, 바디감, 숙성도 등에서 차이가 많이 난다. 이 때문에 테루아 못지않게 양조 과정에 들어간 정성이 가격에도 많은 비중을 차지하며, 양조 테크닉도 와인과 함께 발전한 재미있는 품종이다.

참고로, '샴페인편'에서도 죽은 효모 찌꺼기라 불리는 Lee에 대해 간단히 설명한 바 있다. 프랑스 부르고뉴 지역에서 샤르도네 품종으로 화이트와인을 만들 때는 샴페인처럼 장기간 숙성을 하지 않고, 1년 정도 그냥 두기만 하거나, 생산자에 따라 효모 찌꺼기가 잘 섞이도록 가끔 혹은 자주 저어 준다. 이에 따라 와인에 효모의 풍미와 강도가 달라진다.

국가나 지역별로도 다양한 스타일의 와인을 양조하다 보니, 프랑스 부르고뉴 내에서도 가장 북쪽에 위치한 샤블리 지역은 높은 산도와 함께 미네랄, 시트러스 계열의 과일 풍미가 일품이다. 화이트와인의 중심지인 코드 드 본 지역은 복숭아 풍미와 생산자에 따라 다소 다르지만 오크를 적절히 사용한 장기 숙성용 고급 와인이 일품이다. 가장 남쪽에 위치한 마코네 지역은 좀 더 잘 익은 과일 풍미에 편하게 마실 수 있는 와인을 만든다.
이에 비해 신대륙 중 미국에서는 좀 더 열대 과일 풍미가 강하고 바닐라, 버터와 같은 오크나 MLF의 숙성 풍미가 진한, 크리미하고 바디감 있는 와인이 주로 만들어지고 있다. 오스트레일리아에서는 가벼운 스타일부터 진한 스타일까지 다양한 와인이, 칠레에서는 잘 익은 열대 과일 풍미의 와인이 주로 만들어지고 있다.

《와인 바이블》에서는 전 세계에서 재배되는 화이트와인의 90% 이상이 샤르도네, 소비뇽 블랑, 리슬링 3개의 품종청포도 품종 중, 스페인 중남부에 위치한 라 만차(La Mancha) 지방에서 아이렌(Airen) 품종이 재배되는데 전 세계 포도 품종 중 Top 3이며, 청포도 품종 중에는 No.1 생산량을 가진 품종인데,

주로 브랜디(Brandy_증류주) 원료로 사용되므로 이 통계 수치에서는 빠진 것으로 보임으로 만들어진다. 그중에서 샤르도네 품종의 특유의 풍미는 사과, 멜론, 배, 양조를 통한 풍미로 바닐라, 토스트, 버터 스카치, 캔디 풍미를 가진다.

이렇듯 전 세계적으로 가장 인기가 많고 재배 가능 지역도 넓은 샤르도네 품종은 지역별로 가진 특징을 그대로 흡수하여 다양한 향과 풍미를 발현하는 품종이므로 대표적인 특징을 1~2가지로 설명하기 어렵다. 따라서 주요 생산 지역별 주요 특징은 다음 장에서 상세히 알아보자.

주요 지역의 특징과 등급 체계

» 프랑스 부르고뉴

머스터드Mustard_서양 겨자로 유명한 도시 디종Dijon_파리에서 남동쪽으로 약 300km 거리이 부르고뉴에서 가장 북쪽에 있는 큰 도시이다. 여기에서 가장 남쪽에 있는 도시 리옹Lyon_프랑스에서 3번째로 큰 도시까지 약 200km 거리로 북에서 남으로 가늘고 길게 포도밭이 펼쳐져 있다.
전 세계에서 샤르도네 품종이 가장 많이 재배되는 지역으로, 황금 언덕이라 불리는 코트 도르Cote d'Or가 부르고뉴 와인의 중심부이다. 코트 도르는 코트 드 뉘Cote de Nuits와 코트 드 본으로 나뉘고, 북서쪽으로는 샤블리 지역, 남쪽으로는 코트 샬로네즈와 마코네 지역이 위치하고 있다.

보르도의 샤토Chateau는 곧 와인의 브랜드라 할 수 있다. 이 브랜드에서 생산한 와인은 포도밭의 위치나 생산량에 관계없이 샤토와 같은 등급을 받는 운명을 가지는 데 비해, 부르고뉴의 와인은 오직 포도밭과 함께 등급이 결정된다. 생산자가 아닌 생산자가 가진 포도밭별로 다른 등급을 가지며, 이는 정부의 통제하에 일관성을 가지고 명확하게 설정, 관리되고 있다.

부르고뉴의 포도밭은 햇볕이 잘 드는 경사면에 좋은 밭이 위치하는데, 보통 언덕의 중간에 위치하며, 그 아래에는 프리미에 크뤼Premier Cru(ler Cru)나 코뮈날Communal(빌라지Village) 등급의 포도밭이 위치한다. 더 아래로 내려가 평야와 같은 지대가 나타나면 코뮈날, 마을을 벗어난 지대에는 지역(레지오날Regional) 등급으로 이루어져 있다.

특이한 것은 그랑 크뤼 위쪽 방향으로는 다시 프리미에 크뤼 등급인데, 이유는 언덕 위쪽에 위치하다 보니 날씨가 조금 더 서늘하고 경사가 급해 표층이 얇아 포도나무가 힘을 받지 못하는 단점이 있기 때문이다.

다음 부르고뉴 등급 체계를 보면, 최상위 등급에 해당되는 그랑 크뤼Grand Cru 포도밭이 전체 생산량의 1~2%밖에 되지 않고, 프리미에 크뤼 등급 포도밭도 10%밖에 되지 않아 매우 높은 수준이다.

<부르고뉴 등급 체계>

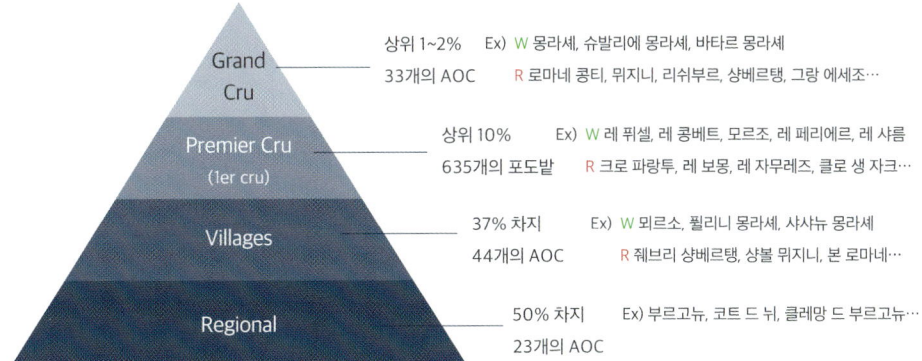

부르고뉴 지역의 AOC는 총 100개가 있었다. 최근 레지오날 등급의 AOC가 23개에서 7개로 축소, 정리되면서 현재는 총 84개의 AOC가 있다.

보르도가 60개의 AOC를 가진 것에 비하면 수가 매우 많고 등급 체계도 복잡하다. 부르고뉴의 와인 생산량이 보르도의 1/3 수준도 안 되는 점을 감안하면 등급 체계가 복잡함을 알 수 있다. AOC의 개념만 명확하게 이해하고 있다면, 오히려 부르고뉴의 AOC가 더 명확한 기준과 섬세함을 가졌다는 것을 알 수 있다. 다음 사진과 설명을 통해서 보다 쉽게 이해할 수 있을 것이다.

오른쪽 사진은 부르고뉴 지역 화이트 와인을 나타낸 것이다. 좌측의 최상위 등급 와인부터 단계별로 설명하면 ① 코트 드 본 지역, 알록스-코르통 마을의 그랑 크뤼 등급인 코르통 샤를마뉴 포도밭에서 재배된 포도로 만들어진 와인, ② 퓔리니 몽라셰 마을의 프리미에 크뤼 등급인 샹 갱 포도밭에서 재배된 포도로 만들어진 와인, ③ 퓔리니 몽라셰 마을의 포도밭에서 재배된 포도로 만들어진 와인, ④ 부르고뉴 지역의 포도밭에서 재배된 포도로 만들어진 와인이다.

왼쪽 사진은 부르고뉴 지역 레드와인으로, 좌측부터 설명을 하면 ① 코트 드 뉘 지역, 플라제 에세조 마을의 그랑 크뤼 등급인 에세조 포도밭에서 재배된 포도로 만들어진 와인, ② 본 로마네 마을의 프리미에 크뤼 등급인 레 보몽 포도밭에서 재배된 포도로 만들어진 와인, ③ 쥬브리 샹베르탱 마을의 포도밭에서 재배된 포도로 만들어진 와인, ④ 부르고뉴 지역의 포도밭에서 재배된 포도로 만들어진 와인이다.

부르고뉴 지역에서 생산되는 와인은 《와인 바이블》에 따르면, 화이트와인이 68%, 레드와인이 32%의 비율을 보인다고 한다. 출시일이 2015년 12월 31일임을 감안할 때, 아마도 이 통계치는 2014~2015년 수치일 것이다. 부르고뉴 지역에서 화이트와인이 거의 2배나 더 많이 만들어진다고 하니 처음에 이 수치를 보고 매우 놀랐다. 샤블리 지역에서는 화이트와인이 100%, 마코네 지역에서는 85%나 되기 때문이다. 부르고뉴 지역에서 코트 도르 지역만 볼 경우에는 레드와인이 78%로 화이트와인 22%를 월등히 앞서, 이 수치가 필자가 생각하는 수준에 가깝고, 아마도 이 수치가 일반적으로 익숙한 비율이 아닐까 싶다.

코트 드 본

코트 도르에서 코트 드 뉘 지역 남쪽에 화이트와인의 성지인 코트 드 본 지역이 있다. 이곳에서 최고로 훌륭한 품질을 가진 화이트와인이 만들어지고 있다. 유명한 마을별로 다양한 풍미와 각자의 장점을 가지고 있으며, 북쪽의 일부 마을은 레드와인도 상당량 만들고 있다.

대륙성 기후를 가진 이 지역은 최근 지구 온난화 등의 영향으로 여름이 점점 길어지고 있다. 포도밭은 동향이나 남향으로 포도가 햇볕을 잘 받을 수 있도록 위치하고 있다. 토양은 주로 이회암Marl_석회분이 풍부한 퇴적암의 일종으로 석회질의 점토 토양을 기반으로 석회암에서 깨진 돌, 자갈 등이 덮여져 있어 매우 좋은 토양을 가지고 있으며, 언덕의 위치나 경사도 등에 따라 다양한 비율로 섞여 있다.

지역이나 마을별로 산맥이나 강가 주변에 위치한 곳이나, 언덕이나 경사도가 있는 곳은 구글 지도에서 대략적으로 확인할 수 있다. 좀 더 자세히 지형이나 테루아 등에 대해 알고 싶다면 《월드 아틀라스 와인》을 참고하기를 바란다. 이 책에는 코트 도르의 주요 마을에 대한 단면도를 보여 주고 이에 대해 매우 자세히 설명하고 있는데, 지질학적 지식이 부족하다 보니, 그냥 재밌게 한번 훑어 보았다. 그 외에는 각 마을별, 포도밭별로 경계선이나 등고, 숲, 주요 밭의 소유권 등이 매우 자세히 나와 있어서 늘 공부하는 입장에서는 소중한 바이블과 같은 책이다.

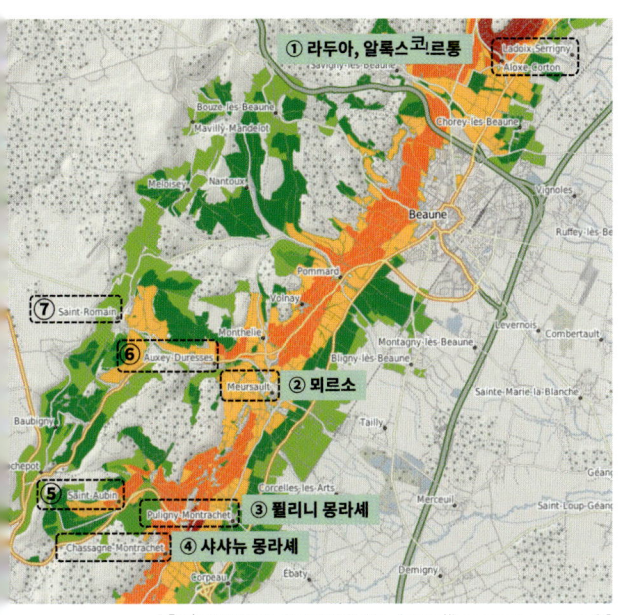

[출처: VINS DE BOURGOGNE_ http://bourgogne-maps.fr]

코트 드 본의 지도에서 주요 화이트와인의 생산지를 지도에 표시해 보았다. 북쪽에 위치한 코르통 포도밭부터 뫼르소 마을을 거쳐, 2곳의 몽라셰(일명, 뿔몽&샤몽) 마을까지, 이름만 들어도 설레는 세계 최고의 화이트와인을 생산하는 마을들의 지명이다.

평소 필자가 좋아하는 올리비에 르플레브Olivier Leflaive에서 만든 뫼르소 와인과 2개의 몽라셰 와인, 레지오날급 와인 외에도 최근에는 산도나 미네랄 캐릭터가 풍부한 ⑤ 생 토방Saint Aubin, ⑥ 오세 듀레스Auxey Duresses, ⑦ 생 호망Saint Romain 마을의 와인도 많이 수입되고 있어 다양한 마을의 와인을 쉽게 접할 수 있고 가격도 다소 저렴해 프리미에 크뤼 등급 와인도 편하게 마실 수 있어 매우 좋다.

숲이 울창한 언덕에 위치한 코르통Corton 포도밭은 레드와인과 화이트와인 모두 그랑 크뤼 등급을 가지고 있다. 이 중 레드와인으로는 코르통, 화이트와인으로는 샤를 마뉴 Charle magne_샤를 대제가 주인공인 코르통 샤를마뉴Corton-Charlemagne가 있다.

샤를 마뉴는 원래 레드와인을 매우 좋아했는데, 와인을 흰 수염에 자주 묻히자 왕비가 화이트와인을 권해, 이 지역의 레드와인 품종을 다 밀어 버리고 샤르도네 품종을 심었다는 이야기가 전한다. 구글에서 사진을 찾아보면 샤를 마뉴의 수염은 매우 길고, 흰색보다는 갈색에 가까워 보이는데 아마도 전해져 내려오는 설이 다소 과장된 이야기 같다.

이 2가지 그랑 크뤼 와인이 만들어지는 포도밭은 3개의 마을에 걸쳐 있다. 언덕 아래로 내려가면 레드와인으로 유명한 ① **알록스 코르통**Aloxe-Corton 마을이 있고, 우측에 미네랄이 풍부한 화이트와인이 나오는 **라두아**Ladoix 마을이 있다. 좌측에는 **페르낭 베르젤레스**Pernand Vergelesses 마을이 있는데 밭의 위치에 따라 화이트-레드와인을 각각 생산하고 있다.

부르고뉴의 화이트와인은 흔히 눈과 코로 마시는 와인이라고 한다. 인구 2천 명의 작은 ② **뫼르소**Meursault 마을의 와인은 향이 매우 좋은 와인이다. 비록 그랑 크뤼 등급의 포도밭은 없지만, 그에 못지않은 평가와 가격대를 가진 프리미에 크뤼 등급의 포도밭과 유명 생산자들이 있어, 매우 높은 품질 수준을 자랑하는 지역이다.

부르고뉴의 화이트와인은 그린-골드 빛깔부터 연한 황금색 빛깔까지 맑은 색을 보이며, 꽃의 향과 과일 향, 훌륭한 산도와 미네랄, 아몬드, 헤이즐넛 같은 아로마Aroma 와 부케 Bouquet 가 환상적이다. 크리미한 맛이 입안에서 구조감과 오랜 여운을 남겨 주며, 오크 숙성을 적극 활용하고 있다.

특히, 이 마을의 와인은 와인 메이커나 포도밭 간에 편차가 적어 뫼르소라는 단어가 보이면 선택에 실패할 확률이 매우 적은 와인 중 하나이다.

부르고뉴에서 발간한 《Guide des Appellations des vins de Bourgogne》에는 뫼르소 마을의 와인은 보통 색상의 변화가 그린-골드Green gold나 카나리아-옐로Canary yellow에서 숙성이 되면서 청동색Bronze으로 변화한다고 한다. 잘 익은 과일 향의 아로마가 강하고, 어린 와인은 구운 아몬드, 메이플라워Mayflower, 엘더 플라워Elder flower, 고사리, 라임, 버베나Verbena와 미네랄, 버터, 꿀, 시트러스 과일 풍미를 낸다고 한다.

색에 대한 용어가 선뜻 공감이 가지 않는데, 아무튼 매우 향기롭고 복합적인 아로마를 보이는 고급 와인이라는 얘기를 하고 싶은 것 같다.

세계 시골 전문가인 농학 박사님과 셰프 겸 푸드 라이터의 《진짜 프랑스는 시골에 있다》는 리얼한 시골 사진과 와인, 음식에 대한 이야기를 재밌게 그린 책이다. 이 책에 따르면, 2차 세계대전 때 뫼르소 마을의 포도밭이 훼손될 것을 염려하여 프랑스군이 독일군에게 제대로 된 포 사격을 하지 못했다고 한다. 이로 미루어 프랑스뿐만 아니라, 유럽에서 얼마나 와인을 귀중하게 생각하는지, 이 마을에서 만든 와인의 위상이 어느 정도인지 짐작할 수 있다.

다른 책에서도 과거 십자군 전쟁이나 영국과 프랑스 간의 백년 전쟁 때 포도의 수확철에는 전쟁을 잠시 멈췄다는 이야기를 전하고 있다. 2차 세계대전 당시에도 독일의 아돌프

히틀러 Adolf Hitler가 프랑스의 와인을 대량으로 가져갔다는 이야기가 전해진다. 이후 벙커에서는 당시에 가져간 보물급 와인이 많이 나왔다고 한다.

《월드 아틀라스 와인》에 따르면 뫼르소 마을은 지하 수면이 높아서, 와인을 두 번째 겨울까지 숙성시킬 만큼 셀러를 깊게 파기 힘들기 때문에 퓔리니 몽라셰보다 섬세함과 우아함이 부족하다고 한다. 또한, 그랑 크뤼 등급의 포도밭이 없는 지역으로 명성은 다소 떨어지나, 넓은 지역에서 매우 수준 높고 기복 없는 와인을 만든다고 한다.

그래도 필자는 뫼르소 지역의 와인을 마실 때마다 부족함을 느끼지 않는다. 그 이유는 강렬하고 풍부한 과일 풍미를 자랑하며, 다양한 양조 기술이 적용되어 바디감 있는 와인을 맛볼 수 있기 때문이다. 그리고 숙성 시 견과류 향도 매우 좋은 편이며, 무엇보다도 몽라셰 잔을 통해 볼 수 있는 그 빛깔과 자태에 매료되기 때문이기도 하다.

그랑 크뤼 등급의 포도밭이 없는 이 마을은 그랑 크뤼에 버금가는 뛰어난 밭으로 알려진 레 페리에르 Les Perriers와 레 샤름 Les Charmes, 레 주느브리에르 Les Genevrieres 등의 프리미에 크뤼 등급 포도밭이 6개나 있으며, 시장에서도 그 가치를 충분히 인정받고 있다.

유명한 생산자로는 뫼르소 마을의 대표 선수인 도멘 코쉬 듀리 Domaine Coche Dury와 도멘 데 콤트 라퐁 Domaine des Comte Lafon이 있다. 로버트 파커도 인정한 코쉬 듀리는 가격이 현지에서도 이미 100만 원을 넘어선 지 오래되었다. 마을 단위의 와인도 이미 50만 원 수준을 넘어서 시장에서는 이미 그랑 크뤼로 인정받고 있다.

국내에서는 원하는 빈티지를 구하기도 어렵고 워낙 고가이므로 혹시라도 구매를 한다면 해외 직구를 적극 추천한다. 진한 풍미를 가진 도멘 데 콤트 라퐁의 마을 단위 와인도 합리적인 가격으로 구할 수 있다.

뫼르소 마을 남쪽에 위치한 ③ **퓔리니 몽라셰** Puligny-Montrachet 마을은 몽라셰로 대표되는 최고의 화이트와인이 만들어지는 곳으로, 4개의 그랑 크뤼 등급 포도밭과 8개의 프리미에 크뤼 등급 포도밭을 가지고 있다.

이 중, 몽라셰는 퓔리니 몽라셰 마을과 샤샤뉴 몽라셰 마을에 거의 절반씩 나뉘어 걸쳐 있는 최고의 특급 포도밭이다.

퓔리니 몽라셰 마을에는 로마네 콩티 Romanee-Conti 생산자인 DRC Domaine De La Romanee-Conti가 소유하고 있는 몽라셰 Montrachet 포도밭과 바타르 몽라셰 Batard-Montrachet 포도밭이 있다.

고급 와인에 대해서 소개한 와타나베 준코의 《고급 와인》에 따르면, 몽라셰는 로마네 콩티보다 생산량이 적다고 한다. 로마네 콩티가 1.8ha에 불과한 밭에서 연간 5~6천 병만 생산한다고 하니, 몽라셰는 최대 5천 병 미만이라는 얘기가 된다.

두산백과에 따르면, DRC의 몽라셰는 0.67ha의 작은 밭에서 연간 3천 병만 생산한다고 하는데 그렇다면 1병당 가격이 얼마나 될까?

바타르 몽라셰의 경우, 비매품으로 관계자에게만 전해지는 전설의 와인이다. 가격이 로마네 콩티 이상으로 거래가 되기도 한다는데, 일단 빈 병이라도 한번 구경을 해보고 싶다.^^

퓔리니 몽라셰나 샤샤뉴 몽라셰는 두 마을 모두 '몽라셰'라는 명성을 갖춘 이름을 넣고자 마을명을 변경하였는데 코트 드 뉘에 있는 유명 마을 역시 최고의 포도밭 이름을 마을에 추가한 것과 유사한 방법이다.

보통 퓔리니 몽라셰 와인은 과일 풍미가 더 섬세하고 높은 산도와 미네랄 풍미를 내어 섬세하고 우아한 것으로 유명하다. 샤샤뉴 몽라셰 와인도 과일 풍미가 훌륭하며, 산도와 미네랄 풍미는 퓔리니 몽라셰에 비해서는 다소 수수한 느낌이나 힘이 있는 장기 숙성형 와인으로 유명하다.

《월드 아틀라스 와인》에는 퓔리니 몽라셰 와인이 뫼르소 와인보다 섬세하고 우아한 와인으로 설명되어 있다. 샤샤뉴 몽라셰 마을은 원래 뛰어난 레드와인 생산 지역이었으나, 20세기 후반부터 본격적으로 화이트와인을 생산했다고 하며, 드라이하지만 즙이 많고, 꽃향기와 헤이즐넛 향이 나는 황금빛 와인이라고 명시하고 있다.

필자의 경험으로는 좋은 생산자가 만든 두 와인을 비교해 보면 산도나 과일 향 등이 매우 흡사하여 비교가 매우 어려웠는데, 그래도 전반적으로 산도나 섬세함에서 퓔리니 몽라셰 와인이 다소 우위에 있었던 것 같다.

《Guide des Appellations des vins de Bourgogne》에는 이 마을 와인의 색상은 밝은 금색에 그린 빛이 같이 보이며, 숙성되면서 금색이 더 강해진다고 한다. 또한, 산사나무 꽃Hawthorn blossoms, 잘 익은 포도, 마지판Marzipan, 헤이즐넛, 호박, 레몬 글래스Lemon glass, 청사과 등의 풍미와 밀키한 버터와 크로와상, 미네랄 풍미를 낸다고 한다.

이 마을은 샤샤뉴 몽라셰 마을과 공유하고 있는 최고의 밭인 '몽라셰'와 '바타르 몽라셰', 몽라셰에 버금간다는 밭인 '슈발리에 몽라셰Chevalier-Montrachet' 등의 그랑 크뤼 등급의 포도밭과 '레 퓌셀Les Pucelles', '레 콩베트Les Combettes', '샹 카네Champ Canet' 등의 프리미에 크뤼 등급의 포도밭을 가지고 있다. 유명한 생산자로는 이 마을의 대표 선수이자 그랑 크뤼 4개 밭을 모두 소유한 도멘 르플레브Domaine Leflaive와 로마네 콩티의 DRC, 르루아 Leroy 여사가 만든 도멘 도브네Domaine d'Auvenay 등이 있다.

부르고뉴의 화이트와인은 국제 정치 역사에 있어서도 국가별 정상들이 하는 만찬 행사에서 늘 주요 자리를 차지했다. 마이니치 신문사의 파리, 로마 특파원을 지낸 니시카와 메구미의 《와인과 외교》는 각국의 정상 간의 만찬 행사에서 제공된 음식과 와인에 대한 배경을 상세히 설명해 준다. 이 중 2003년 미국의 부시 대통령이 이라크 전쟁 이후, 영국 버킹검궁을 방문했을 때 식전주 이후에 향초 풍미의 가자미 로스트 요리와 함께 퓔리니 몽라셰 와인이 제공되었다고 한다. 또한, 2005년 중국의 후진타오 주석이 버킹검궁을 방문했을 때에도 퐁파두르풍 혀가자미 요리에 샤샤뉴 몽라셰 와인이 제공되었다고 한다.

보통 피노 누아를 '악마가 준 선물', '악마가 만든 와인'이라고 하는데 부르고뉴 샤르도네도 아마 악마가 같이 만들었을 것 같다. 부르고뉴에 빠지기 쉽다는 것을 빗대는 뜻이다. 워낙 고가의 진귀한 와인이 많아 국내에서 원하는 빈티지를 구하기도 쉽지 않고, 가격도 높기 때문에, 필자는 주로 르플레브 가문 내 또 다른 생산자인 올리비에 르플레브의 와인을 최애하고 있다. 이 생산자가 보유한 프리미에 크뤼 등급의 포도밭 중 '레 샹 갱Les Champs Gain' 밭에서 만든 와인을 매우 좋아한다.

그래도 도멘 르플레브를 경험하고 싶은 독자들은 10만 원 이하의 가격대로 마코네 지역에서 생산한 마콩 베르제Macon-Verze부터 시작해 보길 바란다. 그 이상을 만나고 싶다면 우선 심호흡을 한번 하고 천천히 다시 생각해 보길 바란다. ^^

뫼르소 마을 남쪽에 위치하고, 퓔리니 몽라셰와 경계에 있는 ④ **샤샤뉴 몽라셰** 마을은 과거 레드와인을 주로 생산했다. 현재는 레드와인을 소량만 생산하며, 최고의 화이트와인을 만드는 3개의 주요 마을 중 한 곳이 되었다. 퓔리니 몽라셰 마을에 비해 다소 낮은 평가를 받기도 하나, 힘이 있고 풍성한 황금빛 와인으로 유명하다.

퓔리니 몽라셰와 공유하고 있는 '몽라셰', '바타르 몽라셰'와 '크리오 바타르 몽라셰Criots Batard-Montrachet'까지 3개의 그랑 크뤼 등급의 포도밭을 가지고 있으며, 모르조Morgeot, 카유레Cailleret 등 19개의 프리미에 크뤼 등급의 포도밭을 가지고 있는 마을이다.

유명한 생산자로는 몽라셰 포도밭을 가지고 있는 도멘 장 클로드 하모네Domaine Jean Claude Ramonet가 의심의 여지 없이 최고로 뽑힌다.

» 프랑스 샤블리

샤블리 지역은 부르고뉴의 최북단(본Beaune에서 북쪽으로 160km 거리)에 위치한 매우 서늘한 기후를 가진 곳이다.

[출처: Kurtis Kolt; via William Fèvre twitter]

주요 밭들이 일조량이 풍부한 지대에 위치하며, 과거 백악기 시대에 바다에 잠겨 있던 석회암과, 굴껍질이 섞인 키메리지안Kimmeridgian 토양에서 샤르도네 품종이 재배되어 높은 산도뿐만 아니라 미네랄 풍미, 숙성 잠재력과 힘을 가진 와인이다.

통상, 부르고뉴에서 만들어지는 화이트와인은 오크를 사용해서 복합미, 향과 풍미의 강도를 풍부하게 만든다. 샤블리 지역에서는 높은 등급의 와인이 아닌 경우에는 오크를 사용하지 않아 대체로 가볍고 산도가 높은 깔끔한 스타일의 와인을 만들고 있다.

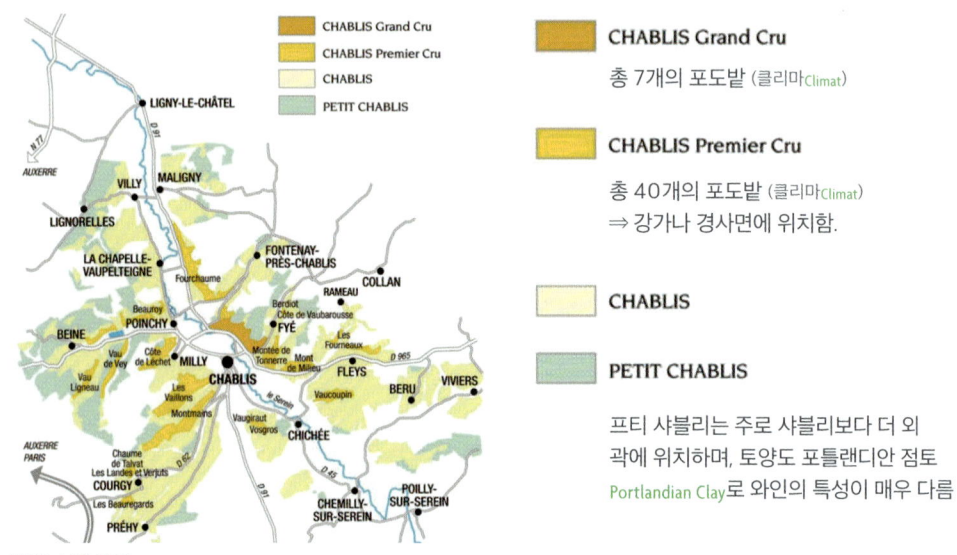

[출처: 나무위키]

CHABLIS Grand Cru
총 7개의 포도밭 (클리마Climat)

CHABLIS Premier Cru
총 40개의 포도밭 (클리마Climat)
⇒ 강가나 경사면에 위치함.

CHABLIS

PETIT CHABLIS
프티 샤블리는 주로 샤블리보다 더 외곽에 위치하며, 토양도 포틀랜디안 점토 Portlandian Clay로 와인의 특성이 매우 다름

<샤블리 등급 체계>

전체 생산량의 1%밖에 차지하지 않으며, 장기 숙성이 가능한 7개의 그랑 크뤼 포도밭의 이름은 블랑쇼Blanchot, 부그호Bougros, 그르누이Grenouilles, 레 클로Les Clos, 레 프리즈Les Preuses, 발뮤Valmur, 보디자이어Vaudesir이다. 다음으로 상위 15% 미만의 포도밭에서 엄격한 생산량 규정을 갖춘 40개의 프리미에 크뤼 포도밭이 있다. 이 중 유명한 포도밭은 코트 드 로셰Côte de Lechet, 코트 드 불로흐Côte de Vulorent, 몽멩Montmains, 푸르숌Furrchaume, 바이용Vaillon, 몽 드 밀리유Monts de Millieu 등이 있다. 샤블리 와인 구매 시 참고하기 바란

다. 이 지역의 대표 생산자 중 한 곳인 윌리엄 페브르William Fevre에서는 몽멩, 푸르숌과 테이스팅 노트에 추가한 바이용이 수입되고 있으니 이 점도 참고하기 바란다.

《Guide des Appellations des vins de Bourgogne》에 따르면 샤블리 지역의 프리미에 크뤼 등급의 포도밭에서 만들어진 와인은 색상이 연한 금색을 보인다고 한다. 또한, 좋은 숙성 잠재력을 가졌고, 어릴 때는 미네랄이 풍부하고 단단한 느낌의 꽃향기가 오래될수록 섬세하고 은은하게 나서 입맛을 자극한다고 한다.

그랑 크뤼 등급의 포도밭에서 생산된 와인은 색상이 순수한 그린 골드에서 연한 노란색으로 변화하며, 10~15년간 보관된 와인은 미네랄이 강렬하며, 라임, 꽃, 말린 과일, 아몬드의 풍미와 꿀의 촉감과 야생 버섯의 느낌을 느낄 수 있다고 한다.

《와인 바이블》에는 샤블리 와인의 시음 적기는 빈티지로부터 2년 이내, 프리미에 크뤼 등급의 와인은 빈티지로부터 2~4년, 그랑 크뤼 등급의 와인은 빈티지로부터 3~8년으로 명시되어 있다. 그렇다면 프리미에 크뤼 등급의 와인은 2016~2018 빈티지를 마셔야 된다는 건데, 음… 필자의 생각은 약간 다르다.

개인적으로 윌리엄 페브르에서 만든 샤블리 와인을 많이 좋아한다. 요즘은 배달 음식도 다양하고 품질이 우수하기 때문에 회, 굴, 해삼 등과 같은 음식과 집에서 가볍게 페어링을 많이 하는 편이다.

2021년에도 윌리엄 페브르 샤블리 2017, 2018 빈티지를 여러 번 테이스팅했고, 프리미에 크뤼인 바이용 2016, 몽멩 2018도 테이스팅해 보았다. 2016 빈티지도 색상이 아직 연한 레몬색이고, 향과 풍미도 청사과, 레몬, 라임, 레몬 껍질, 갓 피어난 꽃 등의 신선한 1차 아로마가 메인이었고 미네랄과 높은 산도를 계속 뿜어냈으며, 강한 풍미와 여운을 주었다.

인기 절정의 유튜브 채널 '와인킹'에서도 MW Master of Wine인 피터 스승님이 지난 6월 1일에 올라온 영상(샤블리 편)에서 본인이 가장 사랑하는 샤블리라며, 특히 보이면 무조건 사라고 극찬한 2014 빈티지를 테이스팅해 보았다. 바이용 2014 테이스팅 노트를 참고하기 바란다.

물론 피터 스승님은 샤블리의 그랑 크뤼 등급 와인이 오크를 사용하는 것을 싫어한다고 했다. 이유는 엄청난 과일 향을 왜 가리냐는 것이다. 그러면서 퓔리니 몽라셰나 나파 밸리로 보내 버리라고까지 악담을 하는데, 물론 일부는 공감이 가는 내용이다.

지구 온난화의 영향으로 서늘했던 지역도 이제는 포도가 매우 잘 익는다. 샤블리 지역도 예외가 아니어서 예전과 같은 샤블리 와인을 만들기가 점점 더 어려워지고 있다. 그러하니 예전에 만들어졌던 매우 신선하고 맑은 느낌의 샤블리 와인이 그리워질 수도 있다.

피터 스승님은 최근 영상에서도 "당신들보고 훌륭한 부르고뉴 와인을 만들라는 게 아니오. 지구 온난화에 지지 않는 훌륭한 샤블리를 만들라는 것이오"라고 흥분하며 얘기했다. "설마 샤블리에서 몽라셰를 만들려고 하는 것이냐? 하지만 몽라셰에서 당신들보다 훨씬 더 나은 몽라셰를 만들지 않겠냐'며 샤블리 와인의 변화에 대해 일침을 날리고, 더운 날씨에도 샤블리 다운 와인을 만들라고 생산자들에게 무거운 숙제를 계속 주었다. "샤블리를 만들라고…. 당신들은 샤블리에 살지 않소?" 참으로 인상적인 말이다.
《월드 아틀라스 와인》에 따르면 이 지역의 샤르도네는 차가운 석회암 점토를 만나, 다른 지역에서 만들어 낼 수 없는 풍미를 내며, 단단하지만 거칠지 않고 돌과 미네랄이 연상되지만 동시에 푸른 건초 향이 난다고 한다. 또한, 어릴 때 초록빛을 띠고, 그랑 크뤼나 몇몇 최상급 프리미에 크뤼 샤블리는 장엄하고 강하며 불멸에 가깝다며, 10년쯤 지나면 기분 좋은 신맛이 나고 황금빛 초록색으로 빛난다고 설명하고 있다.
확실히 샤블리 와인은 품질과 명성에 비해서 저평가된 와인임이 분명하며, 숙성 잠재력 역시 갖춘 와인이다. 이 지역의 유명 생산자로는 도멘 프랑수아 하브노Domaine Francois Raveneau, 도멘 라로쉬Domaine Laroche, 윌리엄 페브르, 시모네 페브르Simonnet Febvre, 라 샤블리지엔La Chablisienne, 루이 미쉘Louis Michel et Fils, 메종 베르제Maison Verget 등이 있다. 그러므로 매장에서 샤블리의 엔트리급 와인 구매 시 가격이 비슷해도 생산자 명칭을 꼭 확인하여 유명 생산자들이 만든 와인을 마셔 보기 바란다.

이 지역은 봄철에 서리 피해가 매우 심한 곳이며, 발생 횟수도 빈번하다. 보통 서리 피해를 막기 위해서, 버너와 같은 난방 기구를 밤새 틀어 놓고 밤을 꼬박 새우면서 지켜보는 경우도 있다. 윈드 머신과 같은 난방 기구를 틀거나 스프링클러와 같은 장치로 물을 미리 뿌려 꽃과 나무를 살짝 얼려 버리는 경우도 있어 매우 신기하다. 이유는 표면에 형성된 얼음막이 낮은 온도 조건에서는 표면 온도를 0도에 가깝게 유지해 주는 역할을 해주기 때문이라고 한다.
버너와 같은 난방기를 틀면 비용 문제가 발생한다. 따라서 보통 저급 벙커유를 쓰는데 포도에 직접적인 영향을 줄 수도 있고, 환경 오염의 원인이 되며, 단지 몇 도 정도를 올리는 효과만 있어 분명 영하권의 날씨에서는 한계를 가지기 때문에 많이 쓰지 않는다고 한다. 서리 피해를 입은 프랑스 와인 생산지는 80%에 이르고, 지역별로 생산량이 25~50%까지 감소할 것이라는 신문 기사를 본 적이 있다. 《와인 리뷰》6월호 중, '프랑스 4월의 냉해, 어린 포도나무를 덮치다'에 따르면, 부르고뉴 지방은 4월 6일~8일 새벽에 심한 서리가 내려, 많은 어린 새싹이 죽었다고 한다. 특히, 샤르도네가 피노 누아보다 더 일찍 싹을 틔웠기 때문에 손실이 더 심각하며, 가장 북쪽에 위치한 샤블리의 경험 많은 생산자들조차도 큰 피해를 입었다고 한다.

'와~ 와인값 또 엄청 오르겠구나.'

결국은 지구 온난화로 인한 기후 변화 문제가 늦은 봄에 서리 피해를 가지고 온다는 연구 결과도 발표되고 있다. 이러다가 20년 후에는 스칸디나비아 AOC, 오슬로 AOC, 헬싱키 AOC 등이 고급 와인이 되고 북극 AOC도 그랑 크뤼 등급의 와인이 되는 날이 오는 건 아닌지 상상된다.

2021 빈티지. 하늘[天]이 도와주질 않아 시작은 어려웠지만, 땅[地]과 사람[人]의 힘으로

어떤 결과를 낼지 한번 다같이 지켜보자!!!

[출처: Wine Spectator]

미네랄Mineral에 대해 좀 더 관심을 가지고 있다면, '와인21닷컴'에 기재된 칼럼 중 '미네랄 와인? 와인에도 미네랄리티가 있다고?'를 꼭 한번 읽어 보길 바란다.

» 미국

미국은 전 세계에서 샤르도네 품종을 프랑스에 이어 두 번째로 많이 재배하는 국가이다. 또한, 이탈리아, 프랑스, 스페인 다음으로 와인을 많이 만드는 신대륙 최대의 산지이다. 미국 내 주요 산지는 크게 3개의 지역이 있다.

미국 전체 와인 생산량의 85~90%를 담당하고 있는 캘리포니아 지역이 절대적인 최대 산지이며, 오리건, 워싱턴도 주요 산지에 해당된다.

미국은 프랑스 보르도나 부르고뉴와는 달리, 샤토나 포도밭에 대한 별도의 등급을 설정하지는 않는다. 대신, 미국의 와인법은 연방법과 주립법 2가지를 가지고 와인의 품종, 원산지, 빈티지 등을 정해 놓고 이에 맞게 병의 레이블에 표기를 하고 있다. 생산 지역은 자

세히 나누어져 있으나, 정부가 인증하는 것이 아니라, 생산자들이 신청해서 나눈 것이므로 부르고뉴와는 여러 점에서 많이 차이가 난다.

하지만 유명 생산자들은 부르고뉴처럼 개별 포도밭에 대한 이름도 만들고, 가장 좋은 곳에 위치한 단일 밭에서 재배된 포도를 가지고 최고의 품질을 가진 고가 와인도 만들고 있다. 그중 하나인, 피터 마이클 와이너리Peter Michael Winery는 프랑스어로 이름 지어진 7개의 포도밭을 소유하며, 싱글 빈야드Single Vinyard_신대륙에서 단일 포도밭을 부르는 명칭으로, 구대륙의

모노폴과 유사한 개념 철학을 가지고, 프랑스 출신의 와인 메이커가 양조를 하고 있다.

위의 사진에서 보는 것처럼 프랑스와 같은 등급의 표기는 없지만, 밭의 이름을 레이블에 적은 모습은 프랑스의 프리미에 크뤼 등급 이상의 와인에서 보는 것과 유사하다. 참고로, 위의 3개 와인은 모두 소노마Sonoma 지역의 나이츠 밸리Knights Valley에 최대 고도 600m 내에 위치한 포도밭이다. 벨 코트는 '아름다운 언덕', 마 벨 피으는 '아름다운 내 딸', 라 카리에르는 바위가 많은 밭의 특징을 따 '채석장'을 뜻하는 이름이라고 한다.

100% 프랑스 오크에서 발효 및 숙성을 하며, 일정 기간 오크에서 앙금 접촉, 숙성을 하고 주 1회 저어주기를 하는 방식이 마치 부르고뉴 지역의 고급 화이트와인 방식과 유사하다.

캘리포니아 지역은 미국 서부 지역으로 태평양 연안의 시원한 해류의 직·간접적인 영향과 일정한 일조량을 바탕으로 와인의 주요 산지가 되었다. 특히, 나파 밸리는 미국 와인의 상징이자 중심지로 일찍부터 해외나 자국 내 대규모 자본과 기술, 인력이 투입되면서 큰 산업과 나름대로의 업적을 이루었다. 이후 대기업화되면서 대규모의 최신 양조 설비에 대한 투자가 꾸준히 이루어지고 있다. 반면에 소노마 지역은 생산자들의 규모가 작고, 밸리별로 다양한 기후대에 맞게 다양한 품종과 개성을 지니고 있어 마치 부르고뉴와 비슷하다. 소노마의 중심에는 피터 마이클과 함께 키슬러 빈야드Kistler Vinyard가 있다.

미국에서 만든 화이트와인 중, 흔히 5대 컬트 와인은 콩스가르드Kongsgaard, 오베르Aubert, 마르카상Marcassin, 피터 마이클, 키슬러가 있다. 이 외에도 샤토 몬텔레나Chateau Montelena, 파 니엔테Far Niente 등과 같이 우아한 와인을 너무 미국스럽지 않게 잘 만드는 좋은 생산자들도 많이 있다.

나파 밸리의 자존심, 파리의 심판

와인 애호가들이라면 '파리의 심판'Judgment of Paris이라는 말을 다들 한두 번씩은 들어보았을 것이다. 1976년 5월 24일 프랑스 파리에서 열린 프랑스 와인과 미국 와인의 블라인드 시음회를 말한다. 미국의 독립 200주년 기념을 위해 기획된 이 시음회는 전문가들의 관심조차 받지 못했으며, 프랑스 와인의 일방적인 승리가 예상되었다. 하지만 레드와인, 화이트와인 모두 미국 와인이 1위를 차지하는 충격적인 결과로 마무리되었다.

이 시음회는 처음에 영국인 스티븐 스피어리Steven Spurrier가 자신이 운영하는 와인숍 카브 드 라 마들렌Cave de la Madeleine과 와인 아카데미 뒤 뱅Academie du Vin을 홍보하려는 목적으로 미국이 독립 200주년 맞이하는 해에 하나의 이벤트로 기획하였다. 예상을 뒤엎는 충격적인 결과 이후 많은 파장과 이슈를 발생시키면서 프랑스와 구대륙 전체에 미국 와인에 대한 평가를 높이는 데 큰 기여를 한 사건이 되었다.

이 시음회에 유일하게 참석한 타임TIME지의 조지 M. 테이버George M. Taber 기자가 결과를 공개하면서 미국 언론이 대서특필하였다. 이후 프랑스의 권위 있는 일간지 르 피가로Le Pigaro 와 르 몽드Le Monde에서 몇 개월이 지난 후에야 보도를 하는 등 최대한 프랑스의 입장에서는 미국 와인을 무시하는 견해를 보였다. 하지만 프랑스의 와인이 장기 숙성되어야 하는 점 등을 내세우는 등 프랑스에서는 큰 충격을 받은 것이 분명해 보인다.

이 사건을 '와인 미라클'이라는 영화로 만들어 2008년에 개봉하였다. 와인 러버들은 한번 보길 추천하는데, 좀 더 상세한 이야기를 보고 싶은 독자들은 '와인 미라클'의 원작으로 파리의 심판을 현장 취재한 조지 M. 테이버 기자가 직접 역사서로 남긴 《파리의 심판》을 영화보다도 더 추천하고 싶다.

《파리의 심판》에 나오는 미국 와인의 주인공들은 바로 캘리포니아 와인, 그중에서도 나파 밸리의 와인들이다.

국내에서 전문가들에게 물어보면, 미국 와인이 진한 과일 향이 풍부하고 오크 향과 풍미가 부드럽다 보니 일명, '뽕따'에 유리하다는 의견이 많다. 그래서 미국 와인이 유리했을 것이라는 의견이 대부분이었다. 현지에서도 이러한 비판이 많았는지 의견을 받아들여, 결국 10년 후에 다시 시음회가 열렸지만, 결과는 더 참혹했을 뿐이다.

《파리의 심판》 30주년을 기념하여 2006년에 시음회가 열렸는데, 이번에는 보르도의 와인이 장기 숙성형 와인이므로 30년 이상된 와인을 시음하면 프랑스 와인이 승리할 것이라고 모두들 믿고 있었다. 1차 대결에서 출시되었던 동일한 빈티지의 와인을 가지고 벌였던 이 시음회에서 미국의 레드와인이 1~5위를 차지해 버렸으니, 이젠 프랑스도 미국 와인을 인정할 수밖에 없는 상황이 되어 버렸다.

《파리의 심판》 제일 마지막 장 부록을 보면, 1976년 시음회 당일 심사위원별 점수와 최종 결과가 상세히 기록되어 있어 다음 표와 같이 간단히 요약했으니 참고하길 바란다.

'나무위키'에서 《파리의 심판》을 검색한 결과, 10위를 차지한 데이비드 브루스의 경우, 운반 도중 상한 탓에 미국 와인임을 심사위원들에게 들켰고, 심사위원들은 0점이나 1점을 주어 점수 차이가 크게 난 것이라고 되어 있다. 구글에서 검색한 결과, 바타르 몽라셰는 하모네-프루동Ramonet-Prudhon, 퓔리니 몽라셰는 도멘 르플레브의 레 퓌셀, 뫼르소 레 샤름은 도멘 루루Roulot, 본 클로 데 무슈는 조셉 드루앙Joseph Drouhin으로 명성과 전통을 가진 곳들이라 더욱 놀랍다.

<화이트와인 시음 결과>

순위	국가	생산자	빈티지	점수
1	USA	샤토 몬텔레나Chateau Montelena	1973	132
2	FRA	뫼르소 샤름Meursault Charmes	1973	126.5
3	USA	샬론 빈야드Chalone Vineyard	1974	121
4	USA	스프링 마운틴Spring Mountain	1973	104
5	FRA	본 클로 데 무슈Beaune Clos des Mouches	1973	101
6	USA	프리마크 아비Freemark Abbey	1972	100
7	FRA	바타르 몽라셰Batard-Montrachet	1973	94
8	FRA	퓔리니 몽라셰Puligny-Montrachet	1972	89
9	USA	비더크레스트Veedercrest	1972	88
10	USA	데이비드 브루스David Bruce	1973	42

처음에는 이 결과를 보면서 프랑스에서는 관심이 없었기 때문에 심사위원들의 자질에 의문을 가진 적도 있었다. 영화나 책을 보니 로마네 콩티의 공동 소유주인 오베르 드 빌렌Aubert de Villaine, 프랑스 유명 와인 잡지의 편집장, 소믈리에 등이 참석했고 1명을 제외하고는 모두 프랑스인이었다고 하니 더욱 받아들이기 어려운 결과라 할 수 있다.

사실, 프랑스 와인은 일명, 테루아를 기반으로 도저히 따라갈 수 없는 넘사벽의 이미지가 있는데, 실제로도 품질이 그렇다고 필자는 늘 생각한다. 하지만 분명한 건 미국을 포함한 신대륙 와인 산지의 기후와 환경이 하늘의 축복을 받아 매우 우수하며, 거대한 자본력과 최신화된 양조 시설, 일조량과 풍부한 물미국, 오스트레일리아는 건조한 날씨와 산불 등으로 물 부족 현상이 심화됨, 프랑스나 유럽에서 넘어간 많은 이민자, 조인트 벤처나 협력 관계 유지 등을 통해 이제는 프랑스 와인에 많이 근접했고, 그 노력의 결과물이 반영된 것이라 할 수 있다. 샤르도네 품종은 조기에 발아되기 때문에 유럽의 경우 봄철 서리에 따른 피해를 자주 입는다. 미국의 주요 와인 산지들은 따뜻한 날씨와 충분한 일조량으로 다소 완숙된 과일의 풍미를 얻다 보니, 유산 발효나 오크 숙성을 과하게 할 경우 와인이 너무 무겁고 바디감도 강하며, 버터나 크림 등의 풍미가 과하게 표현되는 와인이 많다. 반면, 프리미엄 산지들은 비바람을 막아 주는 산맥 아래 언덕 등에 위치하거나, 차가운 캘리포니아 해류가 계곡을 따라 서늘한 바람이 이어지며 바다의 안개와 함께 서늘한 기온을 유지할 수 있는 장점을 가진 곳에 위치하여 섬세하고 우아한 향과 풍미를 가진다. 주요 생산자들은 오크 사용에 매우 신중하고 절제하는 모습을 보이는 추세이다.

<캘리포니아주 북쪽 해안가 및 소노마 카운티 주요 와인 산지>

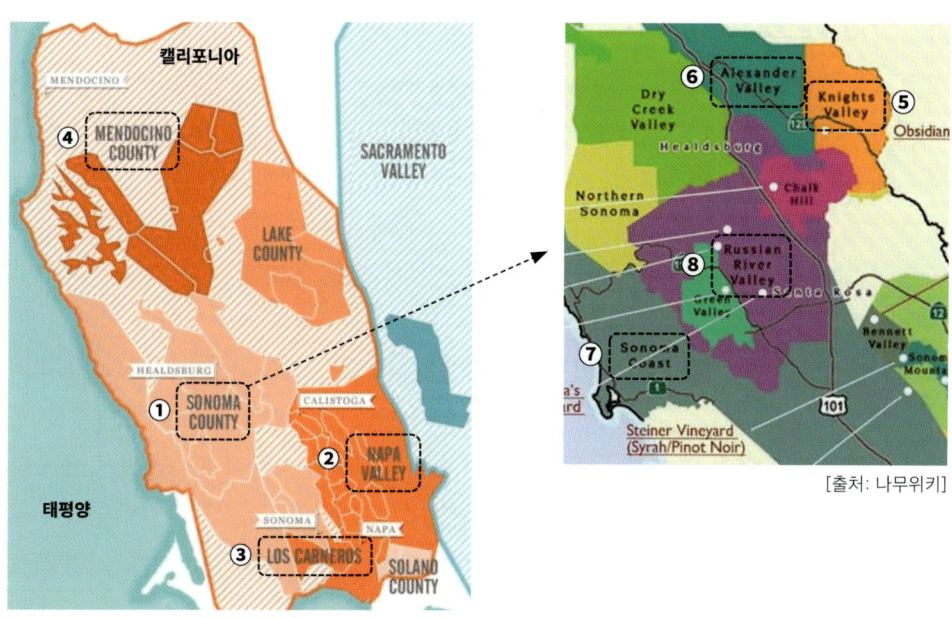

[출처: 나무위키]

① **소노마 카운티 지역**은 태평양 연안에 위치하여 차가운 해류의 영향을 직접적으로 받아

날씨가 비교적 서늘하여 샤르도네와 피노 누아 품종을 재배하는 데 적합한 지역이다. 나파 밸리와 인접한 ⑤ **나이츠 밸리**나 ⑥ **알렉산더 밸리** Alexander Valley 지역은 카베르네 소비뇽, 진판델, 시라 등의 레드와인도 재배하는 등 매우 다양성을 가진 지역이다.

⑦ **소노마 코스트** Sonoma Coast는 바로 해안가를 끼고 있어 가장 서늘하고 좋은 와인이 많이 생산되며, 나파 밸리와 경계가 되는 마야카마스 Mayacamas 산맥의 산자락에 위치한 ⑧ **러시안 리버 밸리** Russian River Valley는 소노마 코스트보다는 덜 서늘한 기온을 가졌으나, 높은 고도로 인해 좋은 품질의 샤르도네를 생산하고 있다.

이 지역의 와인은 부르고뉴 지역의 와인에 비해 잘 익은 과일 풍미를 가지며, 숙성 풍미를 좀 더 쉽고 빠르게 느낄 수 있다는 장점이 있다. 오베르, 키슬러, 피터 마이클, 코스타 브라운 Kosta Browne, 라 크레마 La Crema 등 유명 생산자들이 이 지역에서 고품질의 와인을 많이 생산하고 있다. 국내에도 중저가부터 고가 와인까지 다양하게 수입되고 있어 쉽게 접할 수 있다.

② **나파 밸리** 지역은 미국 고급 와인의 상징적 이름으로 마야카마스산맥이 차가운 해류의 영향을 막아 주고, 덥고 건조한 기후를 보이며, 주로 카베르네 소비뇽 품종이 잘 자라고 잘 익는 완벽한 기후대를 갖춘 지역이다. 지역 내 가장 남쪽에 위치한 ③ **로스 카네로스** Los Carneros 지역은 동양의 이민자들이 미국으로 넘어갈 때, 가장 먼저 만나게 된다는 샌프란시스코 금문교 Golden Gate Bridge를 지나 샌 파블로만 San Pablo Bay으로 연결되는 바다와 만나는 곳이다. 해류의 영향을 받아 나파 밸리 내에서 가장 서늘하다. 바다 안개가 포도밭을 감싸면서 냉각 효과라는 특혜를 받고 있는 지역으로 우수한 품질의 샤르도네를 생산하고 있다. 다만, 국내에 수입되는 와인은 많지 않은데, 그나마 다소 저렴한 가격에 품질 좋은 와인을 만날 수 있다.

위의 지도에는 나오지 않지만, 캘리포니아 해안을 따라 산 호세 San Jose 지역 아래로 내려가다 보면, **몬테레이만** Monterey Bay이 나타나고 약간 안쪽으로 **살리나스** Salinas라는 유명 산지가 나타난다. 이곳은 바다에서 계곡을 따라 오후에 시원한 바람이 지나가면서, 소노마 지역보다는 다소 저렴하고 품질도 좋은 엄청난 양의 와인이 벌크로 생산, 블렌딩되어 판매되는 주요 지역이다. 바닷바람이 내륙의 계곡을 통해 먼 거리까지 이어지는 지형을 갖춘 **산타 바바라** Santa Barbara 지역 내에 있는 **산타 리타 힐스** Santa Rita Hills나, **산타 마리아 밸리** Santa Maria Valley도 서늘한 기후를 가진 샤르도네의 주요 산지이며, 잘 익은 과일 풍미와 크리미한 질감을 가진 고품질의 와인을 생산하는 곳이다.

캘리포니아의 가장 북쪽 해안가에 위치한 ④ **멘도시노 카운티**와 캘리포니아주 북단의 오리건주의 주요 산지인 앤더슨 밸리와, 윌라멧 밸리는 다음 '피노 누아편'에서 자세히 설명하였다.

《와인 바이블》은 미국인의 와인 소비 트렌드를 차트로 보여 주고 있다. 이에 따르면 1970년~1990년대까지는 화이트와인의 비중이 24%에서 70%까지 3배 정도 증가하는 모습을 보인다. 이는 고기, 감자를 주로 먹던 미국인들이 생선, 야채 위주의 식단으로 변화가 생기면서 와인의 소비도 변화가 된 것을 입증해 주는 것이다. 최근에는 선호하는 식단이 또 다시 변화하면서 40%까지 다시 감소하였다.

프랑스 부르고뉴나 샤블리 지역이 봄철에 발생하는 서리가 문제라면, 캘리포니아 지역은 지구 온난화에 따른 기후 변화의 영향으로 매년 산불이 끊임없이 발생하는 것이 문제이다. 최근에는 비가 예년보다 절반 정도밖에 오지 않고 5월부터 온도가 30도를 넘으면서 막대한 규모의 산불 피해를 입고 있다.

코로나의 영향으로 수입에 어려움도 있는데, 수급도 문제를 일으키다 보니 미국 와인 역시 샴페인 가격이 오르는 것 이상으로 가격이 고공행진 중이다. 실제로 국내에 미국 와인을 전문적으로 많이 수입하고 있는 수입 유통사의 백화점이나 직영 매장을 가보면 생산자별로는 다소 상이하나 연초 대비 적게는 가격이 10~20%, 많게는 40% 정도 인상되었다. 역시 와인은 여건이 허락한다면, 최대한 큰 셀러에 미리미리 가득 쟁여두어야 할 것 같다. 금융에서 헤지Hedge라는 말이 떠오르는 대목이다.

» 오스트레일리아

오스트레일리아는 전 세계에서 샤르도네 품종을 프랑스, 미국에 이어 세 번째로 많이 재배하는 국가이며, 3개의 주가 주요 산지이다. 사우스오스트레일리아주, 빅토리아주, 뉴사우스웨일즈주 모두 샤르도네 품종을 재배하고 있다. 또한 새로운 프리미엄 산지인 웨스턴오스트레일리아주에서도 재배하고 있다.

사우스오스트레일리아주에는 이 지역 최고의 샤르도네 품종 와인 산지인 **애들레이드 힐스** Adelaide Hills가 있다. 이 지역은 고도가 높은 언덕에서 포도를 재배하며 봄에 비가 내려 인위적인 관개가 필요하지 않은 지역이다. 산도가 높고 감귤이나 핵과류 풍미가 좋은 와인을 만든다. 최근에는 에덴 밸리의 리슬링에 대한 위상이 워낙 높아져서 오스트레일리아 최고의 화이트와인이라는 명성을 잃어 버리게 된 지역이다.

남부 해안가 지역인 **빅토리아주**에서도 샤르도네 품종 와인을 생산한다. 특히, 문화와 예술의 도시이면서 두 번째로 큰 도시인 멜버른Melbourne 옆에 위치한 **야라 밸리**Yarra Valley에서 만든 샤르도네 품종 와인은 잘 익은 복숭아, 멜론과 같이 부르고뉴 지역보다 더 잘 익은 과일 풍미를 가지며, 국내에도 중저가 와인이 많이 수입되고 있다.

배스 해협Bess Str.을 지나 남쪽으로 240km 떨어진 곳에 **태즈메이니아**Tasmania섬이 있는데 이곳은 가장 남쪽에 위치한 서늘한 지역으로 좋은 스파클링과 샤르도네 품종 와인을 생산한다. 야라 밸리보다는 좀 더 부르고뉴 스타일에 가깝다. 국내에 수입되는 와인의 종류가 적으나 기회가 되면, 한번쯤 경험해 본다는 의미로 테이스팅해 보길 추천한다.

웨스턴오스트레일리아주의 **마가렛 리버**Margaret River 지역은 연평균 강수량이나 포도나무 생장 기간 동안의 평균 기온이 최남단 태즈메이니아섬이나, 남동부의 일부 지역과 유사한 서늘한 기후를 가진 지역이다. 화강암 토양도 가지고 있어 산도와 복합미를 갖춘 우아하면서도 잘 익은 과일 풍미를 가진 샤르도네 품종 와인을 생산하고 있다.

이 지역 대표 생산자인 르윈 에스테이트Leeuwin Estate가 명성을 얻게 된 아트 시리즈Art series 샤르도네에 대한 테이스팅 노트를 준비해 보았다. 참고로, 2015 빈티지가 2018년 《와인 스펙테이터》 Top 100 중 38위를 차지했으며, 2016 빈티지도 2019년《와인 스펙테이터》 Top 100 중 28위를 차지한 와인으로 점수는 96점을 받아 열 손가락 안에 드는 높은 평가를 받았다. 따라서 2017 빈티지도 많은 기대를 가지고 테이스팅해 보았다.

테이스팅 비교

프랑스의 유명 미슐랭Michelin 알랭 뒤카스 레스토랑Alain Ducasse Restaurant의 수석 소믈리에인 제라르 마종Gerard Margeon의 《와인을 위한 낱말 에세이》의 첫 번째 장의 제목은 '45초'이다. 여기서 45초의 의미는 테이스팅에서 와인을 뱉은 후, 와인에 대한 결정을 신중하게 하기 위한 필요한 시간을 의미한다.

이는 전문가뿐만 아니라 필자 같은 중급자나 초급자들도 테이스팅에서 늘 해봐야 함을 뜻한다. 흔히 풍미의 강도가 강하고 여운이 긴 와인뿐만 아니라, 다소 밋밋해 보이는 와인 중에서도 시간이 지나면서 입 안에서 혹은 비강을 따라 코로 은은하게 지속되거나 더 강해지는 경우도 많고 예상 못한 향과 풍미가 마지막에 순간적으로 날 때도 있기 때문이다. 그러므로 마지막까지 신중히 기다려 줄 필요가 있다.

지난 1년간 시음한 샤르도네 품종의 테이스팅 노트 중 가장 비교, 설명하기 좋은 것을 고민하며 정리해 보았다. 아무래도 맥락을 가지고 비교를 해 보는 게 독자들이 간접적으로나마 느낄 수도 있고 이해하기도 쉬울 것 같다는 생각을 하게 되었다. 이에 맞춰 몇 가지 순서를 정해 보았으며, 이후 좀 더 욕심이 생겨 와인을 다시 구매, 재선정해 테이스팅을 다시 해보기로 했다.

» 프랑스 부르고뉴 지역 코뮈날 등급 vs 미국 나파 밸리 지역

첫 번째로는 부르고뉴 코트 드 본의 대표 마을인 **뫼르소, 퓔리니 몽라셰** 마을의 와인을 비교 테이스팅해 보았으며, 이에 필적할 만한 미국 **캘리포니아** 지역의 와인 3가지도 비교, 테이스팅 노트를 추가해 보았다.

부르고뉴의 경우 프리미에 크뤼 등급의 포도밭에서 만들어진 와인은 부르고뉴의 전체 와인 생산량의 10% 정도밖에 되지 않는 고급 와인으로 산도나 복합미, 여운 등에 있어서 훌륭한 퍼포먼스를 낼 것이 분명하다. 이 때문에 미국 와인과의 형평성을 고려하여 마을 단위 등급의 와인을 재선택하여, 테이스팅 노트를 선택했다.
다만, 마을 단위 등급의 와인이 부르고뉴 와인 생산량의 37%나 차지하는 점을 고려해서 유명 생산자의 품질 높은 와인을 선택했다.

① 국내에 수입되는 부르고뉴 화이트와인 중 최고급 생산자라는 집안의 명성을 이어 오면서도 다소 낮은 가격대와 다양한 라인업을 가지고 있어 그나마 쉽게 접해 볼 수 있는 생산자로 **올리비에 르플레브**를 고려해 볼 수 있다. 그랑 크뤼 등급의 포도밭을 4개나 소유하고 있는 도멘 르플레브는 가격도 문제지만, 수입사에서 확보하는 물량도 적고 이마저도 1급 고객들에게 사전에 예약, 판매가 되기 때문에 일반적으로는 매장에서 보기도 쉽지 않기 때문이다.

올리비에 르플레브는 도멘 르플레브에서 삼촌인 빈센트 Vincent 르플레브와 그의 딸 안 클라우드Anne Claude 르플레브와 함께 도멘을 이끌며 명성을 쌓기 시작했다. 이후 매종으로 독립하여 도멘으로 확장하면서 도멘 르플레브에게 배운 대부분의 방식에 자신만의 철학을 잘 접목시켜 성장시켰다. 이 때문에, 비록 도멘 르플레브의 그랑 크뤼 등급의 와인은 못 마시지만 올리비에 르플레브를 통해 맘껏 상상만은 해볼 수가 있다.

해당 수입사의 홈페이지에서 제공하는 노트에 의하면, 올리비에 르플레브는 100% 유기농법과 도멘 르플레브를 통해 습득한 모든 지식을 적용하는 것을 목표로 하여 설립했으며, 품질과 전통을 그대로 살리면서도 더 쉽게 접근할 수 있도록 좋은 가격대의 와인을 만들어내는 대중성을 추구한다는 설명이 있는데, 100% 공감되는 문구이다.

전통과 명성에 품질과 접근성까지 높인 이 생산자의 또 다른 장점은 매우 다양한 라인업을 가지고 있다는 것이다. 부르고뉴의 대표적인 3개 마을의 코뮈날 등급부터 프리미에 크뤼 등급의 여러 밭에서 만들어진 와인뿐만 아니라, 생 호망, 오세 듀레스, 생 토방 마을과 같이 국내에선 그동안 다소 소외되었던 마을의 와인을 합리적인 가격에 마실 수 있다. 그리고 부르고뉴나 샤블리 등급의 와인도 저렴한 가격에 마실 수 있어 셀러에 언제나 마을별로 충분히 채워 놓는 최애 와인 중 하나이다.

이 생산자가 만든 뫼르소 와인과, 퓔리니 몽라셰 와인에 대한 테이스팅 노트를 준비했는데, 뫼르소 와인은 2017 빈티지로 테이스팅을 위해 5개월 전에 서울에 있는 아웃렛 매장에서 15만 원을 주고 구매했다. 퓔리니 몽라셰 와인은 여러 병 가지고 있는 것 중에서 2020년에 이마트에서 19만 원 주고 구매한 같은 2017 빈티지를 선택해 비교하고자 한다.

이 생산자는 와인병의 백 레이블에 적정 시음 온도와 함께 시음 적기도 표기해 놓았는데 2021년부터 2024년까지 적혀 있으니 테이스팅을 하는 데 무리는 없어 보인다. 최근 마신 2014 빈티지와 비교해 본다면 아마도 산도나 프레시한 풍미가 좀 더 주가 될 것이며 유산 발효나 오크 풍미도 과하거나 모나지 않고 조화를 이룰 것으로 예상된다.

② **미국 와인**으로는 《파리의 심판》 주인공을 필두로 부르고뉴 화이트와인에 밀리지 않는 품질과 스토리 라인을 가지고 있으며, 적절한 양조 테크닉이 적용되어 너무 미국스럽지 않은 우아함과 세련미를 가진 와인 3가지를 선택해 보았다.

[출처: http://montelena.com]

《파리의 심판》 화이트와인 부문 1위, 영광의 주인공인 **샤토 몬텔레나**에서 만든 샤르도네 와인은 블라인드 평가 결과가 미국 언론에 대서특필되면서, 엄청나게 팔려나갔다. 그리고 구대륙에 신대륙 와인에 대한 편견을 조금씩 없애 주었고, 고급 품질 와인이라는 이미지를 제고시킨 1등 공신이며, 나파 밸리와 미국 화이트와인의 상징이 되었다.

나파 밸리의 최북단에 위치한 이 와이너리에서는 적절한 산도와 신선하고 튼실한 과일 풍미와 구조감이 잘 유지되는 매우 좋은 와인을 만들고 있는데, 미국 화이트와인 중에서는 가장 섬세함을 가진 몇 안 되는 와인이다. 해당 수입사의 노트에 의하면, 유산 발효를 충분히 하여 무겁고 풍미가 그득한 캘리포니아 스타일의 와인과는 다르게, 샤토 몬텔레나의 샤르도네는 유산 발효를 하지 않아 적정한 산미와 튼실한 과실의 풍미가 균형을 이루며, 와인은 빈티지로부터 3~4년 정도 지나야 제맛이 나기 시작한다고 설명하고 있다.
"포도밭에서 가장 좋은 비료는 주인의 발자국 소리이다."
영화 '와인 미라클'에 묘사된 짐 바렛Jim Barrett은 너무나도 고집스럽고 마지막까지 최선을 다하는 외골수 장인의 모습을 잘 보여 준다. 그는 완벽함을 상징하는 갈변 현상을 처음에 이해하지 못해 끝까지 절망과 고난의 길을 걸었던 인물로 매우 기억에 남는다.
특히, 그의 아들이 UC 데이비스Univ, of California, Davis_농업 분야에서 독보적인 위치에 있는 학교로 양조학과, 포도 재배학과 등이 유명하며 캘리포니아 와인 산업의 발전에 큰 역할을 담당함의 양조 전문가를 찾아갔는데, 갈변 현상이 되어 있는 와인을 맛본 후, 산소가 완벽하게 차단된 훌륭한 와인으로 일시적인 현상일 뿐이라고 하는 부분을 보고 인터넷으로 관련 정보를 찾아보았던 기억이 난다.
한편 《파리의 심판》에서 묘사된 짐 바렛의 모습은 뼛속까지 지친 40대 초반의 매우 성공한 변호사로 나온다. 그는 오랫동안 와인에 흥미가 있었고, 18개월 동안이나 와인과 관련된 투자를 하기 위해 캘리포니아 북부를 살펴본 후, 이 중 나파 밸리 북단에 있는 세인트 헬레나Saint Helena 지역의 산자락에 위치한 양조장을 인수하였다.
이 양조장은 1880년경 프랑스에서 수입한 석재와 프랑스의 건축가와 석공들을 고용해, 프랑스의 샤토를 모방한 건물을 위의 사진과 같이 짓고, 와이너리의 이름에도 샤토를 넣었으며, 프랑스 와인 메이커Winemaker도 고용했다. 그러나 금주령 시대를 지나면서 1934년에 파산했던 슬픈 역사를 지녔는데, 이후 양조장을 인수하게 되면서 포도밭을 재정비하고, 양조 시설에 투자하고 양조자를 영입하였다. 그리고 결국은 파리의 심판에서 프랑스 와인을 누르고 주인공이 되었다. 또한, 해당 빈티지 와인이 세계 최대 규모를 자랑하는 미국 워싱턴 D.C의 스미소니언Smithsonian 박물관에 '미국을 만든 101가지 물건' 중 하나로 전시되는 영광도 누리게 되었다. 이것은 영화나 소설로 만들어질 만한 드라마틱한 스토리이다.
2021년에도 몇 번이나 마신 적이 있고, 개인적으로 평소 자주 마시는 와인 중 하나이다. 테이스팅 노트를 찾다 보니 정성껏 노트를 작성하면서 마신 적이 없다는 사실에 깊이 반성하고, 이번에 다시 테이스팅해 보았다.
파리의 심판 1위의 와인과 앞선 부르고뉴 생산자들 간에 다시 한번 진검승부를 위해서 빈티지도 고려하여, 2019년쯤 백화점에서 10만 원을 주고 구매 후, 셀러에 잘 모셔 놓았던 2016 빈티지를 선택해 보았다.

[출처: http://farniente.com]

다른 미국 와인으로는 레이블이 너무나도 화려하고 예뻐 와인병의 색과 함께 어우러져 한동안 쳐다보게 되며, 고급스러움의 극치를 달리는 와인, **파 니엔테** 와이너리에서 만든 샤르도네 와인이다.

나파 밸리의 중심인 오크빌Oakville에 위치한 와이너리에서 만든 이 아름다운 와인은 매우 잘 익은 풍미를 느끼게 하지만 그 단단함 속에서 우아함도 같이 보여 주는 장점을 가진 좋은 와인이다.

생산자의 홈페이지http://farniente.com를 참고하면, 포도밭은 배수가 잘되는 자갈과 화산 토양에 위치하며 프렌치 오크 배럴(뉴오크 45%)에서 85%, 스테인리스 스틸 탱크에서 15% 발효하여 10개월간 숙성을 통해, 복합적인 향을 지닌 와인이 만들어지고, 유산 발효를 하지 않아 신선한 과일 풍미를 지킬 수 있다고 한다.

오크빌은 따뜻한 지역으로 카베르네 소비뇽 품종 와인을 매우 잘 만드는 곳이다. 이곳에서 만든 샤르도네 품종 와인이 과연 산도나 섬세한 풍미를 제대로 보일 수 있을까 하는 의문이 늘 생긴다. 소노마 지역의 피터 마이클이나 샤토 몬텔레나에서 만든 샤르도네보다는 다소 산도가 부족하고 크리미하며 진한 풍미가 느껴진다. 그렇지만 오크 발효와 숙성을 거친 이 와인은 산뜻한 과일 풍미와 부드러운 오크 풍미가 큰 이질감 없이 잘 융화되어 과하지 않고 균형감을 잘 간직한 와인이기 때문에, 이 와인에 대한 시음 노트를 두 번째로 선택하게 되었다.

이곳은 금주령다음 장인 '피노 누아편'과 '카베르네 소비뇽편'에 자세히 설명되어 있음 이후 파산했던 와이너리를 현 소유주가 1979년에 인수한 이후 재건하면서 이렇게 아름답게 만들어졌다고 한다. 다음 사진과 같이 매우 아름다운 와이너리와 지하 동굴로 유명한 이 와인은 가장 예쁜 레이블을 가진 것으로도 유명하다. 그래서 필자는 좋은 날 분위기를 내기에도 좋은 이 우아한 와인을 주위 사람들에게 많이 추천도 하며 선물도 하고 있다.

이 와인도 평소 자주 마시는 와인 중 하나이다. 백화점에서 13만 원을 주고 구매한 어린 빈티지로 이날 바로 마셔버린 2018 빈티지에 대한 테이스팅 노트를 선택했다.

[출처: http://www.grgich.com]

영화 '와인 미라클'에서는 샤토 몬텔레나의 소유주인 짐 바렛이 많은 역할을 한 것으로 묘사된다. 사실 당시 양조 책임자로 가장 큰 역할을 했던 **마이크 그르기치**Mike Grgich가 독립하여 만든 와인에 대한 테이스팅 노트도 공유하고 싶다. 몇 년 전 백화점에서 8만 원을 주고 구매 후, 2년간 셀러에 잘 보관 후 마셨던 2015 빈티지이다.

크로아티아 이민자 출신의 그르기치는 샤토 몬텔레나 이전에도 로버트 몬다비Robert Mondavi 양조장에서 일한 바 있는 실력파 양조자(와인 메이커Winemaker)였다. 그는 미국 와인의 역사라 할 수 있는 러시아 이민자인 천재 양조자 안드레 첼리체프Andre Tchelistcheff의 수제자이다. 그는 샤토 몬텔레나에서 명성을 쌓은 후, 1977년에 독립해 자신의 와이너리를 만들었다. '샤르도네의 제왕'이라는 명칭을 지켜오게 만든 와인 중 하나인 그르기치 힐스, 나파밸리 샤르도네를 테이스팅하고자 한다.

이 와인은 앞선 2가지 와인만큼이나 과일 향과 풍미, 적절한 산도, 미네랄이 돋보이는 신선한 풍미의 와인으로 차가운 해류의 영향을 받아 서늘한 카네로스 지역에서 주로 재배되는 포도로 양조한다. 유산 발효를 하지 않아, 신선한 산도와 감귤류의 풍미를 가지는 복합적인 와인이다.

지금까지 선택한 3가지 미국 와인은 공통적으로 산도가 좋고, 유산 발효를 하지 않는데, 테이스팅해 보면 크리미한 질감이나 다소 진한 풍미에서 유산 발효의 특징을 느끼게 된다. 아마도 잘 익은 과일 풍미와 오크를 적절하게 사용하면서도 발효와 숙성 시에 모두 사용하여 좀 더 자연스럽게 풍미와 바디감이 느껴지는 와인이 되었을 것으로 추측한다.

해당 와인의 국내 수입사 홈페이지를 참고하면, 이 와인은 1981년 스페인 국왕 방문 백악관 만찬과 1982년 미국 로널드 레이건Ronald Reagan 대통령의 프랑스 방문 시 프랑수아 미테랑Francois Mitterrand 대통령과의 만찬에 나온 와인이며, 이 외에도 세계 정상들의 만찬에 자주 사용되었다고 한다.

'포도알이 터지는 소리를 들으면 포도의 당도를 알 수 있다'는 어록을 남긴 그르기치는 미국의 와인 산업 발전에 엄청난 영향력을 끼쳤다. 스미소니언 박물관에 그의 상징인 검은 베레모와 미국으로 이주할 당시 사용한 여행 가방도 전시 중이다.

» 프랑스 부르고뉴 지역 레지오날 등급

두 번째로는 부르고뉴 와인의 50% 이상을 차지하는 레지오날급 와인 중 유명 생산자의 와인 몇 가지를 선택, 비교 테이스팅해 보았다.

유명 생산자의 레지오날급 와인은 웬만한 생산자의 마을 단위 등급 와인 가격이나 미국 나파밸리의 유명 화이트와인 가격과 비슷한데, 마셔 보면 충분히 그만한 이유를 느낄 때가 있기 때문이다.

마을이나 밭 단위의 부르고뉴 와인은 가격도 비싸고, 셀러에서 추가 숙성이 필요하기 때문에 채워 놓고 기다려야 한다. 반면에 레지오날급 와인은 가격도 저렴하고 구매 후 단기간에 마실 수도 있는 데 비해 품질도 마을 등급 못지않은 좋은 와인이 많기 때문에 필자는 가급적이면 명성이 있는 도멘의 엔트리급 와인을 사는 편이다.

셀러에서 명성과 전통을 가진 3개 도멘의 와인을 선택해 동시에 비교 테이스팅함으로써 진정한 맛을 가려 보고 싶었다. 평소 맛있게 마시는 와인도 이런 비교 테이스팅을 하면 '꼭 하나는 이렇게 맛이 없었나?'라는 의문이 들면서 꽤 실망을 하는데 이번에도 그럴지 궁금하다.

① 테이스팅 노트의 첫 주인공은 **올리비에 르플레브**에서 만든 가장 엔트리급 와인, **부르고뉴 샤르도네** 2017 빈티지로 셀러에 항상 몇 병씩 보관해 놓는 와인이다. 이 와인은 부르고뉴와 도멘의 특징을 충분히 보여 주고 있는 훌륭한 데일리 와인으로 등급에 관계없이 높은 평가와 인기를 가지고 있는 와인이다.

이 와인은 마트나 아웃렛에서 5만 원대 정도의 가격에 쉽게 구할 수 있는 접근성을 가지고 있다. 백화점이나 와인숍에서는 이 생산자가 뫼르소나 퓔리니 몽라셰 등의 마을에서 재배된 포도를 블렌딩하여 만든 부르고뉴 샤르도네 레 세티유Les Setilles도 판매한다. 1만 원 정도만 더 주고도 좋은 와인을 만날 수 있으니 마을 단위 와인이 비싸게 느껴진다면 좋은 대안이 될 것이다.

② 명성과 전통을 가진 도멘을 다음으로 선택함에 있어 도멘 르플레브나 도멘 코쉬 듀리와 같은 생산자를 선택하고 싶었다. 그렇지만 이들이 만든 부르고뉴 블랑 와인을 가지고 있지도 않고, 구하기도 쉽지 않아 평소 코트 드 뉘에서 레드와인으로 명성을 쌓은 도멘이 이 지역에서 만든 화이트와인을 선택했다.

그로Gros **패밀리**A.F. 그로, 미셸 그로(Michel), 앙느 그로 (Anne), 그로 프레르 에 수르(Frere et Soeur) 중 하나인 **도멘 앙느 그로의 부르고뉴 오트 코트 드 뉘 블랑** 2016 빈티지로 1년에 몇 번씩은 마시는 와인이다. 경기도 김포에 위치한 아웃렛에서 6만 원을 주고 구매한 이 도멘의 엔트리급 와인이며, 만화 《신의 물방울》에서도 부드러운 과일 맛과 화사한 향기에 밸런스가 좋아 마치 '연분홍 아기 동백에 살포시 내려 쌓이는 첫눈 같은 와인'이라고 소개된 적이 있는 와인이다.

③ 가문 간의 비교를 해 보면 재미있을 것 같아서, 다음으로도 그로 패밀리 중 하나인 **도멘 그로 프레르 에 수르 의 부르고뉴 오뜨 코트 드 뉘 블랑** 2018 빈티지를 이번 테이스팅을 위해 서울 강남의 한 와인숍에서 7만 원에 구매했다.

그로 가문이 과거 코트 드 뉘, 본 로마네 마을에서 시작된 전설적인 가문으로 상속에 의해 가문과 포도밭이 분리되면서 장Jean 그로의 포도밭은 장남과 딸인 미쉘 그로와 A.F 그로, 조카인 앙느 그로로 분리되었다. 그리고 형 구스타프Gustave 그로와 여동생인 콜렛Colette 그로가 공동으로 운영했던 그로 프레르 에 수르는 공동 운영자가 둘 다 미혼인 관계로 상속자가 없어서 장 그로의 둘째 아들인 베르나르드Bernard 그로가 일찍이 양조부터 시작해 현재는 운영을 맡고 있다.

코트 드 본과 코트 드 뉘의 유명 도멘이 만든 엔트리급 부르고뉴 화이트와인의 비교 테이스팅이 매우 기대되는 이유이다.

대형 네고시앙들이 만든 부르고뉴 블랑이나, 코트 드 본에 위치한 도멘에서 만든 부르고뉴 블랑 와인도 많은데, 평소 테이스팅 노트를 작성하지 않고 데일리 와인으로 편하게 마시다 보니 이번 테이스팅에 사용할 노트가 없었다. 그래서 위와 같은 주제를 재설정하고 코트 드 뉘의 와인을 2가지나 넣게 되었으니 다양하게 경험해 보길 바란다.

유튜브 채널 '와인킹'에서 방송된 영상을 보면 피터 스승님이 저렴한 샤르도네 품종 와인을 절대로 사면 안 되는 이유에 대해 열변을 토하는 모습이 나온다.

이날은 $1.99~$10 가격대의 캘리포니아 샤르도네 10병을 테이스팅하는데, 피터의 한마디 '오크를 떡칠한 기름진 와인의 달고 쓴 맛과 유산 발효를 지나치게 하여 버터 맛이 심하게 진동을 하는 와인'에 대해 비판적인 시각을 보인다. 특히 오크 칩이나 액을 사용하여 나무 맛을 내는 가짜 오크는 맛이 비어 있다고 한다. 실제로 저렴한 미국 샤르도네 품종 와인을 테이스팅해 보면 대부분의 와인이 부족한 산도와 획일적인 열대 과일 풍미를 커버하기 위해 과도하게 오크와 유산 발효를 거친 와인을 만들고 있다고 한다.

그래서 많은 와인 러버들이 부르고뉴의 화이트와인을 찾는다. 부르고뉴에서도 생산자별 오크 사용에 있어서 차이가 많기 때문에 행복한 와인 생활을 위해서는 자신의 스타일을 확실히 정립하고 이에 맞는 와인 리스트를 가격이 더 오르기 전에 평소 많이 확보해 놓을 필요가 있다.

» 프랑스 샤블리 지역

세 번째로는 **샤블리** 와인이다. 샤블리 지역에서는 오크를 쓰지 않고, 맑고 깨끗한 스타일로만 와인을 만든다고 하는데 사실일까? 그렇지 않다. 유명 생산자 중 훌륭한 밭에서 재배된 좋은 포도로 만든 파워풀한 와인의 경우 오크를 사용하여 전반적인 밸런스를 맞추고 복합미를 끌어 올리는 경우가 많다. 그랑 크뤼 등급이나, 프리미에 크뤼 등급의 와인에서 이를 적용하며, 과하지 않게 사용하는 특징이 있다. 이 중 대표적인 생산자 중 하나인 윌리엄 페브르에서 만든 프리미에 크뤼 등급의 와인에 대한 테이스팅 노트를 선택했다.
이 와인의 생산자는 60년의 짧은 역사에도 불구하고 샤블리를 대표하는 생산자 중 하나로 성장했다. 그가 소유하고 있는 포도밭 중에서 약 30%가 그랑 크뤼 등급의 포도밭이며, 프리미에 크뤼 등급의 포도밭도 많이 소유하고 있다.

와인의 신선함을 유지하기 위해 작은 사이즈의 스테인리스 탱크에서 양조한 후, 샤블리임에도 불구하고 약 10~15개월 정도를 오크에 숙성한다. 그 전에 앙금에 수개월 간 숙성을 하기도 하며, 그랑 크뤼 등급은 발효도 오크통에서 한다.
등급에 따라 다르지만 일부 와인은 프렌치 오크에서, 나머지는 스틸통에서 숙성을 하며, 오크도 일부는 6년간 사용한 프렌치 오크에서 숙성을 진행하기 때문에 과한 오크 터치에 대한 거부감을 방지할 수 있다. 이는 포도가 서늘한 지역임에도 불구하고 잘 익었고, 구조감과 힘을 가진 좋은 포도로 만들어진다는 것을 증명한다.
몇 년 전에 백화점에서 6만 원대에 와인을 구매했다. 최근 샴페인이나 미국 와인의 가격 상승을 감안하면 프리미에 크뤼 등급의 와인을 이 가격에 경험할 수 있었다는 것이 행복 그 자체가 아닐까.

» 오스트레일리아 마가렛 리버 지역

네 번째로 미국을 제외한 신대륙에서 샤르도네 품종 와인을 가장 잘 만든다는 **오스트레일리아의 마가렛 리버** 지역을 살펴보고 그 지역에서 가장 맛있다는 와인 하나를 선택해 보았다. 오스트레일리아에서 가장 좋은 샤르도네 품종 와인을 만드는 지역은 그동안 애들레이드 힐스 지역이었다. 최근에는 마가렛 리버 지역이 샤르도네뿐만 아니라 최고급 카베르네 소비뇽의 산지로 부각되었다. 오스트레일리아의 서남쪽 지역에 위치한 마가렛 리버는 연평균 강수량이나 포도나무의 생장 기간 동안의 평균 기온이 최남단 섬인 태즈메이니아, 남동부 지역과 유사하다.

1967년에 최초로 포도나무를 심은 이래, 아직까지는 오스트레일리아 전체 생산량의 5% 미만의 작은 산지이지만, 품질 면에서는 가장 우수하다고 평가받는 곳이다.

이 중, **르윈 에스테이트**는 **아트 시리즈 샤르도네**로 명성을 얻었으며, 소비뇽 블랑, 리슬링 품종과 같이 산도를 필수로 하는 가볍고 신선한 청포도 품종과 카베르네 소비뇽, 시라즈와 같은 적포도 품종 와인도 만들고 있다.

이 중 가장 유명하고 이 생산자가 만든 최고의 와인이라 평가받는 샤르도네 품종 와인에 대한 테이스팅 노트를 추가했다.

현재, 오스트레일리아의 서쪽 지방에서 가장 잘 나가는 와인 메이커 중 하나로 성장한 르윈 에스테이트는 자사 홈페이지에 기재된 내용에 따르면, 1972년 나파 밸리의 전설인 로버트 몬다비가 초기에 멘토링을 제공했다고 한다. 1981년 아트 시리즈와 함께 국제적으로 주목을 받기 시작했는데, 이후 명성 있는 와인 평가 기관에서 2021년의 와인으로 자주 선정하고 있다. 르윈 에스테이트는 《와인 스펙테이터》 TOP 100 중 지난 20년간 5번 (2002, 2011, 2012, 2015, 2016년)에 걸쳐 28위, 5위, 76위, 38위, 28위에 선정된 바 있다. 아트 시리즈 샤르도네는 르윈 에스테이트에서 만든 와인 중에서도 가장 풍부하고 산도가 좋아 장기 숙성이 가능한 힘을 가진 프리미엄 와인이다. 또한, 프렌츠 오크 배럴에서 발효, 숙성하여 크리미하고 부드러운 질감을 가진 훌륭한 와인이다. 레이블을 보면 품종별, 빈티지별로 매우 화려하고 현대적인 그림이 그려져 있어, 언뜻 보면, 샤토 무통 로칠드 Chateau Mouton-Rothschild의 레이블과 비교될 수 있다. 오스트레일리아의 현대 화가들이 그린 이 그림들이 필자가 보기에는 화려함과 고급스러움은 덜 해도 훨씬 프레시하고 현대적인 느낌이 강해 보이며, 이젠 르윈만의 레이블이 대중들에게도 잘 인지되어 있는 것 같다.

[출처: https://leeuwinestate.com.au, https://www.bpdr.com]

2019년만 해도 10만 원 이하의 가격에 구매할 수 있었던 이 와인은 많은 평가 기관의 호평으로 인기가 많아지면서, 14만 원 정도에 판매가 되고 있어 구매를 미루고 있었다. 그런데 이번 테이스팅에서 마지막 1병을 소진한 후, 9월에 경기도 김포에 위치한 아웃렛을 방문했더니 때마침 이 생산자가 만든 여러 종류의 와인을 행사 중이어서 바로 여러 품종을 구입했다. 이 와인은 행사가로 11만 원에 여러 병 사 왔으니 앞으로는 가끔 마실 수 있을 것 같다. 모든 와인이 그렇듯이 앞으로의 가격이 문제로다!!!

페어링

국가대표 소믈리에 정하봉 님의 저서 《삶에는 와인이 필요하다》에는 소믈리에로서 경험한 음식과 와인의 행복한 마리아주Mariage_프랑스어로 결혼을 의미, 음식과 와인 간의 궁합이 좋은 것을 칭함에 대해 평소 와인을 추천하면서 사전에 음식에 들어가는 소스나 드레싱 같은 부분까지도 공부하고, 셰프와 많은 대화를 통해 세세한 부분까지 공유했다고 한다.

필자도 이 얘기에 전적으로 동의한다. 와인을 조금 안다고 주위에 소문이 나다 보니, 모임에서 자연스럽게 와인을 주문하는 역할이나 사전에 코스 음식을 주문하고 와인을 매칭하는 임무를 부여받기도 한다. 이때 레스토랑에 미리 전화해서 요리에 들어가는 소스나 요리 형태 등을 물어보고 있다. 소스 하나가 메인 요리의 풍미를 완전히 바꿔 놓기도 하며, 요리명에 적힌 메인보다는 부수적인 것이 실제 메인을 차지하는 경우도 있다. 중식은 특히 각종 소스의 맵고 단 정도나 질감에 따라 혹은 주요 원재료를 조리하는 방법 등에 따라 자칫 페어링이 실패하는 경우가 종종 발생하기 때문이다.

책에는 음식과 와인이 균형을 이루기 위한 몇 가지 기본적인 사항이 언급되어 있다. 와인의 산도는 기름진 음식의 느끼함을 덜어 주며, 탄닌은 강하고 자극적인 음식과 어울리고, 부케는 허브나 향신료와 어울리기 때문에 향신료가 들어간 음식에는 향신료 맛이 나는 와인을 매칭하는 것이 좋고, 와인의 잔여 당분은 단 음식과 어울린다고 설명한다. 특히 매칭의 비결은 '음식과 와인이 동일한 강도와 지속성을 갖도록 하는 데 있다'고 강조한다. 그리고 자신만의 원칙으로는 같은 땅에서 난 음식과 와인을 페어링하고(신토불이) 무게감이 비슷한 것들끼리 매칭하라고 한다. 신토불이와 무게감은 실패 확률이 매우 낮은 나의 원칙 중 하나이니, 페어링을 할 때에는 위의 내용을 참고해 보길 바란다.

《와인 폴리》 홈페이지에서는 브리 스타일의 치즈Brie-style cheeses를 제안한다. 오크 사용

여부에 따라서는 오크가 사용된 Oaked Chardonnay 부르고뉴, 캘리포니아, 오스트레일리아 지역의 고급 와인은 크랩 케이크 crab cakes, 링귀니 봉골레 linguini vongole, 넙치 halibut, 사과를 넣은 돼지고기 안심, 호박, 옥수수, 스쿼시 squash, 버섯 등을 추천한다. 오크를 사용하지 않는 Unoaked Chardonnay 샤블리, 칠레·뉴질랜드, 기타 프랑스 지역의 엔트리급 와인은 굴, 스시, 사우테 sautéed fish, 파테 pâté, 닭고기 피카타 Chicken Piccata, 야채 리조토 vegetable risotto 등 미네랄 minerality과 바삭함, 섬세한 등이 느껴지는 음식을 추천한다.

《열두 달의 와인 레시피》에는 겨울 추위가 끝나가는 아쉬운 2월에 사랑하는 사람과 함께 할 와인으로 뫼르소와 전복 내장 리조토를 페어링하라고 추천한다. 부드럽고 향기로운 뫼르소 마을의 샤르도네 품종 와인과 리조토의 치즈, 크리미한 맛이 잘 어울리며, 산도가 좋고 부드럽고 깔끔한 풍미가 전복과 매우 잘 어울리기 때문이다. 이에 비해 달콤한 바닐라 향과 열대 과일의 풍미가 강한 미국 나파 밸리 샤르도네 품종 와인은 로스트 치킨과 함께 페어링할 것을 추천한다. 이건 좀 난이도가 있어서 따라해 보지는 못했다.

기본적으로 닭과 화이트와인은 잘 어울리는 조합이고 특히 나파 밸리 샤르도네 품종 와인은 향과 풍미가 진하고 바디감이 있는 와인이라 오븐에 굽는 치킨과 질감이나 강도 등에 있어서 어울리는 조합이 될 것 같다.

샤블리 지역의 와인은 단연 굴이 최고의 조합으로 거의 유일하게 생굴을 완벽하게 소화할 수 있는 와인이다. 굴껍질이 섞인 키메리지안 토양에서 만들어진 이 와인은 높은 산도와 미네랄, 깔끔하고 신선한 과일 풍미를 가져 다양한 해산물과 비릿한 굴까지 모두 페어링해 주는 와인이다. 레몬이나 각자 기호에 따라 소스나 양파 등을 함께한다면 훌륭한 페어링이 될 수 있다.

《더미를 위한 와인 푸드 페어링》에서 다룬 여러 한식 중 샤르도네 품종 와인과 페어링을 제시한 음식은 오직 하나 잡채면이다. '부르고뉴 샤르도네'라고 적혀 있는데, 직접 매칭해서 시음해 보니 꽤 괜찮은 조합이었다. 잡채의 식감뿐만 아니라, 참기름이나 버섯의 맛과 향이 부르고뉴 와인과 꽤 잘 맞았다.

부르고뉴 지역의 샤르도네 품종 와인과 함께할 페어링 음식으로는 브리 치즈와 카망베르Camembert 치즈를 추천한다. 보통 혼술을 많이 하다 보니, 와인을 천천히, 깊이 느끼면서 테이스팅할 때는 강술이나 아주 가벼운 안주가 제일 좋은 것 같다. 그래서 필자가 선택한 것은 치즈, 이 중에서 과하지 않은 향과 적당히 크리미하고 부드러운 치즈이다. 살짝 신맛도 나고 버섯 향도 약간 있어서 샤르도네 품종 와인뿐만 아니라 피노 누아 품종 와인과도 잘 어울린다.
참고로 세계적으로도 가장 잘 알려진 이 두 가지 치즈는 생김새도 비슷하고 맛과 향도 비슷하다. 사실 이 둘은 먼 친척인데, 엄밀히 따지면 브리가 족보상 할아버지가 된다.
평소 많은 관심을 가지고 있던 세 가지 음식에 대한 역사와 다양한 주제를 다룬《인문학으로 맛보다. 와인 치즈 빵》에는 각종 치즈에 대한 역사가 자세히 나오는데, 이 중, 비슷해 보이는 두 치즈의 경우, 브리 치즈가 무려 천 년이나 빨리 탄생했다고 한다.
브리 치즈 역사에 있어서도 서로마 제국의 황제인 샤를 마뉴가 다시 한번 등장하는데, 자세한 내용은 직접 읽어 보기 바란다.

와인잔

화이트와인을 마실 때는 보통 레드와인에 비해 볼이 작은 잔을 보통 사용하는데, 레스토랑에서도 통상적으로 작은 잔을 서빙해 준다. 하지만 와인의 지역, 생산자, 숙성도, 상태 등을 고려해서 와인잔을 선택할 것을 추천한다. 부르고뉴의 AOC를 확인하고 마을이나 주요 밭 단위 등급의 고급 와인을 마실 때는 좀 더 크고 좋은 잔을 사용하는 게 매우 바람직하다.

보통 화이트와인은 향을 모아 주는 잔을 쓰라고 얘기하는데, 유명 와인잔 제조사별로 많이 다른 것 같다.

필자가 가장 좋아하는 브랜드 3개사의 화이트와인잔을 비교해 보면 리델은 화이트와인잔이 기본적으로 핸드 메이드와 머신 메이드 라인으로 나뉘고 각 라인 내에서도 다양한 가격대와 그에 맞는 포지션별 제품이 있으며, 품종별로도 라인업을 갖추고 있다.

범용성을 갖춘 화이트와인잔도 있지만, 다음 사진에서 보는 바와 같이 특별히 몽라셰 잔도 있다. 잔의 모양을 살펴보면 다른 브랜드와는 다소 상이하게 볼이 매우 넓고 향을 모아 주는 게 아니라 활짝 열어 주라는 취지로 잔을 만든 것 같다. 이에 비해서 잘토Zalto나 지허Zieher의 화이트와인잔은 볼의 넓이가 리델보다는 많이 작고, 지허는 립 부분에서 확실히 모아 주고 있다. 좋은 N/V 샴페인을 마실 경우 플루트 잔 대신 가끔 이 잔을 사용하는 편이다.

리델(Riedel)　　잘토(Zalto)　　지허(Zieher)

[출처: 제조사, 판매처 홈페이지]

1. 올리비에 르플레브, 뫼르소
Olivier Leflaive, Meursault

🇫🇷 화이트

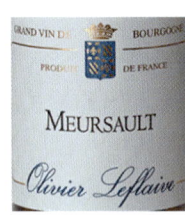

원산지　프랑스 / 부르고뉴 > 뫼르소 Meursault
와이너리　올리비에 르플레브 Olivier Leflaive
포도 품종　샤르도네 Chardonnay 100%

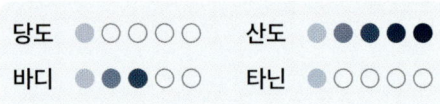

당도 ●○○○○　　산도 ●●●●○
바디 ●●○○○　　타닌 ●○○○○

2017 WE 91
2016 JS 94, WS 90, WE 90
2015 WS 92

WINE ENTHUSIAST 2021 VINTAGE CHART

Region	Appellation/Type	2019	2018	2017	2016	2015	2014	2013	2012	2011
Burgundy	Côte de Beaune (white)	95	94	95	95	94	95	94	95	94

부르고뉴의 2017년은 전반적으로 좋았던 해인데, 4월말 서리 피해에도 여름이 따뜻하고 건조했으며, 9월 폭우가 내리기 전에 수확을 하면서 양질의 와인이 많이 만들어졌다고 전해진다.

와인 애드버킷도 부르고뉴 지역의 샤르도네에 대해 높은 평가를 하고 있는데, 2017 빈티지에 대해 96 E Early maturing and accessible로 지난 50년간 2014 빈티지에 이어 두 번째로 높은 평가를 하고 있다.

와인 서처는 이 와인의 품질, 컨디션, 시음 적기에 대해 아래와 같이 설명한다.

Vintage quality	Good
Current condition	Ready to drink, will keep
When to drink	2019 to 2037

2021/4 ('17)

Tasting Note
(2017)

시각   선명도는 맑고, 색상은 그린 레몬 → 금빛이 약간 있어, 색의 강도는 연함.

후각   상태는 깨끗, 후각의 강도는 medium(+)
1차 향: 배, 모과, 레몬, 은은한 꽃, 라일락, 풀, 미네랄
2차 향: 버터 스카치, 버터, 바닐라, 크림, 치즈 → 과하지 않고 Good
3차 향: 견과류, 꿀 → 조금 느껴짐.
발전 단계는 숙성 중

미각   당도: dry, 산도: medium(+) 이상, 바디: medium 이상 → 질감 잘 느껴짐.
풍미 강도는 medium(+)
여운이 medium(+) 이상 → MLF, 오크, 미네랄 느낌

매우 좋은 와인이며, 지금 마셔도 좋고, 숙성 잠재력은 있음.
→ 균형미, 복합미, 강도, 여운 모두 Very Good

⇒ 눈과 코로 마시는 와인답게 코르크를 오픈하자 진한 핵과류와 버터 스카치와 같은 풍미가 강하게 올라오는데, 테이스팅을 하다 보면 과하지 않고 높은 산도와 함께 어우러져, 품위 있고 멋진 와인이라는 생각이 들게 됨.

↔ 퓔리니 몽라셰와 비교를 하면, 시간이 지나면서 점점 밀리고 묻히는 느낌을 받았는데, 이는 이 생산자의 경우에 한하며, 주요 생산자별로 다를 수 있으니 편견을 가질 필요는 없음.

평점   4.2
가격   15만 원

평점   89
가격   11.7만 원

Tasting Note #1

2. 올리비에 르플레브 퓔리니 몽라셰
Olivier Leflaive, Puligny Montrachet

🇫🇷 화이트

원산지 프랑스 / 부르고뉴 > 퓔리니 몽라셰
와이너리 올리비에 르플레브 Olivier Leflaive
포도 품종 샤르도네 Chardonnay 100%

당도 ●○○○○   산도 ●●●●○
바디 ●●●○○   타닌 ●○○○○

2017 WS 92, WE 92
2016 JS 93, WS 90
2015 WS 91

WINE ENTHUSIAST 2021 VINTAGE CHART

Region	Appellation/Type	2019	2018	2017	2016	2015	2014	2013	2012	2011
Burgundy	Côte de Beaune (white)	95	94	95	95	94	95	94	95	94

부르고뉴의 2017년은 전반적으로 좋았던 해인데, 4월말 서리 피해에도 여름이 따뜻하고 건조했으며, 9월 폭우가 내리기 전에 수확을 하면서 양질의 와인이 많이 만들어졌다고 전해진다.

와인 애드버킷도 부르고뉴 지역의 샤르도네에 대해 높은 평가를 하고 있는데, 2017 빈티지에 대해 96 E Early maturing and accessible로 지난 50년간 2014 빈티지에 이어 두 번째로 높은 평가를 하고 있다.

와인 서처는 이 와인의 품질, 컨디션, 시음 적기에 대해 아래와 같이 설명한다.

Vintage quality	Good
Current condition	Ready to drink, will keep
When to drink	2021 to 2037

2021/4 ('17)

Tasting Note
(2017)

시각 선명도는 맑고, 색상은 레몬 → 금빛이 약간 있어, 색의 강도는 연함.

후각 상태는 깨끗, 후각의 강도는 medium(+)
1차 향: 레몬, 복숭아, 살구, 모과, 배, 은은한 꽃, 오렌지 껍질,
젖은 돌 → 광물성 느낌의 미네랄, 짭조름한 쇠맛도 느껴짐.
2차 향: 버터, 바닐라, 삼나무, 크림, 치즈
3차 향: (-) → 아몬드, 헤이즐넛과 같은 숙성 풍미는 아직 느껴지지 않음.
발전 단계는 숙성 중

미각 당도: dry, 산도: medium(+) 이상, 바디: medium 이상 → 질감 느껴짐.
풍미 강도는 medium(+)
여운이 medium(+) 이상 → 미네랄과 1차 아로마가 길게 이어짐.

매우 좋은 와인이며, 지금 마셔도 좋고, 숙성 잠재력은 있음.
→ 균형미, 복합미, 강도, 여운 모두 Very Good

⇒ '뿔몽' 하면 상상이 되는 모든 1차 아로마와 미네랄, 잔에 담긴 와인 온도가 조금씩
오르면서 MLF, 오크 풍미가 묵직하게 올라오며, 높은 산도, 과일 향과 함께 훌륭한
균형감과 복합미를 뽐내는 와인임.
뫼르소에 비해서 과일과 미네랄 풍미가 압도적으로 좋으며, 뫼르소의
강렬한 향이 시간이 지나면서 뿔몽의 주요 풍미에 조금씩 밀림.

평점 4.4
가격 -

평점 89
가격 13.1만 원

3. 샤토 몬텔레나, 나파 밸리 샤르도네
Chateau Montelena, Napa Valley Chardonnay

 화이트

원산지	미국 / 나파 밸리 Napa Valley
와이너리	샤토 몬텔레나 Chateau Montelena
포도 품종	샤르도네 Chardonnay 100%

당도 ●○○○○   산도 ●●●○○
바디 ●●●●○   타닌 ●○○○○

2016 JD 90
2014 WE 93, Vinous 92
2011 RP 93

WINE ENTHUSIAST 2021 VINTAGE CHART

Region	Wine Variety	2019	2018	2017	2016	2015	2014	2013	2012
Napa	Chardonnay	92	93	90	94	90	92	91	91

나파 밸리 지역은 가장 힘들었던 2011년 이후부터는 꾸준히 좋은 와인이 만들어지고 있는데, 덥고 건조한 이 지역이 2016년에는 좀 더 서늘한 여름을 보내면서 매우 좋은 결과를 얻었다고 한다. WE는 그동안 평가 중 가장 좋은 점수를 주었으며, WA도 좋은 점수를 준 해이다.

와인 애드버킷도 미국 캘리포니아 지역의 북쪽 해안 지역 North Coast 샤르도네 품종의 2016 빈티지에 대해 94 E Early maturing and accessible로 좋게 평가하고 있다.

와인 서처는 이 와인의 품질, 컨디션, 시음 적기에 대해 아래와 같이 설명한다.

Vintage quality	Excellent (The 2016 Californian vintage was Very Good)
Current condition	Ready to drink, will keep
When to drink	2018 to 2030

이번 테이스팅 노트에 추가할 2016 빈티지의 경우, 생산자의 홈페이지에 나오는 노트를 참고하면, 비교적 온화한 날씨에서 8~9월에 포도가 잘 익었던 해로, 수확량이 많았다고 한다. 시음 노트는 다음과 같다.

NOSE
All of our wines from the 2016 vintage are incredibly floral and this Chardonnay is no exception. Honeysuckle, jasmine, and apple blossom along with wispy notes of vanilla and lemon balm highlight a harmony of classic Chardonnay aromas.

PALATE
Green apple, candied orange peel, and baking spices anchor a panoply of vineyard flavors. Seamlessly interwoven between each is fresh, bright acidity along with incredible minerality and depth that slowly build texture and weight.

FINISH
The contrast between silky toast and sweet pear highlights an exceedingly rich finish that will only become more supple and dynamic with age.

이번에 2016 빈티지를 테이스팅하기 약 1달 전에 2018 빈티지를 테이스팅한 적이 있는데, 수입사의 노트와는 달리, 유산 발효를 한 느낌이 강했다. 만약 유산 발효를 안 한 게 맞다면 10개월간 프렌치 오크에서 숙성을 하기 이전에 오크 발효도 거쳤을 가능성도 있으며, 숙성 시에는 일부 미국 오크도 사용하지 않았을까 추측해 본다. 분명히, 버터, 크림의 풍미를 느꼈는데, 유산 발효가 아닌 미국 오크의 바닐라 풍미일 수도 있기 때문이다.

과일 향과 풍미에 있어서도 부르고뉴의 샤르도네 품종 와인에서 느껴지는 복숭아나 살구 같은 핵과류보다는 다소 잘 익은 과일과 열대 과일의 풍미가 조금 더 강한 편이었다. 전반적으로 산도나 밸런스가 매우 좋았으며, 미네랄까지 잘 느껴져 너무 맛있게 마신 매우 좋은 와인이다.
2년 정도 더 숙성된 샤토 몬텔레나는 분명 더 우아하게 변해 있을 것이다.

Tasting Note (2016)

시각   선명도는 맑고, 색상은 진한 레몬 ~ 연한 골드, 색의 강도는 연함.   2021/5 ('16)

후각   상태는 깨끗, 후각의 강도는 medium(+)
1차 향: 복숭아, 모과, 배, 레몬, 귤, 바나나, 미네랄 (돌-쇠-짭조름)
2차 향: 바닐라, 버터 스카치, 크림, 버터
3차 향: 꿀 (↔ 1차 허니서클?), 헤이즐넛
발전 단계는 숙성 중

미각   당도: dry, 산도: medium(+), 바디: medium(+), 알코올: medium(+)
풍미 강도는 medium(+)
여운이 medium(+) 이상 → 미네랄, 꽃, 크리미

매우 좋은 와인이며, 지금 마실 수 있지만, 숙성 잠재력이 있음.
→ 균형미, 복합미, 강도, 여운 모두 Very Good

⇒ 맛있다 !!! 뫼르소의 아로마&오크&산도와 뿔몽의 신선&미네랄&산도, 미국 나파 밸리의 느낌이 모두 있는 와인임. 뿔몽보다 신선한 느낌은 조금 부족하나, 시트러스부터 열대 과일까지 다양한 과일 아로마와 미네랄 풍미가 인상적이다. 무게감이 있으면서도 과하지 않고 부드러운 와인으로 우아함도 있다. 구조적으로 단단해 명성만큼이나 밸런스가 좋은 매우 훌륭한 와인임.

평점 4.4
가격 6.4만 원

wine-searcher.com
평점 91
가격 6.3만 원

4. 파 니엔테, 샤르도네
Far Niente, Chardonnay

 화이트

원산지	미국 / 나파 밸리 Napa Valley
와이너리	파 니엔테 와이너리 Far Niente Winery
포도 품종	샤르도네 Chardonnay 100%

당도 ●○○○○　　산도 ●●●○○
바디 ●●●●○　　타닌 ●○○○○

2018 Wine.com 92, WS 90
2017 Wine.com 93, WS 91

WINE ENTHUSIAST 2021 VINTAGE CHART

Region	Wine Variety	2019	2018	2017	2016	2015	2014	2013	2012
Napa	Chardonnay	92	93	90	94	90	92	91	91

나파 밸리 지역의 2018년은 전년도의 산불 피해에 비교하면 매우 좋았고 여름을 예년보다 시원하게 보내면서 수확 시기도 늦어지는 등 품질이 훌륭했다고 한다. 또한, 신선한 과일 풍미를 유지할 수 있었다고 하는데, WE도 그동안의 평가 중, 두 번째로 높은 점수를 주고 있다.

와인 애드버킷은 미국 캘리포니아 지역의 북쪽 해안 지역 North Coast 샤르도네 품종의 2018 빈티지에 대해 94 l Irregular, even among the best wines로 평가하고 있다.

와인 서처는 이 와인의 품질, 컨디션, 시음 적기에 대해 아래와 같이 설명한다.

Vintage quality	Excellent
Current condition	Ready to drink, will keep

160

2021/3 ('18)

Tasting Note
(2018)

시각   선명도는 맑고, 색상은 연한 골드
　　　→ 18 빈티지인데, 포도가 워낙 잘 익어, 색의 강도는 깊음.

후각

　　　상태는 깨끗, 후각의 강도는 medium(+)
　　　1차 향: 모과, 배, 열대 과일 → (1시간 후) 신선함, 미네랄 느낌이 생김.
　　　2차 향: 바닐라, 버터, 크림, 오일리한 느낌 → 버터 스카치 느낌은 아님.
　　　3차 향: (-)
　　　발전 단계는 숙성 중

미각   당도: dry, 산도: medium, 바디: medium(+), 알코올: medium
　　　풍미 강도는 medium(+)
　　　여운이 medium(+)

　　　매우 좋은 와인이며, 지금 마실 수 있지만, 숙성 잠재력이 있음.
　　　→ 균형미, 복합미, 강도, 여운 모두 Very Good

　⇒ Young한 빈티지여서 오히려 신선~열대 과일까지 다양하게 느낄 수 있었고,
　　나파 밸리 화이트와인에서 잘 느낄 수 없는 미네랄 캐릭터와 산뜻함과 잘 익은
　　과일 풍미에 과하지 않고 부드러운 오크 풍미가 균형감을 이룸.
　　다만, 2~3년 추가 숙성 후, 테이스팅한다면 복합미나 여운이 더 좋을 듯

평점   4.4
가격   8.9만 원

wine-searcher.com

평점   90
가격   9.4만 원

Tasting Note #4

5. 그르기치 힐스, 나파 밸리 샤르도네
Grgich Hills, Napa Valley Chardonnay

 화이트

원산지	미국 / 나파 밸리 Napa Valley
와이너리	그르기치 힐스 Grgich Hills
포도 품종	샤르도네 Chardonnay 100%

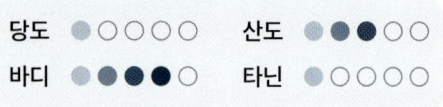

2018 RP 92, JS 92
2016 D 97, WE 93, JS 92, RP 92
2015 WE 95, WS 93

WINE ENTHUSIAST 2021 VINTAGE CHART

Region	Wine Variety	2019	2018	2017	2016	2015	2014	2013	2012
Napa	Chardonnay	92	93	90	94	90	92	91	91

나파 밸리 지역의 2015년은 매우 건조한 여름과 가뭄, 산불 피해로 인해 WE의 평가 중 2011년 이후 가장 좋지 않은 점수를 받고 있는 한편 WA는 매우 높은 점수를 주고 있다.

산불, 가뭄 등 영향으로 수확량이 줄어든 데 비해, 이 중에는 풍부한 과일과 균형 잡힌 산도를 가진 탁월한 품질을 가진 와인도 많이 있었기 때문에 평가의 차이가 발생한 것 같다.

와인 애드버킷은 미국 캘리포니아 지역의 북쪽 해안 지역 North Coast 샤르도네 품종 와인의 2015 빈티지에 대해 96 E Early maturing and accessible 로 높게 평가하고 있다.

와인 서처는 이 와인의 품질, 컨디션, 시음 적기에 대해 아래와 같이 설명한다.

Vintage quality	Excellent
Current condition	Ready to drink, will keep

2021/1 ('15)

Tasting Note
(2018)

시각   선명도는 맑고, 색상은 진한 볏짚 ~ 연한 골드, 색의 강도는
       매우 중간 ~ 깊은 → 변화 중

후각   상태는 깨끗, 후각의 강도는 medium
       1차 향: 사과, 복숭아, 파인애플, 아카시아 꽃향기, 젖은 돌
       2차 향: 바닐라, 버터, 크림
       3차 향: 아몬드 → 아직 말린 과일이나 꿀향은 느껴지지 않음.
       발전 단계는 숙성 중

미각   당도: dry, 산도: medium → 나파 치곤 산도 medium(+),
       바디: medium(+), 알코올: medium(+)
       풍미 강도는 medium
       여운이 medium

       좋은 와인이며, 지금 마셔도 좋고, 숙성 잠재력은 있음.
       → 균형미, 복합미는 Very Good, 강도, 여운은 Good

       ⇒ 적절히 숙성된 빈티지임에도 신선한 핵과일부터 열대 과일까지 다양하게 느낄 수
       있고, 미네랄 캐릭터와 다양한 숙성미를 경험할 수 있음.
       1년 후에 다시 테이스팅을 하면, 복합미가 더 발현될지는 모르겠으나, 강도나 여운의
       깊이로 봤을 때 지금부터 1년 내 마시면 가장 적합해 보임.

평점 4.4
가격 -

평점 92
가격 4.9만 원

Tasting Note #5

6. 올리비에 르플레브, 부르고뉴 샤르도네
Olivier Leflaive, Bourgogne Chardonnay

 화이트

샤르도네Chardonnay 100% / 2017

당도 ●○○○○ 산도 ●●●●○ 바디 ●●●○○ 타닌 ●○○○○

도멘 앙느 그로, 부르고뉴 오트 코트 드 뉘 블랑
Domaine Anne Gros, Bourgogne Hautes Cotes de Nuits Blanc

샤르도네Chardonnay 100% / 2016

당도 ●○○○○ 산도 ●●●●○ 바디 ●●●●○ 타닌 ●○○○○

도멘 그로 프레르 에 수르, 부르고뉴 오트 코트 드 뉘 블랑
Domaine Gros Frere et Soeur, Bourgogne Hautes Cotes de Nuits Blanc

샤르도네Chardonnay 100% / 2018

당도 ●○○○○ 산도 ●●●●○ 바디 ●●●○○ 타닌 ●○○○○

WINE ENTHUSIAST 2021 VINTAGE CHART

Region	Appellation/Type	2019	2018	2017	2016	2015	2014	2013	2012	2011	2010
Burgundy	Côte de Nuits (red)	96	95	95	94	98	90	89	91	91	95
	Côte de Beaune (red)	96	95	95	93	96	90	88	90	92	94
	Chablis	95	94	94	95	94	95	90	95	94	96
	Côte de Beaune (white)	95	94	95	95	94	95	94	95	94	96

부르고뉴의 2016년과 2017년은 서리와 가뭄 등의 어려움에도 불구하고 좋은 결과를 낸 해이며, 2018년은 풍부한 일조량으로 뛰어난 와인이 만들어진 해라고 한다.

2015년부터 최근까지 좋은 빈티지의 와인이 5년 연속으로 만들어지고 있는데, 화이트와인의 경우에는 거의 10년간 꾸준히 와인 인수지애스트Wine Enthusiast, WE로부터 좋은 평가를 받고 있다.

와인 애드버킷은 코트 드 본의 화이트와인에 대해 지난 10년간 90 EEarly maturing and accessible에서 97 E까지 꾸준히 좋은 평가를 하고 있는데, 이 중 2016 빈티지에 대해서만 87 IIrregular, even among the best wines로 낮게 평가하고 있다.

2021/8

Tasting Note

시각   (O.L) 진한 레몬 ~ 연한 골드 / (A.G) 연한 골드 / (G.F.S) 골드

후각   1차 향: (O.L) 레몬, 청사과 / (A.G) 복숭아, 파인애플 / (G.F.S) 청사과, 모과, 복숭아
(공통) 미네랄

2차 향: (O.L) 버터, 치즈, 브리오슈 / (A.G) 바닐라 강해 / (G.F.S) 버터, 치즈, 토스트
(공통) 바닐라, 버터 스카치
3차 향: (-)
발전 단계: (공통) 숙성 중

미각   (공통) 당도: dry, 바디: medium
산도: (O.L) medium(+) / (A.G) medium ~ medium (+) / (G.F.S) medium(+)
알코올: (O.L) medium 12.5% / (A.G) medium (+) 14% / (G.F.S) medium 12.5%
풍미 강도: (O.L) medium / (A.G) medium ~ medium(+) / (G.F.S) medium(+)
여운: (O.L) medium(+) / (A.G) medium ~ medium(+) / (G.F.S) medium(+)

⇒ 그로 프레르 에 수르 2018이 균형미, 복합미, 풍미 강도, 여운 등에서 종합적으로
가장 좋았으며, 올리비에 르플레브는 두 와인에 비해 절제된 오크 사용과 산도,
신선한 과일 풍미가 매우 좋았음. 앙느 그로는 좀 더 숙성된 캐릭터와 조금은 과한
오크 풍미, 진한 알코올 대비 산도의 부족으로 다소 아쉬운 모습이었는데, 균형감은
괜찮았고, 미네랄 풍미의 여운과 와인에 힘이 느껴짐.

7. 윌리엄 페브르, 샤블리 프리미에 크뤼 '바이용'
William Fevre, Chablis 1er Cru 'Vaillons'

 화이트

원산지	프랑스 / 부르고뉴 > 샤블리Chablis
와이너리	윌리엄 페브르William Fevre
포도 품종	샤르도네Chardonnay 100%

당도 ●○○○○   산도 ●●●●○
바디 ●●●○○   타닌 ●○○○○

2018 V 93, RP 92, JS 92, WS 90
2014 Tim Atkin 93, RP 91, Cellar Tracker 90

WINE ENTHUSIAST 2021 VINTAGE CHART

Region	Appellation/Type	2019	2018	2017	2016	2015	2014	2013	2012	2011
Burgundy	Chablis	95	94	94	95	94	95	90	95	94

2014년은 서리 피해도 없이 온화한 날씨에 싹이 트고 개화하였고, 이후 따뜻한 날씨가 계속되다가 6월말에 일부 지역은 우박의 피해를 입었다고 한다. 그러나 8~9월에 날씨가 좋았고 시원한 바람의 영향을 받아 전반적으로 우아하고 향긋한 미네랄이 넘치는 좋은 빈티지 와인을 만들 수 있었다고 한다.

WE뿐만 아니라, 와인 애드버킷도 2014년 부르고뉴 지역 화이트와인에 대해 97 EEarly maturing and accessible로 매우 높게 평가하고 있다.

와인 서처는 이 와인의 품질, 컨디션, 시음 적기에 대해 아래와 같이 설명한다.

Vintage quality	Good
Current condition	Ready to drink, will keep
When to drink	2017 to 2029

2020/11 ('14)

Tasting Note (2014)

시각 선명도는 맑고, 색상은 연한 골드, 색의 강도는 중간

후각 상태는 깨끗, 후각의 강도는 medium(+)
1차 향: 레몬, 모과, 복숭아, 미네랄 → 약수, 쇠맛과 같은 광물성 느낌 ↑
2차 향: 삼나무, 바닐라, 버터 스카치, 토스트, 버터, 크림
→ 오크, MLF, Lee 풍미 모두 느껴짐.
3차 향: 아몬드의 비릿한 향이 조금 → 숙성 풍미가 아직은 크지 않음.
발전 단계는 숙성 중

미각 당도: dry, 산도: medium(+) ~ high, 바디: medium ~ m(+), 알코올: medium
풍미 강도는 medium(+)
여운이 길어 → 미네랄 (짠맛, 약수, 쇠), 바디감이 은은하게 느껴짐.

매우 좋은 와인이며, 지금 마실 수 있지만, 숙성 잠재력이 있음.
→ 균형미, 복합미, 강도, 여운 모두 Very Good

⇒ 병 숙성 기간이 5년 이상된 와인임에도 색이나 향, 풍미에서 프레시함이 느껴짐. 생산자의 특징인 오크, Lee 숙성 등이 잘 반영되어, 바디감과 구조감, 복합미가 잘 갖추어졌으며, 가벼운 샤블리가 아닌 뿔몽/샤몽에 못지않은 프리미엄 샤블리 와인임.
2~3년 후에 좀 더 숙성이 된 상태에서 3차 향과 함께 마실 것도 추천함.

평점 4.0
가격 3.7만 원

평점 90
가격 5.8만 원

Tasting Note #7

8. 르윈 에스테이트, 아트 시리즈 샤르도네
Leeuwine Estate, Art Series Chardonnay

 화이트

원산지 호주 / 웨스턴오스트레일리아
> 마가렛 리버 Margaret River

와이너리 르윈 에스테이트 Leeuwin Estate

포도 품종 샤르도네 Chardonnay 100%

당도 ●○○○○　산도 ●●●●○
바디 ●●○○　　타닌 ●○○○○

2017　WS 96,　JS 96,　V 96,　WE 92
2016　D 97,　WS 96,　V 95,　RP 94,　JS 94
2013　WS 96,　RP 95,　JS 94,　WE 93

WINE ENTHUSIAST 2021 VINTAGE CHART

Region	Wine Variety	2019	2018	2017	2016	2015	2014	2013
Western Australia	Cabernet/Chardonnay	92	95	91	92	91	93	93

2017년은 평소보다 약간 서늘하고 습한 해로, 리슬링, 샤르도네 품종이 특히 부드럽고 우아하여, 좋은 품질을 가진 와인이 만들어졌다고 한다.

오스트레일리아 와인 평론가 제레미 올리버 Jeremy Oliver는 2017 빈티지에 대해 높은 점수를 주면서 시음 적기에 대해서도 최장 20년까지 내다보았다.

와인 애드버킷은 마가렛 리버를 포함하고 있는 웨스턴오스트레일리아 지역의 2017년 빈티지에 대해 90 T Still tannic, youthful, or slow to mature로 평가하고 있다.

와인 서처는 이 와인의 품질, 컨디션, 시음 적기에 대해 아래와 같이 설명한다.

Vintage quality	Excellent
Current condition	Ready to drink, will keep
When to drink	2029 to 2037

2021/6 ('17)

Tasting Note
[2017]

시각   선명도는 맑고, 색상은 레몬, 색의 강도는 중간

후각   상태는 깨끗, 후각의 강도는 medium
        1차 향: 레몬, 라임, 복숭아, 은은한 꽃, 아카시아, 미네랄 → 약수, 짭조름
        2차 향: 바닐라, 버터, 크림, 버터 스카치
        3차 향: (-)
        발전 단계는 숙성 중

미각   당도: dry, 산도: medium(+) 이상 → 생각 이상, Good, 바디: medium
        풍미 강도는 medium ~ medium(+)
        여운이 medium(+) → 미네랄 풍미가 샤블리 못지않게 많이 느껴짐.

        매우 좋은 와인이며, 지금 마실 수 있지만, 숙성 잠재력이 매우 많음.
        → 균형미, 복합미, 강도, 여운 모두 Very Good

평점   4.3
가격   8.9만 원

⇒ 남반구 최고의 샤르도네 와인이라는 명성에 걸맞음을 바로 느낌.
     산도에 깜짝 놀랐으며, 1차 향이 가진 복합미도 훌륭하며 오크를 적절히 사용하여
     마치 부르고뉴의 뿔몽-샤몽 어린 빈티지를 마시는 듯한 착각을 일으켰는데,
     미네랄 캐릭터가 워낙 강해 샤블리가 연상되기도 함.
     최소 2~5년 추가 숙성 이후, 3차 향을 느껴보면서 테이스팅 할 것을 추천.

평점   94
가격   9.5만 원

④

Pinot Noir
피노 누아

"신은 카베르네 소비뇽을 만들었지만,
악마는 피노 누아를 만들었다."

안드레 첼리스체프 Andre Tchelistcheff

악마가 만든
와인

미국에서 가장 큰 영향력을 가진 천재 와인 메이커 안드레 첼리스체프는 "신은 카베르네 소비뇽을 만들었지만, 악마는 피노 누아를 만들었다."라는 유명한 말을 남겼다. 전 세계에서 가장 인기 있는 포도 품종 피노 누아Pinot Noir에 대한 이야기이다.

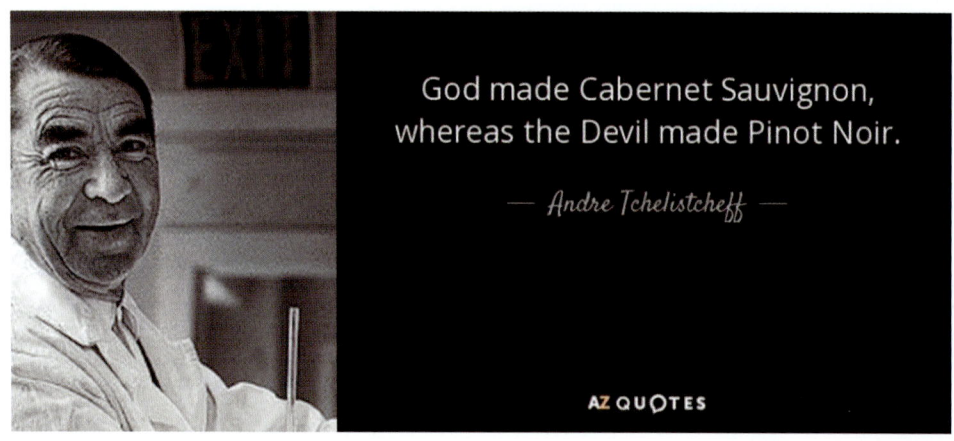

[출처: https://www.azquotes.com]

악마가 만들었다고 비유되고 있는 와인, 피노 누아 품종은 서늘한 기후에서 재배가 가능한 품종으로 블렌딩 없이 100% 단일 품종으로만 와인을 만드는 매우 까다로운 품종이다. 포도 껍질이 얇고 색이 연하며 탄닌은 약하고 산도가 매우 높은 품종이다. 여리여리하고 새콤한 느낌의 붉은 과일 향과 풍미, 다양한 향신료의 풍미를 가진 이 품종으로 만든 와인은 매우 섬세하고 우아한 스타일로, 카베르네 소비뇽 품종의 강렬함과는 대조적이다. 피노 누아 품종은 포도송이가 밀집되어 있어 다양한 세균과 질병에 취약하며, 부르고뉴의 경우 봄에 서리의 피해도 자주 발생하여 전반적으로 키우기가 매우 어렵다. 그리고 미국이나 신대륙에서는 일조량과 날씨가 매우 좋다 보니 너무 잘 익어 버려 고유의 섬세함과 산도를 잃게 되어 서늘한 지역이나 해안가 등으로 산지를 계속 옮겨가며 품질을 높이는 노력을 하고 있다.

그러다 보니, 고가 와인의 대명사가 되었고, 특히 부르고뉴 지역의 그랑 크뤼Grand Cru 등급이나 유명 생산자의 프리미에 크뤼Primier Cru 등급 와인의 경우 보르도 지역의 5대 샤토보다도 5~20배 이상 가격이 비싸다. 이렇듯 전 세계 와인 애호가나 컬렉터의 사랑과 관심을 독차지하고 있는 유일무이한 품종이 되었다.

보통, 미국 나파 밸리를 프랑스 보르도 지역의 최대 라이벌이라고 하지만 사실 라이벌이라고 하기에는 아직도 많은 격차가 있다. 특히나 테루아는 기술과 자본만으로는 극복될 수 없는 것이기에, 미국에서는 인정하고 싶지 않겠지만, 프랑스 와인은 그냥 타고날 때부터 아랍에미리트의 왕자이자 재벌인 만수르 왕자이고, 미국 와인은 유복하고 좋은 환경의 집안에서 태어나 열심히 공부해서 성공한 변호사라고나 할까.

카베르네 소비뇽 품종에 한정하여 다음과 같이 비유할 수 있다. 피노 누아 품종으로 말하면, 부르고뉴 지역은 와인이 되기 전부터 왕족의 핏줄이 흐를 것이고, 미국을 포함한 신대륙 지역은 평민이 될 것이고, 포도 재배조차 할 수 없는 대부분의 지역은 기회를 받지 못한 소작농이 될 것 같다. 좀 과한 비유라고도 할 수 있겠지만, 실제 마트나 백화점, 와인숍을 가보면 느낄 것이다. 마트에서는 좋은 피노 누아 와인을 구매하기 어려우며, 백화점이나 와인숍에도 구비는 되어 있으나, 가격이 매우 비싸고 많은 생산자의 다양한 빈티지별로 구비하고 있는 곳이 많지 않다.

유명 생산자의 좋은 빈티지 와인은 이미 전 세계 컬렉터의 셀러에 잘 보관되어 있는데, 신대륙의 피노 누아 와인과는 달리 부르고뉴의 고급 피노 누아 와인은 장기 숙성에 더 장점을 가지고 있는 와인이기 때문이다.

한편 보르도 지역의 샤토 소유주들은 영화 속에나 나올 만한 성과 같은 와이너리를 소유하고 있고, 왕족이나 귀족의 후손들과 글로벌 기업 회장이 소유하고 있는 경우가 많다. 한편, 부르고뉴 지역은 와인은 명품이지만, 포도밭이 여러 개로 쪼개져 있는 경우가 많고, 실제로 소유주이자 생산자인 농부의 삶은 트랙터를 직접 운전하고 가지치기를 직접 하는 등 매우 소박하며 규모가 작다. 그러다 보니 많은 생산자들이 직접 병입을 하지 않고 양조가 끝나면 바로 대형 네고시앙Negociant에게 오크를 통째로 판매하는 경우가 많다.

《진짜 프랑스는 시골에 있다》에 1세기 로마 제국이 피노 누아를 즐겼다는 기록이 있다.

로마가 점령한 골Gaul_프랑스 지역의 사람들이 야생 포도로 만든 와인을 즐겨 마셨는데, 맛이 있어 로마로 가져와 마셨고, 그 와인이 피노 누아 품종 와인으로 추정된다고 한다.
중세에는 부르고뉴 지역을 중심으로 활동하던 프랑스 가톨릭 베네딕트 수도회Benedict congrégation_5~10C 유럽에 1,184개의 수도원이 생김에서 성체성사에 피노 누아 품종 와인을 사용하는 것을 공식적으로 결정하였다고 한다. 1098년 베네딕트 수도회 산하의 시토파 수도사들은 코트 드 뉘 지역에 수도원400개의 수도원을 짓고 열정적으로 피노 누아 품종을 재배했으며, 밭과 포도의 특성, 와인의 맛 변화 등에 대해 상세히 기록을 남겼고 이러한 것이 쌓여 테루아 개념의 초석이 되었다고 한다.

우리가 지금 맛볼 수 있는 클로 드 부조Clos de Vougeot 와인이 바로 베네딕트 교파 수도원에서 나와 개혁을 위한 시토회Cistercian를 일군 수도사들이 그들의 생존을 위해 사들였고 1330년에 돌담을 둘러서 일군 포도밭에서 시작된 역사이다. 이때 명확하게 구획 지은 포도원인 클로는 특정 포도밭을 의미하는 클리마Climat라고도 불리며, 부르고뉴 와인의 상징과도 같이 지금도 그대로 남아 있다.

피노 누아 품종은 매우 오래된 품종이다 보니 클론Clone도 많고, 다양한 양조 방법을 적용하여 복합미를 추구한다. 포도의 껍질이 얇고, 색이 연하고, 탄닌이 약하다 보니, 발효를 하기 전에 저온에서 침용하여 피노 누아 품종이 가진 색과 향, 풍미를 최대한 추출하는 양조법을 가장 많이 사용하고 있다.

침용은 프랑스어로 마세라시옹Maceration이라 부르는데, 발효 전뿐만 아니라 발효 중간이나 발효 후에도 이 방법을 적용할 수 있다. 침용은 생산자가 포도의 껍질을 포도즙에 원하는 시간만큼 담가 두어 색과 향, 풍미를 추출하는 과정을 말하며, 이 과정을 통해 포도껍질에 남아 있는 색과 향, 탄닌 등이 자연스럽게 나오게 된다. 이때 너무 높은 온도를 유지하면 과하게 추출될 수 있기 때문에 피노 누아 품종의 경우 보통 저온에서 추출한다. 이를 저온 침용(콜드 마세라시옹Cold Maceration)이라고 한다.

부르고뉴 지역에서는 포도밭을 유기농 밭으로 개간한 생산자들도 많고, 내추럴 와인 인증을 받거나, 홍보하지 않지만 오가닉Organic_유기농법과 바이오 다이내믹Biodynamic 농법을 활용해 포도를 재배하고, 내추럴Natural 와인을 생산하는 곳들도 많다. 발효 과정에서 자연 효모를 사용하거나 송이째 넣어 발효를 하는 등 과거의 방법을 시도하기도 한다.

포도 줄기를 제거하지 않고, 포도를 송이째 발효하는 것이 트렌드라고 하는데, 로마네 콩티는 과거에도 이런 방식을 취했다고 한다. 부르고뉴 양조의 신인 앙리 자이에Henri Jayer가 포도 줄기를 제거하여 과일 풍미와 좀 더 부드러움을 추구한 이후부터 많은 생산자들이 이를 뒤따르면서 바이블과 같이 유행이 되었다고 한다. 최근에는 지구 온난화의 영향으로 예전보다 포도의 줄기에서 떫은맛이나 덜 익은 탄닌 풍미도 약해지면서 오히려 질감과 아로마에 도움이 된다고 생각되면서 사용이 늘어나고 있는 추세이다.
보통 레드와인을 발효할 때, 포도 껍질이 위로 뜨게 되면서 서로 얽히게 되는데, 포도를 송이째 발효하면 포도 껍질이 줄기 때문에 덜 얽혀 포도즙에 껍질의 침용이 더 잘 되는 효과를 얻게 된다.

이렇듯 부르고뉴 지역은 젊은 와인 메이커들이 계속 등장하면서 새로운 시도를 많이 하고 있다. 기존의 전통을 가진 와인 메이커들은 가격 상승만큼이나 품질을 유지하고 발전시키는 데 많은 노력을 기울이고 있다. 프랑스인들은 과거부터 보르도-부르고뉴 양대 산지뿐만 아니라 론Rhône, 루아르, 랑그독 루시옹, 프로방스Provence, 알자스, 샹파뉴 등 다양한 산지별로 오래된 역사와 전통, 그들만의 대표 품종과 이에 따른 양조 기법을 주어진 환경에 맞춰 스스로 발전시켜 오고 있다. 그러다 보니 와인에 대한 자부심이 대단하며, 자부심도 유산으로 계속 내려오는 것 같다.

와인을 만드는 양조 과정은 《월드 아틀라스 와인》이 매우 쉽게 설명되어 있고 그림과 상세한 설명까지 함께 되어 있어 아주 유용한 책이다. 기회가 되면 꼭 구매, 정독해 보길 바란다.

위에서 자연 효모의 사용에 대해서 잠깐 언급을 했는데, 'Red star'라는 웹 사이트에서 효모를 쉽게 구매할 수 있다. 재배하는 품종에 맞게 혹은 구현하고 싶은 풍미를 낼 수 있도록 도와주는 효모의 종류는 무수히 많다. 필자도 이 사이트를 처음 접했을 때 매우 놀랐다. 우리 주변에도 존재하며, 포도밭과 양조장 안에는 무수히 많은 자연 효모들이 축적, 존재하고 있는데 활용하는 데 있어서 불규칙성과 어려움이 있다. 그러므로 'Red star'에서 유명 제빵, 제과점처럼 표준화된 효모를 쉽게 구입, 사용할 수 있다.
프랑스의 화학-미생물학자인 파스퇴르Louis Pasteur는 발효란 산소 없이 나타나는 자연적 생명 현상발효는 효모가 포도의 당분을 먹고, 알코올과 이산화탄소로 바뀌는 과정이라고 말했다.

이처럼 포도와 포도즙이 자연스럽게 와인이 되어 가는 발효라는 과정과 와인이 산소 등과 접촉하면서 여러 생화학적 변화를 일으키면서 자연스럽게 숙성되어 가는 과정에 있어 하나의 생명이 변화하는 전 과정에 과거의 방식으로 개입을 최소화하는 것이 최근의 트렌드이다.

해마다 불규칙한 이상 기온 현상과 서리, 우박, 폭우, 가뭄 등의 피해가 점점 빈번해지고 있다. 《와인 리뷰》 6월호의 '프랑스 4월의 냉해, 어린 포도나무를 덮치다'에 따르면, 단위 면적당 포도밭의 가격이 가장 비싼 부르고뉴 지역 중에서도 그랑 크뤼 등급 포도밭이 몰려 있는 코트 드 뉘 지역에서는 헬리콥터까지 동원되었다. 헬리콥터가 차가운 공기를 불어내고, 지면보다 30m 정도 위에 있는 따뜻한 공기를 내려보내서 포도나무를 보호했다고 한다. 그 비용을 생각하면 가뜩이나 비싼 부르고뉴 레드와인이 2021년에는 또 역대 최고치를 깼을 것이라는 생각이 든다.
《소믈리에 타임즈》 중, '프랑스 와인 업계, 봄 서리로 2조 6천억 원 손실 예상'이라는 제목의 기사를 읽어 보니, 2021년이 21세기 들어 가장 심각한 피해를 입은 해로 부르고뉴의 포도 역시 수확량의 50% 손실을 언급하고 있다.

와인을 시작하면 결국은 피노 누아 품종 와인의 맛을 보게 되며, 이후 가산탕진의 길로 들어선다는 전설의 품종, 피노 누아 와인에 대해 좀 더 상세히 알아보자.

풍미

《신의 물방울》에서 천재 평론가 토미니 잇세가 프랑스 와인을 '테루아에 순응하며 하늘의 목소리에 귀 기울이면서 만들어가는 와인'이라고 묘사를 한 장면이 꽤 인상에 남는다. 필자는 테루아 하면 프랑스에서도 특히 부르고뉴 지역이 생각난다. 그중에서도 루 뒤몽 Lou Dumont의 천지인天地人 레이블과 함께 피노 누아 품종이 떠오른다.

옅은 색을 띠고 있는 피노 누아 품종 와인은 어릴 때에는 퍼플색이 약간 가미된 루비색을 띠면서, 딸기, 라즈베리, 크랜베리, 체리와 같은 신선, 새콤한 붉은 과일 풍미와 미네랄과 스파이시한 향신료 등의 풍미를 가진다. 숙성이 되면 가넷Garnet_적색빛, 오렌지색(벽돌색) 색에 흙, 젖은 낙엽, 버섯, 가죽 등의 풍미를 내며 생산자에 따라 오크나 유산 발효 등의 영향으로 부드러운 바닐라, 버터, 치즈, 크림 등의 풍미를 가진다.

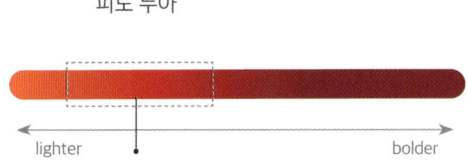

필자는 새콤한 과일 향과 숙성 향 등 다양한 복합미를 즐기지만, 그중에서도 화이트와는 다소 다른 이품종만이 가진 솔티한 특유의 미네랄 풍미가 너무나도 좋다.
《와인 폴리》홈페이지에는 피노 누아 품종에 대해 다음과 같이 설명을 하고 있다. 즉, 피노 누아 품종은 세계에서 가장 인기 있는 라이트 바디Light Bodied한 적포도 품종이며, 붉은 과일과 꽃, 향신료 아로마와 함께 길고 매끄러운 여운을 가진 품종이다.

 피노 누아 색상
 피노 누아 포도

《와인 바이블》에는 전 세계적으로 재배되는 레드와인용 포도는 수백 종에 이르며, 이 중 미국 캘리포니아에서만 31종이 되고, 이 중 피노 누아 품종을 가메Gamay 품종 다음으로 색깔의 농도와 질감, 탄닌 함유량이 작은 품종으로 분류하고 있다. 특유의 풍미로는 향수 냄새, 산딸기, 레드 체리, 신맛과 양조를 통한 풍미로 훈연과 흙냄새를 가진다고 한다.

《월드 아틀라스 와인》은 위대한 부르고뉴의 레드와인 품종은 매우 까다로운 품종으로 더운 곳에서 재배하면 지나치게 빨리 익어서 얇은 껍질에 매력적인 풍미를 만드는 향화합물이 축적되지 못한다고 한다. 따라서 완벽하게 자랄 수 있는 곳으로 코트 도르를 언급하고 있다. 이곳에서 잘 재배하면 테루아의 복잡한 차이를 와인에 그대로 담아낼 수 있다고 한다.

주요 지역의
특징과 등급 체계

» **프랑스 부르고뉴**

부르고뉴 지역에는 코트 도르를 가득 채운 포도밭에서는 세계 최고라고 평가받는 피노 누아 품종이 재배되고 있다.

《와인 바이블》에 따르면 부르고뉴 지역에는 레드와인의 생산 비율이 32%를 정도를 차지하지만 샤블리 지역이나 마코네 지역을 제외한 코트 도르 지역은 레드와인의 생산량이 무려 78%를 차지한다고 한다.

특히, 로마네 콩티로 대표되는 부르고뉴 지역 레드와인의 상징이자 심장부인 코트 드 뉘 Côte de Nuits 지역은 레드와인의 생산량이 무려 90% 이상을 차지한다. 전 세계 최고의 산지이며, 대체 불가한 산지이자 모든 와인 애호가들이 결국은 끝에서 만나는 종착지와 같은 와인임에 틀림이 없다.

부르고뉴 지역은 대륙성 기후로 여름에는 덥고 건조하며, 겨울은 매우 추운 지역이다. 《월드 아틀라스 와인》에는 이 지역의 위도는 47.27°, 연평균 강우량은 761mm이라고 한다. 또한, 가을비와 서리 피해에 대해서도 명시하고 있는데, 이는 부르고뉴 지역이 피노 누아 품종을 재배하는 데 있어서 한계 기후임을 말하는 것이다. 석회암으로 시작되는 토양과 언덕, 더 큰 개념의 테루아가 존재하지만 한편으로는 한계 기후를 극복한 장인들의 노력과 열정이 최고급 와인을 만들고 있는 것이다.

《프랑스 와인 수업》은 코트 도르 지역의 일반적인 밭은 겉흙이 80㎝, 가장 좋은 특등급 밭 그랑 크뤼은 30cm 정도로 겉흙이 별로 두껍지 않은데, 겉흙에는 영양분이 많이 함유되어 있다고 한다. 또한, 겉흙이 두꺼우면 뿌리가 옆으로 자라지만, 얇으면 포도나무가 지층의 깊은 곳까지 뿌리내려 지층에 함유된 미네랄 등의 양분을 흡수하여 더욱 복잡한 개성을 얻을 수 있다고 한다.

이 책을 감수한 박수진 WSA 와인아카데미 원장님으로부터 Level 3 수업을 직접 들었다. 수업 당시에도 물이나 영양분 등에 있어서 너무 과하지 않은 선에서 적당히 스트레스를 줘야 뿌리를 깊게 내리고 경쟁을 통해 훌륭한 포도가 만들어진다고 한다. 많은 양의 물을 관개하는 미국 나파 밸리의 포도나무가 매우 크게 자라면서 뿌리가 옆으로 자라는 사진과 프랑스의 포도나무와의 비교 사진을 본 적이 있다.

반면, 《진짜 프랑스는 시골에 있다》에서는 언덕 위쪽의 급격한 경사 지역은 표토층이 얇아서 포도의 뿌리 내림에 불리하고 물도 너무 빨리 흘러버리는 반면, 언덕 아래쪽의 완만한 경사가 끝나는 곳에는 표토층이 두꺼워 포도의 뿌리 내림에 유리하고 햇볕도 적당히 들며 배수도 적당하다고 한다. 이 때문에 대체로 언덕 아래쪽의 완만한 경사가 끝나는 곳에 그랑 크뤼 등급의 포도밭이 많다고 분석하고 있다.

위의 내용과 상반될 수도 있는데, 아마도 얇고 두꺼운 정도의 차이가 다를 거라고 생각한다. 급격한 경사와 완만한 경사에 따른 장단점을 비교하는 차원에서 표토층의 차이를 얘기한 부분이므로 원론적으로는 둘 다 맞는 얘기라고 생각한다.

이 지역의 와인을 마시다 보면 레이블에 V.V 혹은 Vieille Vigne라고 쓰여 있는 글자를 볼 수 있는데, 국내에서는 보통 '비에이유 비뉴'라고 읽으며, 나이가 많은 포도나무를 뜻한다.

보통 30~40년 이상된 포도나무에서 재배된 포도를 가지고 양조한 와인에 표기한다. 과거 프랑스 전역이 필록세라의 피해를 크게 본 경험이 있다 보니, 신대륙인 오스트레일리아나 칠레 등에 비해 100년씩 오래된 포도나무들이 전무한 상태로 오래된 포도나무에 대한 자부심이나 그들의 열정과 품질을 강조하고 싶었을 것이라는 생각을 해본다.

실제로 오래된 포도나무는 어린나무에 비해서 훨씬 뿌리를 깊게 내려 많은 영양분과 미네랄을 포도에 잘 전달할 수 있고 포도가 적게 열리기 때문에 열매에 집중해서 농축미와 복합미 등을 높일 수가 있다고 한다.

부르고뉴 지역의 등급 체계는 앞서 '샤르도네편'에서 설명한 바 있으니 참고하기 바란다. 이 지역은 레드와인과 화이트와인 모두 동일한 등급 체계를 가지고 있으며, 등급별 밭의 특징이나 AOC 등에 관한 기준도 동일하기 때문에 주요 등급 체계에 적합한 와인을 만드는 지역과 그 지역 안에 있는 주요 포도밭에 대해 설명해 보고자 한다.

코트 드 뉘

코트 드 뉘 지역 안에는 본 로마네Vosne-Romanee를 포함하여 대표적인 6개 마을이 있다. 포도밭이 북에서 남으로 가늘고 길게 약 20km 정도 펼쳐져 있는데, 서늘한 북서향 언덕이 아닌 남동향 언덕에 주로 위치하여, 포도가 햇볕을 잘 받을 수 있다. 토양은 주로 석회암Limestone을 기반으로 진흙, 자갈 등이 조금씩 덮여져 있고, 다양한 타입의 화석 조각들이나 철분을 함유한 토양도 있다.

코트 드 뉘 지역에는 과거, 피노 누아 100%로 만드는 로제Rose 와인으로 유명했던 막사네Marsannay 마을과 그 아래에는 꽤 단단한 스타일의 픽상Fixin 마을에서도 좋은 와인을 만들고 있는데 이 책에서는 주요 대표 마을 6곳만 설명하고자 한다.

〈코트 드 뉘 주요 마을 및 특징〉

① 쥬브리 샹베르탱Gevrey-Chambertin
남자 & 힘찬 & 나폴레옹

② 모레 생드니Morey-St-Denis
남·여 특징 모두 가진 야누스

③ 샹볼 뮈지니Chambolle-Musigny
여성 & 우아 & 섬세 & 부드러운 와인

④ 부조Vougeot
농염 & 힘찬 & 꽃미남

⑤ 본 로마네Vosne-Romanee
힘과 부드러움을 갖춘 최고의 와인

⑥ 뉘 생 조르쥐Nuits St. Georges
수수 & 강건

[출처: VINS DE BOURGOGNE_ http://bourgogne-maps.fr]

주요 마을이 명시된 지도 옆에 이 마을이 가진 주요 특징으로 알려진 내용을 간단하게 적어 보았다.

부르고뉴 마스터 코스Bourgogne Master Course에서 배운 내용과 당시 강사님이 설명한 마을별 여러 이미지를 기억해 보았고, 여러 책에서 공부한 내용을 참고하여 이해하기 쉽게 간단히 적어 보았다. 다만, 실제 이런 차이가 나는지에 대해 관심 있는 분들은 꼭 같은 생산자가 생산한 동일 빈티지의 다른 마을 간의 와인을 비교 테이스팅해 보길 바란다. 비교 결과 분명한 차이를 보이는 와인이 있을 것이다. 이를 통해 스스로 한 단계 발전된 와인 생활을 할 수 있을 것이다.

앞서 지역명에 대한 한글 표기나 6개 대표 마을 명칭에 대한 한글 표기는 국내-수입사에서 일반적으로 사용하는 명칭을 사용했다.

① **쮀브리 샹베르탱** 마을은 나폴레옹이 사랑한, 가장 남성적인 와인을 생산하고 있다. 나폴레옹이 "샹베르탱 한잔을 마시며 미래를 생각하면 장밋빛으로 다가온다."고 말했다는 설이 전해져 내려오는 곳이다. 이 마을은 주요 마을 중 가장 북쪽에 위치하며, 힘차고 풀 바디하며, 장기 숙성에 적합한 와인을 만드는 지역이다. 총 9개의 그랑 크뤼 등급 포도밭을 가지고 있으며, 마을의 면적도 제일 큰데, 이 마을은 석회암 외에도 점토 토양과 산화철이 포함된 토양을 가지고 있어 단단한 와인이 완성된다고 한다.

그랑 크뤼 등급 포도밭으로는 나폴레옹이 가장 좋아했다고 알려져 있는 '샹베르탱'과 바로 위에 있는 좀 더 섬세한 '샹베르탱 클로 드 베제Clos-de-Bèze', 그 옆의 '샤름 Charmes 샹베르탱'과, '마지Mazis 샹베르탱', '샤펠르Chapelle', '마조아예르Mazoyères', '라트리시에 Latricières', '루쇼트Ruchottes', '그리오트Griotte 샹베르탱'이 있다. 다음으로는 총 26개의 프리미에 크뤼 등급 포도밭을 가지고 있다.

프리미에 크뤼 등급 포도밭으로는 언덕에 남동향의 입지를 가진 그랑 크뤼 등급에 준하는 '클로 생 자크Clos St. Jacques', '라보 생 자크Lavaut St-Jacques', '레 카제티에Les Cazetiers', '오 콩보트Aux Combottes', '프티 샤펠Petite Chapelle' 등이 유명하다. 이 마을은 재배지가 워낙 넓게 형성되어 있고, 그랑 크뤼나 프리미에 크뤼 등급 포도밭도 가장 많은 마을이다. 생산자도 워낙 많아 같은 밭과 등급을 가진 와인 중에서도 품질과 가격의 차이가 매우 크게 나타나니 참고하기 바란다.

유명한 생산자로는 필자가 가장 좋아하는 도멘 베르나르 뒤가 피Domaine Bernard Dugat Py 가 있으며, 이 마을의 최고 생산자인 도멘 아르망 루소Domaine Armand Russeau, 도멘 뒤작 Domaine Dujac, 도멘 푸리에Domaine Fourrier, 도멘 드니 모르테Domaine Denis Mortet, 필립 파칼레Philippe Pacalet, 올리비에 번스타인Olivier Bernstein 등과 부르고뉴 지역에서 유일한 한국인 생산자인 박재화 대표님의 루 뒤몽도 있다.

《Guide des Appellations des vins de Bourgogne》에 따르면 이 마을의 와인은 입에서 단단한 구조감과 벨벳과 같은 탄닌, 섬세한 질감을 느낄 수 있다고 하며, 어릴 때에는 과일 향이 좋지만, 오랜 기간 숙성을 필요로 하는 와인으로 설명하고 있다.

2021년은 나폴레옹 사망 1821년 5월 5일 200주년이다. 와인과 관련해서 많은 이야기를 만들어 준, 샹베르탱을 사랑한 남자를 위해 쥬브리 샹베르탱 1병을 테이스팅해 본다.

나폴레옹 시절에는 그랑 크뤼 등급 와인의 가격이 마을 단위 와인에 비해 매우 비싸지도 않았을 것이고, 보통 레드와인은 물이나 얼음 등을 타서 희석해 마셨다고 한다. 그렇기 때문에 아마도 필자가 지금 마시는 마을 단위의 와인이 훨씬 진하고 비싼 그랑 크뤼 등급 와인이라고 생각하며 마셔 본다. ^^

② 쥬브리 샹베르탱과 샹볼 뮈지니 마을의 중간에 위치한 **모레 생드니** 마을은 쥬브리 샹베르탱의 힘과 구조감과 샹볼 뮈지니의 섬세함을 동시에 지닌 곳으로 색이 진한 편으로 알려져 있는데, 석회암이 풍부한 토양과 언덕 주변에 총 4개 샹볼 뮈지니 마을의 '본 마르' 포함시 5개의 그랑 크뤼 등급 포도밭을 가지고 있다.

그랑 크뤼 등급 포도밭으로는 남성적인 스타일로 알려져 있는 클로 드 라 로슈 Clos de la Roche와 클로 생 드니 Clos Saint Denis, 2014년 LVMH가 인수한 클로 드 랑브레이 Clos de Lambrays 등이 해당되며, 총 20개의 프리미에 크뤼 등급 포도밭을 가지고 있다.

유명한 생산자로는 클로 드 랑브레이를 소유하고 있는 도멘 드 랑브레이 Domaine de Lambrays와 도멘 뒤작이 있고, 도멘 퐁소 Domaine Ponsot, 샹볼 뮈지니 테이스팅 노트의 주인공 도멘 미쉘 마니앙 Domaine Michel Magnien도 이 마을에 있는데, 상대적으로 저평가되어 있어 저렴한 가격으로 그랑 크뤼 등급의 와인을 만날 수 있는 행운을 주는 마을이다.

③ 로마네 콩티와 함께 최고의 밭으로 불리는 뮈지니 Musigny 포도밭이 있는 **샹볼 뮈지니** 마을은 코트 드 뉘에서 가장 화려하고 복합적인 향과 섬세함을 가지고 있으며, 쥬브리 샹베르탱에 비해 탄닌도 미세하고 부드러워, 여성스럽고 우아하다는 평가를 받는 마을로 총 2개의 그랑 크뤼 등급 포도밭을 가지고 있다.

그랑 크뤼 등급 포도밭으로는 레드와인과 화이트와인을 모두 만드는 최고 밭 뮈지니와 모레 생드니 마을에 일부 10%, 샹볼 뮈지니 마을에 90% 걸쳐 있는 본 마르 Bonnes Mares가 해당되며, 총 25개의 프리미에 크뤼 등급 포도밭을 가지고 있다.

프리미에 크뤼 등급 포도밭으로는 웬만한 그랑 크뤼 와인이나 보르도 5대 샤토보다도 고가인 《신의 물방울》 제1사도의 주인공인 도멘 조르주 루미에 Domaine George Roumier의 레

자무레즈Les Amoureuses가 있고, 옆에는 규모가 좀 더 큰 레 샤름Les Charmes, 레 카리에르 Les Carrieres, 레 성티에Les Sentiers, 레 퓌에Les Fuees 밭에서 만들어진 와인이 있으며, 일부 밭의 와인은 국내에 많이 수입되고 있다.

유명한 생산자로는 뮈지니 밭을 가지고 있는 17개 도멘 중에서도 로마네 콩티와 가격이 비슷한 도멘 르루아Domaine Leroy와 도멘 조르주 루미에, 도멘 자크 프레드릭 뮤니에 Domaine Jacques-Frederic Mugnier, 도멘 콩트 조르주 드 보귀에Domaine Comte Georges de Vogue 등이 있다.

《Guide des Appellations des vins de Bourgogne》은 이 마을의 와인은 가장 여성스러운 와인이며, 밝은 루비 색상과 붉은 과일을 비롯해 풍부하고 복잡한 향과 맛, 섬세하지만 단단한 질감과 구조감에 비단결처럼 부드러운 탄닌이 느껴지는 와인이라고 한다.

④ **부조** 마을은 흔히 '클로 드 부조Clos de Vougeot'라고 많이 부르는데, 이 마을의 75%가 그랑 크뤼 등급 포도밭으로 구성되어 있으며, 담Clos으로 둘러싸인 80여 개의 그랑 크뤼 포도밭과 소유주인 각 생산자들이 모여 있는 데서 유래하였다.

이 마을은 부르고뉴 와인의 역사이자 수도원의 역사와 함께하고 있는 곳이다. 마을 내에서도 토양 등 테루아가 매우 다양한 곳으로 언덕 쪽에 위치한 포도밭에 유명한 생산자들이 위치하고 있다.

그랑 크뤼 등급 포도밭인 클로 드 부조는 15개의 클리마로 구성되며, 옆으로는 총 4개의 프리미에 크뤼 밭이 위치하고 있다. 유명한 생산자로는 부르고뉴의 와인 평론가인 스테판 탄저Stephene Tanzer가 최고의 '클로 드 부조' 와인이라 극찬한 바 있는 와인이다. 필자가 평소 좋아하고 컬렉팅하고 있는 샤토 드 라투르Chateau de La Tour와 몽자르 뮈느레 Domaine Mongeard Mugneret, 메오 카뮈제Domaine Meo Camuzet 등이 있고, 너무 비싸서 접근할 수 없는 도멘 르루아가 언덕 쪽에 가장 좋은 밭을 가지고 있다. 얼마 전 경기도에 위치한 와인숍에서 2001 빈티지를 보았는데 가격표에는 1,350만 원이 적혀 있었다. DRC의 리쉬부르나 로마네 생 비방 2017 빈티지가 500만 원대의 가격표가 붙어 있는데 2배 이상의 가격이니 르루아의 명성과 인기를 충분히 알 수 있는 대목이다.

실제 구매 시 레이블에 그랑 크뤼, '클로 드 부조'라고 적혀 있어도 생산자에 따라 가격 차이가 매우 많이 난다. 이는 생산자가 워낙 많다 보니, 각 생산자별로 포도밭의 위치에 따라 포도의 재배 및 수확까지 많은 차이가 있을 수 있다. 이는 발효부터 오크, 병 숙성까지 양조 전반에 걸쳐 그들의 가문이 가진 전통과 기술, 노하우, 양조자의 은퇴나 변동 등에 따라 많은 영향을 받기 때문이다. 부르고뉴 지역의 그랑 크뤼 등급 와인을 처음 접할 때 가격적인 부담으로 선뜻 구매하기에 어려운 점이 많다. 일반적인 프리미에 크뤼 등급 와인 가격보다 조금 더 주면, 저렴한 '클로 드 부조' 와인을 구매할 수 있으니 한번 경험해 보는 것도 좋을 것 같다.

⑤ 힘과 부드러움, 섬세함과 우아함, 긴 여운 모두를 갖추었다는 전설의 와인이 있는 곳으로 유명한 **본 로마네** 마을은 총 6개의 그랑 크뤼 등급 포도밭을 가지고 있다.
그랑 크뤼 등급 포도밭으로는 DRCDomaine de la Romanée Conti가 단독 소유한 모노폴 Monopole_클리마를 단독 소유이며, 1년에 5~6천 병만 만들어진다는 로마네 콩티와 라 타슈La Tache, 리쉬부르Richebourg, 로마네 생 비방Romanée Saint Vivant 등이 있으며, 총 11개의 프리미에 크뤼 등급 포도밭을 가지고 있다.
프리미에 크뤼 등급 포도밭으로는 《신의 물방울》에도 나온 바 있는 부르고뉴 양조의 신으로 유명한 앙리 자이에의 크로 파랑투Cros Parantoux와 레 쉬쇼Les Suchots, 레 보몽Les Beaux-Monts, 레 고디쇼Les Gaudichots, 오 레뇨Aux Reignots 등이 있다.
유명한 생산자로는 DRC, 앙리 자이에, 도멘 르루아, 앙리 자이에의 조카이자 후계자인 엠마누엘 후제Emmanuel Rouget가 있다. 여기에는 접근하기 어려운 영역이고, 보통 접근할 수 있는 생산자로는 그로Gros 패밀리A.F. 그로, 미셸 그로(Michel), 앙느 그로(Anne), 그로 프레르 에 수르(Frere et Soeur)와 도멘 아르누 라쇼Domaine Arnoux Lachaux, 도멘 베르타냐Domaine Bertagna 등이 대표적이다.

《Guide des Appellations des vins de Bourgogne》에 따르면 이 마을의 와인은 어릴 때에는 다소 근엄한 느낌을 보일 수도 있으나, 이는 오랜 기간 병 숙성을 필요로 하는 것이라고 한다. 또한, 숙성을 통해 이 와인은 발전하면서 구조감과 좀 더 크고 묵직한 느낌의 질감을 얻을 수 있어 '루벤스Rubens의 누드화'와 같은 풍만함이 있는 와인으로 설명하고 있다.
보르도 5대 샤토의 연간 생산량이 90만 병 정도 된다고 한다. 이 중 샤토 무통 로칠드 Chateau Mouton Rothschild나 샤토 라피트 로칠드Chateau Lafite Rothschild가 연간 20만 병 정도, 나머지 3개 샤토가 각 10~15만 병 정도 생산된다고 한다. 이에 비하면, 로마네 콩티의 생산량은 5대 샤토의 2~5% 수준밖에 되지 않으니 몇천만 원이나 하는 이 엄청난 가격이 합당하다고 할 수도 있겠다.
참고로, 런던국제와인거래소 리벡스Liv-ex-London International Vintners Exchange가 발표한 2020년 Power 100와인 리스트에 따르면 1위는 르루아이며, 2019년에는 1위가 아르망 루소, 2위는 로마네 콩티, 3위를 르루아가 차지했었다.

⑥ 사실, 본 로마네 마을의 위쪽과 부조 마을의 아래쪽 중간에는 **플라제 에세조**Flagey-Echèzeaux라는 유명한 마을이 있는데, 바로 이곳에서 유명한 에세조Echèzeaux와 그랑 에세조Grands-Echèzeaux 와인이 만들어진다.

하지만 이곳은 이 마을의 이름과 프리미에 크뤼 등급의 AOC가 없기 때문에 본 로마네 AOC를 사용하고 있다. 단 2개의 그랑 크뤼 밭에서 만들어진 와인만이 밭 이름을 '클로 드 부조'처럼 AOC로 사용할 수 있다.

'에세조' 포도밭은 지난 약 100년간 밭의 규모가 거의 10배 이상으로 확장되면서 '클로 드 부조'처럼 밭이 수십 명의 생산자들에게 나뉘어져 있어 생산자에 따라 품질의 차이가 크게 난다. 이에 비해, '그랑 에세조' 포도밭은 구릉지 위쪽에 위치하며 상대적으로 한 단계 위의 평가를 받으며 가격도 더 비싼 편이다.

⑦ 코트 드 뉘에서 유일하게 그랑 크뤼 와인이 없는 마을인 **뉘 생 조르쥐** 마을은 강건한 힘과 피노 누아 품종이 가진 장점을 다양하게 표현해 주는 매우 좋은 와인을 생산함에도 불구하고 가장 저평가된 곳으로, 가격도 가장 낮게 형성되어 있다.

《역사와 와인》에는 태양왕 루이 14세가 무려 54년간의 통치 기간 동안, 31년간의 전쟁과 이를 통해 막강한 절대 군주로 군림하면서도 왕권 강화에 있어 귀족들을 잘 활용하기 위해 호화로운 베르사유Versailles 궁전에서 매일 밤 만찬과 무도회를 개최하였다고 한다. 그때 사용한 와인 중에서도 특히 부르고뉴 지역의 와인만을 편향적으로 마셨다고 한다. 그 중에서도 뉘 생 조르쥐 마을의 와인을 가장 좋아했다고 하니 이 마을 와인의 명성을 충분히 알 수 있는 대목이다. 한편 보르도 지역의 와인은 명성에도 불구하고 왕의 식탁에는 오르지 못했다고 한다.

이 마을에는 총 41개의 프리미에 크뤼 등급 포도밭이 있다. 본 로마네와 가까운 북쪽과 중심부의 남쪽 사이에 밀집되어 있는데, 프리미에 크뤼 등급 포도밭이 매우 많고, 재배 지역도 넓게 형성되어 있어, 생산자별로 품질의 차이가 매우 크게 나타난다고 한다. 이 때문에 유명 생산자가 만든 와인을 구매하는 편이 좋고, 장기 숙성도 가능하며, 생산자의 브랜드 대비 가격도 괜찮은 편이라 부르고뉴 지역의 와인을 처음 접할 때, 시작하기에 좋은 와인이라고 생각한다.

유명한 생산자로는 도멘 르루아가 있고, 필자가 평소 좋아해 와인숍에서 보일 때마다 컬렉팅하는 로베르 쉐비용Robert Chevillon과 부르고뉴의 AOC를 정립하는 데 주도적인 역할을 한 앙리 구즈Henri Gouges 등이 있다.

《Guide des Appellations des vins de Bourgogne》에는 이 마을의 와인은 근육질이 힘차고, 몸집이나 구조가 탄탄하며, 균형이 잡혀 있어 여운이 긴 와인으로 설명하고 있다.

코트 드 본

코트 드 본Côte de Beaune의 기본 정보는 '샤르도네편'을 참고하기 바란다. 화이트와인의 주요 산지보다는 위쪽, 코트 드 본의 중간 지역에 위치한 포마르Pommard 마을과 볼네Volnay 마을이 있다. 이곳은 레드와인만을 생산하는 곳이며, 토양의 성질이 달라 와인의 스타일도 매우 상이한 편이다.

포마르 마을의 와인은 철분이 많이 함유된 토양에서 자란 포도로 만들어진다. 그래서 힘차고 탄탄하며, 남성적인 스타일을 가져 코트 드 뉘의 쉐브리 샹베르탱이나 뉘 생 조르쥐와 비슷하다. 볼네 마을의 와인은 좀 더 가볍게 마실 수 있는 와인으로, 섬세하고 여성스러워 샹볼 뮈지니와 비슷하다.

두 마을 모두 그랑 크뤼 포도밭은 없으나, 레 그랑 제프노Les Grands Epenots, 레 카이에레 Les Cailleret와 같은 훌륭한 프리미에 크뤼 등급의 포도밭이 몇 개 있다.

코르통Corton은 레드와인과 화이트와인 모두 그랑 크뤼 등급 포도밭이 있는 곳이다. 프랑크 왕국의 국왕이며, 신성로마 제국 황제의 칭호를 받으며 유럽을 지배했던 샤를 마뉴가 이 지역 와인을 매우 좋아했다고 전해진다.

유럽의 정복 국가는 광대한 영토를 다투고 늘 정복 전쟁에 참여했기 때문에 전쟁터에서 와인은 물 대신 마시는 음료이자 식량만큼이나 매우 중요한 보급품이었다. 전쟁에서 상대방이 우물이나 하천에 실제로 독약을 넣은 일도 있고, 물이 더러운 경우도 많았다. 이 때문에 와인을 물에 타 마시게 함으로써 알코올을 이용해서 살균 등의 효과를 얻고, 각성 효과나 기분을 좋아지게 만드는 역할도 한 것으로 보인다.

이전에도 유럽의 많은 전쟁에서도 와인이 동일하게 쓰였다. 코끼리 부대로 유명한 카르타고Carthago_북아프리카 튀니지만 북쪽에 위치했던 도시 국가의 한니발Hannibal 장군이 이탈리아 로마를 침략하기 위해 원정을 나설 때 스페인, 알프스산맥을 넘어 이탈리아 북부 지역까지 진격을 하면서 와인 생산지를 주요 통로로 선택했다. 코끼리는 전쟁에서도 큰 역할을 했지만, 와인을 지고 그 험준한 알프스를 넘는 등 맹활약을 하였다. 그와 관련된 그림이 구글을 검색해 보면 많이 조회가 된다. 그로부터 약 2천 년이 지난 시기에도 나폴레옹이

러시아 원정길을 떠나면서 엄청난 양의 와인을 실어 날랐다고 전해져 내려온다.

코르통이 걸쳐 있는 3개의 마을 중, 레드와인은 알록스 코르통Aloxe-Corton 마을이 가장 유명하다. 이 마을의 포도밭은 대부분 남향과 동향의 비탈 언덕 아래에 위치한다. 여기서 만들어진 레드와인은 과일 향과 풍미가 풍부할 뿐만 아니라, 탄닌이나 전반적인 바디감, 구조감에 힘이 있어 매우 좋은 편이다.

코트 드 본을 지나 남쪽에 있는 코트 샬로네즈Côte Chalonnaise 지역은 좀 더 가볍고 저렴한 레드와인을 생산하는데 메르퀴레Mercurey, 지브리Givry 마을의 와인은 꽤 인정을 받고 있다. 국내에서도 일부 와인이 수입되고 있는데, 이 지역이나 코트 드 뉘 남서쪽에 위치한 오트 코트Hautes Cotes 지역에 대한 설명은 이번에는 제외하기로 한다.

클리마

모든 포도밭이 '클로 드 부조'처럼 80여 개의 담벼락으로 둘러싸여 있지 않아도 대부분 유명한 포도밭들은 여러 명의 소유주들에게 쪼개져 있는 경우가 많은데, 이유가 무엇일까?

그 이유는 프랑스 대혁명의 역사와 함께한다.

《진짜 프랑스는 시골에 있다》에 다음과 같은 이야기를 전한다. 1789년 프랑스 혁명 이후, 혁명 정부는 구습을 혁파해야겠다는 의지로 부르고뉴 지역의 포도밭을 상당수 차지하고 있던 수도원의 재산을 몰수했다. 몰수한 포도밭을 여러 개로 쪼개어 지역의 농부들에게 경매로 팔았고, 그렇게 포도밭을 확보하게 된 부르고뉴 지역의 농부들은 대대로 포도 농사를 지으며 이 포도밭을 자손들에게 물려주었다. 여러 자식들에게 물려줄 때 밭을 다시 한번 쪼개 상속을 하게 되니, 하나의 포도밭이 다수의 소유주를 가지게 되었다.

포도밭이 여럿으로 나누어진 또 하나의 이유는 '나폴레옹 상속법' 때문이라고 한다. 프랑스 혁명 이후에도 법이 통일되지 못했고, 체계적인 법전이 만들어지지 않았다. 이를 지켜보던 나폴레옹이 1804년 프랑스인의 민법전을 공포했다. 평등과 악습의 타파 내용이 담겨졌는데, 장자 상속을 강력히 금한다는 내용이 포함되었다고 하며, 이에 따라 모든 자녀에게 남녀 차별 없이 상속을 해야 했으며, 부르고뉴 지역의 농부가 가진 포도밭은 고랑 단위로 쪼개져 자녀들에게 골고루 상속되었다.

프랑스의 포도밭은 영국 등 해외에 수출을 주로 하며, 해외 자본이 많이 투입된 당시 보르도 지역의 대형 샤토와는 다른 역사를 가졌다. 물론, 상속 이후 매각을 선택한 경우도 있고, 그 자손들이 인근 지역의 밭을 추가 구입해 와이너리를 더욱 확장한 경우도 있다.

'클로 드 부조' 그랑 크뤼 포도밭이 프랑스 혁명의 영향을 받았고, 그로 패밀리의 와인은 혁명 이후 가족 간의 상속에 따른 영향을 받은 것이다.

네고시앙

부르고뉴 지역의 많은 포도 재배자들이 수확한 포도나 오크통에 있는 와인을 대형 네고시앙에게 판매했다. 그러다 보니, 네고시앙이 메종Maison의 형태로 막대한 양의 와인을 판매하게 되었다. 유명 네고시앙으로는 페블리Faiveley, 루이 자도Louis Jadot, 조셉 드루앙Joseph Drouhin, 루이 라투르Louis Latour, 부샤르 페레 에 피스Bouchard Pere & Fils 등이 있다. 이 중에는 직접 포도를 재배해 와인을 만드는 도멘을 별도로 가지고 있는 경우가 많다. 일부는 그동안 누적된 자금력을 바탕으로 대규모의 포도밭을 직접 소유하고 도멘을 통한 생산량을 더욱 늘리는 곳도 있다.

버건디

버건디Burgundy는 패션에 관심이 많은 여성이라면 의류 관련 컬러 용어로 알고 있을 것이다. 인터넷 검색 결과의 뜻은 다음과 같다.
i) 빨간색 계열의 색으로 와인 빛이 난다. ii) 프랑스 부르고뉴의 영어 이름이자 그 지방에서 나오는 와인의 이름이다. 하지만 프랑스에서는 오래전부터 '버건디'라는 용어의 사용을 금지하고 있으며, 자신들의 고유 산지와 용어에 대한 영어식 발음과 번역, 해석 등에 있어서 보수적인 입장을 취하고 있다. 따라서 가급적 와인과 관련된, 특히 프랑스와 관련된 지리적 명칭이나 간단한 용어와 뜻 정도는 숙지하는 것도 좋을 것 같다.

» 미국

미국은 전 세계에서 피노 누아 품종을 프랑스에 이어 두 번째로 많이 재배하는 국가이다. '샤르도네편'에서 설명한 바와 같이, 미국의 와인법에서 병 레이블에 품종이나 원산지를 표기하는 방법은 연방법과 주립법 두 가지를 모두 고려하여 표기된다.

예를 들어, 연방법이나 캘리포니아 주립법에 의하면 피노 누아 품종을 75% 이상 사용하고, 나파 밸리 지역에서 재배된 포도를 85% 이상 사용하면, 레이블에 '나파 밸리 피노 누아'라고 기재할 수 있다. 반면에, 오리건 주립법에 의하면 피노 누아 품종을 90% 이상 사용하고, 오리건 지역 윌라멧 밸리Willamette Valley에서 생산된 포도를 95% 이상 사용해야지만, 품종명과 '윌라멧 밸리'라는 원산지 명칭을 레이블에 기재할 수 있다.

그럼에도 불구하고 피노 누아 품종은 보통 100% 사용되어 와인이 만들어지는 것을 당연하다고 생각하기 때문에 위와 같은 조건이 다소 생소하게 느껴질 것이다.

미국에서도 유명한 생산자들은 짧은 역사에도 불구하고 싱글 빈야드에서 재배된 포도로 고품질의 와인을 만들고 있다.

미국은 1919년 금주법이 통과된 이후, 1920년부터 1933년 폐지될 때까지 대공황과 금주령의 시기를 겪었다. 프랭클린 루즈벨트Franklin Roosevelt_1933~1945년 미국 대통령가 대통령 선거에서 승리하면서 금주법 폐지에 서명을 했으나, 주 정부에서도 각각 서명을 해야 했으므로 미국 전 지역에서 법이 폐지된 것은 1966년에나 가능했다.

이후, 황폐해진 포도밭을 다시 일구면서 1950~1960년대를 거치고, 1970년대에 이르러 미국 캘리포니아 지역의 와인이 본격적으로 발전하면서, 주목받기 시작했다. 캘리포니아는 불과 50년 전부터 좋은 와인이 만들어지고 있는 지역인데, 프랑스와 같은 구대륙의 와인 역사와 비교하면 매우 짧은 역사일 수밖에 없다.

《와인 바이블》에서 와인 소비 트렌드 차트는 미국 와인이 명성을 쌓기 시작하는 1970년 대부터 트렌드를 보여 주고 있다. 1970년~1990년대까지는 미국인들이 생선, 야채 위주의 식단으로 변화가 생기면서 화이트와인의 소비가 증가했고, 레드와인의 소비가 30%까지 절반 이상 감소하였다. 이후 1990년대에 들어 프렌치 패러독스French Paradox_프랑스인들은 고지방 식단에도 불구하고 심장병에 덜 걸리는 현상으로 WHO의 모니카 프로젝트에 의해 그 원인이 레드와인 때문이라고 보고됨가 부각되면서 그 해에만 레드와인의 구매가 39% 증가했다. 이후에도 고품질의 레드와인 생산이 증가하면서 스테이크 식단으로의 변화와 발맞추어, 현재는 레드와인의 소비가 60%까지 다시 증가된 것으로 추정하고 있다.

미국 캘리포니아 지역의 나파 밸리는 태평양 연안의 시원한 해류의 직간접적인 영향과 일정한 일조량을 바탕으로 와인의 주요 산지가 되었다. 이 지역에서 만들어지는 카베르네 소비뇽 품종 와인은 프랑스 와인과 한번 맞짱을 뜬 주인공으로 파리의 심판에서 카베르네 소비뇽, 샤르도네 두 품종이 대표 선수가 되어 결전을 치른 바 있다.

이에 비해 피노 누아 품종 와인은 사실상 현재까지도 프랑스 부르고뉴의 명성에 비하면 한참 부족하다. 미국 캘리포니아의 소노마, 산타바바라, 멘도시노 카운티 지역이나, 오리건주에서는 좀 더 서늘한 기후대에서, 지역 내 밸리별로 다양한 지형과 날씨에 맞는 품종과 개성을 지니고 있으며, 생산자들의 규모가 나파 밸리 지역보다는 작은 편으로 종종 부르고뉴와 비교가 된다.

캘리포니아는 북에서 남으로 약 1,300km가량 이어지는 해안선을 따라 태평양 바다의 시원한 바람이 불어오면서 오후 내내 뜨겁게 달구어진 내륙의 뜨거운 공기와 만나 안개가 만들어진다. 그리고 다음 날 오전까지 안개가 포도밭을 덮어 냉각 효과를 내면서 산도를 높이는 매우 중요한 역할을 한다. **소노마**Sonoma 지역 중, 해안가에 위치하여 매우 서늘하고 좋은 와인이 많이 만들어지는 **소노마 코스트**Sonoma Coast와 마야카마스Mayacamas산맥 산자락에 위치하여 높은 고도로 인해 매우 좋은 프리미엄급 피노 누아 품종 와인을 만드는 **러시안 리버 밸리**Russian River Valley에서는 부르고뉴 지역의 와인에 비해 잘 익은 붉은 과일 풍미와 숙성 풍미를 쉽고 빠르게 느낄 수 있는 고급 와인을 만들고 있다.

코스타 브라운Kosta Browne, 키슬러Kistler Vineyards, 월터 핸젤 와이너리Walter-Hansel Winery, 듀몰DuMOL, 라 크레마La Crema 등 유명 생산자들이 이곳에서 와인을 많이 만들고 있으며, 국내에도 수입되기 때문에 쉽게 접할 수 있다.

나파 밸리와 소노마 카운티 경계 지역에서 가장 남쪽에 위치한 **로스 카네로스**Los Carneros 지역은 해류의 영향을 받아 서늘한 곳이다. 또한, 바다 안개가 포도밭을 감싸면서 섬세한 샤르도네 품종과 우수한 품질의 피노 누아 품종이 재배되는 곳이다.

금문교가 보이지 않을 만큼 안개가 자욱하게 덮고 있는 모습이 장관인데, 안타깝게도 15년 전에 방문했을 때에는 날씨가 너무나도 쨍쨍해서 아래 사진에서 왼쪽과 같이 안개가 덮인 금문교는 보지 못하고 오른쪽과 같이 멋진 사진만 찍었던 기억이 난다.

이곳에서 우수한 품질의 피노 누아 품종이 잘 자랄 수 있다는 증거로는 오베르Aubert, 키슬러나 허드슨 랜치Hudson Ranch Vineyard, 듀몰, 쉐이퍼Shafer Vineyard와 같은 유명 생산자들이 이곳에서 샤르도네 품종 와인을 만들고 있다는 점이다. 이 외에도 프랑스의 유명 샴페인 생산자인 태팅저가 이곳에서 이미 1980년대부터 새로운 스파클링 와인을 만들고 있으니, 이로써 섬세함과 산도는 증명이 되었다.

태팅저가 세운 도멘 카네로스Domaine Carneros에서 만든 브뤼나 로제, 퀴베 스파클링이나 샤르도네, 피노 누아 품종의 와인까지 모두 기회가 된다면 꼭 한번 테이스팅해 보고 싶다. 아쉽게도 국내에는 이 지역의 와인이 많이 수입되지 않고 있다. 이 지역의 와인은 그나마 샤르도네 품종이 다수를 차지하는 관계로 피노 누아 품종 와인이 많지는 않다.

그러나 파리의 심판 8위의 주인공인 클로 뒤 발Clos Du Bal Winery이 이곳에서 만든 와인이며 국내에서도 인기가 많다. 클로 뒤 발은 과거 두 대통령의 취임식 만찬과 미국 대통령의 방한 만찬에도 사용될 정도로 높은 평가를 받은 와인으로 레이블에 그려진 아름다운 세 여신과 함께 다양한 스토리를 가진 와인이므로 모임에 가져 나가 보길 추천한다.

캘리포니아의 가장 북쪽 해안가에 위치하여 태평양의 시원한 기운을 한껏 받고 있는 **멘도시노 카운티**Mendocino County에 위치한 **앤더슨 밸리**Anderson Valley는 가장 서늘한 프리미엄 산지 중 한 곳이다. 인근에 계곡을 따라 흐르는 나바로Navarro강 주위로 포도밭이 위치하여 안개가 많이 끼는 지역이다. 이곳은 피노 누아 품종 외에도 다양한 화이트와인 품종과 스파클링 와인을 만들고 있는 곳이다.

미국 피노 누아 품종 와인 중 필자가 좋아하는 와인 중 하나인 덕혼 골든아이Duckhorn Goldeneye 피노 누아도 이곳에서 만들어진다. 코스타 브라운, 실버오크 와이너리Silver Oak Winery, 케이크브레드 셀라Cakebread Cella 등이 이곳에서 고급 피노 누아 와인을 만들고 있다. 프랑스의 유명 샴페인 생산자인 루이 로드레Louis Roederer도 이곳에서 1980년대부터 계속 새로운 스파클링 와인을 만들고 있다. 이들이 세운 로드레 에스테이트Roederer Estate에서 만든 브뤼 앤더슨 밸리 N/V는 2017~2018년 연속으로《와인 스펙테이터》Top 100 중 25위와 27위를 차지하였다. 상위 라인업인 브뤼 앤더슨 밸리 레르미타주L'Ermitage 2012 빈티지는 2019년《와인 스펙테이터》Top 100 중 5위를 차지하였다.

캘리포니아 해안을 따라 산 호세 지역 아래로 내려가다 몬테레이를 지나, LA 방향으로 조금 더 내려가면 **산타바바라**Santa Barbara 카운티 내에 **산타 마리아 밸리**Santa Maria Valley 가 나온다. 주로 캘리포니아의 해안선과 산맥이 북-남 방향으로 이어진다. 하지만 이곳은 산맥이 동-서 방향으로 이어져 서쪽 태평양으로부터 차가운 해류의 영향을 받은 시원한 바람이 깔때기처럼 산맥의 계곡을 따라 내륙 깊숙한 지역100km 이상까지 영향을 준다. 이곳은 산도와 균형미를 갖춘 좋은 품질의 피노 누아 품종 와인이 저렴하게 만들어지고 있는 산지이며, 2005년 개봉한 미국 영화 사이드웨이Sideways의 배경 지역이다.

이곳은 '내돈내산'으로는 처음으로 20만 원 이상의 거금을 주고 구매한 첫 와인이 만들어진 곳이다. 와린이 시절 강남의 모 백화점에서 일명 '한 놈만 걸려라'에 꼼짝없이 당했던 와인이기도 해서 필자는 절대 잊을 수 없는 애증의 와인이다. 사실 이 와인을 처음 마신 이후 아직까지도 너무 좋아해서 7~8년 된 빈티지 와인을 여러 병 추가 구매절반=정상 가격에 구매해서 셀러에 보관하고 있는 디어버그Dierberg 피노 누아 와인이다. 이 와인은 국내에서 인지도가 그리 높지도 않고, 생산량이나 수입량이 많지도 않다. 이에 비해서 품질이 매우 좋고 저평가된 와인이다. 과거에 수입했던 서주완 대표님이 직접 서빙해 주신 와인을 내돈내산보다도 더, 가장 맛있게 마신 기억이 있다. 서 대표님은 청담동에 위치한 최고의 와인바 중 한 곳이라 생각되는 55도 와인앤다인의 대표로 유튜버로도 활동 중이다. 이곳에는 올드 빈티지 와인이 매우 많이 구비되어 있어 언제나 실망 없이 마시는 곳이다. 이곳에서 언제 다시 한번 디어버그를 테이스팅해 보고 싶다.

캘리포니아주 북단에 위치한 **오리건주**는 위도가 45도 정도가 되어 부르고뉴 지역의 북쪽 시작점인 도시 디종(위도 47도)과 비슷하게 위치하며, 캘리포니아 지역보다는 생장기 평균 기온이 3~4℃ 이상 낮은 지역이다.
코스트Coast산맥이 태평양의 찬 해류와 안개를 막아 주며, 긴 일조량의 혜택을 받아 온난하고 건조한 여름에 포도나무가 생장하는 데 장점이 있는 지역이다. 이곳에 위치한 **윌라멧 밸리**는 오리건주에서도 가장 일조량이 가장 긴 지역이다. 그리고 큰 일교차를 가져 산도 좋은 피노 누아 품종을 재배하기에 최고의 조건을 가진 곳이다. 또한, 소규모의 포도밭을 가진 독립된 생산자가 많이 있는 지역이다. 최근에는 나파 밸리의 대형 회사들이 이 지역에 투자를 하면서 많은 변화가 있는 지역이다.
44년 민에 최악의 가뭄을 겪은 미국 캘리포니아에서는 주지사가 방송에서 물 사용을 자제해 줄 것을 요청하였다. 이 지역이 워낙 관개용수를 많이 하는 곳이라 가뜩이나 2020년 산불 빈티지보다도 최악의 빈티지가 될 수도 있다는 경고의 메시지까지 있었다. 2021년 7월 일어난 산불로 5일 만에 서울 면적만큼 피해를 입었다. 오리건주 역시 기후 변화의 영향을 받고 있으니 앞으로가 더 문제이다.

» 오스트레일리아

주요 3개 산지인 사우스오스트레일리아South Australia주, 빅토리아Victoria주, 뉴사우스웨일즈New South Wales주 중에서 피노 누아 품종을 재배하는 곳은 1개 주이다.

빅토리아주 내의 **야라 밸리**Yarra Valley는 서늘한 기후 덕분에 샤르도네 품종뿐만 아니라 피노 누아 품종도 많이 재배하는데, 과일 풍미가 강하며 전형적인 신대륙 와인의 느낌이 강한 편이다.
야라 밸리 남쪽으로 내려가면 해안가에 바로 위치한 모닝턴 반도Mornington Peninsula와 질롱Geelong 지역이 있다. 야라 밸리 와인이 인기가 많아지면서 포도밭 가격도 많이 오르게 되자 이곳이 개발되었다. 이 지역은 기후가 서늘하여 보다 섬세한 스타일을 가진 와인을 생산한다. 국내에 수입되는 이 지역의 피노 누아 품종 와인이 많지 않기 때문에 마실 기회가 많지 않은 편인데, 경험상 필자 스타일은 분명 아니었다.

태즈메이니아Tasmania섬에서는 부르고뉴 스타일의 고급 와인이 만들어지는데, 국내에 수입되는 와인의 종류가 적다 보니, 몇 년 전에 한 번 테이스팅해 본 적이 있다. 야라 밸리보다는 확실히 산도나 바디감 등에 있어서 좀 더 서늘한 느낌을 받긴 했으나, 크게 감동을 받지 않았다.

테이스팅 비교

2004년 27세의 나이에 세계 소믈리에 대회 챔피언이 된 이탈리아 출신의 엔리코 베르나르도Enrico Bernardo는 당시, 파리 포 시즌즈 조르주 생크 호텔Four Seasons Hotel Georges V의 레스토랑 생크Cinq의 수석 소믈리에였다. 그의 저서 《How Wine》은 오감을 이용해 와인을 발견하는 이야기인데, 테이스팅과 관련하여 매우 자세한 설명이 되어 있다.

여기서 저자는 와인 시음과 관련해서 "색과 향만으로도 와인 정보를 70% 정도 파악할 수 있다. 맛을 보는 것은 확인에 불과하다"라고 말하는데, 경험이 아직 일천한 필자가 보아도 맞는 얘기라 생각한다.

냄새는 코가 뇌에 전달하고, 맛의 판단은 뇌가 한다. 이와 관련해서 영국의 옥스포드 대학교 심리학 교수인 찰스 스펜서Charles Spence는 "맛을 본다는 것은 뇌의 활동이다"라고 정의하였다.

실제로 테이스팅하다 보면 처음에 시각, 후각을 활용하여 와인의 상태나 숙성 정도, 다양한 향과 강도 등 필요한 정보를 대부분 얻을 수 있다. 물론, 향과 맛이 극명하게 틀린 경우도 많이 있고 산도나 바디감, 탄닌 등의 경우 입 안에서만 확실히 더 느낄 수도 있다.

2020년 2월 뉴질랜드 말보로Marlborough 지역과 미국 오리건 지역의 유명한 피노 누아 품종 와인과 프랑스 부르고뉴 지역의 샹볼 뮈지니Chambolle-Musigny 마을에서 만든 피노 누아 품종 와인을 비교 테이스팅해 본 적이 있다.

사실, 결과는 너무나도 뻔했고 명확했는데, 특히, 산도나 복합미, 균형미 등에서 차이를

심하게 느낄 수 있다 보니 어떻게 보면 처음부터 잘못된 비교였다. 포도 머리띠를 한 가상의 여인으로 알려진 인상적인 그림이 레이블에 그려져 있는 이 우아한 와인과 나머지 두 와인은 체급 차이가 명확하게 났지만, 시각이나 후각 만으로도 이미 신대륙 와인임이 분명히 느껴졌기 때문이다.

만약, 마투아 랜드&레전드Matua Lands & Legends나 최고의 품질로 가장 부르고뉴스러운 와인이라고 평가받고 있으며, 2020년《와인 스펙테이터》Top 100 중 14위, 2018년에는 12위를 차지한 적이 있는 펠튼 로드Felton Road와 같은 뉴질랜드 센트럴 오타고Central Otago 지역의 와인이었다면 좀 더 괜찮은 비교가 되었을까? 아니면, 미국 오리건 윌라멧 밸리 지역의 다른 와인이나 캘리포니아 멘도시노 앤더슨 밸리의 덕혼 골든아이 정도의 체급이었다면? 혹은, A. F. Gros의 부르고뉴나 오트 코트 드 뉘Hauts-Cotes de Nuits와 같은 레지오날급 와인이었다면 좀 더 차별 없는 객관적 비교가 되었을까?

《신의 물방울》에서 뛰어난 감성을 가지고 토미네 잇세 옆에서 사도 찾기를 도와주는 로랑은 "난 항상 미소를 지어주는 파트너보다 평소에는 까다로워도, 가끔 뜨겁게 안아주는 사람이 좋아"라고 말했다. 이 말처럼 이 까다로운 녀석을 제대로 비교하기 위해서는 그동안 마셨던 테이스팅 노트 중에서 **부르고뉴 코트 드 뉘 지역 주요 6개 마을**에서 만들어진 프리미에 크뤼 등급의 와인이나 코뮈날 등급의 와인 중 너무 비싸지 않고, 국내에서 쉽게 구할 수 있는 와인 위주로 선택해 보았다.

» (프랑스) 부르고뉴 지역, 쮀브리 샹베르탱 마을

첫 번째로는《신의 물방울》에서 힘이 넘치면서도 부드럽고, 우아하고 은은한 오렌지 아로마가 있어, 개성이 가득하다고 극찬했던 와인이다.
《신의 물방울》은 2005년 국내에 출간되었는데, 당시만 해도 일본은 이미 와인 소비에 있어서 상당한 수준이었다. 도쿄 주변, 후지산 자락에 일본 현대 와인 산업의 상징이라 할 수 있는 야마나시현과 같은 많은 와인 산지가 있다. 100년 이상의 역사를 가진 메르시앙Mercian, 산토리Suntory와 같은 생산자들이 이곳에서 일본 토착 품종인 교호Kyoho와 교배종인 고슈, 많은 국제 품종을 재배하고 있었기 때문에 와인에 대한 자부심이 꽤 높았을 것이다. 책에는 와인뿐만 아니라 음식에 대해서도 많은 자부심을 표현하고 있어 당시에는 부럽다는 생각이 많이 들었던 기억이 난다.

루 뒤몽 Lou Dumont이라는 와이너리에 대한 언급이 있는데 루 뒤몽은 일본인 나카타 코지 Nakada Koji만의 노력으로 만들어진 것은 아니다. 부인인 박재화 대표님의 공도 컸을 것이다. 하지만 이에 대한 내용이 쏘~옥 빠져 있어서 조금 화가 났다. 이 책이 국내에서 히트를 치면서 루 뒤몽 와인이 국내에 많이 수입되기 시작하였다. 또한, 지금도 자주 만날 수 있다 보니 루 뒤몽은 분명《신의 물방울》의 혜택을 본 건 분명해 보이며, 이 와이너리는 한-일 합작 법인인 것도 분명한 사실이다 !!!

미국 LA에 본사를 두고 있는 수입사 Shiverick https://www.shiverick.com에 의하면, 쉐브리 샹베르탱에 위치한 루 뒤몽은 2000년 일본인 소믈리에 나카다 코지와 그의 부인 박재화가 설립했다. 2012년 부르고뉴에 첫 토지를 매입하고, 그들의 대녀(代女)Goddaughter 이름인 루와 프랑스의 산을 합친 것으로, 두 설립자가 자란 일본과 한국에 경의를 표하고 있다고 했다. 라벨에 있는 기호 天地人_하늘,땅,사람는 와인을 가능하게 하는 기본 요소와 테루아의 개념과 사람의 노력이 더해지는 것을 가리키며, 유기농 포도를 재배하고 최소한의 개입으로 순수하고 정직한 부르고뉴 와인을 생산하는 것을 목표한다고 설명되어 있다.

이 사이트에는 양조에 대한 설명도 상세히 나오는데, 오크 배럴에서 3~5일간 저온 침용과 발효를 한 이후, 루아르 지역의 주필레스 숲 Jupilles forest_샤토 디켐(Chateau d'Yquem)이 유일하게 사용하는 오크 배럴에서 온 뉴 프렌치 오크(40%)에 18개월간 숙성, 스테인리스 스틸 탱크에서 1개월을 안정화한 후 병입을 한다. 그런데 어떤 여과물도 보이지 않고, 멋진 루비색을 띠며, 딸기, 라즈베리 등의 붉은 과일 향과 향신료, 흙의 미묘한 향기를 보여 주어 전체적으로 우아한 와인이라 설명되어 있다.

루 뒤몽은 생산량이 많지는 않아 국내에 수입되는 양도 많지 않다. 그래서 처음 출시될 때, 바로 구매해서 셀러에 보관을 하고 있다. 2015~2016 빈티지는 이제 구할 수가 없어 셀러에 남아 있는 몇 병에 만족해야 할 것 같다. 2017~2019 빈티지가 그래도 좋은 평가를 꾸준히 받고 있으니 매장에서 보이면 마을별로 구매해 볼 것을 추천한다. 이번에 테이스팅 노트에 추가된 쉐브리 샹베르탱 2016 빈티지는 몇 년 전에 백화점에서 14.5만 원 주고 다소 비싸게 구매했다. 최근에는 와인숍이나 아웃렛에 가면 2018 빈티지가 자주 보이니, 10만 원 선에서 충분히 구매할 수 있으니 참고하기 바란다.

몇 년 전 한 예능 프로그램에서 몇 명의 연예인들이 루 뒤몽을 방문하여 박재화 대표님을 만나 카브에서 시음도 하고, 이야기를 나누는 장면을 보았다. 박 대표님은 포도나무 재배와 양조에 있어서 자부심이 매우 크다는 걸 느꼈고, 장인 정신의 면모를 볼 수 있었다. 무엇보다도 한국인이 낯설고 콧대 높은 부르고뉴 지역에서 훌륭한 생산자로 자리잡았다는 것에 마음이 뭉클했다.

루 뒤몽이 만든 주요 마을 단위의 와인을 많이 접해 보았는데, 대부분 새큼한 붉은 과일 향과 풍미, 복합미와 함께 높은 산도와 전반적인 균형미를 항상 경험하곤 했다.

특히, 테이스팅 노트에 추가한 쉐브리 샹베르탱 2016 빈티지는 1년 전쯤에도 테이스팅 한 적이 있는데, 당시에도 균형미, 복합미, 풍미의 강도, 여운 등 전반에 있어 매우 좋은 와인이라고 노트에 남겼다. 아직까지는 포도나무의 수령이 어려, 향후 10~20년 후가 더욱 기대된다.

같은 마을, 등급, 빈티지 와인의 경우에도 1~2년 후에 마시면, 숙성이 더 진행되면서 복합미가 더 좋아지고, 풍미의 강도나 여운이 부드럽고 은은하면서도 길게 느껴지는 경우가 많다. 반면, 과숙성이나 보관상의 부주의 혹은 와인이 가진 힘의 부족 등으로 인해 과일의 풍미와 산도가 떨어지면서 복합미와 균형미가 심각하게 망가지는 경우도 있다.

그래서 테이스팅은 정말 재미가 있으면서 어렵다. 필자는 테이스팅 노트를 최대한 객관적으로 쓰기 위해 그날 필자가 느끼고 보았던 감정적인 부분과 사람과 분위기로 인해 얻은 장점을 최대한 느낌으로만 간직한다. 그리고 테이스팅 노트에는 배운 대로 객관적인 단어만을 남기고자 한다.

루 뒤몽의 지하 카브에서 배럴 테이스팅을 할 당시 고상한 이야기를 막 쓰려고 하는 한 개그맨에게 박재화 대표님이 다음과 같이 말했다. "테이스팅을 할 때 다른 사람의 말에 너무 신경 쓰지 말아요. 이 느낌은 내 기억 속에서 끄집어 내기 때문에 과거에는 '무슨 향이다' 하고 막 찾았는데 지금은 맛있다 맛없다만 얘기해요." 언젠가는 나도 이 고수와 같이 짧고 직관적으로 말할 수 있을까.

» (프랑스) 부르고뉴 지역, 샹볼 뮈지니 마을

두 번째로는 **미셸 마니앙**Michel Magnien의 **샹볼 뮈지니** 마을 프리미에 크뤼 등급 와인이다. 국내 수입사인 신세계 L&B가 2017~2018년도에 이마트와 신세계 백화점에서 적극적으로 프로모션했던 와인이다. 당시 마을, 등급별로 다양하게 구매해 놓았는데, 이번 테이스팅 노트에 추가한 프리미에 크뤼 '레 성티에' 2016 빈티지는 당시 13만 원에 구매하였다. 현지에서의 생산량이 적은 편인지 아니면 국내에서 생각보다는 인기가 없었는지 어느 순간부터 매장에서 많이 보이지는 않는 와인이 되어 버렸다.

비비노 앱에서도 리뷰 수가 적은 편이어서 시음평으로 참고할 만한 댓글도 많진 않았다. 보통 나파 밸리 와인에 비해서 부르고뉴 지역의 와인이 이런 경우가 매우 많은 편이다.

최근에는 아버지로부터 와인 양조를 배운 후, 독립하여 자신의 이름으로 와인을 만들기 시작하여 현재는 부르고뉴에서 차세대 와인 메이커 중 하나로 손꼽히고 있는 프레드릭 마니앙Frederic Magnien 와인의 수입이 훨씬 활발한 것 같다. 그래도 필자가 부르고뉴 와인을 좋아하면서 합리적인 가격대에서 프리미에 크뤼 등급의 와인을 자주 즐길 수 있게 해주었던 와인 중 하나이기 때문에 이번에 꼭 이 생산자의 테이스팅 노트를 추가해 보고 싶었다.

또한, 코트 드 뉘 지역의 2016년 레드와인은 2015년 그레이트 빈티지만큼이나 매우 좋은 빈티지 중 하나로 평가를 받고 있다. 샹볼 뮈지니라는 단어와 생산자의 명성, 프리미에 크뤼 등급 포도밭이라는 점, 그동안 필자가 마신 이 생산자의 많은 와인과 현재도 셀러 안에 남은 여러 병의 와인 등을 생각하다 보니, 코르크를 오픈할 때부터 많은 기대가 되었다.

» (프랑스) 부르고뉴 지역, 뉘 생 조르쥐 마을

세 번째로는 부르고뉴 지역의 여러 마을에서 만든 레드와인 중, 현재 가장 저평가되어 있고 태양왕 루이 14세가 가장 사랑했다고 전해져 내려오는 마을인 **뉘 생 조르쥐** 마을의 와인을 선택했다.

사실 이 마을의 와인은 생산자별로도 스타일이 다를 뿐 아니라 포도밭의 위치에 따라 매우 달라진다. 《신의 물방울》에도 소개된 바 있는 도멘 앙리 구주Domaine Henri Gouges 의 프리미에 크뤼 '클로 데 포레Clos des Porrets'를 선택할까도 고민했다. 그렇지만 결국은 약 1년 반 전쯤에 처음 만난 이후 단기간에 이 마을 최애 와인이 되어 버린, 눈에 보일 때마다 가격이나 빈티지, 포도밭과 관계없이 일단 사고 보는 **도멘 로베르 쉐비롱**Domaine Robert Chevillon이 만든 와인을 선택하여 테이스팅해 보았다.

도멘 로베르 쉐비롱의 프리미에 크뤼 '레 카유Les Cailles'도 《신의 물방울》 마리아주 편 2권에서 나오는 와인 및 생산자이다. 얼마 전 강원도 춘천에 위치한 와인숍에서 2004, 2018 빈티지의 프리미에 크뤼 '**레 부쓸로**Les Bousselots'가 각각 1병씩 보이길래 병당 무려 24만 원씩이나 주고 바로 구매했다. 이 중 2004 빈티지를 한번 테이스팅해 보고자 한다.

생산자의 홈페이지에서 해당 와인에 대한 설명을 보면, 어릴 때에는 상당히 꾸밈없는 스타일인데, 시간이 지나면서 아로마가 다양해지고 고급 발사믹과 감초 풍미가 가미된 가죽과 동물성 풍미로 진화한다고 한다. 가능하다면 뉘 생 조르주 마을이 가진 수수하고 강건하다는 의미를 제대로 한번 느껴 보고 싶다.

이렇게 좋은 부르고뉴 와인이 로버트 파커나 제임스 서클링 같은 평론가들에게는 매우 저평가를 받고 있으며, 개별 와인에 대한 평가나 언급조차도 받지 못하는 와인이 매우 많아 아쉬울 뿐이다. 다음 장에서 나오는 묵직한 와인에 대한 높은 평가 점수와 비교해 볼 때 너무나도 낮은 평가에 대해서는 크게 연연하지 않고, 이 섬세한 와인을 필자가 좋게 느끼고 즐기는 테이스팅을 하면 될 것 같다.

» (프랑스) 부르고뉴 지역, 알록스 코르통 마을

네 번째로는 코트 드 본 지역의 **알록스 코르통**Aloxe-Corton 마을의 와인이다. 이 마을의 대표 생산자 중 한 곳이며, 코스트코에 가면 늘 비치되어 있어 구매하기 쉬운 와인으로 3년 전 12만 원에 구매한 **도멘 앙토넹 기용**Antonin Guyon의 프리미에 크뤼 등급 와인을 선택했다.

수입사에 따르면, 도멘 앙토넹 기용의 프리미에 크뤼 등급 포도밭인 '**레 푸르니에**Les Fournieres'에서는 55년 된 포도나무에서 자라 농축미가 좋고 장기간 숙성이 가능한 와인으로 소개되어 있다. 붉은 과일의 아로마와 탄닌, 오크 향이 균형감 있고 긴 여운을 가진 와인이라고 한다.

생산자의 홈페이지에는 자신들의 양조 스타일에 대해 상세한 설명이 있다. 포도 줄기를 제거하고 부르고뉴의 전통에 따라 하루에 두 번씩 펀치 다운Punch down_색과 탄닌을 추출하기 위해 막대기 같은 것으로 포도알을 아래로 밀어넣으면서 저어주는 방식인데, 최근에는 기계(펌프 순환, 회전식 발효조, 포도즙 분리-재투입)를 많이 사용하며, 주로 소규모 생산자들이 하는 방식에 해당됨을 하며, 오크통에서 18개월간 숙성을 하고, 일부는 새 오크를 사용한다고 설명하고 있다.

이 마을의 와인은 과일 향과 풍미가 풍부하며, 바디감이나 구조감에 있어 힘이 있는 편으로 알려져 있다. 리델잔과 잘토잔에 동시 서빙한 후, 일정 시간 동안 브리딩하여 같은 조건에서 동시에 비교 테이스팅해 보고자 한다.

예전에 유튜브에서 본 영상 중, 분명 두 잔 사이에 차이점이 있다고 했던 기억이 나서 한 번 따라해 보고자 한다. 긍정적인 차이점을 분명히 느껴서, 브랜드나 외관 때문에만 비싼 잔을 사용하는 것이 아니라, 해당 메이커가 홍보하는 포인트를 필자가 직접 느끼고 구매한 돈이 아깝지 않다는 것을 직접 체험해 보고 싶다.

» (미국) 멘도시노 카운티 지역, 앤더슨 밸리

다섯 번째로는 프랑스 와인과 비교해 볼 수 있는 **미국 피노 누아** 품종의 와인에 대한 테이스팅 노트를 선택했다.

미국 와인의 중심지인 나파 밸리 외에도 소노마 코스트, 산타바바라, 앤더슨 밸리 등 피노 누아 품종 와인을 잘 만드는 곳이 많다. 그렇기 때문에 이곳에서 좀 더 잘 만든 고급 와인을 부르고뉴 지역 와인과 비교해서 어느 정도의 퍼포먼스를 느낄 수 있을지를 꼭 확인하고 싶다.

《와인 바이블》은 미국 내 피노 누아 품종 3대 재배 지역으로 소노마, 몬테레이, 산타 바바라산타 마리아 밸리 포함로 꼽고 있으며, 공통적인 아로마로 레드 베리 향, 레드 체리 향, 가죽 향을 가지며, 숙성된 와인에서는 담배 향을 가진다고 한다.

일반적으로 미국 오리건 윌라멧 밸리의 피노 누아 품종 와인은 미국 내 다른 지역이나 다른 신대륙 국가의 와인보다는 훨씬 섬세하고 복합미가 풍부한 와인으로 평가된다. 그러나 부르고뉴 지역보다는 진한 과일 풍미나 좀 더 부드러운 느낌이 강한 편이다. 부르고뉴에 비해 여전히 산도나, 미네랄 풍미, 젖은 흙과 같은 복합적인 풍미가 부족한 편이다.

그래서 앞서 언급한 바 있는 신대륙 프리미엄 산지 중 한 곳인 **멘도시노 카운티** 지역의 **앤더슨 밸리**에서 만들어진 **덕혼 골든아이** 와인을 선택했다.

[출처: 덕혼 와인 컴퍼니_ https://www.duckhorn.com]

오리 그림으로 유명한 덕혼 와인 컴퍼니는 미국에서 보르도 품종 중에서도 특히 메를로Merlot 품종으로 매우 유명한 생산자이다. 프랑스 우안 지역을 여행하면서 메를로 품종의 벨벳과 같은 질감에 매료되어 나파 밸리에 와이너리를 만들고 2017년 《와인 스펙테이터》 Top 100에서 2014 빈티지 메를로 품종의 와인이 1위를 차지하기까지 많은 스토리와 명성을 만든 곳이다. 다른 지역에서도 피노 누아 품종을 가지고 새로운 실험과 도전을 시작하여 또 다른 명성을 만들고 있는 와인이 바로 골든아이이다.

골든아이는 부드러운 질감과 복합적인 과일, 숙성 풍미 등으로 우아한 와인이라 평가받고 있다. 2009년 오바마 전 미국 대통령 취임 당시 오찬에 골든아이 피노 누아 2005 빈티지와 소비뇽 블랑 2007 빈티지가 함께 등장하면서 덕혼의 명성은 더욱 높아졌다.

생산자의 설명에 따르면, 앤더슨 밸리 계곡에서는 10월 중순까지 매우 춥고 습기가 차서 보통 이른 수확을 한다고 한다.

2015년에는 8월 13일부터 수확을 시작하여 9월 14일에 마무리한 적도 있다고 하니, 그래도 그 이전에 포도나무가 얼마나 좋은 햇살을 받았으면 이른 수확에도 높은 알코올과 과일 풍미를 뽐낼 수 있을지에 감탄하지 않을 수가 없다.

참고로, 이번 테이스팅 노트에 추가한 2016 빈티지는 3년 전 백화점에서 9.3만 원에 구매한 후, 셀러에 잘 모셔 놓았던 와인 중 하나이다.

» (미국) 나파 밸리 지역

여섯 번째로는 전형적인 미국 **나파 밸리** 스타일의 피노 누아 와인을 테이스팅해 보았다. 일반적인 나파 밸리 스타일보다도 더 끈적하고 높은 알코올을 가진 와인으로, 이 와인이 정말 피노 누아가 맞는지 의문을 갖게 만드는 **오린 스위프트**Orin Swift의 와인을 선택하였다.

[출처: Wine21.com]

오린 스위프트의 와인 메이커는 과거 로버트 몬다비 양조장에서 잠시 일한 적이 있다. 그러나 특별히 양조에 대한 전문적인 교육과 기술을 배운 적이 없는 상태에서 전 세계 어디에서도 맛볼 수 없는 스타일로 생산자가 10년간 시행착오를 겪으며 만든 더 프리즈너The Prisoner라는 진판델 베이스의 와인을 첫 출시하면서 천재 와인 메이커로 평가받았다. 오린 스위프트는《와인 스펙테이터》Top 100에도 선정되었다. 이 생산자가 만든 여러 품종별 와인은 매우 인상적인 이름을 가지고 있을 뿐만 아니라 레이블도 감각적이면서도 매우 파격적인 독특함을 가진 것으로 유명하다. 이곳에서 만든 피노 누아 품종의 와인이 슬랜더Slander이며, 이 와인의 레이블은 신대륙 와인 치고는 너무나도 심플하고 모던해서 고급스럽기까지 하며 병도 묵직해서 좀 있어 보인다.

이 레이블은 처음에 와인을 양조할 때 샘플에 테이프를 붙이고 유성펜으로 표기하던 방식에서 아이디어를 가져와 디자인했다고 한다. 글씨도 마치 20세기 초반, 타자기로 적은 글자체를 연상시킨다.

이 생산자의 와인은 미국 내에서는 혁신적인 컬트 와인이라고까지 칭송받고 있다. 부르고뉴 지역의 와인을 따라하지 않고, 미국만의 스타일을 대놓고 보여 주려 하는 점에 있어 한번쯤은 경험해 보길 추천한다. 이 외에도 머큐리 헤드Mercury Head, 파피용Papillon, 팔레르모PaleRMo 등이 국내에서도 나파 밸리 와인을 좋아하는 분들에게 인기가 많다. 필자도 가끔은 팔레르모를 마시는데, 미국 와인을 경험하는 데 있어서 케이머스Caymus만큼이나 지역의 정체성을 적나라하게 보여 주는 와인이라 생각한다.

슬랜더는 캘리포니아 내 여러 지역에서 선별된 포도를 가지고 양조한다. 특히 소노마 코스트, 산타바바라, 몬트레이 등의 지역 내에서 가장 서늘하고 피노 누아 품종을 재배하기에 좋은 기후를 가진 지역에서 재배된 포도를 가지고 양조한다. 산도나 섬세함이 여타 미국 와인처럼 다소 부족한 편이다.

마치 미국 나파 밸리의 카베르네 소비뇽 품종 와인을 연상시키는 와인이다. 카베르네 소비뇽 품종으로 비교 설명하면, 가격대는 차이가 나지만 스타일상 골든 아이가 오퍼스 원과 같이 다소 우아한 프랑스 스타일이고, 대부분 나파 밸리 와인이 전형적인 신대륙 스타일의 와인이다. 케이머스가 진판델Zinfandel 수준의 풍부한 과일 향과 특유의 끈적함과 달달함을 지녔다. 필자의 스타일은 아니지만, 뽕따로 마시기에는 매우 뛰어난 진정한 나파 밸리 카베르네 소비뇽의 끝판왕이라고나 할까.

그렇다면, 슬랜더는 케이머스에 조금은 가까운 와인이라고 할 수 있다. 자세한 테이스팅 결과는 곧 확인하기 바라며, 이번 테이스팅 노트에 추가한 2018 빈티지는 2020년 말에 서울 광진구에 위치한 전통시장 내 매장에서 10만 원 정도에 구매하였다.

» (미국) 오리건 주, 윌라멧 밸리 지역

일곱 번째로는 미국 **오리건**의 피노 누아 품종 와인으로 긴 일조량과 큰 일교차로 산도가 좋고 섬세한 느낌과 진한 과일 풍미를 자랑한다. A.F 그로의 샹볼 뮈지니와 비교 테이스팅 시 현격한 체급 차이를 느꼈던 와인이다. 동일한 **라 크레마**La Crema 윌라멧 밸리 2015 빈티지 1병만을 다시 테이스팅하면 어떤 느낌을 받을지 테이스팅 노트를 다시 한번 작성해 본다.

라 크레마는 국내에서도 오래전부터 가격 대비 품질이 매우 좋은 와인으로 유명세를 탔으며, 백화점이나 마트에서도 합리적인 가격으로 골고루 많이 팔리는 와인 중 하나이다. 소노마 코스트, 러시안 리버 밸리, 몬트레이, 앤더슨 밸리 등 미국 내에서 서늘한 기후를 가진 곳에서 피노 누아와 샤르도네 품종의 와인을 만들고 있다. 현재는 캔달 잭슨Kendall-Jackson으로 유명한 잭슨 패밀리 와인Jackson Family Wines에서 소유하고 있다.

미국 와인이 산불이나 코로나 등의 영향을 받아 생산량과 수출-수급에 차질이 생기면서, 2021년 상반기에 가격이 한번 오르더니, 백화점이나 직영숍에서도 하반기에 한 번 더 가격이 올라 매우 아쉬움이 든다. 부르고뉴 지역이나 샹파뉴 지역 못지않게 나파 밸리의 고급 와인도 끝없이 고공행진하고 있어 자꾸 와인을 쟁여 둬야 하는지 고민이다.
라 크레마도 백화점이나 마트에서 행사가로 5만 원대에 늘 구매했다. 최근에는 7만 원대로 가격이 올라 이제는 합리적인 가격을 가진 와인의 범주에는 벗어나 한 단계 가격-레벨이 높았던 와인과 비교해야 할 것 같다. 최근 빈티지를 가지고 향후 비슷한 가격대의 와인과 비교 테이스팅해 보아야겠다.

» (미국) 산타 마리아 밸리 지역

마지막으로 캘리포니아 해안을 따라 좀 더 아래로 내려오면, 신선한 풍미와 균형미를 가진 와인 산지인 **산타바바라** 카운티에서 와인을 만들기 시작한 **오 봉 클리마**Au Bon Climat 와이너리가 산타바바라 카운티 **산타 마리아 밸리**에 위치한 **로스 알라모스**Los Alamos 빈야드에서 만든 피노 누아 품종 와인이다.

오 봉 클리마를 설립한 지 40년밖에 안 된 짧은 역사에도 불구하고 '좋은 테루아를 가진 포도밭'이라는 의미에 부합되게 구대륙의 우아함과 신대륙의 에너지를 결합시켜 단기간에 세계적인 평론가들에게 좋은 평가를 받고, 소비자들에게는 많은 사랑을 받았다. 생산자의 홈페이지에 명기된 설명에 따르면, 이 와인은 포도의 성장 기간 동안 북쪽 산타 마리아의 시원한 날씨와 남쪽 산타 이네즈Santa Ynez 계곡의 따뜻함이 놀라운 균형감과 집중력, 깊이와 완전한 숙성을 할 수 있게 도와준다고 한다.
또한, 로스 알라모스 빈야드의 작은 헛간에서 1982년 오 봉 클리마 와이너리의 설립자인 짐 클렌드넌Jim Clendnen의 역사가 시작된다. 그는 나파 밸리와 소노마 코스트가 아닌 산타바바라 지역의 산타 마리아 밸리의 선구자로 수백 개의 생산자들이 이곳에서 자리를 잡는 데 많은 역할을 했다. 2021년 5월 오 봉 클리마가 안타깝게도 타계 소식이 알려져 역사 속의 인물로 남게 되었다.

로스 알라모스 빈야드에서 가장 좋은 포도는 북쪽 언덕의 완만한 경사면에서 재배되며, 피노 누아 품종이 주로 재배되는데, 농밀하고 깊은 과일 풍미를 가진 와인이 만들어진다. 그리고 프렌치 오크(뉴오크 1/3)에서 18개월 숙성을 거치면서, 병 숙성이 거듭될수록 풍미가 더해진다. 이번에 테이스팅할 2015 빈티지가 매우 기대되며, 냉정한 평가를 해보겠다.

같은 시기에 구매하면서 1.5만 원 더 비싼 가격을 주고 9만 원에 구매한 이사벨Isabelle 2017 빈티지를 선택할까도 고민했지만, 좀 더 숙성된 빈티지와 단일 포도밭을 선택해 보았다.

6개의 다른 포도밭에서 나온 최고의 퀴베들로만 구성되었다고 하는 피노 누아 이사벨은 오 봉 클리마에서 만드는 최상급 와인 중 하나로 설립자의 딸 이름을 넣어 특별한 와인을 만들었다. 캘리포니아 북부, 멘도시노 카운티의 앤더슨 밸리와 소노마 카운티의 러시안 리버 밸리에 있는 포도밭 2곳과 해안가 근처의 높은 지대에 위치한 5~6곳의 포도밭에서 재배된 포도로 만들었는데, 프랑스 부르고뉴에서 등급을 정하고 최상위 포도밭에서 와인을 만드는 것과는 확실히 비교되는 부분이다.

페어링

피노 누아 품종 와인의 높은 산도, 낮은 탄닌과 함께 페어링할 수 있는 음식은 많은데, 부르고뉴 지역의 피노 누아 품종 와인은 매우 섬세하므로 신경을 잘 써야 하는 어려운 와인이다.

《와인 폴리》에서는 페어링으로 오리고기, 닭고기, 돼지고기, 버섯 등의 음식과 특히 잘 어울린다고 제안하고 있으며, 《열두 달의 와인 레시피》에서는 가을 산이 단풍으로 물드는 10월에 부르고뉴 지역 피노 누아 품종 와인과 표고버섯 파스타 요리를 페어링할 것을 추천하고 있다.

피노 누아 품종 와인은 숙성되면서 복합적인 숙성 풍미와 새콤한 붉은 과일 향과 풍미가 매력적으로 발현되는 와인이다. 높은 산도와 가볍고 신선한 과일 향과 단단한 가죽 향과 숲속을 걷는 듯한 젖은 낙엽과 이끼, 버섯 향 등이 솔솔 나며, 부드럽고 크리미한 오크 풍미가 나는 경우도 많다. 그렇기 때문에 표고버섯과 버터, 파르미지아노 치즈, 올리브 오일 등으로 만든 파스타와는 궁합이 좋을 수밖에 없는데, 평소 레스토랑에서 피노 누아 품종 와인을 마실 때 상당히 좋아하는 페어링 방법 중 하나이다.

이에 비해 편안하게 마실 수 있는 미국 소노마 지역의 피노 누아 품종 와인은 구운 육포와 치즈 요리를 페어링할 것을 추천한다. 육포는 웬만한 레드와인과는 다 잘 어울리는 조합으로 이를 할루미Halloumi_양젖 치즈와 함께 구워서 볶은 잣을 뿌려 준다. 여기서 제시한 레시피가 아니어도 볶은 잣 대신 간단히 아몬드나 호두를 쪼개서 뿌려주어도 좋다. 치즈도 구워 먹는 치즈나 아니면 대부분의 집 냉장고에 항시 구비 중인 짭조름한 체더치즈를 전자레인지에 10초만 살짝 돌리면 저렴한 육포와 단-짠의 조합을 보여 먹을 만하다.

《더미를 위한 와인 푸드 페어링》에서 피노 누아 품종 와인의 페어링으로 추천하고 있는 한식을 살펴보면, 소스와 함께 먹는 소고기 구이와 라이트 바디한 말보로 지역의 피노 누아 품종 와인이다. 보통, 갈비나 불고기 등 소고기 요리에는 카베르네 소비뇽, 말벡, 진판델 품종 등을 추천한다. 필자는 개인적으로 양념이 너무 강하지 않다면, 피노 누아 품종도 충분히 페어링이 가능하다고 생각한다. 반드시 말보로 지역일 필요도 없고, 지방 함유 정도나 양념의 세기, 다른 반찬이나 기타 상황을 고려하고 지역, 등급, 바디감 등을 감안하여 선택하면 된다.

일식과의 페어링을 살펴보면, 참치 뱃살, 연어 등 기름기 있는 생선에는 라이트 바디한 카네로스 피노 누아를 추천한다. 양념(단-짠-감칠맛 함유)이 된 닭꼬치에 미디엄 바디한 센트럴 오타고 지역의 피노 누아 품종 와인, 간장 양념을 한 돼지갈비 구이에 라이트 바디의 소노마 지역의 피노 누아 품종 와인을 추천한다. 중식과의 페어링을 보면, 북경오리에는 풀바디의 러시안 리버 밸리 피노 누아, 사천식 소고기 요리에는 미디엄 바디의 소노마 피노 누아를 추천한다.

여기서 필자가 추천하는 부르고뉴 지역 피노 누아 품종 와인과의 페어링은 브리치즈와 카망베르 치즈이다. 혼술로 레드와인을 테이스팅할 때에는 크리미하고 부드러운 치즈가 좋고, 특히, 부르고뉴 지역의 레드와인에는 치즈의 버섯 향과 풍미, 크리미한 질감이 찰떡궁합이 되어 테이스팅을 잊게 만들기 때문인데, 이것이 마리아주의 힘인 것 같다.

반면, 경험상 꼭 피했으면 하는 페어링으로는 매운 양념이 강한 고기에 마늘까지 들어간 양장피와 같은 중국 요리에는 절대로 피노 누아 품종 와인을 페어링하지 않으며, 고기에는 역시 레드와인이라고 섣불리 접근했다가 달고 매운 양념에 한번, 마늘 풍미에 두 번 당할 수 있다. 피노 누아 품종의 여리고 섬세한 풍미는 전혀 느낄 수 없을 것이다. 대부분의 와인에 적용되겠지만, 식초나 레몬, 자몽과 같은 산성이 강한 재료나 파, 샐러드 등을 과도하게 넣은 음식도 와인이 완전히 묻혀 버리니 조심하기 바란다.

와인잔

레드와인을 마실 때에는 볼이 큰 잔을 사용한다. 레스토랑에서 오너 셰프의 와인에 대한 이해도나 와인과의 페어링을 얼마나 중요시 하느냐 등에 따라서 서빙되는 와인잔이 다양하다. 와인바는 주문하는 와인의 가격대에 따라 서빙되는 와인잔의 브랜드나 같은 브랜드 내에서도 다양한 가격대별 라인업에 따라 제공되는 서비스도 달라지는 곳이 많다. 필자는 개인적으로 와인잔에서 많은 효용의 차이를 느끼는 편이라, 품종별, 가격대별로 와인잔을 다양하게 구매했으며, 관심 가는 잔이 생기면 사용해 보려고 노력하고 있다.
종이컵이나 물컵, 와인잔이 뭐 얼마나 차이가 있을까 할 수 있지만 실제 비교해 보면 큰 차이를 느끼게 된다.

고급 브랜드 중 하나인 리델과 잘토의 피노 누아 와인잔을 가지고 비교 테이스팅을 해 보면 큰 차이를 직접 경험하게 될 것이다. 와인을 전혀 모르는 사람들에게 두 잔을 각각 5~10초 정도 향을 맡아 보라고 하면 다른 와인으로 얘기할 확률이 높은데, 볼의 모양에 따라 뿜어내는 향의 강도와 메인으로 보여 주고 싶은 향이 이 둘 간에 다르기 때문이다. 화이트와인잔과 마찬가지로 주요 브랜드 3개사의 피노 누아 와인잔을 비교해 보면 리델의 볼과 립 부분이 매우 넓고 활짝 열어 주는 모양새를 가져, 이 와인이 가지고 있는 복합적인 향을 맘껏 뿜낼 수 있다. 반면, 잘토나 지허는 볼의 넓이는 매우 넓은 데 비해, 립 부분을 확실하게 모아 주고 있어, 좀 더 와인이 가진 본연의 아로마를 절제 있게 발산해 주는 장점이 있는 것을 필자는 경험했다.
레스토랑이나 와인바에서야 서빙해 주는 대로 마시겠지만, 혼술을 할 때에는 지역이나 등급, 숙성 정도에 맞춰 와인잔을 선택하는 것이 바람직하다. 신대륙의 저렴한 피노 누아 품종 와인은 막잔에도 마시고, 숙성이 덜 된 젊은 피노 누아 품종 와인은 잘토 잔에, 오래 숙성을 충분히 거친 피노 누아 품종 와인은 리델 에디션 잔에, 눈으로 즐기고 싶은 날에는 지허 잔이나 자페라노Zafferano에서 만든 지니 조 리Jeannie Cho Lee 시그니처 잔을 선택한다.

리델(Riedel)   잘토(Zalto)   지허(Zieher)   자페라노(Zafferano)

[출처: 제조사, 판매처 홈페이지]

와인잔은 어떤 것이 좋을까

잰시스 로빈슨이 국내 언론과 인터뷰를 한 기사는 전혀 뜻밖의 내용이다.
"지난 40년 이상의 와인 시음 경험을 통해 확신하는 것은 스틸, 스파클링, 레드, 화이트, 로제, 알코올 함량, 당도와 관계없이 단 하나의 와인잔이면 된다."
자세히 읽어 보니 취지는 "온도에 영향을 미치지 않도록 스템이 있어야 하며, 아로마를 모으고, 와인을 흘리지 않도록 립 부분이 안으로 들어가 있으며, 와인과 가까이 접촉할 수 있도록 아주 얇은 두께의 것이 이상적입니다."라는 의미로 한 말이다.

그래서 나온 잔이 결국은 왼쪽의 사진과 같은 것이다. 모양은 막잔과 비슷하나, 이 컬렉션 잔은 얇고 내구성이 좋다는 광고와 함께 디캔터와 스토퍼 사진도 함께 실려 있는 기사였다.
그럼, 리델에서 만든 핸드 메이드 제품인 소믈리에 라인의 와인잔은 뭐가 되는 건지?
그 비싼 잔을 큰맘 먹고 품종별로 구입해 잘 쓰고 있는 필자는 뭐지? 코와 입에서는 분명 다름을 느끼고 있는데…

그래도 실제 서빙 후, 잔의 모습을 비교해 보면, 각 잔이 가진 모양새의 의미도 생각해 볼 수 있고 장인들의 손을 거친 작품을 보고만 있어도 황홀함에 빠지게 된다.
다음 사진을 한번 보라. 지허에서 만든 와인잔인데, 보는 각도에 따라서 와인잔이라는 도화지에 와인이라는 물감으로 그려진 이 빛깔이 얼마나 아름다운가…

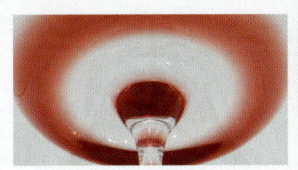  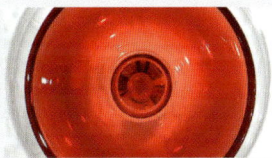

1. 루 뒤몽, 쥬브리 샹베르탱
Lou Dumont, Gevrey Chambertin

 레드

원산지	프랑스
	쥬브리 샹베르탱 Gevrey-Chambertin
와이너리	루 뒤몽 Lou Dumont
포도 품종	피노 누아 Pinot Noir 100%

당도 ●○○○○   산도 ●●●●○
바디 ●●○○○   타닌 ●●○○○

2014 Tim Atkin 92
2012 Michael Apstein 90

WINE ENTHUSIAST 2021 VINTAGE CHART

Region	Appellation/Type	2019	2018	2017	2016	2015	2014	2013	2012
Burgundy	Côte de Nuits (red)	96	95	95	94	98	90	89	91

부르고뉴 코트 드 뉘 지역의 피노 누아 품종 와인은 가격만큼이나 작황에서도 전성기를 맞이하고 있는데, 2009~2010년 이후 다시 한번 2015년에 위대한 빈티지가 나왔고, 이후에도 좋은 평가를 계속 받고 있는 중이다.

와인 애드버킷도 2016 빈티지를 97 T Still tannic, youthful, or slow to mature로 매우 높게 평가하고 있다.

와인 서처는 이 와인의 품질, 컨디션에 대해 아래와 같이 설명한다.

Vintage quality	Excellent
Current condition	Ready to drink, will keep

2020/11 ('16)

Tasting Note
[2015]

시각 선명도는 맑고, 색상은 루비 → 테두리 가넷, 색의 강도는 연함.

후각 상태는 깨끗, 후각의 강도는 medium (+)
1차 향: 딸기, 라즈베리, 체리 → 새콤, 미네랄 → 짭조름
2차 향: 삼나무, 정향, 육두구, 버터, 치즈 → 부드러우면서도 스파이시
3차 향: 가죽, 흙, 담배
발전 단계는 숙성 중

미각 당도: dry , 산도: high , 바디: medium , 탄닌: medium → 느껴짐.
알코올: medium → 13%
풍미 강도는 medium(+)
여운 medium ~ medium(+) → 다소 애매함.

매우 좋은 와인이며, 지금 마셔도 좋고, 숙성 잠재력이 있음.
→ 균형미, 복합미, 풍미 강도는 Very Good, 여운은 Good

⇒ 여리여리하면서도 맑고 영롱한 빛깔과 높은 산도와 향, 풍미 등에 있어 피노 누아 품종의 전형적인 특징을 보이지만, 마을의 특징인 파워풀함과 여운에서는 기대했던 것보다 다소 아쉬움이 남음. 색에 비해 맛은 짱짱하며, 비강을 통해 은은하게 느껴지는 과일, 미네랄 등의 신선한 캐릭터가 매우 좋음.

평점 4.0
가격 -

평점 -
가격 8.4만 원

3시간 후 완전 맛있어^^ → 1~3차 향이 더 선명해졌고, 풍미 강도나 여운이 강해/길어짐. 산도 여전히 좋고, 말린 장미향, 향신료 등 복합미 더 좋아짐.

2. 미셸 마니앙, 샹볼 뮈지니 프리미에 크뤼 '레 성티에' 레드
Michel Magnien, Chambolle Musigny 1er Cru 'Les Sentiers'

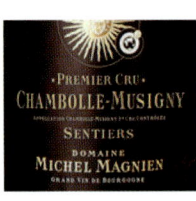

원산지	프랑스
	샹볼 뮈지니 Chambolle-Musigny
와이너리	미셸 마니앙 Michel Magnien
포도 품종	피노 누아 Pinot Noir 100%

당도 ●○○○○   산도 ●●●●○
바디 ●●●○○   타닌 ●●○○○

2017 Burghound.com 93

WINE ENTHUSIAST 2021 VINTAGE CHART

Region	Appellation/Type	2019	2018	2017	2016	2015	2014	2013	2012
Burgundy	Côte de Nuits (red)	96	95	95	94	98	90	89	91

부르고뉴 코트 드 뉘 지역의 2016년은 봄에 서리 피해를 많이 입었고, 6월까지 습한 날씨가 계속되면서 힘겹게 시작되었지만, 9~10월에 이상적인 조건에서 수확을 하면서 수확량은 적었지만, 매우 뛰어난 품질과 균형을 갖춘 고전적인 빈티지라고 한다.

그래서 와인 애드버킷도 97 T Still tannic, youthful, or slow to mature로 매우 높은 평가를 하고 있다.

와인 서처는 이 와인의 품질, 컨디션에 대해 아래와 같이 설명한다.

Vintage quality	Excellent
Current condition	Ready to drink, will keep

2020/10 ('16)

Tasting Note (2016)

시각
- 선명도는 맑고, 색상은 루비 → 테두리 가넷 조금, 색의 강도는 중간
- 와인잔에 눈물이 있는 편

후각
- 상태는 깨끗, 후각의 강도는 medium
- 1차 향: 딸기, 라즈베리, 크랜베리, 바이올렛 → 새콤, 진한 향
- 2차 향: 삼나무, 정향, 육두구 → 스파이시
- 3차 향: 가죽, 흙, 젖은 낙엽, 버섯
- 발전 단계는 숙성 중

미각
- 당도: dry, 산도: medium(+), 바디: medium,
- 탄닌: medium
- → 바디, 탄닌이 모두 피노 누아 품종 치고는 강한 편, 알코올: m
- 풍미 강도는 medium
- 여운 medium(+) → 열리지가 않아서, 과일 향보다는 스파이시가 메인

| 평점 4.1 | 평점 91 |
| 가격 11.7만 원 | 가격 14.7만 원 |

2시간 후

- 삼나무, 버터, 크림
  → 오크, MLF 풍미 부드러워짐, 말린 장미향, 초콜릿
- 탄닌은 느껴지나, 부드러짐 / 과일 풍미는 적게 느껴짐.
- 여운 medium ~ medium (+) → 미네랄, 붉은 과일
- 피노 누아 본연의 캐릭터가 발현
  → 맛있음. / 과일 풍미 강도는 조금 아쉬움.

1일 후

- 붉은 과일의 새콤함과 부드러움, 미네랄이 표현됨.
- 매우 좋은 와인이며, 지금 마시기 좋고, 숙성 잠재력은 조금 있음.
  → 균형미, 복합미, 여운은 Very Good, 풍미 강도는 Good

⇒ 피노 누아의 주요 특징이 제대로 발현되는 데 있어서 다소 시간이 걸림. 샹볼 뮈지니 1er Cru 와인에 대한 기대감이 컸기 때문에, 과일 풍미나 섬세함에 있어 기대보다는 다소 아쉬움이 남음. 숙성이 빨리 된 부분으로 인해 아쉬움은 있으나, 복합미가 매우 좋아서 다양한 풍미를 느낄 수가 있어 좋았음.

3. 도멘 로베르 쉐비롱, 뉘 생 조르쥐 프리미에 크뤼 '레 부슬로'  레드

Domaine Robert Chevillon, Nuits Saint Georges 1er Cru 'Les Bousselots'

 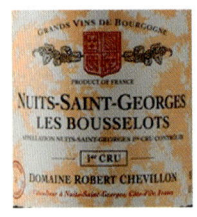

원산지	프랑스
	뉘 생 조르쥐 Nuits St. Georges
와이너리	로베르 쉐비롱 Domaine Robert Chevillon
포도 품종	피노 누아 Pinot Noir 100%

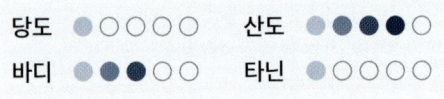

2014 CellarTracker 92, Tim Atkin 93
2004 CellarTracker 89

WINE ENTHUSIAST 2021 VINTAGE CHART

Region	Appellation/Type	2008	2007	2006	2005	2004	2003	2002	2001	2000
Burgundy	Côte de Nuits (red)	89	88	89	96	91	94	97	88	84

부르고뉴 코트 드 뉘 지역의 2004년은 6월에 추위가 찾아와 어려웠고, 수확이 늦어졌지만 전반적으로는 괜찮았던 해로 평가된다. 와인의 품질이 다양한 것으로 신중한 접근이 필요하다고 하며, 숙성력에 대해서도 그리 높지 않은 평가를 하고 있어 2004 빈티지는 이미 전성기를 지났을 수도 있는 것으로 평가하고 있는 것 같다.

와인 애드버킷도 2004 빈티지를 83 CCaution, may be too old로 평가하고 있는데, 테이스팅을 통해서 too old인지 한번 검증해 보도록 하자.

와인 서처는 이 와인의 품질, 컨디션에 대해 아래와 같이 설명한다.

Vintage quality	Average
Current condition	Likely past it
When to drink	2011+

2021/7 ('04)

Tasting Note (2004)

시각   선명도는 맑고, 색상은 가넷, 색의 강도는 연함. → 숙성 캐릭터 진함.

후각   상태는 깨끗, 후각의 강도는 medium(+)
       1차 향: 딸기, 라즈베리, 체리, 바이올렛, 미네랄 → 새콤, 짭조름
       2차 향: 삼나무, 바닐라, 치즈, 크림, 육두구, 정향, 감초
       3차 향: 젖은 흙, 버섯, 가죽, 담배
       발전 단계는 완전히 숙성

미각   당도: dry, 산도: medium(+), 바디: medium, 탄닌: medium → 꽤 뻑뻑함.
       알코올: medium 이상 (13.5%)
       풍미 강도는 medium(+)
       여운 medium(+) → 붉은 과일, 짭조름한 발사믹 풍미가 은은하게 지속

       매우 좋은 와인이며, 지금 마시기 좋고, 추가 숙성은 부적합
       → 복합미, 균형미, 풍미 강도, 여운 모두 Very Good

       ⇒ 눈과 코로 처음 느꼈을 때는 마치 장기 숙성된 바롤로와 같았는데, 완전히 숙성된
         와인임에도 불구하고 균형미나 복합미가 좋았음.
         발사믹 풍미와 새콤한 붉은 과일의 풍미가 아직까지 신선하게 느껴지면서도
         부드러운 탄닌이 느껴져 와인이 가진 힘이 있다는 확신과 수수함을 분명 느낄 수
         있었던 고급 올빈 테이스팅이었음.

평점   4.5
가격   -

평점   89
가격   19.6만 원

Tasting Note #3

4. 도멘 앙토넹 기용, 알록스 코르통 프리미에 크뤼 '레 푸르니에' 레드

Domaine Antonin Guyon, Aloxe Corton 1er Cru 'Les Fournieres'

원산지	프랑스
	알록스 코르통 Aloxe-Corton
와이너리	앙토넹 기용 Antonin Guyon
포도 품종	피노 누아 Pinot Noir 100%

당도 ●○○○○   산도 ●●●○○
바디 ●●●●○   타닌 ●●●○○

2015 WE 94, La Revue du Vin de France15.5/20
2014 La Revue du Vin de France 15/20

WINE ENTHUSIAST 2021 VINTAGE CHART

Region	Appellation/Type	2019	2018	2017	2016	2015	2014	2013	2012	2011	2010
Burgundy	Côte de Beaune (red)	96	95	95	93	96	90	88	90	92	94

2014년은 어렵게 출발했지만, 전반적으로는 괜찮은 해로 평가받는다. 코트 드 본 지역에는 6월 말에 우박이 내리면서 포도밭이 타격을 받았으나, 충분히 숙성 잠재력을 가진 와인이 만들어졌다고 한다.

와인 애드버킷도 2014 빈티지를 91 E Early maturing and accessible로 1990년대나 2000년대 초반에 비해서는 좋은 평가를 주고 있는데, 이후 2015 빈티지부터는 훨씬 높은 평가 점수를 주고 있다.

와인 서처는 이 와인의 품질, 컨디션에 대해 아래와 같이 설명한다.

Vintage quality	Good
Current condition	Ready to drink, will keep

2020/12 ('14)

Tasting Note (2014)

시각   선명도는 맑고, 색상은 루비 → 테두리 가넷, 색의 강도는 연함.

후각
- 리델: 부드러운 바닐라, 삼나무 등 **2차 오크 숙성** 향과 흙, 담배, 가죽 등 **3차 숙성 풍미**가 main
  딸기, 라즈베리와 같은 1차 붉은 과일 향은 약함.
- 잘토: **붉은 과일 향**이 main으로 마실 때 더 진하게 느껴짐.
  탄닌이 좀 더 강하게 느껴지나, 부드럽고 삼나무, 제비꽃 풍미도 잘 느껴짐.

미각   당도: dry, 산도: medium, 바디: medium, 탄닌: medium → 느껴짐.
  알코올: m → 13.5%, 풍미 강도는 medium, 여운 medium

좋은 와인이며, 지금 마셔도 좋고, 숙성 잠재력이 있음.
→ 복합미는 Very Good, 균형미, 풍미 강도, 여운은 Good

⇒ 잘토 잔에서 붉은 과일의 풍미가 더 잘 모아져 발산이 되었으며, 리델잔에서는 2~3차 숙성 풍미가 더 활짝 발산이 되는 것을 느낌.
짭조름한 미네랄 풍미나 피노 누아의 일반적인 풍미를 느끼기에는 좋았으나, 전반적으로 여운이나 강도가 평균 수준으로 1er Cru 밭의 와인이라 하기에는 다소 아쉬움이 남음.

평점   4.3
가격   8.3만 원

평점   89
가격   7.9만 원

Tasting Note #4

5. 덕혼, 골든아이 피노 누아
Duckhorn, Goldeneye Pinot Noir

 레드

원산지	미국 / 멘도시노 카운티 Mendocino County
	< 앤더슨 밸리 Anderson Valley
와이너리	덕혼와인컴퍼니 Duckhorn Wine Company
포도 품종	피노 누아 Pinot Noir 100%

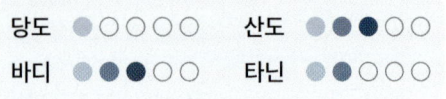

2017   WE 91, Wine & Spirits 92
2016   WE 92, JD 90

2009년 오바마 대통령 취임 오찬 와인

WINE ENTHUSIAST 2021 VINTAGE CHART

Region	Wine Variety	2019	2018	2017	2016	2015	2014	2013	2012
Anderson Valley	Pinot Noir	91	95	90	92	94	93	95	96

캘리포니아 멘도시노 카운티의 앤더슨 밸리 지역의 피노 누아는 2007년부터 꾸준히 좋은 평가를 계속 받고 있다. 미국에서 가장 힘들었던 2011년 빈티지도 91점의 좋은 평가를 받은 지역으로 2016년은 캘리포니아의 해안 지역이 좋은 날씨와 안개 효과를 얻은 좋은 해였다.

와인 애드버킷은 미국 캘리포니아 지역의 북쪽 해안 지역 North Coast 피노 누아 품종 와인의 2016 빈티지에 대해 91 R Ready to drink 의 평가를 하고 있다.

와인 서처는 이 와인의 품질, 컨디션, 시음 적기에 대해 아래와 같이 설명한다.

Vintage quality	Excellent
Current condition	Ready to drink, will keep
When to drink	2020 to 2028

2021/2 ('16)

Tasting Note (2016)

Tasting Note #5

시각   선명도는 맑고, 색상은 루비 → 테두리 옅은 루비, 색의 강도는 연함.

후각   상태는 깨끗, 후각의 강도는 medium(+)
1차 향: 자두, 레드 체리, 잘 익은 딸기, 블랙베리, 바이올렛, 말린 장미꽃잎
→ 신대륙치고는 신선한 붉은 과일 풍미
2차 향: 바닐라, 치즈, 삼나무, 정향, 육두구, 스모키 → 스파이시
3차 향: 버섯, 흙, 가죽 → 아직은 적게 느껴짐, 숙성 중
발전 단계는 숙성 중

미각   당도: dry, 산도: medium → 신대륙치고는 높아, 바디: medium,
탄닌: medium 이상 → 부드럽지만 의외로 강해, 알코올: high → 14.5%
풍미 강도는 medium(+)
여운 medium ~ medium(+) → 잘 익은 붉은 과일과 부드러운 풍미

매우 좋은 와인이며, 지금 마셔도 좋고, 숙성 잠재력도 있음.
→ 균형미, 복합미, 풍미 강도는 Very Good, 여운은 Good

⇒ 신대륙 피노 누아 중 산도와 신선한 붉은 과일 풍미, 복합미, 부드러움, 색상을 골고루 가진 좋은 와인이며, 신대륙의 특징인 높은 알코올과 묵직함도 가진 와인으로 숙성 속도가 다소 빠르고 미네랄 풍미가 빠진 게 다소 아쉽지만, 언제나 마실 때마다 즐거움을 주는 와인임.

1일 후   스파이시하면서도 부드럽고, 바이올렛/붉은 과일 풍미를 뽐내는 와인
→ 표고버섯 안에 돼지고기를 갈아 넣고 튀긴 후 빵가루를 입힌 음식과 Good!

평점   4.3
가격   9.3만 원

평점   91
가격   6.2만 원

6. 오린 스위프트, 슬렌더 피노 누아
Orin Swift, Slander Pinot Noir

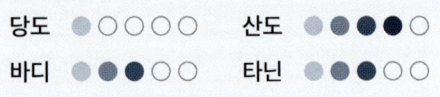 레드

원산지	미국 / 캘리포니아 California
와이너리	오린 스위프트 Orin Swift
포도 품종	피노 누아 Pinot Noir 100%

당도 ●○○○○   산도 ●●●●○
바디 ●●●○○   타닌 ●●●○○

2018 RP 91, CellarTracker 90
2017 RP 91, WE 91, Wine & Spirits 92
2015 RP 91, WE 93

WINE ENTHUSIAST 2021 VINTAGE CHART

Region	Wine Variety	2019	2018	2017	2016	2015	2014	2013	2012	2011
Sonoma	Pinot Noir	91	92	90	95	92	94	95	95	90
Santa Barbara	Pinot Noir	94	93	91	94	93	93	93	94	90

캘리포니아 내 소노마, 산타바바라 지역은 미국 와인이 가장 힘들었던 해인 2011년에도 괜찮은 평가를 받았던 지역이며, 지난 10년간 꾸준히 좋은 평가를 계속 받고 있다.

 2017년 산불 이후, 2018년은 캘리포니아의 지역이 전반적으로 좋았던 한 해로 평가받는다. 봄은 평소보다 시원했고, 여름도 강렬하긴 했으나, 기간이 짧아 과도하게 익지 않고 신선도와 과일 풍미를 잘 지킬 수 있었다고 한다.

와인 애드버킷은 미국 캘리포니아 지역의 북쪽 해안 지역 North Coast 피노 누아 품종 와인의 2018 빈티지에 대해 94 Irregular, even among the best wines로 평가하고 있다.

와인 서처는 이 와인의 품질, 컨디션, 시음 적기에 대해 아래와 같이 설명한다.

Vintage quality	Excellent
Current condition	Ready to drink, will keep
When to drink	2020 to 2027

2021/6 ('18)

Tasting Note
(2018)

시각   선명도는 맑고, 색상은 루비, 색의 강도는 깊음. → 신대륙 느낌

후각   상태는 깨끗, 후각의 강도는 medium
1차 향: 딸기, 라즈베리, 크랜베리, 체리, 자두 → 가벼운 ~ 진한 느낌.
2차 향: 삼나무, 바닐라, 치즈, 크림, 정향, 육두구, 감초
3차 향: 흙, 담배, 가죽 小
발전 단계는 숙성 중

미각   당도: dry, 산도: medium ~ medium(+), 바디: medium ~ medium(+),
탄닌: medium, 알코올: high → 15.2%, 매우 높음.
풍미 강도는 medium
여운 medium → 붉은 과일 중 자두의 진한 느낌이 강함.

좋은 와인이며, 지금 마셔도 좋고, 숙성 잠재력이 있음.
→ 복합미 Very Good, 균형미, 풍미 강도, 여운은 Good

⇒ 나파 밸리만의 개성을 대놓고 드러낸 피노 누아로 오리건-앤더슨밸리-산타바바라의 피노 누아와 비교되는 개성을 가진 상남자 스타일의 피노 누아 와인임. 빨리 숙성된 느낌으로 좀 더 섬세한 풍미와 미네랄의 짭조름한 풍미를 느끼지 못해 다소 아쉬움. 호불호가 나뉠 수 있는데, 높은 알코올과 묵직함을 좋아하고 오린 스위프트의 팔레르모, 파피용, 더 프리즈너 등을 좋아하는 분들에게는 추천!!!
미국 와인에서도 부르고뉴 스타일을 찾는 분들에게는 비추!!!

평점   4.2
가격   5.7만 원

평점   89
가격   6만 원

Tasting Note #6

7. 라 크레마, 윌라멧 밸리 피노 누아
La Crema, Willamette Valley Pinot Noir

 레드

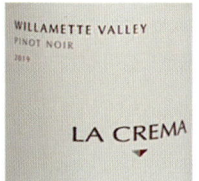

원산지	미국 / 오리건 Oregon
	윌라멧 밸리 Willamette Valley
와이너리	라 크레마 La Crema
포도 품종	피노 누아 Pinot Noir 100%

당도 ●○○○○   산도 ●●●○○
바디 ●●●○○   타닌 ●●●○○

2017 WS 91
2015 WS 91
2013 WE 91, WS 90

WINE ENTHUSIAST 2021 VINTAGE CHART

Region	Wine Variety	2019	2018	2017	2016	2015	2014	2013	2012	2011
Willamette Valley	Pinot Noir	91	92	93	91	95	93	92	93	91

2015년은 구대륙뿐만 아니라 신대륙도 축복받은 한 해로 기억이 되는데, 캘리포니아를 포함하여 미국 와인 산지도 매우 훌륭한 해를 보냈다.

와인 애드버킷은 미국 오리건 지역의 윌라멧 밸리 피노 누아 품종 와인의 2015 빈티지에 대해 93 R Ready to drink로 평가하고 있다.

와인 서처는 2015년과 이 와인에 대해 특별히 평가를 하지 않았는데, 주요 빈티지별로 WS, WE 등에서 꾸준히 90점대 초반의 평가 점수를 받고 있는 와인이다.

2021/2 ('15)

Tasting Note (2015)

시각   선명도는 맑고, 색상은 루비 → 가넷 빛 없어, 색의 강도는 연함.

후각   상태는 깨끗, 후각의 강도는 medium 이상 → 전형적인 신대륙 특징
       1차 향: 딸기, 라즈베리, 체리, 퍼퓸, 미네랄 → 신선한 느낌은 적은 편
       2차 향: 바닐라, 삼나무, 정향, 육두구, 치즈
       3차 향: 담배, 흙, 가죽
       발전 단계는 숙성 중

미각   당도: dry, 산도: medium 이상, 바디: medium, 탄닌: medium, 알코올: m
       풍미 강도는 medium
       여운 medium

좋은 와인이며, 지금 마시기 좋고, 숙성 잠재력은 조금 있음.
→ 복합미 Very Good, 균형미 Good~V.G, 풍미 강도, 여운은 Good

⇒ 피노 누아 품종의 와인치고는 바디감과 탄닌이 있는 편이며, 스파이시한 향신료 풍미가 다소 진한 붉은 과일의 풍미를 압도하는 느낌을 가졌음. 마지막 여운에서 짭조름한 미네랄을 조금은 느낄 수 있었고, 질감과 균형감도 평균 이상. 오리건 지역이라 기대했던 산도가 역시나 조금은 부족하다는 것을 느꼈으며 6년 정도 숙성이 되어서인지, 과일 풍미도 다소 꺾인 느낌이어서 아쉬움이 남았던 테이스팅이었음.

평점 4.1
가격 5.1만 원

wine-searcher.com

평점 90
가격 3만 원

8. 오 봉 클리마, 피노 누아 로스 알라모스
Au Bon Climat, Pinot Noir Los Alamos

 레드

원산지	미국 / 산타바바라 Santa Barbara County
와이너리	오 봉 클리마 Au Bon Climat
포도 품종	피노 누아 Pinot Noir 100%

당도 ●○○○○ 　 산도 ●●●○○
바디 ●●●○○ 　 타닌 ●●●○○

2017 WS 91

WINE ENTHUSIAST 2021 VINTAGE CHART

Region	Wine Variety	2019	2018	2017	2016	2015	2014	2013	2012	2011
Santa Barbara	Pinot Noir	94	93	91	94	93	93	93	94	90

캘리포니아 산타바바라 지역의 피노 누아는 지난 20년간 꾸준히 좋은 평가를 받고 있음. 산타바바라는 미국에서 가장 힘들었던 2011년 빈티지조차도 90점의 좋은 평가를 받은 지역으로, 2015년 캘리포니아는 가뭄과 산불 피해를 많이 입었던 해임에도, 최악은 면해 농축된 과일과 산도, 탄닌 등 예외적으로 좋은 와인이 만들어져서, 괜찮은 점수를 받았다고 한다.

반면, 와인 애드버킷은 미국 캘리포니아 지역의 북쪽 해안 지역 North Coast 피노 누아의 2015 빈티지에 대해 87 l Irregular, even among the best wines 의 평가를 하고 있다.

와인 서처는 이 와인의 품질, 컨디션, 시음 적기에 대해 아래와 같이 설명한다.

Vintage quality	Excellent
Current condition	Ready to drink, will keep
When to drink	2020 to 2028

2021/7 ('15)

Tasting Note
(2015)

시각 선명도는 맑고, 색상은 루비 → 테두리는 가넷 조금,
색의 강도는 연함. → 나파/신대륙 아닌, 피노 누아의 전형적 특징 지님.

후각 상태는 깨끗, 후각의 강도는 medium 이상 → 전형적인 신대륙 특징
1차 향: 딸기, 라즈베리, 체리, 자두, 바이올렛 → 가벼운 느낌 큰 편
2차 향: 바닐라, 삼나무, 치즈, 버터, 크림, 정향, 육두구, 감초
3차 향: 담배, 초콜릿, 흙 → 숙성 정도가 색보다는 약함.
발전 단계는 숙성 중

미각 당도: dry, 산도: medium(+), 바디: medium, 탄닌: medium, 알코올: m
풍미 강도는 medium
여운 medium

좋은 와인이며, 지금 마시기 좋고, 숙성 잠재력은 조금 있음.
→ 복합미 Very Good, 균형미 Good~V.G, 풍미 강도, 여운은 Good

평점 3.8
가격 9.5만원

평점 89
가격 -

⇒ 색에서 보이는 숙성 정도에 비해서 아직 3차 향이 부족하나, 다양한 과일 풍미와
오크 - MLF 풍미가 복합적으로 잘 어우러지며, 무엇보다도 산도가 좋고 가벼워
미국-신대륙 와인의 느낌이 적은 편임.
나파 밸리 와인보다 확실히 가볍고 섬세한 느낌이 많으나 프랑스의 데일리 와인
수준의 구조감이 다소 아쉬움.
개인적으로 나파 밸리 와인보다 좋으며, 윌라멧 밸리나 앤더슨 밸리의 와인과는
다른 매력이 있는 저평가된 곳임을 다시 확인함.

5

Nebbiolo
네비올로

"훌륭한 와인에는 강한 이상과 많은 노력 그리고 무엇보다도 헌신이 필요하다."

라 스피네타 La Spinetta

이탈리아 와인의
왕을 만나다

2019년은 WSET Level 2 수업을 들으며 다양한 품종별, 지역별 와인에 대해 열심히 테이스팅 연습을 하던 시기였다. 당시 백화점 매니저가 추천하여 1병을 구매해 맛본 바롤로Barolo 2000 빈티지.

이때부터 나의 바롤로, 바롤로 올빈 사랑이 시작되었으며, 이후 아래의 사진과 같이 좋았던 해(1996, 1998, 1999, 2000, 2005, 2010)의 빈티지로만 구성된 폰타나프레다 Fontanafredda의 바롤로 와인을 구매했다. 이탈리아의 유명 예술가인 우고 네스폴로Ugo Nespolo의 아트 컬렉션으로 박싱, 레이블이 다시 만들어진 패키지를 2번이나 더 구매했다. 일명, 박스떼기를 한 것인데, 이미 5병은 각종 모임에 가지고 나가 마셔 버렸다. 4병은 혼자 테이스팅해 버릴 정도로 한동안 최애했던 와인 중 하나로 필자와는 매우 인연이 있는 와인이다. 바롤로 세상으로 인도해 준, 슈퍼 투스칸Super Tuscan_토스카나에서 내려오던 전통-품종-등급 체계 등에서 벗어난 과감한 시도-품종-블렌딩 등을 통해 만들어진 고품질의 와인이 전부라고 생각했던 필자에게 그동안 몰랐던 많은 이탈리아의 거장들을 만날 수 있게 해 준 와인이었다.

덕분에 지금 셀러에는 라 스피네타La Spinetta, 가야Gaja, 로베르토 보에르지오Roberto Voerzio, 피오 체사레Pio Cesare, 도메니코 클레리코Domenico Clerico와 같은 훌륭한 생산자들의 작품이 잘 모셔져 있고, 숙성되기만을 기다리고 있으며, 언제든지 경험할 수 있도록 올드 빈티지도 열심히 컬렉팅하고 있다.

Oenotria

《와인 인문학 산책》은 유럽과 와인에 대한 해박한 지식을 바탕으로 역사와 종교, 신화, 예술 등과 함께한 와인에 대해 기술하고 있다. 이 책에는 인류 역사상 최초로 와인을 마신 것은 신석기 초기의 트랜스코카서스 Transcaucasus_현재, 흑해 연안의 조지아, 아르메니아 지역에 거주하던 동굴인들이며, 이후 포도 재배와 와인 주조 기술이 서남부 지역으로 확장되었다고 한다. 또한, 역사가 시작된 메소포타미아 Mesoportamia 지역의 많은 고대 국가와 이집트에서 발전하며 다양한 음주 문화를 만들었다고 한다. 그리고 문명의 전도사인 그리스인들이 지중해 연안에 널리 전파하면서 신들의 음료에 인간성을 부여하면서 와인의 문명이 시작되었다고 한다.

이후, 그리스의 문명을 이어받은 로마 Roma는 거대한 제국을 이루면서 유럽 전역으로 포도 재배와 와인 양조에 관한 기술을 전파하였다.

프랑스 와인 리뷰 편집장인 브누아 시마 Benoist Simmat와 프랑스 만화가 다니엘 카사나브 Daniel Casanave가 만든 《만화로 배우는 와인의 역사》에는, 기원전 1세기 초에 로마의 와인 수요가 폭발적으로 늘어났는데, 인구가 수백만 명인 수도 로마에서만 1년에 200만 병의 와인이 소비되었다고 한다.

하지만 나폴리 Napoli 남동부에 위치한 고대 도시인 폼페이 Pompeii에서 79년 베수비오 Vesuve 화산이 폭발하면서 도시와 포도밭이 대량으로 화산재에 묻혀 와인 산업은 크게 위축되었다고 한다. 이후, 로마 제국이 지배하고 있던 갈리아 Gallia_현재, 북이탈리아, 프랑스, 독일, 벨기에, 스위스 서부 일대 지방으로 전파되면서, 3~5세기에는 갈리아 전역에 포도밭이 조성되었다고 한다. 그리고 중세 시대를 맞이하면서 기독교 왕국과 와인은 정치, 종교, 사회적으로 매우 밀접한 관계를 형성하며 오늘날의 와인 산업의 기초가 만들어졌다고 한다.

'모든 길은 로마로 통한다'는 말도 있지 않은가. 수백 년간 전 세계를 통치한 이탈리아는 와인의 종주국이라는 프라이드가 매우 강하며, 현재도 프랑스와 함께 전 세계 와인 생산의 1~2위를 다투고 있는 나라이다. 길쭉한 반도의 북쪽에서 남쪽까지 각 주별로 포도밭이 없는 곳이 없으니, 나라 전체가 거대한 와이너리에 가깝다.

전 세계적으로 포도 품종은 1만여 가지 이상이 존재하며, 이 중에서 와인을 만드는 데 쓰이는 포도 품종도 1천여 가지에 이른다. 주로 재배되는 포도 품종은 약 150여 가지라고 한다.
포도나무의 땅이란 뜻의 오에노트리아Oenotria라고 불리는 이탈리아는 1천 년 이상 오래된 1천여 종의 토착 품종을 가지고 있다. 이 중에는 이탈리아에서만 만들어질 수 있는 고급 품종뿐만 아니라 국제 품종을 활용한 슈퍼 투스칸과 같이 매우 화려한 라인업이 있는 곳으로, 역사와 전통에 있어서 실로 와인의 종주국이라 자랑할 만하다.

《신의 물방울》에서 프랑스 와인을 '테루아'로, 이탈리아 와인은 '태양과 바다가 자아내는 복잡성'으로 표현한 문구가 있다. 다양하고 위대한 이탈리아 와인, 포도 품종 중에서 이탈리아 최고급 품종 중 하나로 전 세계 생산량 중 90% 가까이가 재배되고 있는 네비올로Nebbiolo 품종, 대표 산지인 이탈리아 북서쪽 끝에 위치한 피에몬테Piemont주에서 만든 바롤로와 바르바레스코Barbaresco 와인에 대해 설명하고자 한다.
네비올로 품종으로 만든 바롤로, 바르바레스코 와인은 이탈리아 중부 지방의 토스카나Tuscany주에서 만든 브루넬로 디 몬탈치노Brunello di Montalcino나, 북부 지방의 베네토Veneto주에서 만든 아마로네Amarone와 함께 장기 숙성이 가능한 이탈리아 최고급 와인으로 꼽힌다.

《인문학으로 맛보다. 와인 치즈 빵》에 따르면, 와인의 종주국이라 자부하는 이탈리아는 과거 와인이 빵과 치즈와 함께 매일 먹는 일상 음식이었기 때문에 특별한 의미를 두지도, 상품으로 마케팅하지도 않았고, 마신다는 표현보다는 먹는다는 표현을 썼다고 한다. 프랑스에서 와인을 음식 그 이상의 문화, 산업, 예술의 경지로 만들며 전 세계에서 프랑스가 와인의 종주국으로 여기게 되자 이탈리아에서도 프랑스와 같은 와인에 대한 등급 체계를 만들고 현대적인 양조 시설과 방법을 개선하는 등의 노력을 하게 되었다고 한다.

풍미

안개Nebbia에서 유래된 네비올로 품종으로 만든 바롤로나 바르바레스코 와인은 피노 누아 품종 와인만큼 옅은 색과 섬세한 향을 가지면서도, 강한 탄닌Tannin과 높은 산도, 탄탄한 바디감을 가져 장기 숙성이 가능한 와인이다.

포도 껍질이 두꺼워서 10월 늦게까지 포도가 익는다. 그에 비해서 포도 껍질의 색이 옅고, 체리, 라즈베리와 같은 붉은 과일 향과 말린 장미꽃, 제비꽃Manchurian Violet, 아니스Anise와 같은 향신료, 타르Tar_석탄, 석유 등의 유기물을 건류, 증류할 때 생기는 검은 끈끈한 액체(아스팔트), 가죽과 버섯 향과 같은 숙성 풍미가 있다. 또한, 피노 누아 품종 와인과는 차별되는 네비올로 품종만의 섬세한 아로마와 복합미, 균형미를 가지고 있다. 그래서 한번 맛보면 절대로 잊을 수 없다. 또한, 입안의 헛바닥을 쥐어짜는 듯한 강렬한 탄닌의 힘과 숙성되면서 부드러워지는 탄닌, 숙성되면서 진한 석류색이 가넷색에 가까워지며 더욱 성숙된 멋을 보여 주는 매력적인 와인이다.

시각, 후각적으로는 마치 피노 누아 품종과 같다. 입에 가져가는 순간 엄청난 탄닌이 입안을 조여 오기 시작하는 네비올로 품종 와인은 상징과도 같은 탄닌은 레드와인을 마실 때 특히 빼놓을 수 없는 화합 물질이다. 초보자들이 처음 와인에 대한 거부감을 갖게 만드는 요소인데, 우리가 와인을 마신 후, 헛바닥이 마르는 듯 강하게 조여 들어오는 떫은 맛을 느끼는데 그것이 바로 탄닌 물질이다.

탄닌은 주로 포도의 줄기, 껍질과 씨 등에 많이 함유되어 있다. 생산자에 따라 다르지만 줄기는 탄닌 함유량이 많아 발효나 압착하기 전에 제거한다. 레드와인은 포도 껍질과 씨를 모두 넣고 발효 및 압착하기 때문에 탄닌이 느껴지고, 포도 품종에 따라 껍질이 두껍고 탄닌 함유량이 많은 품종이 있기 때문에 레드와인별로 탄닌의 강도가 모두 다르다.

탄닌은 와인의 구조감을 형성하고 전반적인 균형감을 유지하는 데 매우 중요하다. 특히, 와인의 장기 숙성, 보존에 있어서 결정적인 역할을 하기 때문에 매우 중요한 성분이다. 산도는 와인의 산화를 막는 역할을 하므로 탄닌과 산도를 모두 가진 네비올로 품종으로 만든 바롤로 와인은 장기 숙성형 와인의 끝판왕 중 하나라 할 수 있다.

《와인 바이블》에 따르면 과거 피에몬테 지역의 와인은 탄닌 함량이 높아 어릴 때는 음미하기 어려웠으나, 현재는 대부분의 와인이 마시기 더 편해졌다고 한다. 《와인 폴리》는 네비올로 품종 산지로 유명한 피에몬테 남부 지방의 바롤로와 바르바레스코, 피에몬테 북부 지방인 카티나라Gattinara와 겜메Ghemme, 피에몬테에 인접한 롬바르디아Lombardia주의 호수 인근 계곡 발텔리나Valtellina에서 만든 와인 간의 바디감과 탄닌의 차이를 다음과 같이 비교한다. 바롤로, 바르바레스코 외의 지역은 기온이 낮은 지역이다 보니, 색과 탄닌, 바디에 있어 좀 더 가볍고 부드럽고 우아한 느낌을 가지며, 특히, 발텔리나는 피노 누아와 같은 풍미가 느껴진다.

바롤로, 바르바레스코

fuller-bodied
higher tannin

lighter-bodied
lighter tannin

발텔리나가 속한 롬바르디아주에 있는 프란치아코르타Franciacorta는 '샴페인편'에서 설명한 바와 같이 훌륭한 스파클링 와인도 만들고 있다. 10월 늦게나 수확을 하게 되는 이 품종은 과거에는 날씨가 추워지면 발효가 멈추어 포도의 당분이 고스란히 남아 매우 스위트한 와인이 만들어졌다. 현재는 프랑스의 보르도에 버금가는 장기 숙성력과 부르고뉴에 버금가는 풍미를 자랑하는 와인으로 탈바꿈하였다.

주요 지역의
특징과 등급 체계

» 이탈리아 피에몬테

북위 45도, 이탈리아 북서부, 스위스와 국경에 위치한 피에몬테주는 북으로는 알프스산맥의 최고봉인 몽블랑Mont Blanc, 마터호른Matterhorn산과 인접해 있으며, 알프스 산자락과 남쪽에는 아펜니노Appenino산맥이 위치한다. 그러다 보니 대부분의 포도밭이 산맥과 이어진 완만한 구릉에서 경사진 언덕에 위치하여 날씨가 서늘하다. 네비올로 품종은 색과 향뿐만 아니라, 단일 품종만을 사용하는 점과 경사진 언덕과 소규모의 가족 경영, 적은 생산량, 비싼 가격 등 주요 특징이 프랑스의 부르고뉴와 매우 흡사하다.

피에몬테 지역과 이탈리아에서는 프랑스의 부르고뉴 지역과 같은 포도밭에 대한 별도의 등급 체계는 없으며, 1963년 프랑스의 AOC를 참고하여 비슷한 개념인 DOC 법규를 만들었으며, 이후 1980년대에 DOCG를 추가했다.

하지만 넓은 지역에 대해 DOCG나 DOC등급이 설정되었고 생산량도 많다 보니, 등급에 적합한 가격 형성이 되지 않아 등급의 명성이 약해진 상태이다. 우리가 일반적으로 이탈리아의 와인을 구매할 때, DOCG니까 비싸다는 생각을 해본 적이 없는 이유이다.

슈퍼 투스칸 중 하나인 사시카이아Sassicaia는 과거 테이블 와인 등급을 가진 적이 있으며, IGP 품질이 DOC등급보다 낮다는 의미보다는, 품질이 우수해도 지역별 품종이나 양조 방법 등을 선택하지 않은 경우에 부여하기 위해 1992년에 신설 등급을 거쳐 최근에 DOCG에 편입되었다. 고급 와인이 그 지역에서 기준으로 하는 품종과 블렌딩 비율에서 벗어났다는 이유로 IGP 등급을 부여받았다. 그런데 시장에서는 이미 이탈리아를 대표하는 최고의 와인이 되었기 때문에 DOCG의 명성에 대한 의문이 들 수밖에 없다.

<이탈리아 와인 등급 체계>

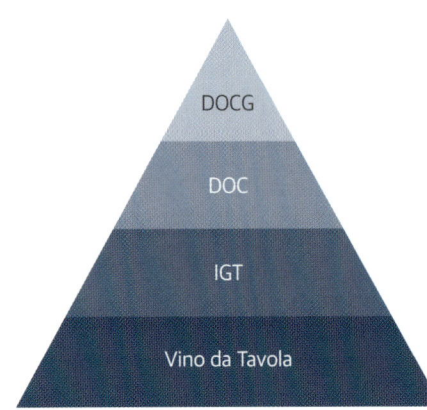

DOCG에 해당되는 레드와인으로는 바롤로, 바르바레스코와 토스카나주에서 산지오베제 품종으로 만든 키안티 클라시코Chianti Classico, 브루넬로 디 몬탈치노, 비노 노빌레 몬테풀치아노Vino Nobile di Montepulciano, 베네토주에서 코르비나Corvina, 론디넬라Rondinella, 몰리나라Molinara 등의 품종으로 만든 아마로네 델라 발폴리첼라Amarone della Valpolicella, 남쪽 지중해에 위치한 캄파니아Campania주에서 알리아니코Aglianico 품종으로 만든 타우라지Taurasi 와인이 해당된다. 병목에 DOCG라는 명칭과 함께 일련번호가 찍혀 있는 띠가 길게 붙어 있는 것을 볼 수 있을 것이다.

바롤로

피에몬테 지역에서 대표적인 와인 산지로는 알바Alba 지역과 아스티Asti 지역이 있다. 알바 지역에 네비올로 품종으로 유명한 바롤로 마을과 바르바레스코 마을이 있다. 아스티 지역에는 와인 초보자들이 매우 좋아하는 입문용 스틸 와인으로 스파클링의 느낌을 가진 모스카토 다스티Moscato d'Asti 와인이 유명하다.

네비올로 품종 100%로 만든 이탈리아 '와인의 왕' 바롤로는 마을 이름이면서 DOCG에 해당한다. 이 마을은 늦은 가을 수확 시기가 되면 안개와 잘 익은 포도나무, 송로버섯이 넘치는 곳이다. 단일 품종으로만 만들어지는 바롤로는 오크 숙성 기간 18개월을 포함하여 최소한 3년 이상을 숙성해야만 하는데, 바르바레스코보다 높은 고도에서 늦게 수확하는 강건한 와인이며, 5년 이상 숙성한 와인은 추가로 리제르바Riserva라는 명칭을 부여한다. 전통적으로 양조는 2~4주에 걸쳐 장기간 발효한 후, 엄청난 크기의 슬로베니안 오크 캐스크Slovenian Oak Cask에서 장기간 숙성을 한다. 1970~1980년대에 일명, 바롤로 전쟁이 일어나면서 젊고 실험적인 생산자들이 스테인리스 스틸의 회전식 발효조를 활용하여 1주 이내의 단기간에 발효시켜 침용 시간도 줄이고, 작은 프렌치 오크 바리크Barrique에서 숙성시켰다. 그렇게 함으로써 탄닌을 좀 더 부드럽게 하고 과일 풍미를 잘 내는 방식의 양조를 만들었다. 최근에는 서로의 장점을 잘 활용하여 생산자별로 각자 스타일에 맞춰 양조하고 있다. 부르고뉴 지역과 같은 그랑 크뤼 등급의 와인은 별도로 없지만, 과거부터 개별 포도밭에 이름을 만들고 별도로 관리해 오던 경험을 바탕으로 유명 생산자들은 단일 포도밭에서 훌륭한 포도를 재배하고 와인을 만들고 있다.

《와인 바이블》에서는 바롤로의 연간 생산량이 800만 병, 바르바레스코는 300만 병으로 둘이 합쳐도 미국 캘리포니아의 유명 와이너리 한 곳의 생산량에 불과하다고 한다. 이는 이들 와인이 얼마나 귀한 와인인지를 알 수 있는 대목이다. 바롤로나 바르바레스코는 부르고뉴 지역의 와인만큼 회장님들의 컬렉션 대상이 되어 가고 있는 와인이다. 최근에는 바롤로의 생산량이 1천만 병을 훨씬 넘어섰다는 기사가 나왔다.

<Barolo & Barbaresco Communes>

[출처: http://www.decanter.com/wine/wine-regions/barolo/]

바롤로 DOCG는 총 11개의 마을에서 만들어진다. 랑게Langhe_알바에서 아스티 방향으로 뻗어 있고 언덕 가운데로 타나로강이 흐르고 있음 언덕 주위에 모여 있는 이 마을들은 위치마다 토양이 다르며, 고도가 달라 와인의 스타일도 매우 다르다.

이 중 유명한 5개의 마을에서 바롤로 와인의 80% 이상이 만들어진다. 대표적으로 서쪽에 있는 **라 모라**La Morra나 **바롤로**Barolo는 이회토 등이 섞인 석회질 토양에서 부드러운 스타일의 와인이 만들어진다. 동쪽에 있는 **세라룽가 달바**Serralunga d'Alba나 **몽포르테 달바**Monforte d'Alba, **카스틸리오네 팔레토**Castiglione Falletto는 사암, 석회암 등 굵은 돌맹이와 같은 매우 거친 토양에서 힘 있는 장기 숙성형 와인이 만들어진다.

주요 마을별로 최고의 포도밭을 알아보자. 이 지역에서 가장 큰 마을이며 생산량이 가장 많은 라 모라 마을과 바롤로 마을에는 최고의 Top 3 포도밭으로 평가받는 브루나테Brunate와 체레퀴오Cerequio가 걸쳐 있으며, 라 모라 마을에는 그다음으로 평가받는 로케 델라눈치아타Rocche dell'Annunziata가 있다. 카스틸리오네 팔레토와 몽포르테 달바에는 남은 Top 3 중 하나인 로케 디 카스틸리오네Rocche di Castiglione가 걸쳐 있다. 고도가 가장 높고 계곡이 많은 세라룽가 달바에는 예전에 왕가의 소유였던 폰타나프레다, 팔레토Falletto, 체사레Cesare 가문이 단독 소유하고 있는 오르나토Ornato와 비그나 리온다Vigna Rionda 등이 유명한 포도밭이다. 몽포르테 달바에는 부시아Bussia, 지네스트라Ginestra 등이 유명한 포도밭이다.

바롤로협회에서는 지리적인 구분을 통해 마을의 명칭과 포도밭의 명칭을 정식으로 등록하고 레이블에 기재하게 하고 있다. 위에 나열된 밭의 이름이 있는 와인은 품질이 매우 훌륭하고 가격도 높다.

바르바레스코

네비올로 품종 100%로 만든 이 와인은 이탈리아 '와인의 여왕'으로 불린다. 바롤로에 비해 포도가 조금 일찍 익기 때문에 탄닌이 조금은 가볍고 부드러운 스타일로 숙성 기간도 약 2년으로 바롤로보다는 1년 정도 짧고 조금 더 빨리 마실 수 있는 와인이 만들어지는 곳이다. 50개월 이상 숙성한 와인은 추가로 리제르바라는 명칭을 부여한다.

바롤로에서 16km 정도 떨어진 곳에서 북동쪽으로 위치하며, 강을 끼고 랑게 언덕을 중심으로 바롤로의 반대편에 포도밭이 위치하고 있는데, 바롤로보다 고도가 조금 낮고 약간 더 온화해 포도가 조금 일찍 익는다. 두 지역 간 가장 큰 차이는 토양의 차이이다. 바롤로 지역과 석회질 성분이 풍부한 점은 동일하나 모래가 더 많고 부드럽다.

부드럽다고 하여 바르바레스코를 마치 부르고뉴의 샹볼 뮈지니처럼 생각하면 절대 안 된다. 바르바레스코도 탄닌이 적은 게 아니기 때문에 《와인 폴리》 홈페이지에서는 바르바레스코를 여전히 monster괴물이라 칭하는데, 단지 조금 더 친절하고 친근한 종류의 beast짐승이라고 표현해 놓았다.

아직까지도 바롤로만큼의 높은 명성은 얻지 못했으나, 좋은 토양과 기후, 언덕을 가진 포도밭과 브루노 지아코사Bruno Giacosa, 안젤로 가야Angelo Gaja와 같은 훌륭한 생산자들의 노력과 실험 정신으로 오늘날 와인의 여왕 위치까지 올랐다.

특히, 안젤로 가야는 최고의 모노폴 와인 중 하나인 소리 산 로렌조Sori San Lorenzo, 소리

틸딘Sori Tildin, 코스타 루씨Costa Russi를 만들었고 바롤로에서도 최초로 스테인리스 스틸 발효통을 적용, 최초로 랑게 DOC, 카베르네 소비뇽 와인인 다르마지Darmagi를 만든 실험가이자 이 지역 와인의 수준을 높인 장인이다.

바르바레스코 DOCG는 총 4개의 마을에서 만들어지는데, 랑게 언덕 주위에 모여 있는 이 마을들은 위치마다 토양이 다르다. 고도가 달라 와인의 스타일도 매우 다르다. 이 중 유명한 마을로는 석회암 토양에서 가벼우나 균형감이 좋고 향기로운 와인을 많이 만들고 있는 **바르바레스코**가 있다. 그리고 가장 동북쪽에 위치하며 탄닌이 좀더 많고 구조감이 좋으면서도 우아하고, 세련된 와인을 두 번째로 많이 만들고 있는 **네이베**Neive가 있다. 또한, 가장 남쪽의 높은 언덕에 위치하여 바디가 제일 가볍고 섬세하며 우아한 와인을 만드는 **트레이소**Treiso가 있다.

오크

바롤로에서는 발효나 오크 사용과 관련해서 많은 이슈가 있다. 장기간 발효 후 슬로베니안 오크 캐스크에 장시간 숙성을 하는 것과, 단기간 발효 후 프렌치 오크 바리크에 숙성을 하게 되면 무슨 차이가 있게 되는지, 오크에 대한 좀 더 자세한 설명을 하고자 한다.

르몽드지 사이트www.lemonde.fr에서 오랜 기간 블로그Miss GlouGlou를 운영 중인 오펠리 네만Ophelie Neiman의 《와인은 어렵지 않아》에 따르면, 목재는 주로 참나무(오크)가 사용되며, 질이 낮은 밤나무로 만든 오크는 거의 사라지는 추세이지만, 일부는 아카시아나무나 옻나무를 사용하여 좋은 풍미를 낸다고 한다. 오크통의 제작을 포함하여 오크에 대한 전반적인 이야기를 쉽고 자세히 이해하고 싶다면 <와인21닷컴>에 연재하고 있는 칼럼 '오크에 진심인편' 시리즈http://www.wine21.com/11_news/news_view.html?Idx=18162와 유튜버 <와인쟁이 부부> 채널에서 2021년 8월에 방송한 'All about Oak Barrel'편을 참고하기 바란다.

참나무는 원산지에 따라 풍미가 매우 다르다. 프랑스의 참나무는 참나뭇과의 곧고 크게 자라는 상수리나무로 조직의 밀도가 높고 투과성이 적으며 바닐라와 은은한 나무 향이 난다. 이에 비해, 미국의 참나무는 탄닌이 많고 향신료나 코코넛 향과 단맛이 나는 특징이 있다.

프랑스의 중부 알리에Allier주의 트롱세Troncais 숲에서 자란 참나무가 매우 유명하다. 샤토 라투르가 이곳에서 만든 오크만을 100% 사용하는 것으로도 매우 유명하다. 프랑스에는 이 외에도 니에브르Nievre, 리무쟁Limousin, 아르곤Argonne 등의 지역에서 참나무가 재배되고 있고 여기서 자란 나무는 조직이 치밀하기 때문에 미국의 나무보다 훨씬 비싸게 팔리고 있다.

오크를 얼마만큼 굽느냐에 따라서 풍미가 매우 달라진다. 오크통 내부에 화로를 넣고 나무를 구울 때, 불의 세기가 결정적으로 영향을 미치는데 약한 불로 짧은 시간 구울 때는 바닐라 향, 중간 불에는 토스트나 커피, 강한 불에는 캐러멜, 숯, 향신료와 같은 향이 강하게 난다.

새 오크통을 사용하는지, 몇 번 사용한 오크통을 재사용하는지에 따라서도 풍미가 달라진다. 새 오크통에서 와인을 숙성하면 진한 향과 탄닌이 와인에 스며드는데, 와인이 가진 힘이 강해야 이를 자연스럽게 융화시키고 탄닌의 뻑뻑함도 풀린다. 와인이 가진 힘이 약하면 오크 풍미밖에 느껴지지 않는 품질 낮은 와인이 만들어진다.

반면, 4년 이상된 오크통은 와인에 특별한 영향을 미치지 못해, 보통 새 오크통에서 일부, 2~3년 된 오크에서 일부를 숙성하고 블렌딩하는 경우가 많다. 3번 이상 사용된 오크통은 블렌딩 위스키를 만드는 양조장에 팔린다. 반대로 아주 작은 영향력을 미치고자 하는 일부 화이트와인 생산자들이 양조에 활용한다.

오크통은 프랑스 보르도에서는 바리크Barrique라고 불리며, 225L 병당 750mL 기준, 300병의 용량의 크기로 만들어진다. 부르고뉴에서는 피에스Piece라고 불리며, 228L의 용량의 크기로 만들어진다. 이 외의 국가나 지역별로도 다양한 크기와 이름을 가지고 있으며, 바롤로 와인을 만들 때 사용되는 슬로베니안 오크 캐스크는 일반적으로 수천 리터 크기의 배럴Barrel을 의미한다.

과거에는 이렇게 나무 향과 맛이 진하게 나는 와인이 큰 유행이었다 보니, 비싼 오크통$600~$800 정도의 가격대, $1천 달러를 넘는 것도 많음. 와인 1병당 $2~$4의 원가를 차지하므로 현지가 기준 1만 원 미만의 와인에는 상당히 부담되는 가격 비용을 감당 못해 저렴한 오크 칩이나 오크 향이 나는 액체를 와인에 넣기도 했다. 최근에는 과도한 나무 향에 대한 인기가 많이 줄면서 일명 '오크 조작질'은 줄어든 것 같다.

결론적으로 바롤로에서 발효 후 슬로베니안 오크 캐스크에서 장기간 숙성을 하는 것은 최대한 많은 색과 탄닌, 풍미를 뽑아낸 이후 대형 오크통에서 산소와의 접촉면을 좀 더 줄이면서 숙성 풍미를 천천히 오랫동안, 최대한 뽑아내고자 한 전통적 양조 기법을 추구한 결과이다. 반면, 단기간 발효 후 프렌치 오크 바리크에 숙성하는 것은 좀 더 접촉면을 늘려, 자연스럽게 숙성이 되고 부드러운 탄닌과 과일 풍미를 뽑아낼 수 있도록 한 것이다. 이 모두가 자신들의 전통을 지키고자 한 철학이며, 반대로는 혁신을 위한 철학이었으니, 우리는 그런 구분 없이 모든 바롤로 생산자들의 위대한 와인을 있는 그대로 경험하면 좋을 것 같다.

테이스팅 비교

네비올로 품종의 테이스팅은 단순하게 전개할 것이다. 다른 품종은 국가별로 혹은 한 국가 내에서도 지역별로 많은 차이와 특징을 보이다 보니, 테이스팅의 대상도 광범위하게 선택을 했었는데, 이 품종은 두 마을 간의 비교만을 하였다. 대신, 왕과 여왕을 비교함에 있어, 최대한의 비교 정보를 끌어내기 위해 같은 생산자들이 만든 다양한 빈티지를 활용해 보았다.

» 바롤로 vs 바르바레스코 동일 생산자-빈티지 비교

첫 번째로는 바롤로와 바르바레스코 마을 최상의 위치에 자리잡고 연간 약 35만 병의 와인을 만들어 70%가량을 해외에 수출하고 있는 이 지역의 대규모, 대표 생산자 중 하나인 **피오 체사레의 바롤로** 2013 빈티지와 동일한 빈티지의 **바르바레스코**와 비교 테이스팅이다.
2020년 초, 유명 호텔 레스토랑 재고 처분 행사에서 꽤 괜찮은 빈티지인 2013년 2병을 각 9만 원씩 주고 구매하였는데, 이후 1년 넘게 셀러에 잘 보관해 두었던 와인이다.
피오 체사레의 홈페이지에는 소유하고 있는 포도밭에 대해서 상세히 소개하고 있다. 바롤로에서는 350~400m 고도의 언덕에 포도밭이 위치하며, 세라룽가 달바 마을에는 모노폴인 오르나토 포도밭에서 재배된 포도로 고급 와인을 만들고 있다. 세라룽가 달바 마을의 라 세라La Serra, 브리콜리나Briccolina 등의 포도밭과 몽포르테 달바 마을의 모스코니Mosconi, 라 모라의 롱 카이에Roncaglie, 노벨로 마을의 라베라Ravera 등의 여러 포도밭에서 재배된 포도로 멀티 빈야드 와인을 만들고 있다. 바르바레스코도 주로 300~400m 언덕에 포도밭이 위치하는데, 우아한 와인을 만드는 트레이소 마을에 5개의 포도밭이 있다. 이 중 모노폴인 브리코Il Bricco 포도밭에서 재배된 포도로 고급 와인을 만들고 있으며, 바롤로와 동일하게 멀티 빈야드 와인도 만든다. 지하에는 고대 로마 시대의 성벽이 건물의 기초를 구성하는데, 그 안에는 현대화된 양조 설비로 가득 차 있는 사진 몇 장이 매우 인상적이다. 5개의 포도밭에서 만들어진 바롤로 와인은 2008년 《와인 스펙테이터》 Top 100 중 2004 빈티지가 6위를 차지할 정도로 유명한 와인이다. 높은 온도에서 30일 동안 침용을 했다고 하니 진한 탄닌과 파워풀함이 느껴질 것이다. 바르바레스코 와인은 우아함을 가졌으므로 많은 기대감을 가지고 비교 테이스팅해 보았다.

《신의 물방울》에서 새벽녘 언덕에서 8년이 지난 2001 빈티지를 마시면서 "동쪽 들판에 서광이 비춰서, 돌아보니 서쪽 하늘로 달이 기울고 있구나" 하며 마셨다고 하는 이 와인을 필자도 8년이 지난 2013 빈티지로 멋지게 테이스팅해 보고자 한다.

» 바롤로 vs 바르바레스코 동일 생산자의 올드 빈티지 비교

두 번째로는 최상급의 바롤로 중 하나로 손꼽히는 **라 스피네타의 바롤로 캄페**Campe 2007 빈티지와와 **바르바레스코 스타데리**Starderi 2003 빈티지를 비교 테이스팅하였다. 이 생산자는 짧은 역사에도 불구하고 현대파 바롤로의 대표 주자 중 하나이다. 앞서 비교한 와인보다는 고급지고, 가진 힘과 우아함이 숙성을 더 거쳐 제대로 느껴질 수 있기를 기대하며 테이스팅 대상으로 선택했다. 라 스피네타 와인은 과거에는 가격도 매우 비싸고 구하기가 쉽지 않았다. 최근에는 백화점뿐만 아니라 와인숍이나 아웃렛에서도 특정 빈티지가 20만 원대 초~중반의 가격에 풀리고 있다. 이번 테이스팅 대상인 바롤로 캄페는 2019년 백화점에서 행사가로 31만 원에 구매했으며, 바르바레스코 스타데리는 2020년 경기도에 위치한 아웃렛 매장에서 19만 원에 구매해서 셀러에 잘 모셔 놓았다. 스타데리는 해당 빈티지에 대한 평가가 좋지 않아 어쩌면 정점을 다소 지났을 수도 있을 것으로 예상해 본다. 라 스피네타의 레이블에는 코뿔소 그림이 이 생산자의 상징처럼 그려져 있다. 거의 6~700년 전 르네상스 시대의 독일 유명 화가가 만든 목판화 작품에서 가져왔는데, 코뿔소의 파워풀한 이미지를 그들의 와인과 매칭하려 한 것 같다. 바롤로 와인에는 오렌지색 바탕에 사자 그림을 그려 넣어 또 하나의 상징으로 남성적인 이미지를 추가했다.

라 스피네타의 홈페이지를 방문하면, 그들의 역사 설명이나 자랑을 하기 이전에 첫 문장으로 'Produrre vini con passione열정으로 와인 만들기'라고 적혀 있는데 이들이 가진 장인 정신을 엿볼 수가 있어서 매우 인상적이었다.

캄페는 이들이 가진 가장 좋은 포도밭으로, 이곳에서 만들어진 와인은 힘과 우아함, 탁월한 균형을 가지며, 스타데리는 우아하고 세련된 와인을 만드는 네이베 마을 언덕에 있는 포도밭으로 잘 익은 붉은 과일의 캐릭터가 강하다. 캄페와 스타데리는 편하게 자주 마시기에는 오랜 숙성 기간과 금액이 부담이 되므로, 편하게 마시고 싶을 때에는 다른 생산자의 와인도 마시지만, 가끔은 이 생산자가 만든 저렴하고 어린 빈티지의 와인도 찾게 된다.

» 바르바레스코 영 빈티지

세 번째로는 라 스피네타의 **바르바레스코 보르디니** Bordini 2015 빈티지에 대한 테이스팅 노트를 선택했다. 2020년 경기도에 위치한 아웃렛 매장의 행사 때 9만 원에 구매했다. 보르디니 포도밭은 네이베 마을 언덕에 위치하는데, 생산자가 모래가 많은 이 토양에서 모험에 가까운 시도를 통해 만든 와인이라 한다. 신선한 아로마와 섬세함을 지녔다고 하는데, 스타데리와 어떤 부분에 있어 차이가 나는지를 한번 비교해 보고 싶어 테이스팅 노트를 선택했는데 확실히 여운과 전반적인 풍미의 강도에 있어서 차이를 느낄 수가 있었다.

» 바롤로 올드 빈티지 비교

끝으로 바롤로 와인을 사랑하게 만들어 준 폰타나프레다의 와인으로 세라룽가 달바 마을에서 만든 바롤로 리제르바 와인이며, 아트 컬렉션 패키지 중 남아 있는 3병 중 하나이다. 폰타나프레다는 바롤로에서 가장 큰 규모의 생산자이며, 네비올로 품종 와인 외에도 바르베라 Barbera, 돌체토 Dolcetto 와 같은 적포도 품종과 코르테제 Cortese 품종으로 만든 가비 Gavi, 아르네이스 Arneis, 모스카토와 같은 피에몬테 지역 토착 청포도 품종 와인도 많이 만들고 있다. 생산자의 홈페이지에는 새로운 녹색 르네상스 이야기와 함께 유기농, 지속 가능성에 대한 별도의 챕터가 구성되어 있고, 내용도 상세하다. 이곳은 이미 120헥타르의 유기농 인증을 받았고, 재활용 유리를 85%나 사용하며, 2021년부터는 수확기에 바이오메탄 Biogas_ 미생물 등을 사용해서 생산된 가스 상태의 연료 트랙터를 사용한다. 홈페이지의 구성 자체가 본인들의 이야기보다는 지구와 환경, 사람에 대해 초점이 맞춰져 있는 것이 매우 인상적이었다. 폰타나프레다에서는 다양한 품종의 와인을 만들고 있다. 이 중에서 바롤로 와인은 이 생산자가 가진 라인업 중 가장 고가의 와인에 해당된다. 이 패키지는 2018년 처음에 백화점에서 출시되면서 200만 원에 판매가 되었는데, 당연히 많이 팔리지는 않았을 것이다. 2019년에 남아 있던 패키지를 90만 원에 구매했는데, 1병당 평균 15만 원인 셈이니, 빈티지나 에디션임을 고려할 때, 만족스러운 가격이라 생각했다. 그런데 2020년 행사에서는 패키지를 75만 원에 구매할 수 있었다. 만약 아직도 이 패키지가 남아 있다면, 이 정도의 빈티지와 리제르바 라인업을 가진 와인을 한번에 구하기 쉽지 않으니 강추한다.

페어링

피에몬테는 유럽에서 식도락들의 성지와 같은 곳이다. 음식과 지역 특산품인 화이트 트러플Truffle(흰 송로버섯)로 유명한 곳이다. 가을 수확 시기에 이곳을 방문한다면 최고의 와인과 음식에 풍경까지 다 얻을 수 있을 것이다.

이탈리아 와인은 전반적으로 산도가 좋은 편이다. 토마토를 베이스로 하여 산도가 높고 짠 맛을 많이 가진 이탈리아의 많은 음식과 궁합이 매우 좋다. 바롤로와 같이 탄닌이 많은 와인은 《와인 폴리》 홈페이지에는 강렬한 탄닌에 대응될 수 있도록 치즈나 크림이 들어가고 지방 함량이 높은 음식이 적합한 것으로 설명한다. 구체적으로는 이 지역의 특산품인 트러플이 있는 리조토Risotto나 단호박 라비올리Butternut Ravioli를 추천하고 있다.

《열두 달의 와인 레시피》에서는 신선한 라즈베리와 체리 같은 붉은 과실 향에 장미꽃과 타르 향이 섞인 매력적인 아로마가 돋보이는 네비올로 와인에는 양송이 버섯을 발사믹 식초에 진하게 졸여낸 요리와 페어링할 것을 추천한다. 버섯은 피노 누아 품종, 네비올로 품종과도 궁합이 좋아 필자도 버섯이 들어간 요리와 함께 페어링을 자주 하고 있다. 버섯 향에 졸인 발사믹 풍미를 얹히고, 안심 스테이크까지 더한다면 최고의 페어링이 될 것이다. 사실 단백질 함량이 낮은 음식은 바롤로와 같은 와인에 압도될 수밖에 없으며, 강술로 마시기에도 매우 버거운 와인이다. 그렇기 때문에 가급적 스테이크나, 무거운 소스를 사용한 파스타 혹은 가볍게 마실 때는 부드러운 치즈와 함께하여 탄닌이 음식과 페어링을 통해 최대한 부드럽게 느껴질 수 있도록 만드는 편이다.

치즈는 보통 '피노 누아편'에서도 추천한 바 있는 브리치즈와 카망베르 치즈, 혹은 래핑카우 벨 큐브 플레인을 만능 치즈로 많이 활용하고 있다.

《인문학으로 맛보다. 와인 치즈 빵》에서는 이탈리아 치즈의 왕이라 불리는 중세 시대에 화폐로도 통용된 적이 있는 고급 치즈인 '파르미지아노 레지아노'를 추천하고 있다.

이 치즈는 이탈리아 북부 지방에서 만들어지는 경성 치즈Hard cheese_가열 압착(유청이 빠진 커드의 수분을 제거할 때 40도 이상의 열을 가하여 압착) 치즈인데, 최소 1년 이상 숙성되어 버터, 말린 파인애플, 견과류 향이 나며 3년 이상 숙성된 치즈는 네비올로 품종 와인과도 잘 어울린다.

《와인 바이블》에서는 풀바디의 묵직한 어린 빈티지 와인은 식사와 함께할 때, 자칫하면 음식을 와인이 압도할 수 있으니, 신중을 가할 것을 권하고 있다. 만약 탄닌이 다소 부담스럽다면 피에몬테 지역에서 재배한 바르베라 품종이 가볍게 마시기에 매우 좋은 선택 중 하나가 된다고 생각하는바 강력 추천한다.

피에몬테 지역에서 가장 많이 재배되는 적포도 품종으로 알바 지역과 아스티 지역 모두에서 재배되고 있다. 이탈리아에서 적포도 품종 중 산지오베제Sangiovese, 몬테풀치아노Montepulciano 다음으로 많이 재배되는 이 품종의 와인 매력은 라이트 바디하며 새콤한 과일 향과 맛도 좋지만, 적절한 산도와 낮은 탄닌으로 바로 마실 수 있다는 점이다. 특히 이 지역에서 바롤로 품종 와인으로 유명한 생산자들의 바르베라 품종 와인을 매우 저렴하게 즐길 수 있다. 바르베라를 충분히 경험해 본 이후 바롤로를 다시 경험한다면 또 다른 만족과 배움의 시간이 될 것이다.

와인잔

주요 3개사의 경우, 국내에 네비올로 품종에 대한 전용 잔을 출시하고 있지 않은데, 주요 홈페이지를 조회해 보면 해외에서도 동일하다.
다만, 포도 껍질의 색이 엷고 붉은 과일 풍미와 숙성 풍미가 일품인 이 품종은 피노 누아 품종과 여러 가지 면에서 유사한 부분이 있어 보통 같은 잔을 사용한다. 필자도 다양한 피노 누아 잔을 와인에 맞춰 사용하고 있으며, 피노 누아 품종 와인과 마찬가지로 와인잔 별로 비교 테이스팅도 많이 하는 편이다.

리델의 경우에도 네비올로 잔을 조회하면, 피노 누아 잔 중 일부를 피노 누아&네비올로 겸용 잔으로 소개하고 있다. 이 중에서도 스템이 없는 'O'오 잔을 이용하면, 손의 온도가 볼에 그대로 전해지면서 셀러에서 갓 꺼낸 10년 이상 숙성된 와인의 경우 과일, 숙성 풍미가 좀 더 빠르게 발산된다. 잔이 크리스털로 매우 가볍기 때문에 볼의 윗부분을 잡고 마시면 열전달도 적으므로 가끔 이런 잔으로 분위기를 내기도 좋고, 여행 갈 때, 챙겨 다니기도 편하다.

크리스털 잔의 장점 중 하나가 립이 매우 얇다는 것이다. 일반 유리잔이나 저렴한 머신 제품은 입술에 닿는 립의 두께가 너무나도 두꺼워 둔탁하다 보니 물을 마시는 느낌이 든다. 반면, 수작업을 거친 크리스털 잔은 보는 즐거움만큼이나 입술에서 가볍게 착 달라붙는 느낌으로 목 넘김이 자연스럽고 우아한 느낌을 주기 때문에 충분히 가치가 있다.
풍미의 전달도 매우 우수한데, 보통 유리잔에 비해 크리스털 잔은 우리의 눈과 촉감으로는 잘 느껴지지 않지만, 표면이 거칠어 스월링을 할 때에도 잔의 표면에 와인이 더 잘 붙기 때문에 더 많은 향을 발산한다.

반면, 크리스털 잔은 쉽게 깨지기 때문에 조심히 다루어야 한다. 특히 음주 후 세척 과정에서 비싼 잔을 1~2개씩 깨면 어느 순간 집에는 막잔 몇 개만이 남게 되는 불상사가 생긴다. 그러므로 보통 크리스털 잔 세척은 주방세제를 쓰면 안 되고, 스템을 잡고 돌리면서 닦아도 안 되며, 살균하겠다고 너무 뜨거운 물로 닦아도 안 된다. 필자의 오랜 경험상, i) 미지근한 물로 한번 헹군 다음 그대로 주방에 올려놓고, 다음 날 맨정신에 세척하기 ii) 취했다면 그냥 식탁에 두고 자기 iii) 세척 시에는 아기 젖병용 세제를 사용하여 립 부분을 깨끗이 닦기 iv) 볼 안쪽은 여러 번 헹구기만 하고 세제는 가끔 사용하기 v) 건조된 이후에는 반드시, 린넨Linen 천을 사용하여 최대한 광내기 vi) 얼룩 제거에는 스팀이 최고인데, 커피 포트를 살짝 데우고 뚜껑을 열어 나오는 스팀을 잔 안에 1초만 가두어도 최고의 효과를 낸다.

위의 여러 단계가 처음에는 어려워 보이지만, 습관이 되면 자연스럽게 나의 원칙이 되고, 특히 린넨천으로 광내는 것도 잔이 몇 개 안 되기 때문에 전혀 어렵지 않으니 꼭 이렇게 해보길 추천한다. 좋은 와인을 오픈했는데, 고급 와인잔에 얼룩이 남아 있으면 시작부터 기분이 별로 좋지 않기 때문이며, 특히 부르고뉴 지역의 샤르도네나 피노 누아 품종 와인과 같이 섬세하고 우아한 녀석들을 만나는데, 얼룩이 웬말 !!!
여건이 된다면, 와인잔과 디캔터가 잘 보이게 셀러 옆에 장식장을 마련하여 늘 보는 즐거움도 같이 얻을 수 있길 바란다.

1. 피오 체사레, 바롤로
Pio Cesare, Barolo

 레드

원산지 프랑스 / 피에몬테Piemonte > 바롤로
와이너리 피오 제사레Pio Cesare
포도 품종 네비올로Nebbiolo 100%

당도 ●○○○○ 산도 ●●●●○
바디 ●●●○○ 타닌 ●●●●○

2016 WE 96, RP 95, JS 95, D 92, JD 90
2013 RP 95, JS 95, WE 95, WS 93, D 93
2012 JS 95, RP 94, WS 92, WE 90

WINE ENTHUSIAST 2021 VINTAGE CHART

Region	Appellation/Type	2018	2017	2016	2015	2014	2013	2012	2011	2010
Piedmont	Barbaresco	89	91	99	92	92	92	93	90	98
	Barolo	89	90	99	93	87	94	93	93	98

2013년 피에몬테 지역의 빈티지는 매우 훌륭했다. 늦여름의 따뜻한 날씨와 시원한 밤은 탄닌과 산도 등 숙성력과 균형미를 갖춘 와인을 만들 수 있게 했으니, 바롤로는 앞으로도 25년 정도 계속 발전을 하며 정점에 도달할 것이라고 예상하고 있다.

와인 애드버킷도 바롤로 2013 빈티지에 대해 94 T Still tannic, youthful, or slow to mature로 2010년 98 T 이후 가장 높게 평가하고 있다.

와인 서처는 이 와인의 품질, 컨디션, 시음 적기에 대해 아래와 같이 설명한다.

Vintage quality	Excellent
Current condition	Ready to drink, will keep
When to drink	2018 to 2030

2021/4 ('13)

Tasting Note
(2013)

시각   선명도는 맑고, 색상은 가넷, 색의 강도는 중간

후각   상태는 깨끗, 후각의 강도는 medium(+)
1차 향: 딸기, 라즈베리, 체리, 말린 장미꽃, 제비꽃, 미네랄
→ 상큼, 새콤한 과일 향
2차 향: 바닐라, 삼나무, 치즈
3차 향: 가죽, 담배, 타르, 버섯, 흙, 마른 잎
발전 단계는 숙성 중

미각   당도: dry, 산도: medium(+), 바디: medium, 탄닌: medium(+)
알코올: medium (+) → 산도가 좋아 높게 안 느껴짐.
풍미 강도는 medium
여운은 medium → 3차 숙성 풍미, 탄닌이 느껴지는데 생각보다 강하지 않음.

좋은 와인이며, 지금 마셔도 좋고, 숙성 잠재력이 많이 있음.
→ 균형미, 복합미는 Very Good, 풍미 강도, 여운은 Good

⇒ 전반적으로 바롤로의 특징이 잘 느껴지며, 시간이 지나면서 부드러운 오크 풍미와 침용 기간에 비해서 생각보다는 압도적이지 않게 느껴지는 탄닌과 구조감, 무겁지 않은 느낌이 오히려 좋았는데, 5년 정도 추가 숙성하고 마신다면, 부족했던 숙성 풍미의 깊이나 여운이 더 좋아질 것으로 생각됨.

평점   4.2
가격   11.5만 원

wine-searcher.com
평점   92
가격   9.3만 원

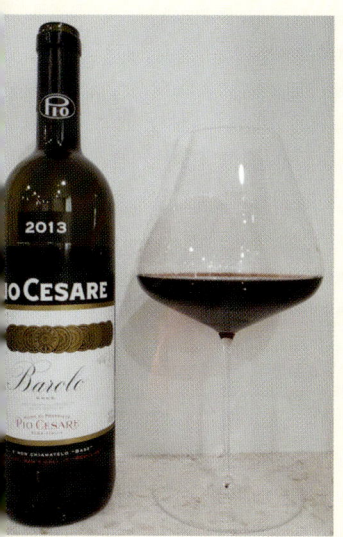  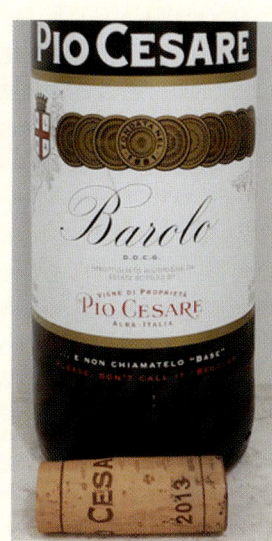

2. 피오 체사레, 바르바레스코
Pio Cesare, Barbaresco

🇮🇹 레드

원산지 프랑스 / 피에몬테Piemonte > 바르바레스코
와이너리 피오 체사레Pio Cesare
포도 품종 네비올로Nebbiolo 100%

당도 ●○○○○   산도 ●●●●○
바디 ●●●○○   타닌 ●●●●○

2016 JS 95, JD 94, RP 93
2015 JS 95, RP 92, WS 91, WE 91
2013 JS 93, D 92, RP 91, WS 91

WINE ENTHUSIAST 2021 VINTAGE CHART

Region	Appellation/Type	2018	2017	2016	2015	2014	2013	2012	2011	2010
Piedmont	Barbaresco	89	91	99	92	92	92	93	90	98
	Barolo	89	90	99	93	87	94	93	93	98

2013년 피에몬테 지역의 빈티지는 매우 훌륭하여, 우아한 과일과 아로마, 산도가 균형감 있게 잘 구조화되어 있는 와인이 만들어진 해인데, 바르바레스코는 15년 정도 계속 발전을 하며 정점에 도달할 것이라고 예상하고 있다.

와인 애드버킷도 바르바레스코 2013 빈티지에 대해 93 T Still tannic, youthful, or slow to mature로 2010년 95 T 이후 가장 높게 평가하고 있다.

와인 서처는 이 와인의 품질, 컨디션, 시음 적기에 대해 아래와 같이 설명한다.

Vintage quality	Excellent
Current condition	Ready to drink, will keep
When to drink	2017 to 2027

2021/4 ('13)

Tasting Note (2013)

시각   선명도는 맑고, 색상은 가넷, 색의 강도는 중간

후각   상태는 깨끗, 후각의 강도는 medium(+)
1차 향: 딸기, 라즈베리, 체리, 말린 장미꽃, 제비꽃, 자두 → 잘 익은 과일
2차 향: 바닐라, 삼나무, 정향, 육두구
3차 향: 가죽, 담배, 타르 → 숙성 풍미의 강도가 약한 편
발전 단계는 숙성 중

미각   당도: dry, 산도: medium(+), 바디: medium, 탄닌: medium(+)
알코올: medium (+) → 산도가 좋아 높게 안 느껴짐.
풍미 강도는 medium
여운은 medium → 1차 과일, 3차 숙성 풍미가 느껴지나, 강하지 않음.

좋은 와인이며, 지금 마셔도 좋고, 숙성 잠재력이 많이 있음.
→ 균형미, 복합미는 Very Good, 풍미 강도, 여운은 Good

⇒ 전반적으로 바르바레스코 와인의 우아함이 느껴지기보다는 잘 익은 과일 풍미와 스파이시함이 지배적이다가 시간이 지나면서, 숙성 풍미가 살아남.

평점   4.2
가격   11.5만 원

평점   90
가격   8.4만 원

Tasting Note #2

1. 피오 체사레, 바롤로
Pio Cesare, Barolo

원산지	프랑스 / 피에몬테Piemonte > 바롤로
와이너리	피오 체사레Pio Cesare
포도 품종	네비올로Nebbiolo 100%

당도 ●○○○○   산도 ●●●●○
바디 ●●●○○   타닌 ●●●●○

2016 WE 96, RP 95, JS 95, D 92, JD 90
2013 RP 95, JS 95, WE 95, WS 93, D 93
2012 JS 95, RP 94, WS 92, WE 90

---

2. 피오 체사레, 바르바레스코
Pio Cesare, Barbaresco

원산지	프랑스 / 피에몬테Piemonte > 바르바레스코
와이너리	피오 체사레Pio Cesare
포도 품종	네비올로Nebbiolo 100%

당도 ●○○○○   산도 ●●●●○
바디 ●●●○○   타닌 ●●●●○

2016 JS 95, JD 94, RP 93
2015 JS 95, RP 92, WS 91, WE 91
2013 JS 93, D 92, RP 91, WS 91

두 와인을 동일하게 오픈 후 디캔팅을 거쳐, 1시간 이후부터 매시간별 총 5시간, 5회에 걸쳐 나눠 비교 테이스팅을 했다. 바롤로 와인의 처음 모습은 상큼-새콤한 붉은 과일 풍미가 지배적이었다가, 시간이 지나면서 점점 향과 맛 모두 3차 숙성 풍미가 중심을 차지하고, 마지막에는 부드러운 오크 풍미가 지배하면서 간단한 치즈와도 편하게 마실 수가 있었다.

이에 비해 바르바레스코 와인은 바롤로 와인에 비해 색도 조금 더 진했고, 산도가 좋으나 바롤로보다는 조금은 낮게 느껴졌다. 또한, 새콤하기보다는 자두와 같이 잘 익은 과일 풍미가 지배적이었는데, 시간이 지나면서 부드러운 오크 풍미와 부드러운 탄닌, 스파이시한 향신료 향 등이 지배적이었다.

파워풀함과 우아함을 비교하려고 했지만, 사실 전형적인 특징이 확연히 비교되지는 않았는데, 오히려 두 와인의 숙성 정도나 가진 숙성 잠재력에 따른 풍미의 차이를 확인한 것 같다.

병의 외관을 보면, 마치 동일한 와인으로 보이는데, 오픈하면 코르크의 재질과 색깔, 병에 삽입하는 방향, 숫자의 크기 등 아주 작은 디테일의 차이를 느낄 수 있어 흥미롭다.

3. 라 스피네타, 바롤로
La Spinetta, Barolo Campe

🇮🇹 레드

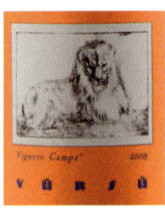

원산지 프랑스 / 피에몬테Piemonte > 바롤로
와이너리 라 스피네타La Spinetta
포도 품종 네비올로Nebbiolo 100%

당도 ●○○○○   산도 ●●●●●
바디 ●●●○○   타닌 ●●●●●

2017 JS 97, RP 95, JD 93
2008 JS 95, RP 94, WS 92
2007 RP 95, WS 91, CellarTracker 92

WINE ENTHUSIAST 2021 VINTAGE CHART

Region	Appellation/Type	2011	2010	2009	2008	2007	2006	2005	2004	2003
Piedmont	Barolo	93	98	95	91	95	95	89	97	86

피에몬테 지역의 2007년은 매우 좋았는데, 가뭄과 우박으로 수확량은 크게 줄었지만, 포도의 성장 기간 동안에 밤이 서늘했고 평소보다 일찍 수확하면서 와인은 신선하고 어릴 때에도 접근하기 쉽고 세련된 개성을 보였다고 한다.

와인 애드버킷도 바롤로 2007 빈티지에 대해 95 T Still tannic, youthful, or slow to mature로 높은 평가를 하고 있다.

와인 서처는 이 와인의 품질, 컨디션, 시음 적기에 대해 아래와 같이 설명한다.

Vintage quality	Excellent
Current condition	Ready to drink, will keep
When to drink	2014 to 2024

Tasting Note #3

2020/8 ('07)

Tasting Note (2007)

시각 선명도는 맑고, 색상은 가넷, 색의 강도는 중간

후각 상태는 깨끗, 후각의 강도는 medium(+) 로 진함.
1차 향: 라즈베리, 체리, 말린 장미꽃, 제비꽃, 퍼퓸, 미네랄
→ 오래 숙성되었지만, 상큼, 새콤한 과일 향이 아직 있고, 꽃향 만발
2차 향: 삼나무, 정향, 육두구, 바닐라, 크림, 치즈, 감초
3차 향: 가죽, 젖은 낙엽, 흙, 담배, 타르, 버섯
발전 단계는 숙성 중

미각 당도: dry, 산도: medium(+) 이상, 바디: medium, 탄닌: high → 많이 쪼여
알코올: medium (+) 이상 → 14.5%, 높게 느껴지나 산도가 좋아 high까지는 아님.
풍미 강도는 medium(+)
여운은 medium(+) → 붉은 과일과 말린 장미꽃

매우 좋은 와인이며, 지금 마셔도 좋고, 숙성 잠재력이 많이 있음.
→ 균형미, 복합미, 풍미 강도, 여운 모두 Very Good

⇒ 코르크 오픈 시, 부드러운 바롤로의 숙성 풍미가 기분 좋게 올라옴. 복합적인 향이 계속 올라옴. 오랜 기간 숙성에도 높은 산도와 탄닌, 복합미와 향의 강도를 가진 전형적인 고급 바롤로 와인임(6시간이 지나자 열리지 않았던 와인이 멋진 올빈의 격식은 유지한 채, 편하게 다가오기 시작함.).

평점 4.5
가격 18만 원

평점 93
가격 20.2만 원

4. 라 스피네타, 바르바레스코 스타데리
La Spinetta, Barbaresco Starderi

 레드

원산지	프랑스 / 피에몬테Piemonte > 바르바레스코
와이너리	라 스피네타 La Spinetta
포도 품종	네비올로 Nebbiolo 100%

당도 ●○○○○ 산도 ●●●●○
바디 ●●●○○ 타닌 ●●●●○

2016 RP 95, JS 95, WS 93
2013 RP 94, JS 94, WS 93
2007 RP 94, WS 93, JS 93

WINE ENTHUSIAST 2021 VINTAGE CHART

Region	Appellation/Type	2007	2006	2005	2004	2003	2002	2001	2000	1999	1998
Piedmont	Barolo	92	95	89	96	85	82	96	95	92	95

피에몬테 지역의 2003년은 전반적으로 좋았는데, 여름 내내 매우 덥고 건조했으나 가을이 시원하면서 산도와 아로마의 특성 및 균형감을 잡는 데 성공했다. 수확 시기가 평소보다 빨라, 네비올로 품종의 경우 조금 덜 익고 신선한 특성을 가진 것도 있다고 한다.

와인 애드버킷도 바르바레스코 2003 빈티지에 대해 89 Irregular, even among the best wines로 불규칙성에 대해 동일하게 평가하고 있다.

와인 서처는 이 와인의 품질, 컨디션, 시음 적기에 대해 아래와 같이 설명한다.

Vintage quality	Good
Current condition	Ready to drink
When to drink	2009 to 2018

2020/8 ('03)

Tasting Note (2003)

시각   선명도는 맑고, 색상은 가넷 → 테두리는 갈색, 색의 강도는 중간

후각   상태는 깨끗, 후각의 강도는 medium(+)로 진함.
        1차 향: 말린 장미꽃, 제비꽃, 붉은 체리, 라즈베리, 민트, 후추, 미네랄
              → 꽃 향이 과일 향을 압도
        2차 향: 삼나무, 정향, 육두구, 바닐라, 치즈
        3차 향: 젖은 낙엽, 흙, 담배, 타르, 호두-견과류
        발전 단계는 완전히 숙성 ~ 힘이 많이 꺾인 느낌도 있음.

미각   당도: dry, 산도: medium(+) 이상, 바디: medium, 탄닌: medium(+) 이상
        알코올: high → 아직도 강하게 느껴짐.
        풍미 강도는 medium(+)
        여운은 medium(+) → 붉은 과일과 말린 장미꽃, 미네랄 느낌이 좋음.

매우 좋은 와인이며, 지금 마셔도 좋고, 숙성 잠재력이 많이 있음.
→ 균형미, 복합미, 풍미 강도, 여운 모두 Very Good

⇒ 코르크 오픈 시, 바롤로보다 향은 좀 더 가벼운 느낌인데, 색상은 옅은 포트 와인에 가까움. 이후 복합적인 향이 계속 올라옴. 힘이 꺾인 느낌도 조금은 있으나, 시간이 지나면서 힘도 느껴지고, 세련되었던 예전의 느낌도 고스란히 전해지는 고급 바르바레스코 와인이 분명함. (3일 후) 향이 대박!!!

평점   4.3
가격   18만 원

wine-searcher.com

평점   89
가격   18.6만 원

5. 라 스피네타, 바르바레스코 보르디니
La Spinetta, Barbaresco Bordini

 레드

원산지 프랑스 / 피에몬테Piemonte > 바롤로
와이너리 라 스피네타La Spinetta
포도 품종 네비올로Nebbiolo 100%

당도 ○○○○○　산도 ●●○○○
바디 ●●●○○　타닌 ●●●○○

2018 RP 93, JD 92
2016 JS 93, WS 93, RP 92
2015 WS 94, JS 92, D 92, RP 91

WINE ENTHUSIAST 2021 VINTAGE CHART

Region	Appellation/Type	2018	2017	2016	2015	2014	2013	2012	2011	2010
Piedmont	Barbaresco	89	91	99	92	92	92	93	90	98

피에몬테 지역의 2015년은 매우 훌륭했는데, 7월은 역사상 가장 더운 해였다. 그러나 8월에 가끔 비가 오면서 가뭄이 해소되었고, 바르바레스코 와인은 절제된 힘과 신선한 과일 캐릭터와 구조감을 갖추었다고 한다.

와인 애드버킷도 바르바레스코 2015 빈티지에 대해 91 T Still tannic, youthful, or slow to mature로 평가하고 있다.

와인 서처는 이 와인의 품질, 컨디션, 시음 적기에 대해 아래와 같이 설명한다.

Vintage quality	Excellent
Current condition	Ready to drink
When to drink	2018 to 2030

2021/2 ('15)

Tasting Note (2015)

- **시각**   선명도는 맑고, 색상은 가넷, 색의 강도는 중간

- **후각**   상태는 깨끗, 후각의 강도는 medium(+)
  1차 향: 딸기, 라즈베리 → 상큼, 새콤한 붉은 계열의 과일 향
  2차 향: 바닐라, 삼나무
  3차 향: 가죽, 담배, 타르, 말린 장미꽃
  발전 단계는 숙성 → 완전히 숙성까지는 아니지만, 마시기 딱 좋음.

- **미각**   당도: dry, 산도: medium(+), 바디: medium(+), 탄닌: medium(+), -
  알코올: medium (+) → 14.5%인데 부드럽고 산가 좋아 높게 안 느껴짐.
  풍미 강도는 medium
  여운은 medium

  좋은 와인이며, 지금 마셔도 좋고, 숙성 잠재력이 많이 있음.
  → 균형미, 복합미는 Very Good, 풍미 강도, 여운은 Good

평점   4.1
가격   5.3만 원

⇒ 향이나 풍미에서 품종의 특징이 잘 드러나며, 맛이 부드럽고 균형미가 좋아 가볍게 마시기에도 매우 좋고, 맛있음. 다만, 숙성이 좀 빨리 된 듯하고, 여운과 전반적인 강도가 다소 부족함.

wine-searcher.com
평점   91
가격   7.1만 원

6. 폰타나프레다, 바롤로 세라룽가 달바
Fontanafredda, Barolo Serralunga d'Alba

 레드

원산지   프랑스 / 피에몬테Piemonte > 바롤로
와이너리 폰타나프레다Fontanafredda
포도 품종 네비올로Nebbiolo 100%

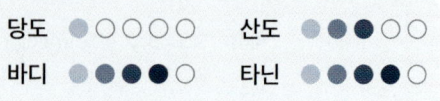

당도 ●○○○○   산도 ●●●○○
바디 ●●●●○   타닌 ●●●●○

2015 WE 94, JS 93, RP 92
2010 RP 93, WS 93, JS} 92, WE 92
1996 W&S 92, CellarTracker 90

WINE ENTHUSIAST 2021 VINTAGE CHART

Appellation/Type	2010	2009	2008	2007	2006	2005	2004	2003	2002	2001	2000	1999	1998	1997	1996
Barolo	98	95	91	95	95	89	97	86	82	97	90	95	94	93	98

피에몬테 지역과 바롤로 마을의 1996년은 매우 특별했던 해였으며, 1998년도 뛰어난 바롤로 와인에 'Struck gold'라는 표현까지 쓰며 극찬을 하고 있다. 1999년까지도 이어지면서 현재까지도 마실 만한 괜찮은 빈티지가 만들어졌다고 하며, 2010년은 환상적인 해로 평가받는다.

와인 애드버킷도 바롤로 1996 빈티지에 대해 97 T *Still tannic, youthful, or slow to mature*, 2010빈티지에 대해 98 T로 평가하고 있다.

와인 서처는 이 와인의 품질, 컨디션, 시음 적기에 대해 아래와 같이 설명한다.

Vintage quality	Legendary (96, 98) / Good (99) / Legendary (10)
Current condition	Ready to drink (96, 98, 99) / Ready to drink, will keep (10)
When to drink	2003 to 2008 / 2005 to 2018 / 2003 to 2018 / 2016 to 2034

2021/3 ('96), 2020/10 ('10), 2020/9 ('98), 2020/4 ('99)

**Tasting Note
(1996, 1998, 1999, 2010)**

시각 '96, '98, '99 빈티지는 색상이 가넷 → 테두리는 갈색으로 포트 와인의 느낌
'10 빈티지는 색상이 가넷

후각 후각의 강도는 medium(+)
전형적인 바롤로 와인의 향과 풍미를 가지고 있음.
바닐라, 삼나무와 같은 오크 향과 풍미와 가죽, 흙, 담배, 타르, 버섯과 같은 오랜 기간 병 숙성을 통한 향과 풍미가 메인이며, '10 빈티지의 경우에는 붉은 과일의 아로마도 메인 수준으로 발현되고 있음.
모든 빈티지가 바롤로 와인 특유의 말린 장미꽃과 장미잎, 제비꽃의 향과 풍미를 모두 잘 가지고 있음.
빈티지가 오래될수록 검은 과일이나 초콜릿 향도 조금씩 느껴짐.

미각 산도나 탄닌이 medium(+) 이상이며, 바디는 medium
풍미 강도는 빈티지에 따라 다르나, '96과 '10 빈티지는 medium(+) ~ 이상
여운은 '96이 매우 길고 아직도 몇 년간은 충분히 힘과 풍미를 유지할 것이며, '10도 여운이 긴 편인데 이제 시작되는 와인이라 생각됨.
'98과 '99는 평가보다는 다소 약하게 느껴졌으며, 지금이 마시기 적당함.

평점 4.3
가격 11.8만 원

병점 90
가격 -

이탈리아 대표는 나.
슈퍼 투스칸 vs BDM

지금까지 와인의 종주국 이탈리아의 대표 와인으로 네비올로 품종의 와인을 설명했다. 개인의 취향에 따라서 이탈리아의 대표는 당연히 슈퍼 투스칸이라고 하거나 혹은 브루넬로 디 몬탈치노통상 국내에선 'BDM'으로 줄여 부름라고 반론을 제기하는 독자들이 많을 것인데 나 또한 이 둘을 매우 좋아한다.

다만, 이번에는 좀 아껴두고자 한다. 그 이유는 만약 다음에 다시 기회가 있다면, 이 두 가지의 주제와 보르도 1등급 와인, 부르고뉴의 그랑 크뤼 와인의 테이스팅 노트를 가지고 책을 다시 한번 써보고 싶기 때문이다.

지금 기준으로 오픈한다면 슈퍼 투스칸의 엔트리급이지만, 효시와도 같은 티냐넬로 Tignanello를 선택하고 싶다. 2016년 《와인 스펙테이터》 Top 100 중 2013 빈티지가 8위, 2018년에는 2015 빈티지가 24위점수는 97점으로 5위를 차지한 와인은 프렌치 오크통에서 18개월가량 숙성되며, 병입 후 1년간 병 숙성을 거친 후 출시된다. 필자의 셀러에도 오랜 기간 저장되어 있어 현재로서는 첫 번째 선택이 될 것인데, 20년이 된 올빈부터 2018 빈티지까지 모두 섬세하고 부드러운 질감이나, 풍미, 여운, 색깔 등에 있어서 매력적인 와인이다.

만약, 10년 정도가 된 와인을 오픈한다면, 아마도 사시카이아Sassicaia를 선택할 것이다. 2020년에 마신 사시카이아 2001 빈티지는 좀 더 진한 과일과 스파이시, 다양한 숙성 캐릭터가 매우 복합적이었으며, 풀바디하고 탄닌이 강하면서도, 부드럽고 산도가 좋아 매우 인상적이었다. 2020년에 마신 2014 빈티지나 2021년 마신 2016 빈티지는 사실 좋은 와인이지만, 전반적인 풍미나 복합미에서 아직은 좀 부족했고, 산도는 날카롭고 바디도 각이 진 듯한 느낌을 주면서 아직까지는 제 모습의 반도 못 보여 주는 아쉬운 테이스팅이었다.

슈퍼 투스칸 와인은 기본적으로 매우 고가임에도 불구하고, 사시카이아는 2018년《와인 스펙테이터》Top 100 중 2015 빈티지가 1위를 차지하면서, 인기와 명성이 더욱 올라갔으며, 국내에서도 판매가가 꽤 올랐다. 2020년 연말에 참석했던 슈퍼 투스칸 시음회에서도 두 와인을 포함하여 비교 테이스팅을 할 기회가 있었고, 여기서 필자의 성향을 다시 한 번 확인할 수 있었다.

시음회 특성상 어린 빈티지를 가지고 테이스팅했는데, 티냐넬로 2017 빈티지에 대해 가장 좋은 점수를 주었고, 사시카이아 2016 빈티지는 2시간 동안 디캔팅을 하였는데도, 아직 너무 어리고 열리지가 않아서 처음 테이스팅할 때 많이 당황스러웠다. 1~2시간 이후부터는 과일과 향신료 향 뿐만 아니라 담배, 흙과 같은 숙성향도 조금씩 올라와서 다행이었는데 끝까지 산도가 날카롭고 전반적으로 아직은 미완성된 느낌이어서 당시에도 2021년 마신 것과 별 차이가 없었다.

반면, 오르넬라이아Ornellaia 2017 빈티지는 역시 안 맞았다. 그러나 다행인 게 마세토Masseto나 프랑스 보르도 지역의 우안 포므롤Pomerol의 최고의 와인인 페트루스Petrus는 아직까지는 마셔 보지 못했지만, 당분간은 필자의 돈으로 사진 않아도 될 것 같기 때문이다.

메를로Merlot 품종이 주된 와인은 역시 필자에게는 너무나도 어렵고 가까울 듯 먼 품종이다. 메를로와 카베르네 소비뇽 품종을 비슷한 비율로 블렌딩해 만든 샤토 오 브리옹 Chateau Haut Brion이나, 메를로와 카베르네 프랑 품종을 비슷한 비율로 블렌딩해 만든 샤토 슈발 블랑Chateau Cheval Blanc 과 같은 와인은 필자와 꽤 잘 맞는다. 이에 비해, 메를로 품종이 90~100%인 와인은 1~2잔 마시면 그다음부터는 진한 과일의 풍미에 금세 질려버리게 되니, 역시 와인은 참으로 어렵고, 아직 그 깊이를 제대로 이해하지도 따라가지도 못하고 있다는 생각이 들기도 한다.

브루넬로 디 몬탈치노, 일명 BDM이라 불리는 이 품종은 이탈리아의 대표 품종이자 최대 생산량을 기록하는 토스카나주의 상징인 산지오베제 품종의 클론인 산지오베제 그로소Grosso로 포도알이 매우 크며, 갈색빛을 띤다. 탄닌이 강해 오랜 기간 숙성 후 출시되며, 산도가 좋고 과일 향과 미네랄, 오크 풍미 등이 좋은 고급 와인이다.
BDM 와인 중에는 티냐넬로의 생산자인 마르케시 안티노리Marchesi Antinori 가문이 만든 피안 델레 비녜Pian Delle Vigne, Brunello di Montalcino의 BDM이 필자가 자주 마시는 와인 중 하나이다. 품질, 가격, 와이너리의 전통 등 모든 면에서 빠짐이 없으며, 심지어 검은 바탕에 붉은 글씨로 구성된 레이블까지도 매우 고급스러워 마실 때도 즐겁고 선물이나 모임에 가지고 나가기도 매우 좋은 와인이다.
추가로 선택해 본다면 BDM의 역사이자 상징인 비온디 산티 Biondi Santi, Brunello di Montalcino, 루체 델라 비테 Luce Della Vite, Brunello di Montalcino, 가야 Gaja, Brunello di Montalcino, 카사노바 디 네리Casanova di Neri, Brunello di Montalcino 등에서 만든 와인을 선택하고 싶다. 앞선 리스트는 실제 필자가 혼술보다는 모임에 자주 가지고 나가는 매우 강한 녀석들이며, 현재도 셀러에서 잘 숙성되고 있기 때문에 슈퍼 투스칸 와인과 함께 열심히 테이스팅 노트를 작성하고 있는 중이다.

이 밖에도 아마로네, 타우라지 등도 매우 좋은 와인으로 메인 요리를 만날 때 빛이 나는데, 이런 이탈리아 와인을 마실 때면 늘 행복하며, 선택 장애를 일으킬 만큼 많은 고민을 하게 만드는 곳이 이탈리아 레드와인이다.

6

Cabernet Sauvignon
카베르네 소비뇽

"와인 마개를 따서 바로 맛있게
마실 수 있어야 한다고 말하는
와인 애호가 친구가 있다.
그가 편애하는 와인은 나파 밸리 와인이다.

한편, 와인은 변화를 즐기는 술.
떫은 술이 점점 달콤하게 변하는 것이
좋다고 말하는 친구도 있다.

그가 좋아하는 것은 물론
프랑스, 보르도의 오래된 술이다.

프랑스 편애자, 미국 편애자, 이탈리아 편애자.
와인을 즐기는 방식은 사람만큼이나 다양하다."

《신의 물방울》 기바야시 신 Kibayashi Shin

쉽지 않은
그랑 크뤼 클라세 1855

전 세계 대부분 와인 생산 국가에서 이 포도를 재배하며, 와인을 처음 접할 때 가장 먼저 혹은 자주 만나게 되는 품종이 바로 레드와인의 상징과도 같은 카베르네 소비뇽Cabernet Sauvignon 품종이다.

보르도 지역의 카베르네 프랑Cabernet Franc 품종과 소비뇽 블랑Sauvignon Blanc 품종이 자연 교배를 통해 만들어진 이 품종은 다양한 지역과 기후대, 양조 방식 등에 따라 다양한 스타일로 만들어진다. 포도의 껍질이 두꺼워 포도가 잘 익기 위해서는 최소한의 일조량과 온화한 날씨가 필수이다.

미국이나 신대륙 여러 지역은 따뜻한 날씨와 일조량, 차가운 해류와 충분한 강수량산지별로 상이하나 800~1,000mm 등 천혜의 자연 조건으로 매우 잘 익은 카베르네 소비뇽 와인을 만든다. 이에 비해, 프랑스 보르도 지역은 날씨가 변덕스러워서 매년 와인의 품질 수준이 크게 변동한다. 그래서 배수가 잘되고 열을 간직할 수 있는 자갈 토양에서 오랜 기간 이루어 온 전통과 테루아를 가지고 강렬하면서도 복합미를 두루 갖춘 장기 숙성형 와인이자, 세계 최고의 와인을 만들고 있다.

이 품종은 메를로, 카베르네 프랑 품종에 비해서는 만생종에 가까우며 포도 껍질이 두꺼워서 색과 탄닌이 진하고 풀바디한 와인이 만들어진다. 껍질이 두껍고 포도 송이가 느슨하며 길쭉하여 곰팡이와 같은 균에 강하므로 연간 강수량이 꽤 많은 보르도 지역 내에서도 특히 좌측 마을의 자갈 토양에서 잘 자라고 있다.

카베르네 소비뇽 품종은 프랑스뿐만 아니라, 신대륙인 칠레와 미국에서도 많이 재배하고 있으며, 높은 생산량 수치를 점유하고 있다. 그리고 오스트레일리아와 스페인, 아르헨티나, 이탈리아, 남아프리카공화국, 중국 등에서도 높은 수치를 점유하고 있는 주요 품종이다. 다양한 기후대에서 만들 수 있는 샤르도네 품종보다 1.5배 이상, 피노 누아 품종보다 3배 이상 넓은 지역에서 포도 재배가 이뤄지고 있어 국제적인 품종 중에서는 가장 많은 포도 재배와 와인 생산이 이루어진다.

와인 마시기는 처음에는 칠레에서 만든 카베르네 소비뇽 품종 와인으로 시작한다. 이후 와인의 매력에 좀 더 빠지게 되면 보르도를 조금씩 경험하다가 바로 이마트 장터 행사 때 줄서기 행사에 참여하면서 5대 샤토를 모으기 시작한다. 더 나아가 자신의 출생이나 아들, 딸의 출생 빈티지에 맞춰서 5대 샤토를 모으기도 한다.

사실 필자는 아직까지 줄서기를 한 번도 못해 봤고, 출생 빈티지를 모으지도 못했다. 앞서 말했듯이 사실 보르도 지역의 와인이나 카베르네 소비뇽 품종 와인이 필자의 전공 분야가 아니어서, 이론에 비해 테이스팅 경험이 늘 부족하다고 느끼기 때문이다. 또한, 모임이나 시음회에서는 자주 접하지만 집에서 밤에 혼술로 진지하게 테이스팅하기에는 풀바디하고 강한 탄닌이 조금은 부담스럽게 느껴지기 때문이다. 더 큰 이유로는 부르고뉴 지역의 와인을 마시다가 이제는 카베르네 소비뇽 품종 와인을 좀 더 경험해 볼까 하고, 보르도 지역의 올드 빈티지 와인을 어렵게 구해서 마셔 보면, 결국은 역시 부르고뉴 와인이 최고야 하며 다시 부르고뉴 와인을 마시게 되는 과정을 몇 번이고 반복 중에 있기 때문이다.

그래도 경험을 계속하다 보니 보르도 지역 와인에 대해 무지했던 필자에게도 확실한 취향이 생겼다. 바로 샤토 마고 Chateau Margaux와 샤토 오 브리옹 Chateau Haut-Brion이 내 스타일과 맞으며, 이 둘이 가진 우아함과 섬세함이 필자 기준으로는 다른 보르도 지역의 와인과는 많이 달라, 기회가 될 때마다 해외 와인 구매 사이트인 밀레짐 Millesimes.com에서 이 2가지 와인을 컬렉팅하고 있다.

그러던 중, 신대륙의 카베르네 소비뇽 품종 중에서 꽤 충격적인 맛을 경험했다. 미국의 대표 와인 오퍼스 원 Opus One과 실버 오크 나파 밸리 Silver Oak, Napa Valley, 스택스 립 와인 셀라 Stag's Leap Wine Cellars의 와인 등이 그것이다. 이들은 나파 밸리의 특성을 지녔지만, 한편으로는 각 생산자들이 보르도의 특징 중 우아함, 오크, 탄닌, 스파이시, 식물성 캐릭터 등을 꽤 고급스럽게 보여 주고 있다. 이들 와인을 세부 요소별로 분석하다 보면 보르도 와인이라고 착각할 만한 포인트를 조금씩 가지고 있었던 고급 와인임을 알게 된다.

또한, 2008년《와인 스펙테이터》Top 100 중 2005 빈티지로 1위이전에도 2001 빈티지가 2위, 2000 빈티지가 3위를 차지함를 차지하면서 칠레의 대표 생산자로 떠오른 라포스톨Lapostolle의 클로 아팔타Clos Apalta를 마시면서 1865나 몬테스 알파Montes Alpha를 마시고 나서 생긴 카르미네르Carmenere 품종에 대한 편견도 완전히 사라졌다. 그리고 카르미네르 품종과 보르도 블렌딩을 한 이 와인의 크리미한 부드러움과 긴 여운, 적절한 탄닌과 식물성 캐릭터의 매력에 푹 빠지게 되었다. 칠레 와인 중에는 거의 유일하게 셀러에 보관 중인 와인이 클로 아팔타 와인이다.

고급 와인에 대한 테이스팅을 주제로 다시 책을 쓰게 된다면 그때는 5대 샤토와 이탈리아의 슈퍼 투스칸, 고급 빈티지 샴페인이나 부르고뉴 와인뿐만 아니라 클로 아팔타 와인도 테이스팅하여 노트를 공유하고 싶다.

풍미

《와인 폴리》 홈페이지에 따르면, 진한 농도와 숙성 가치를 지닌 카베르네 소비뇽 품종은 전 세계에서 가장 인기가 많은 레드와인 품종으로 블랙 체리, 블랙 커런트Black Currant_카시스(Cassis), 삼나무Cedar, 향신료Baking Spices, 흑연Graphite 등의 풍미를 가진다고 설명하고 있다.

카베르네 소비뇽 품종 와인은 어릴 때에는 퍼플에 가까운 자주색을 보이다가 숙성되면서 좀 더 진한 석류에 가까운 루비색을 띤다. 또한, 보이는 각도에 따라 오렌지색이 살짝 비치는 가넷색까지 띠는데, 앞 장에서 본 피노 누아 품종 와인 색과는 확실히 비교가 된다.

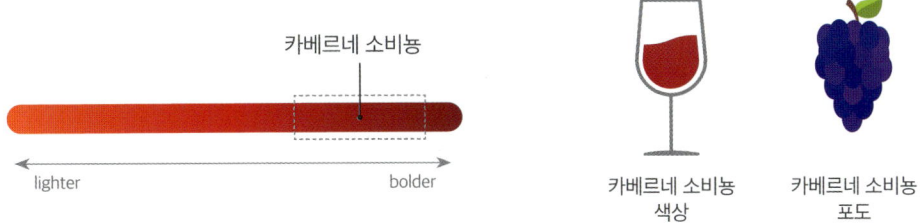

카베르네 소비뇽 품종 와인을 만드는 지역이 워낙 방대하다 보니, 지역별로 만들어진 와인에 대한 풍미도 매우 다르다. 보르도 지역의 와인이 가진 확실한 차별적 풍미로는 아니스Anise라는 향신료와 흑연의 연필심, 담뱃잎의 풍미 등이다. 보르도 블렌딩Bordeaux blending이라는 하나의 전통이자 특징을 가져, 블렌딩된 메를로 품종의 특징뿐만 아니라, 카베르네 프랑 품종의 비율에 따라 피망, 허브와 같은 초록 계열의 식물성 풍미가 은은하게 느껴지기도 한다.

이에 비해, 미국의 나파 밸리에서는 좀 더 잘 익어 진한 검은 자두, 베리 등의 과일 풍미와 부드럽고 진한 바닐라, 초코 등의 오크 풍미가 강하고, 바디감이나 질감이 좀 더 묵직한 특징을 가진다. 보르도 블렌딩뿐만 아니라 카베르네 소비뇽 품종 100%를 가지고 만든다. 보르도 지역에서도 재배하고 있으나 생산량이 적어 블렌딩에는 거의 사용하지 못하는 프티 베르도Petit Verdot_탄닌이 강하고, 구조감이 좋으며, 라일락과 바이올렛 꽃향기가 남, 스파이시 품종이나 프랑스 남서부 지방인 카오르Cahors에서 주로 재배하는 말벡Malbec_탄닌이 강하고, 과일 풍미가 부드러움 품종, 프티 시라 Petite Sirah_산도가 높은데 복합미가 떨어짐 품종 등과도 블렌딩하여 좀 더 다양한 풍미를 내기도 한다.

오스트레일리아 남쪽 지역에서 만든 와인은 진한 자두와 같은 검은 과일의 풍미가 압도적이며, 알코올도 높지만 부드러운 풍미가 있다. 이 중 쿠나와라Coonawarra 지역은 유칼립투스Gum tree 풍미가 뚜렷하며, 서쪽의 마가렛 리버Margaret River 지역은 우아한 붉은 과일의 풍미가 있다.

칠레는 무화과Fig paste나, 피망, 허브 등 초록 식물성 특징을 가지고 있고 이탈리아의 토스카나주 볼게리Bolgheri 지역은 보르도 블렌딩뿐만 아니라 산지오베제 품종을 블렌딩하기도 한다. 이 밖에도 남아프리카공화국 등 각 나라, 지역별로 가지고 있는 환경에 따라 다양성이 표현되고 있다. 다음 장에서 다루는 주요 지역별 세부 설명을 읽고 나면, 왜 이런 풍미가 지배적인지에 대해 쉽게 이해할 수 있을 것이다.

《월드 아틀라스 와인》은 부르고뉴 지역의 와인이 뻔뻔할 정도로 관능적이라면, 보르도 지역의 와인은 매우 지적이며, 와인 본성에 충실해 정점에 달했을 때, 즉 완전히 숙성되었을 때 미묘한 뉘앙스와 복합미를 풍긴다고 설명하고 있다. 이 심오한 말을 살짝 풀어보면, 결국은 좋은 보르도 와인은 그에 걸맞게 장기 숙성해서 마시라는 의미로 정리하고 싶다.

《와인 리뷰》6월호 중, '프랑스 4월의 냉해, 어린 포도나무를 덮치다'에 따르면, 보르도 지역도 서리의 피해를 많이 입었으며, 한때 영하 5도까지 떨어진 지역도 있었다고 한다. 특히, 메독Medoc 지역에서는 마고Margaux와 리스트락Listrac과 물리Moulis 마을이, 생테밀레옹St-Emilion에서는 저지대 지역이, 그라브Grave 지역에서는 바르삭Barsac 마을의 피해가 가장 컸다고 한다.

2023년에 2021 빈티지의 카베르네 소비뇽 품종 와인이 출시되면 과연 어떤 풍미를 보일지, 산불의 피해를 엄청나게 입은 미국과 가뭄으로 고생한 오스트레일리아의 와인을 모두 구매하여 꼭 비교 테이스팅해 볼 계획이다.

아시아계 최초의 MW인 지니 조 리가 2021년 6월에 조선일보와 인터뷰한 기사를 보자. 코로나 바이러스로 인해 매년 4~5월에 보르도에서 열렸던 엉 프리뫼르En Primeur_전 세계 전문가들이 시음, 평가하는 선물 거래 시스템 테이스팅을 대신해 각국의 전문가들에게 직접 발송된 와인을 가지고 테이스팅하는 기사 중에 지니 조 리는 "보르도의 2020 빈티지가 기후 변화를 잘 극복하고 훌륭한 품질의 와인이 되었다" 라는 내용이 있다.

2020년 4~5월은 프랑스 전역이 봉쇄 상태였고 이후에는 최악의 가뭄을 겪었다. 제임스 서클링이 2020 빈티지를 극찬하면서, "2018~2020년은 역사상 최초로 3년 연속으로 그레이트 빈티지"라고 언급한 것을 보니 최근 출시되고 있는 2019 빈티지가 무척 기대된다.

주요 지역의
특징과 등급 체계

» 프랑스 보르도

세계 최대 와인 생산 국가 중 하나인 프랑스에서 부르고뉴 지역과 함께 가장 명성이 높으면서 라이벌 관계를 형성하고 있는 곳이 바로 보르도 지역이다. 왕이나 귀족이 거주할 것 같이 아름다우면서도 거대한 샤토와 그 지하에 있는 카브는 직접 가보지 못했어도 유튜브 등에서 랜선 투어나 와이너리 소개 영상 등을 통해서 몇 번씩은 보았을 것이다.

이 아름다운 샤토가 이 지역에 약 7천여 개나 있다고 한다. 이곳에서는 레드와인을 거의 90% 가깝게 만들며, 화이트와인과 귀부 와인 등도 만들고 있다. 연간 생산되는 와인의 양이 프랑스 내에서도 랑그독 루시옹Languedoc Roussillon_프랑스 남부, 지중해 지역 산지을 제외하고는 비교 대상이 없을 정도로 많으며, 포도밭의 총넓이도 뉴질랜드의 10배 크기라고 하니 실로 엄청난 규모이다.

보르도 지역은 프랑스 서쪽에 대서양 바다와 마주하고 있으며, 온화한 날씨에 포도를 재배하기에는 다소 과도한 강수량(연간 944mm)과 가을비로 항상 습기가 많은 지역이다. 그러다 보니 매년 기후에 따라 수확량뿐만 아니라 포도나 와인의 품질 수준에 있어서도 변동폭이 매우 심하다. 그래서 이 지역에서는 일명 보르도 블렌딩이라는 것을 한다. 그것은 카베르네 소비뇽 품종이 완전히 익지 못하는 리스크에 대비하여, 메를로와 카베르네 프랑, 소량의 프티 베르도, 말벡 품종 등을 블렌딩하는 것이다. 그 비율도 매년 재배 상황에 따라 생산자별로 변화를 주면서 일정한 수준의 품질과 고유의 풍미를 유지한다.

메를로 품종은 보르도 전 지역에서 잘 자라며, 카베르네 소비뇽 품종보다도 2배 이상 많이 재배되고 있기 때문에 보르도 블렌딩의 일정한 생산량과 품질, 맛이 유지될 수 있다. 메를로 품종은 포도 껍질이 얇고 빨리 익는 조생종으로, 과일 풍미와 부드러움을 갖춘 우아한 와인이 만들어진다. 메를로 품종은 열을 잘 간직하는 자갈 토양보다는 수분을 일정량 함유하고 있는 진흙과 석회 토양을 좋아한다. 보르도 지역에서 가장 많이 재배되고 있으며, 특히 보르도 지역 내 우측 마을에서 최고급 와인이 만들어지고 있는데, 과일 풍미와 부드러움을 가지고 있어서 초보자들도 부담 없이 즐기기 좋은 와인 중 하나이다.

카베르네 프랑 품종은 카베르네 소비뇽 품종의 '카베르네'라는 이름을 물려준 조상이다. 다소 빨리 익으며, 탄닌이나 바디감, 풍미 등이 부족하나 장기 숙성에도 적합하며, 피망, 허브와 같은 식물성 느낌이 있다. 또한, 생산자에 따라 소량 혹은 일정량 블렌딩함으로써, 특유의 스타일과 맛을 유지할 수 있는 유연한 품종이다. 특히 보르도 내 우측 마을에서는 메를로와 거의 동일한 수준으로 블렌딩하여 최고의 와인을 만드는 생산자들도 있다.

보르도에는 2개의 강(가론Garonne강, 도르도뉴Dordogne강)이 만나 하나의 큰 강인 지롱드Gironde강과 바다로 이어진다. 부르고뉴 지역의 언덕에 위치한 포도밭과는 달리, 포도밭이 주로 강가 옆이나 평지에 위치한다. 포도나무를 심을 때 습한 날씨에 따른 곰팡이균을 방지하기 위하여 공기 순환을 좋게 하는 수직 방향 트레이닝VSP_Vertical Shoot Positioning하는 방식을 택해 기계 수확에도 용이한데, 생산자나 가격대에 따라 손 수확을 하는 곳도 많이 있다. 보르도는 과거, 귀족이나 진 세계 금융 자산가들이 샤토를 소유한 바 있고, 지금도 대규모 자금이 많이 있어 매년 엉 프리뫼르 테이스팅을 통해 선물 거래가 이루어지는 지역이다. 샤토 라투르Chateau Latour처럼 오크 및 병 숙성 이후에도 마시기 좋을 때까지 수년간 병 숙성 후 시장에 와인을 출시하는 곳도 있고, 양조나 오크 숙성에 있어서도 다양한 시험과 기술을 적용하는 등 오랜 기간 와인 시장의 흐름과 유행을 선도하는 곳이다.

보르도와 부르고뉴 지역 간에는 상반되는 부분이 매우 많다. 대표적인 차이점은 i) 보르도 지역은 위치가 프랑스의 서남쪽 바닷가에 위치하여 해양성 기후를 보이는데, 부르고뉴 지역은 동쪽으로 내륙에 위치하며, 대륙성 기후를 보인다는 점, ii) 이를 극복하여 장점을 살리기 위해 보르도 지역에서는 품종별 블렌딩을 하며 포도 껍질이 두껍고 탄닌이 강한 품종을 사용하는 데 비해, 부르고뉴 지역에서는 껍질이 얇고 탄닌이 약한 단일 품종을 사용하는 점, iii) 보르도 지역은 마을이나 샤토 중심이라면, 부르고뉴 지역은 마을이나 밭이 중심인 점, iv) 보르도 지역은 양조장 중심으로 샤토인 양조자와 포도 재배자가 분리되어 있다면, 부르고뉴 지역은 도멘인 양조자와 포도 재배자가 동일한 소규모의 가족 경영인 경우가 대부분인 점이다.

iii) 에 대해 추가 설명을 하자면, 샤토가 소유하고 있는 마을의 여러 밭에서 재배된 포도를 가지고 대형 양조장에서 블렌딩하여 만든 와인이 보통 보르도의 와인이라 할 수 있다. 그래서 보르도 지역의 등급 체계는 부르고뉴 지역의 밭 중심이 아닌 샤토에 대한 등급을 부여하고 분류하는 체계를 갖추게 되었다.

1855년 파리 만국박람회를 위해서 당시 프랑스의 황제인 나폴레옹 3세의 요청에 따라 보르도 상공회의소가 평가하여 5단계의 등급 체계 Grand Cru Classes에 맞춰 61개의 샤토를 선정했다. 이 체계는 1973년 샤토 무통 로칠드 Chateau Mouton-Rothschild에게만 단 한 번 등급 조정을 허용해 주었고, 이후에는 추가·제외, 등급 조정 등이 허용되지 않은 채 166년간 이어져 내려오고 있다. 엄청난 진입 장벽이 구축된 현재 1등급의 와인과 5등급 혹은 등급 외의 와인 간 가격 차이는 끝없이 벌어지고 있다.

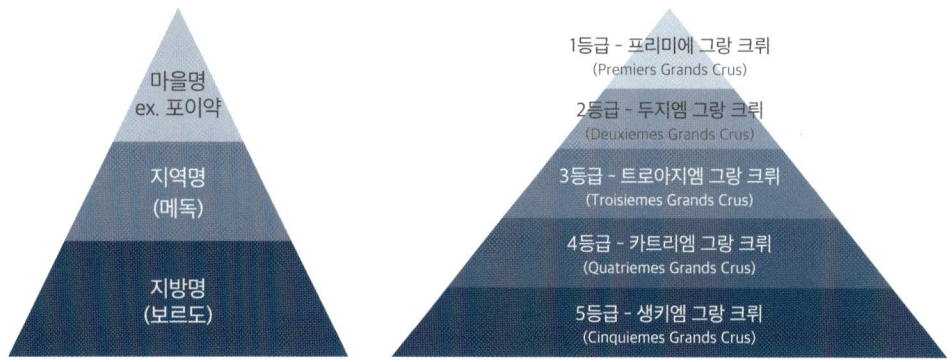

보르도 메독 지역의 등급 체계에 해당되는 61개의 샤토를 등급, 마을별로 분류하면 다음과 같다.

<보르도 메독 1~5 등급 와인 리스트>

등급	샤토명	마을명 (AOC)
1등급	샤토 라투르 Chateau Latour	포이약
	샤토 라피트 로칠드 Chateau Lafite-Rothschild	
	샤토 무통 로칠드 Chateau Mouton-Rothschild	
	샤토 마고 Chateau Margaux	마고
	샤토 오 브리옹 Chateau Haut-Brion	페삭-레오냥
2등급	샤토 코스 데스투르넬 Chateau Cos d'Eestournel	생-테스테프
	샤토 몽로즈 Chateau Montrose	
	샤토 피숑 롱그빌 바롱 Chateau Pichon Longueville Baron	포이약
	샤토 피숑 롱그빌 콩테스 드 라랑드 Comtesse de Lalande	

등급	샤토명	지역
2등급	샤토 뒤크리 보카이유 Chateau Ducru Beaucaillou	생 줄리앙
	샤토 그뤼오 라로즈 Chateau Gruaud Larose	
	샤토 레오빌 바르통 Chateau Leoville Barton	
	샤토 레오빌 라스 카즈 Chateau Leoville Las Cases	
	샤토 레오빌 푸아페레 Chateau Leoville Poyferre	
	샤토 브랑 캉트낙 Chateau Brane Cantenac	마고
	샤토 뒤포르 비방 Chateau Durfort Vivens	
	샤토 라스콩브 Chateau Lascombes	
	샤토 로장 가시 Chateau Rauzen Gassies	마고
	샤토 로장 세글라 Chateau Rauzen Segla	
3등급	샤토 칼롱 세귀르 Chateau Calon Segur	생-테스테프
	샤토 라그랑주 Chateau Lagrange	생 줄리앙
	샤토 랑고아 바르통 Chateau Langoa Barton	
	샤토 보이드 캉트낙 Chateau Boyd Cantenac	마고
	샤토 캉트낙 브라운 Chateau Cantenac Brown	
	샤토 데미라이 Chateau Desmirail	
	샤토 디쌍 Chateau d'Issan	
	샤토 페리에르 Chateau Ferriere	
	샤토 지스쿠르 Chateau Giscours	
	샤토 키르완 Chateau Kirwan	
	샤토 말레스코 생텍쥐페리 Chateau Malescot Saint Exuperu	
	샤토 마르퀴 달렘 베케르 Chateau Marquis d'Alesme Becker	
	샤토 팔머 Chateau Palmer	
	샤토 라 라귄 Chateau la Lagune	오-메독
4등급	샤토 라퐁 로쉐 Chateau Lafon Rochet	생-테스테프
	샤토 뒤아르 밀롱 Chateau Duhart Milon	포이약
	샤토 베이슈벨 Chateau Beychevelle	생 줄리앙
	샤토 브라네르 뒤크뤼 Chateau Branaire Ducru	
	샤토 생 피에르 Chateau Saint Pierre	
	샤토 탈보 Chateau Talbot	
	샤토 마르퀴스 드 테름 Chateau Marquis de Terme	마고
	샤토 푸제 Chateau Pouget	
	샤토 프리외르 리쉰 Chateau Prieure Lichine	
	샤토 라 투르 카르네 Chateau la Tour Carnet	오-메독
5등급	샤토 코스 라보리 Chateau Cos Labory	생-테스테프
	샤토 바타이 Chateau Batailley	포이약
	샤토 클레르 밀롱 Chateau Clerc Milon	
	샤토 크로아제 바쥐 Chateau Croizet Bages	
	샤토 다르마이약 Chateau d'Aemaihac	
	샤토 그랑 푸이 뒤카스 Chateau Grand Puy Decasse	
	샤토 그랑 푸이 라코스트 Chateau Grand Puy Lacoste	
	샤토 오 바쥐 리베랄 Chateau Haut Bages Liberal	
	샤토 오 바타이 Chateau Haut Batailley	
	샤토 링쉬 바쥐 Chateau Lynch Bages	

5등급	샤토 링쉬 무싸 Chateau Lynch Moussas	포이약
	샤토 페데스클로 Chateau Pedesclaux	
	샤토 퐁테 카네 Chateau Pontet Canet	
	샤토 도작 Chateau Dauzac	마고
	샤토 드 테르트르 Chateau du Tertre	
	샤토 벨그라브 Chateau Belgrave	오-메독
	샤토 캉트메를르 Chateau Cantemerle	
	샤토 드 카망삭 Chateau de Camensac	

주요 샤토에 대해 관심을 가지고 검색해 보면 샤토별 인수나 상속 관련 스토리뿐만 아니라 가격대나 빈티지별 정보를 많이 얻을 수 있으므로 구매 시 활용해 보길 바란다. 국내에서 크게 인기가 없는 3~5등급 중의 일부 와인은 수입이 중단된 것도 많으므로 해외여행 시나 해외 사이트를 이용해서 구매하는 것도 하나의 방법이다.

1920년 이후 그랑 크뤼 클라세에 포함이 되지 않은 와인을 대상으로 2010년 협회에서 테이스팅과 수차례 개정을 통해 선정된 샤토 약 200여 개가 크뤼 부르주아 Cru Bourgeois 라는 등급으로 분류되었다. 이 샤토는 가격이 저렴하고 품질이 우수하다. 레이블을 보면 메독이라는 글자 밑에 명기가 되어 있으니 와인 구매 시 참고하기 바란다.
이 등급은 오-메독 Haut-Medoc 일부 마을에만 편중되지 않고 오-메독 중 리스트락 메독이나 뮬리 마을뿐만 아니라 바-메독 Bas-Medoc 을 포함해 약 200여 개의 샤토가 선정되어 있다. 비록 1855년 당시 그랑 크뤼 등급에 선정되지 못했으나 지금은 웬만한 4~5등급만큼 훌륭하다고 평가받는 와인도 있다. 또한, 뮬리의 샤토 샤스 스필린 Chateau Chasse Spleen, 생 줄리앙의 샤토 글로리아 Chateau Gloria 와 같이 국내에서 엄청난 인기를 끌고 있는 와인도 있다.
보르도 내 주요 와인 생산지로는 좌측에는 **메독**과 **그라브**, 우측에는 **리부르네** Libournais 지역이 가장 유명하고 생산량과 품질에 있어서 세계 최고의 와인을 만드는 곳 중 한 곳이다. 이를 두고 보통 보르도의 좌안과 우안 지역이라고 구분을 한다.

메독 지역은 가론강과 도르도뉴강이 만나서 하나의 지롱드강이 되는 상류 지역인 오-메독부터 대서양 바다와 만나는 강의 하류 지역인 바-메독에 이르는 지역이다. 강의 좌측에 매우 크고 둥근 모양의 자갈로 구성된 포도밭에서 열악한 환경을 극복하며 위대한 와인을 만드는 여러 마을이 있다.

보통 자갈로 대표되는 이 지역의 토양은 《월드 아틀라스 와인》에는 보르도의 메독은 '발걸음을 옮길 때마다 토양이 바뀐다'라는 말이 있을 정도로 토양이 변화무쌍하다.

보통 좌안이 카베르네 소비뇽 품종, 우안이 메를로 품종으로 알려져 있는데, 보르도 지역의 전역에서 가장 많이 재배하는 품종은 단연 메를로이며, CIVB 과정 보르도 와인 마스터 인증 과정에서 배운 바에 따르면, 이 지역에서도 카베르네 소비뇽(50%)만큼이나 메를로 (44%)도 많이 재배되고 있다.

<메독 지역의 주요 마을 및 특징>

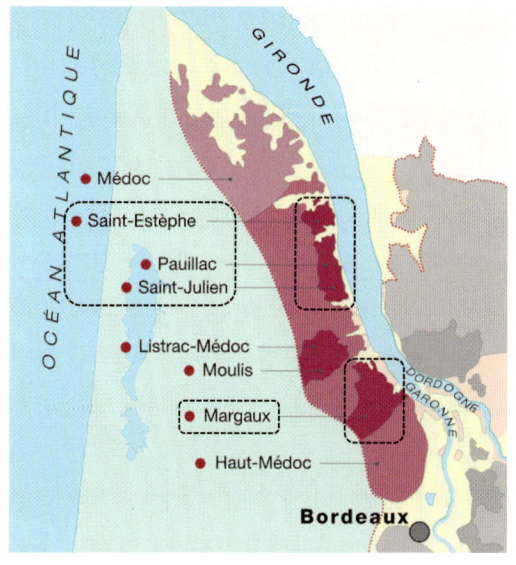

메독 바-메독

오-메독
• 생-테스테프 Saint-Estephe
 : 거친 & 탄닌 & 장기 숙성

• 포이약 Pauillac
 : 파워풀 & 남성적 & 장기 숙성

• 생 줄리앙 Saint Julien
 : 풍부한 풍미, 부드러움

• 마고 Margaux
 : 우아함 & 섬세함 & 부드러운 탄닌

• 리스트락 메독 Listrac-Medoc, 물리 Moulis
 : 좀 더 거친 편

[출처: www.bordeaux.com 보르도 와인협회]

다음은 주요 마을이 명시된 지도 옆에 이 마을의 특징을 정리한 것으로 CIVB 과정에서 배운 내용과 당시 강사님의 설명 내용을 요약한 것이다.

생-테스테프 마을은 오-메독의 가장 북쪽에 있는 마을로 다른 유명 마을에 비해 대서양과 만나는 하류 쪽에 가까워 토양이 다양한 자갈과 모래뿐만 아니라 점토층으로 이루어져 있다. 배수는 잘 되나 다소 거칠고 탄닌과 산도가 강하며, 풀바디하면서 장기 숙성 잠재력이 뛰어난 와인을 만드는 마을이다. 비록 그랑 크뤼 클라세 1등급 와인은 없으나, 포이약 마을과 경계에 있으면서 2등급 와인 중 대장격인 샤토 코스 데스투르넬과 지롱드 강가 옆 자갈밭 언덕에 자리잡고 있는 샤토 몽로즈가 이 마을의 대표 샤토로 명성을 이어가고 있다. 국내에서도 인기가 많은 3등급 와인 칼롱 세귀르가 있는 곳이다.

포이약 마을은 5대 샤토 중 3개의 샤토가 있는 마을로 가장 파워풀하고 장기 숙성에 표본과 같은 전형적인 메독의 특성을 지닌 이 지역의 최고의 마을이다. 이 마을 역시 메독 지역의 토양과 배수의 장점을 누리고 있으며, 와인이 가진 엄청난 힘과 단단함, 구조감뿐만 아니라 섬세하면서도 우아한 과일 풍미를 지녀 전 세계적으로 가장 사랑받는 마을과 AOC가 되었다.

강가 옆에 자갈밭으로 이루어진 낮은 언덕에 주요 샤토가 위치하며, 샤토가 보유한 포도밭의 규모도 매우 크다. 이 마을도 메독에서 가장 크고 등급에 해당되는 와인을 가장 많이 만드는 마을이다.

5등급 와인 중에도 2등급 못지않은 품질과 가격대를 자랑하는 샤토 링쉬 바쥐나 샤토 퐁테 카네와 같은 와인이 만들어지고 있다. 2등급 와인 중에도 샤토 피숑 롱그빌 콩테스 드 라랑드나 피숑 롱그빌 바롱 등 1등급 와인의 명성에 도전하고 있는 와인도 많은 마을이다.

생 줄리앙 마을은 위의 2개 마을에 비해 규모도 작고 1등급 와인도 없는 곳이나, 풍부한 향과 부드럽고 섬세한 풍미의 와인을 만드는 마을이다. 유명한 샤토는 대부분 강가 근처의 자갈밭에 위치하며, 일명 레오빌 3형제라고 불리는 샤토 레오빌 라스 카스, 레오빌 바르통 2016 빈티지가 2019년 《와인 스펙테이터》 Top 100 중 1위를 차지, 레오빌 푸아페레가 2등급 와인이다. 국내에 잘 알려진 보르도 지역 와인인 4등급 샤토 탈보 와인으로도 유명한 마을이다.

마고 마을은 메독에서 가장 남쪽에 위치한 마을이다. 2개의 강이 합류하는 지점에 바로 위치한다. 위의 3개 마을에 비해 자갈의 크기나 양이 가장 풍부하여 포도나무의 뿌리가 깊게 내려 매우 부드럽고 우아하면서도 세련된 와인을 만드는 마을로 유명하며, 다양한 토양을 가지고 있다.

5대 샤토 중 가장 우아하고 여성적이라는 평가를 받는 샤토 마고의 포도는 이 마을에서도 자갈에 석회암이 포함된 토양에서 잘 자라고 있다. 1등급에 접근한 3등급 와인인 샤토 팔머는 다른 유명 와인과는 다르게 메를로 품종이 항상 45~55% 정도 블렌딩되어 있어, 마고 마을의 장점에 좀 더 풍부한 과일 향을 부여하는 특징을 가지는 와인이다.

노인과 바다로 노벨 문학상을 수상한 미국의 소설가 어니스트 헤밍웨이 Ernest Hemingway는 샤토 마고를 매우 사랑하여 손녀를 마고 헤밍웨이라 이름 지었으며, "내 삶에서 변하지 않았던 것은 손녀와 샤토 마고에 대한 사랑"이라 했다고 전해진다. 헤밍웨이가 이곳에서 작품 활동 중 자주 들렀던 카페는 아직도 관광객들의 발길이 이어지고 있다.

백년 전쟁

보르도 와인을 설명하는 데 결혼 지참금과 백년 전쟁을 빼놓을 수 없다. '샴페인편'에서 영국이 와인 산업 발전에 크고 작은 기여를 했다고 언급했다. 영국은 보르도 지역 와인의 주요 수출 지역이며, 프랑스와 관계가 악화될 때마다 스페인이나 포르투갈, 남아프리카공화국 등지에서 와인 산업을 발전시켰다.

포르투갈의 포트 와인Port wine은 마지막 편에서 다루도록 하겠다. 《역사와 와인》에 백년 전쟁 (1337~1453년)에 대한 와인 스토리가 상세히 나온다. 1152년 프랑스 국왕 루이 7세와 이혼한 아키텐 Aquitaine_프랑스 남서부 지역으로 주도가 보르도의 공작 엘레오노르Eleonore는 노르망디Normandie_프랑스 서북부 지역 공작이면서 11살의 연하남인 앙리와 결혼을 하면서 지참금으로 방대한 영토를 가지고 갔다.

이를 통해 단숨에 부유하고 막강한 인물로 발돋움하게 되며, 이후 잉글랜드를 공략하여 영국 국왕이 되는 앙리, 헨리Henri 2세는 영국부터 프랑스의 서북~서남까지 광활한 영토를 지배하였다.

이렇게 하여 프랑스 와인의 유명 산지인 보르도 지역은 영국령이 되었고, 백년 전쟁의 빌미가 되었다. 이후 프랑스는 기회가 있을 때마다 이 지역에서 전쟁을 일으키며, 약 116년이 지난 1453년에 마침내 종전되고 여기서 우리가 다 알 만한 유명 인물이 나오게 된다.

영국의 총사령관 탈보Talbot 장군이 보르도 지역의 외곽 카스티옹Castillon에서 프랑스 군대와 전투 중 사망하여 백년 전쟁의 마지막을 함께한 영국의 명장이다. 승전한 프랑스의 장군들도 그의 죽음을 애도하며 기념비를 세웠다. 이후 보르도 지역은 다시 프랑스령이 되었다. 당시 이 지역의 주민들은 프랑스보다 영국에 더 호감적이었고, 영국은 보르도 와인의 최대 수출 지역인 점 등을 감안하여 이 영국인의 이름을 따라 '샤토 탈보'라고 정했다. 레이블에도 존경의 의미로 '탈보 장군. 기엔 지방 영주의 오래된 영지 1400~1453Ancien Domaine du Connétable Talbot. Gouverneur de la Province de Guyenne 1400-1453'라는 문구가 세겨졌는데, 결국은 네이밍으로 대박을 친 케이스이다.

한국에서도 2002년 월드컵 당시 대한민국 축구 국가대표 거스 히딩크Guus Hiddink 감독이 이 와인을 즐겨 마신다고 하여 히딩크 와인으로 대박을 쳤다. 《신의 물방울》에서도 천재 평론가 토미니 잇세가 1990 빈티지를 마신 후 "근사한 극장에서 꽉꽉 들어찬 손님을 앞에 두고 펼치는 친숙한 분위기이지만, 뒤에서는 완벽하게 연습한 배우가 뛰어난 시나리오와 연출을 훌륭하게 소화해 낸 모습"으로 극찬, 소개하였다. 현재도 보르도 그랑 크뤼 와인 중 국내에서 가장 잘 팔리는 와인이다. 2021년은 2018 빈티지가 현 소유주인 Cordier 가문이 인수한 지 100주년이 되는 해이다. 이를 기념하여 검은 병에 투박한 나무 몇 그루가 스크린 인쇄되어 출시되면서 디자인에 많은 혹평과 동시에 인기몰이를 하였다. 샤토 탈보는 맛도 좋지만, 진정 마케팅으로 성공한 와인이다.

> 심벌과 관련된 내용은 생산자 홈페이지http://www.chateau-talbot.com 중 2018, The Centenary Vintage에 상세하게 기술되어 있다. 상징은 셀러의 기둥을 형상화한 것(A Pillar of the main cellar as a symbol)이며, '기술적, 미적 업적인 셀러는 하늘을 향해 펼쳐지는 듯한 숲을 형성하는 인상적인 콘크리트 기둥에 의해 지지되어 있다.(A real technical and aesthetic feat, the main barrel cellar is supported by impressive concrete pillars forming a forest that seems to open up to the sky.)'라고 설명되어 있다.

그라브 지역은 가론강 좌측, 메독보다는 상류에 위치한 지역이다. 이 지역에는 크고 깊은 자갈밭으로 구성된 곳이 많고 그곳에 위치한 마을에서 포도를 재배하고 훌륭한 와인을 만들고 있다.

CIVB 과정에서 배운 바에 따르면, 이 지역은 보르도 지역 내 화이트와인의 최대 산지 중 한 곳이면서, 단단한 레드와인의 산지이다. 특히, 메를로 품종(55%)이 카베르네 소비뇽 품종(34%)보다 많이 재배하고 있다. 스페인 피레네Pyrenes산맥과 프랑스 중남부 산악 지대에서 굴러온 자갈밭에서는 부드럽고 섬세한 카베르네 소비뇽 품종과 우아한 메를로 품종이 자라고 있다.

<그라브 지역의 주요 마을>

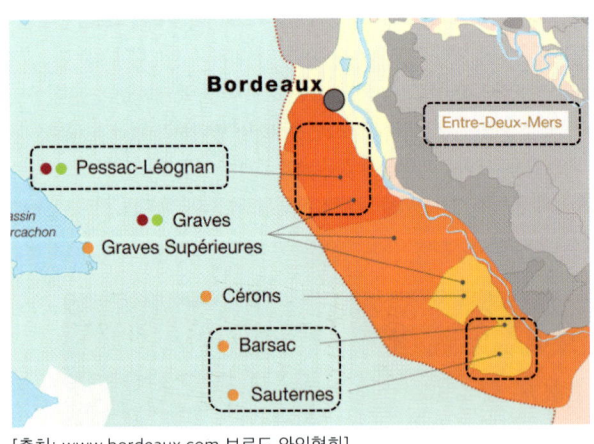

[출처: www.bordeaux.com 보르도 와인협회]

그라브 지역도 독자적인 등급 체계를 가지고 있는데, 메독의 등급 체계 분류에도 유일하게 포함된 1등급 와인인 샤토 오 브리옹을 포함하여, 유명 샤토의 레드와인이 1953년 그라브 지역의 그랑 크뤼 클라세 1등급에 선정되었다. 화이트와인에 대해서도 별도로 선정하고 있는데, 샤토 오 브리옹 블랑이나, 샤토 라 마시옹 오 브리옹 블랑Chateau La Mission Haut-Brion Blanc과 같이 소비뇽 블랑과 세미용으로 블렌딩한 100만 원을 호가하는 고급 와인이 등급에는 포함되지 않고 페샥-레오냥 AOC로 출시되기도 한다.

페샤-레오냥 Pessac-Léognan 마을은 이 지역을 대표하는 최고의 마을로, 메독의 등급 체계 분류에도 유일하게 포함된 1등급 와인인 샤토 오 브리옹이 만들어지는 곳이다. 다양한 자갈, 모래, 점토로 이루어진 구릉지에서 대부분의 포도가 재배된다. 이 마을의 와인은 진한 색상과 풀바디한 장기 숙성 잠재력을 지닌 매우 맛있는 와인이다.

페샤과 레오냥 두 마을의 이름을 합친 AOC가 페샤-레오냥이며, 샤토 라 마시옹 오 브리옹은 그라브 그랑 크뤼 등급으로 이 마을의 북쪽 끝에 샤토 오 브리옹과 이웃으로 붙어 있는 곳이다. 레드와인뿐만 아니라 화이트와인에서도 1등급에 버금가는 품질을 바탕으로 늘 경쟁을 하고 있으며, 메를로 품종의 비율이 두 곳 모두 매우 높은 편이다. 매년 사용 비율이 매우 유동적이다. 샤토 스미스 오 라피트Chateau Smith Haut Lifitte는 그라브 그랑 크뤼 등급으로 마을의 남쪽 끝에 위치하며 보르도 블렌딩으로 최고급 와인을 만들고 있다.

페샤-레오냥 마을 바로 아래, 강의 상류에는 귀부 와인으로 유명한 **바르삭**Barsac과 **소테른**Sauternes 마을이 있다. 이 두 마을은 가론강을 옆에 두고 그 사이로 지류인 시롱Ciron강이 흘러 강가 주변으로 안개가 끼어 보트리티스 시네레아라는 곰팡이균이 잘 자라도록 적절한 온도와 습도를 유지해 준다. 그리고 포도 껍질에 아주 작은 구멍이 생기면, 그 구멍으로 많은 수분이 빠져나가 건포도와 같은 생김새를 가진 당도가 높은 포도가 자라나는데 적합한 환경을 만들어 내고 있다.

1855년 등급 분류 당시 소테른의 샤토 디켐Chateau d'Yquem이 그랑 크뤼 등급보다 윗등급에 해당되는 프리미에 크뤼 슈페르외르Premier Cru Superieur라는 유일한 특등급으로 분류될 만큼 대단한 명성을 지녔었다. 현재는 프랑스나 유럽에서도 당도가 높은 와인에 대한 수요가 많이 줄어들면서 예전과 같지는 않으나, 가격이나 품질 면에서는 단연 최고이다.

그라브 지역과 가론강을 두고 맞은편에 위치한 **엉트르-두-메르**Entre-Deux-Mers_두 바다 사이 지역은 보르도 지역 내에서 가장 크며 2개의 강 사이에 넓은 삼각형 모양으로 자리잡고 있는 지역이다. 다양한 포도 품종을 심고 있으며, 이 중 화이트와인을 많이 재배하고 있다. 뉴질랜드의 소비뇽 블랑 품종 와인에 대한 명성을 뺏어올 수 있는 유망 지역으로 평가되고 있는 곳이다. 이 지역 와인은 아직 국내에 활발히 수입되지 않고 있다. 이 지역의 대표 화이트와인 중 하나인 샤토 보네 화이트Chateau Bonnet White를 시음해 본 결과, 소비뇽 블랑에 세미용, 뮈스카델Muscadelle 품종이 블렌딩되다 보니 뉴질랜드의 소비뇽 블랑 품종 와인에 비해서 확실히 튀는 산도나 풀 냄새 없이 부드럽고 신선한 1차 풍미가 좋았던 기억이 난다. 복합미나 숙성 잠재력 등이 뛰어난 와인은 아니고 뉴질랜드의 프레시한 와인에 비해 조금 특이한 와인 정도로 느껴졌다.

샤토 오 브리옹

그라브 지역 설명에 샤토 오 브리옹을 빼놓을 수가 없다. 최근 본 영상 속 감명 깊은 문장을 소개한다. 유튜브 채널 와인킹에서 MW 피터가 지난 6월 28일에 업로드된 영상에서 샤토 오 브리옹 2000 빈티지를 마시고 난 후 와인킹이 "비싼 와인은 어떤 맛을 낼까요?"라는 질문에 대해 대답한 내용이다.

"조약돌을 집어서 연못에 던졌을 때 동심원이 생겨나지요. 싼 와인은 아주 작은 동심원을 한두 개 만들어 냅니다. 힘을 지닌 고가 와인은 커다란 동심원을 만들어 내죠. 다양한 요소를 많이 지니고 있거든요. 재료가 되는 포도가 좋고요, 생산량이 적고, 장비도 더 좋고, 더 좋은 테루아에서 포도를 재배하고, 더 좋은 방법으로 와인을 만들고, 필요한 곳에 투자가 가능한 역량도 지니고 있죠."

이미 선순환되어 좋은 게 점점 더 좋아지고 비싼 게 점점 더 가격이 오르고 하는 것은 당연한 세상의 이치이자 자본의 힘이다. 다만, 필자는 '커다란 동심원'이라는 단어가 너무 좋아서 몇 번이고 곱씹어 보며 해석해 보았다. 필자는 좋은 와인에 대한 생각과 개념을 정립하고자 늘 공부하고 테이스팅하며 노력하고 있다.

술 마시면서 웬 유난이냐 할 수 있겠지만, 와인은 아는 만큼 확실히 맛을 다르게 느낄 수 있으며 비싼 와인이 왜 좋은지, 그 값을 하는지에 대한 명분을 만들 수도 있기 때문이다. 사람이 가진 감각이라는 게 쓰지 않으면 퇴보하므로 어쩔 수 없이 죽을 때까지 이 녀석들과 늘 함께하여 감각을 절대로 잃지 않고 싶다.^^

세컨드 와인

세컨드Second 와인이라 하면, 보통 양조자가 자신이 의도했던 품질보다 조금 안 좋게 나온 경우나 새로 심은 지 얼마 안 된 포도나무에서 재배된 포도로 와인을 만든 경우 다른 브랜드나 와인 명칭을 가지고 출시한 와인을 말한다. 보르도 지역의 유명 샤토는 대부분 프리미엄급의 세컨드 와인을 만들며, 미국의 오퍼스 원과 같은 와이너리도 오버추어Overture를 출시하고 있다. 이 세컨드 와인은 품질도 매우 우수하고 생산량이 적어 희소하다 보니 매우 고가에 팔리고 있으며, 이탈리아 슈퍼 투스칸 와인인 오르넬라이아와 다른 많은 생산자들이 세컨드, 서드 레벨의 다양한 와인 라인업을 가지고 있다. 보르도의 유명 세컨드 와인은 다음과 같다.

등급	샤토명	세컨드 와인
1등급	샤토 라투르	레 포르 드 라투르Les Forts de Latour
	샤토 라피트 로칠드	카뤼아드 드 라피트Carruades de Lafite
	샤토 무통 로칠드	르 프티 무통 드 무통 로칠드Le Petit Mouton de Mouton Rothschild
	샤토 마고	파비옹 루즈 뒤 샤토 마고Pavillon Rouge du Chateau Margaux
	샤토 오 브리옹	샤토 바앙 오 브리옹Chateau Bahans Haut Brion
		르 클라랑스 드 오 브리옹Le Clarence de Haut Brion_ 2006 빈티지부터
2등급	샤토 몽로즈	라 담 드 몽로즈La Dame de Montrose
	샤토 피숑 롱그빌 바롱	레 투렐 드 롱그빌Le Tourelles de Longueville
2등급	샤토 피숑 롱그빌 콩테스 드 라랑드	레제르브 드 라 콩테스Reserve de la Comtesse
	샤토 뒤크리 보카이유	라 크루아 드 보카이유La Croix de Beaucaillou
3등급	샤토 칼롱 세귀르	마르퀴스 드 칼롱Marquis de Calon
		르 프티 칼롱Le Petit Calon
	샤토 팔머	알터 에고Alter Ego

보르도 지역에서 메독과 함께 와인 생산의 중심지 중 하나인 **리부르네** 지역은 중심지인 **생테밀레옹**St-Emilion 마을과 부르고뉴 못지않은 가격대를 자랑하는 **포므롤**Pomerol, **프롱삭** Fronsac 마을 등이 있다. 이들 마을은 보르도 좌안 지역에 비해서 상대적으로 바다의 영향도 적게 받으며, 토양도 점토질과 석회질, 모래와 자갈이 섞인 토양에 위치한 포도밭에서 샤토별로 보유한 포도밭의 토양 구성에 따라 메를로와 카베르네 프랑 품종의 다양한 블렌딩이 이루어지고 있다.

<리부르네 지역의 주요 마을>

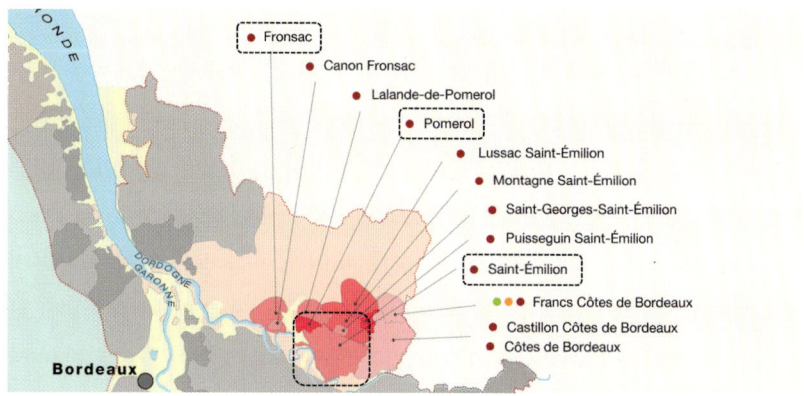

[출처: www.bordeaux.com 보르도 와인협회]

CIVB 과정에서 배운 바에 따르면, 이 지역에서는 메를로 품종(60~80%) 재배가 월등히 많으며, 카베르네 프랑 품종(20~30%)도 단역이 아닌 주연 혹은 주연급 조연으로 제대로 된 역할을 하고 있다. 이 지역에서는 카베르네 소비뇽 품종(10%)과 말벡/카르미네르 품종(5%)도 재배되고 있다.

생테밀레옹 마을은 이 지역을 대표하는 중심지로 유네스코 세계문화유산으로 등재된 작은 시골 마을이면서도 관광객이 많은 아름다운 중세 마을이다. 영상을 보면 바위를 파내어 만든 지하 카브가 예술의 경지에 있는 마을이다.
이 마을은 굽이치는 도르도뉴강을 따라 포도밭이 펼쳐져 있는데, 강가 옆의 경사도나 토양에 따라 생산자들의 주요 품종이 다르다. 특히 남동쪽의 포도밭은 진흙과 석회암을 베이스로 하며, 북서쪽의 포도밭은 자갈과 모래, 석회암을 베이스로 하다 보니 부드러운 메를로 품종뿐만 아니라 북서쪽으로 갈수록 좀 더 탄탄한 카베르네 프랑 품종의 비율이 높아진다.

대표적으로 샤토 오존Chateau Ausone이 남동쪽에 위치하며 메를로 품종 중심의 와인을 만들고 있다. 샤토 슈발 블랑Chateau Cheval Blanc은 포므롤과 경계에 위치한 북서쪽에 위치하며 매년 비율이 다르지만 카베르네 프랑 품종의 비율이 메를로 품종 못지않게 구성되어 있어 장기 숙성이 될수록 깊은 맛과 향을 내는 것으로 유명하다.

이 마을은 메독 지역에 비해서 대서양의 영향도 덜 받고 언덕에도 포도밭이 있으며, 토양에 습기나 날씨도 서늘한 편이어서, 카베르네 소비뇽 품종이 아닌 좀 더 빨리 익는 두 가지 품종을 선택하였다. 그 결과, 탄닌도 부드럽고, 진한 과일 풍미를 내며, 알코올이 강하지만 마시기 편한 와인이 만들어지고 있다.

생테밀레옹 마을은 1955년에 독자적인 등급 체계를 갖추었는데, 메독이 폐쇄성을 가졌다면 이곳은 이러한 문제점을 보완하기 위해 10년마다 등급 재조정이 이루어지고 있다. 그런데 실제로는 많은 소송과 재판으로 3차례밖에 이루어지지 못했으며, 그나마 2012년에 마지막 조정이 있었다. 당시 샤토 앙젤루스Chateau Angelus와 샤토 파비Chateau Pavie가 B에서 A로 승격했으며, 1990년대 중반 와인 평론가들로부터 극찬을 받기 시작한 가라지 Garage_미국의 컬트 와인처럼, 소규모 혁신으로 소량의 고품질 포도로 만든 와인 와인인 샤토 발란드로 Chateau Valandraud 등 3개 샤토가 1등급으로 조정되었다. 해외 자본이 많이 들어오면서 샤토 간 인수합병에 따른 대형화와 현대화 설비 투자로 인해 와인의 품질이 획기적으로 좋아지고 있으며, 이에 따라 와인의 가격과 샤토나 포도밭의 가격도 매우 폭등하고 있는 추세이다.

<생테밀레옹 마을의 등급 체계>

등급	샤토명
특등급 (Premiers Grands Crus Classe A)	샤토 슈발 블랑Chateau Cheval Blanc 샤토 오존Chateau Ausone 샤토 앙젤루스Chateau Angelus 샤토 파비Chateau Pavie
1등급 (Premiers Grands Crus Classe B)	샤토 카농Chateau Canon, 샤토 피작Chateau Figeac, 샤토 발란드로Chateau Valandraud 등 14개 샤토
그랑 크뤼 (St-Emilion Grand Cru)	64개 샤토
St-Emilion AOC	수백여 개 샤토

2021년 7월 소믈리에타임즈 기사에 의하면, 샤토 오존과 샤토 슈발 블랑이 생테밀레옹 등급 체계에서 공식적으로 탈퇴했다고 한다. 기존 등급 체계가 와인의 품질보다는 소셜 미디어나 마케팅 능력에 너무 의존한다고 주장했는데, 결국은 최초로 가장 높은 등급을

가진 두 샤토가 이런 주장과 함께 탈퇴했다. 그 결과 등급 체계에 대한 신뢰도는 타격을 입을 것이 분명해 보인다. 한편으로는 샤토 앙젤루스나 샤토 파비에 "감히 어디서 겸상을 하는가"라고 되묻는 것 같아 그들의 논리도 많은 부분 이해는 된다. 그래도 전통이라는 명분하에 변화를 완강히 거부하는 것 같아 조금의 씁쓸함도 느껴진다.

포므롤 마을은 생테밀레옹 마을 옆에 붙어 있는 매우 작은 마을로 크게 보면 자갈 언덕에 있다. 종종 산화철이 포함되어 미네랄이 풍부한 진흙 함유 토양이 많이 있다. 포므롤 마을과 붙어 있는 샤토 슈발 블랑을 포함한 생테밀레옹 마을의 샤토가 카베르네 프랑 품종의 비중을 높게 하는 것과는 대조적으로 이 마을 와인은 메를로 품종을 중심으로 와인을 만들고 있다. 그리고 카베르네 프랑 품종은 조금만 블렌딩하여, 이 마을이 가진 메를로 품종의 특징인 좀 더 빨리 익고 단단한 풍미를 맘껏 발산하여 메를로스러움을 잘 표현하게 된다.

이 작은 마을은 포도밭의 규모도 작고 가족 경영이 이루어지는 곳도 많으며 작은 포도밭에서도 점토, 자갈, 모래의 비중이 모두 달라 와인의 특징이 다양하고 품질이 모두 높다. 또한, 가격도 전반적으로 비싸서 별도의 등급 체계 구분 없이 포므롤 AOC로만 출시되고 있다. 그리고 보르도에서 가장 비싼 와인이자 굳이 등급이 필요 없는 와인인 페트뤼스 Petrus가 만들어지는 마을로도 유명하다.

샤토 페트뤼스는 메를로 품종 100%만을 사용하여 풀바디하고 진한 장기 숙성형 와인을 만들고 있다. 샤토 슈발 블랑의 맞은편에 위치한 샤토 레방질Chateau L'evangile에서도 메를로 품종의 비율을 85~95%를 유지하고 있다. 가라지 와인의 최고봉이라고 칭송받는 샤토 르 팽Chateau Le Pin 역시 90%대를 유지하며, 적은 생산량에 따른 높은 희소성을 갖추고 전 세계 컬렉터들에게 매년 구매 1순위에 오르는 와인 중 하나가 되었다.

이 외에도 보르도 지역의 1등급 와인에 가까운 유명한 생산자로 샤토 라플뢰르Chateau Lafleur, 포므롤과 생테밀레옹의 아버지라 불리는 장 피에르 무엑스Jean Pierre Moueix가 소유한 샤토 트로타누아Chateau Trotanoy와 샤토 호산나Chateau Hosanna, 로버트 파커가 가장 우아한 와인이라고 극찬한 샤토 라 콩세이앙트Chateau la Conseillante 등이 있다.

빈티지 차트

보르도 지역의 우안-좌안에서 만들어진 와인의 가격은 품질 차이 이상으로 크게 차이가 난다. 이는 앞서 살펴본 바와 같이 보르도 지역의 변덕스러운 날씨의 영향이라고 판단한다. 따라서 부르고뉴 지역이나, 이탈리아의 주요 지역별 고급 와인을 구매할 때뿐만 아니라, 보르도 지역의 그랑 크뤼 와인을 구매할 때는 다양한 평가 기관에서 나온 빈티지 차트를 참고할 필요가 있다. 대부분 많은 지역에 대해 오랜 기간에 걸쳐 점수가 빽빽하게 적혀 있다 보니, 아웃렛 매장을 가보면 대부분의 소비자들이 휴대전화로 확대해 가면서 점수를 확인하고 비비노와 같은 앱으로 사진을 찍는 모습을 쉽게 볼 수 있다.

보르도 지역의 와인을 좋아한다면, 디캔터의 홈페이지에 나와 있는 다음 빈티지 차트를 참고하면 좋을 것 같다. 직관적으로 눈에도 잘 들어오며, 극단적으로 좋거나 나쁜 주요 빈티지에 대해서는 금세 암기가 되는 좋은 표이니 활용해 보길 바란다.

[출처: http://www.decanter.com/learN/Vintage-guides/bordeaux-vintage-guide/]

» 미국

미국 캘리포니아 지역에서 가장 성공한 포도 품종은 바로 카베르네 소비뇽 품종이다. 캘리포니아 지역, 특히 나파 밸리라는 천혜의 자연환경을 가진 축복받은 포도밭에서 자란 이 품종은 프랑스 보르도 지역과는 다른 특징과 장점이 있다. 태평양 연안의 시원한 해류에 직·간접적인 영향을 받으며, 일정한 일조량으로 만들어진 이 와인은 파리의 심판에서 프랑스 와인에 굴욕을 안긴 주인공으로 미국 와인의 상징과도 같은 품종이다.

대표 산지인 **나파 밸리**Napa Valley는 샌프란시스코San Francisco에서 북동쪽으로 1시간 반 정도 떨어진 곳에 위치한다. 미국 와인 중에서도 고급 와인의 산지를 뜻하는 곳이다. 마야카마스산맥 동쪽에 있으며, 산맥이 태평양의 차가운 해류의 영향을 막아 주어 덥고 건조한 기후에서 충분한 일조량을 받게 만들어 준다.

포도나무가 좋은 환경 속에서 성장한 이후에 재배하다 보니 이곳의 포도는 높은 당도를 자랑한다. 발효 시 풀바디하고 높은 알코올을 가지지만 부드러운 탄닌과 풍미를 가진 파워풀하고 보르도에 비해 진한 과일 풍미를 가진 맛있는 와인이 만들어진다. 유명한 생산자들은 최신 양조 시설을 도입하고 자본을 많이 투입하여 프렌치 오크 사용 비율도 높이고 포도밭 단위별로 수확 및 양조를 하면서 고품질의 와인으로 명성을 이어 가고 있다.

캘리포니아 와인협회에 따르면, 나파는 와포 인디언어로 '풍부한 땅'이라는 뜻을 가진다. 1838년 조지 욘트George Yount와 같은 초기 탐험가들이 나파 밸리에서 최초로 포도를 재배하였고 1861년 프로이센Preussen_독일 북부 지역의 왕국에서 온 이민자이자 미국 포도 재배의 아버지라고 불리는 찰스 크루그Charles Krug가 첫 시판 와인 양조장을 설립했다. 1966년 이탈리아 이민자의 아들로 캘리포니아 와인을 세계적인 수준으로 끌어올렸다고 평가받는 로버트 몬다비Robert Mondavi가 양조장을 개장하면서 나파 밸리에서 와인의 붐이 일어났다. 현재는 남북으로 45km, 평균 넓이 5km에 이르는 거대한 포도밭으로 발전했는데, 명성에 비해서는 매우 적은 양캘리포니아 생산량의 5% 미만이지만, 금액 기준 시 20%밖에 생산되지 않는 고급 산지로 발전했다.

미국 내 와인 산업 및 카베르네 소비뇽 품종이 얼마나 성장했는지에 대해서는《와인 바이블》의 재배 면적 변화에 대한 통계 수치를 보면 잘 알 수 있다. 카베르네 소비뇽 품종은 1970년대에서 1980년대에 거의 7배 폭증을 하였고, 이후 2013년까지는 약 3.5배 증가하였다. 메를로나 피노 누아 품종도 규모는 작지만 큰 폭으로 증가하였다. 이는 1970년대에 미국에 불었던 와인 산업과 레드와인 품종에 대한 관심을 짐작해 볼 수 있는 내목이다.

<나파 밸리의 주요 와인 산지>

⑤ 세인트헬레나 St. Helena
⑦ 러더포드 Rutherford
⑧ 오크빌 Oakville
⑩ 욘트빌 Yountville
⑪ 스택스 립 Stags Leap District
⑫ 아틀라스 피크 Atlas Peak
⑬ 오크 놀 Oak Knoll District
⑭ 로스 카네로스 Los Carneros

[출처: http://www.decanter.com/wine/wine-regions/napa-valley/]

⑤ **세인트 헬레나**는 주요 유명 산지 중에서는 가장 북쪽에 위치한 산지이다. 가장 덥고 일교차가 큰 지역으로 포도가 잘 익으면서도 높은 산도를 유지한다. 《월드 아틀라스 와인》은 포도밭이 주로 산기슭이나 언덕 사이에 있는 평지인 벤치랜드Benchland에 위치하며, 주로 자갈이나 돌이 밭의 표면이 형성되어 배수에 용이하다고 설명한다.

세인트헬레나는 미국을 대표하는 와인 중 하나인 인시그니아Insignia의 주인공인 조셉 펠프스Joseph Phelps Vineyards, 파리의 심판 주인공 중 하나인 하이츠 셀라Heitz Cellar, 덕혼Duckhorn Vineyards, 한국인이 설립, 소유한 다나 에스테이트Dana Estates 등 유명한 생산자가 위치한 곳이다.

⑦ **러더포드**와 ⑧ **오크빌**은 따뜻한 기후와 함께 최고의 카베르네 소비뇽 품종 와인을 만드는 곳으로 유명하다. 두 지역 모두 자갈, 모래 토양과 계곡 아래에 위치한 벤치랜드에 있어 충분히 잘 익은 단단함과 강렬한 풍미를 가진다. 특히 오크빌은 서늘한 바람이 불어 조금은 시원한 느낌을 받을 수 있는 곳이다.

로버트 몬다비나 최고의 보르도 블렌딩 와인 오퍼스 원, 미국 컬트 와인의 끝판왕 스크리밍 이글Screaming Eagle, 실버 오크, 파 니엔테Far Niente 등이 오크빌에 있다. 《와인 스펙테이터》의 단골손님이며 미국 고급 와인의 대명사격인 케이머스Caymus Vineyards, 퀸테사Quintessa 등이 러더포드에 위치하는 등 이곳의 명성만큼이나 유명한 생산자들이 많이 있는 곳이다.

⑩ **욘트빌**은 위쪽에 위치한 오크빌과 러더포드보다는 날씨가 다소 서늘하다. 아래에 있는 오크 놀Oak Knoll이나 카네로스가 피노 누아와 샤르도네 품종의 와인을 만드는 곳이라, 사실상 나파 밸리 내에서 가장 남단의 산지이다.

대표 생산자로는 샤토 페트뤼스의 소유자가 나파 밸리의 와이너리와 합작하여 만든 도미누스Dominus Estates가 있다.

⑪ **스택스 립 디스트릭트**는 가장 작은 지역이지만, 파리의 심판 1위의 주인공인 스택스 립 와인셀라스Stags Leap Wine Cellars가 위치한다. 카베르네 소비뇽 품종 재배 최적의 지역으로 평가받고 있다. 파리의 심판 주인공 중 하나인 클로 뒤발Clos Du Val과 경사면 최고의 입지에 위치한 쉐이퍼Shafer Vineyards, 월트 디즈니Walt Disney 가에서 인수한 실버라도Silverado Vineyards 등이 있다. 《월드 아틀라스 와인》은 이곳의 와인이 나파 밸리 중 가장 개성이 뚜렷하고 실크처럼 부드러운 질감과 바이올렛과 체리 향, 부드러운 탄닌, 섬세함을

가졌다고 한다.

필자가 나파 밸리 와인 중 가장 많이 마시는 와인 중 하나가 스택스 립 와인셀라스의 아르테미스Artemis인 이유는, 위의 특징을 모두 가지고 있기 때문이다. 《파리의 심판》에는 설립자 워런 위니아스키Warren Winiarski가 이곳에 정착하여 최고의 와인을 만들기까지의 여정과 실제 사진이 상세히 나오니 관심 있는 분들은 한번 읽어보길 추천한다.

샤르도네편에서 《파리의 심판》에 대해 상세히 설명한 바가 있는데, 레드와인 부문의 주인공에 대한 내용은 다음 표와 같다.

<레드와인 시음 결과>

순위	국가	생산자	빈티지	점수
1	USA	스택스 립 와인셀라스Stag's Leap Wine Cellars	1973	127.58
2	FRA	샤토 무통 로칠드Chateau Mouton Rothschild	1970	126
3	FRA	샤토 몽로즈Chateau Montrose	1970	125.5
4	FRA	샤토 오 브리옹Chateau Haut-Brion	1970	122
5	USA	리지 몬테벨로Ridge Vineyards Monte Bello	1971	103.5
6	FRA	샤토 레오빌 라스카즈Chateau Leoville-Las-Cases	1971	97
7	USA	마야캐머스Mayacamas Vineyards	1971	89.5
8	USA	클로 뒤 발Clos Du Bal Winery	1972	87.5
9	USA	하이츠 마서스비니어드Heitz Martha's Vinyards	1970	84.5
10	USA	프리마크 아비Freemark Abbey	1969	78

이후, 이 사건을 기념하고자, '파리의 심판 30주년 기념 시음회'를 가졌다. 프랑스에서는 보르도 지역의 와인은 장기 숙성형 와인이므로 당시와 같은 빈티지를 가지고 대결할 경우 당연히 프랑스 와인이 이길 것이라고 예측했다. 정확히 30년 후인 2006년 5월 24일에 스티븐 스피어리가 주관하여 런던과 나파 밸리에서 동일한 와인을 가지고 시음했는데 최종 결과는 다음과 같다.

<파리의 심판 30주년 기념 시음회 결과>

순위	국가	생산자	빈티지	등락
1	USA	리지 몬테벨로Ridge Vineyards Monte Bello	1971	▲ 4
2	USA	스택스 립 와인셀라스Stag's Leap Wine Cellars	1973	▽ 1
3	USA	하이츠 마서스비니어드Heitz Martha's Vinyards	1970	▲ 6
4	USA	마야캐머스Mayacamas Vineyards	1971	▲ 3
5	USA	클로 뒤 발Clos Du Bal Winery	1972	▲ 3
6	FRA	샤토 무통 로칠드Chateau Mouton Rothschild	1970	▽ 4
7	FRA	샤토 몽로즈Chateau Montrose	1970	▽ 4

8	FRA	샤토 오 브리옹 Chateau Haut-Brion	1970	▽ 4
9	FRA	샤토 레오빌 라스카즈 Chateau Leoville-Las-Cases	1971	▽ 3
10	USA	프리마크 아비 Freemark Abbey	1969	-

30년 전에도 그랬지만 이번에는 더욱더 충격적인 결과가 나왔다. 1위부터 5위까지 모두 나파 밸리의 와인에게 내주었다. 보르도 그랑 크뤼 클라세를 대표하는 1~2등급 와인은 더 충격적일 수밖에 없었다.

아마도 스티븐 스퍼리어는 2026년에 50주년을 다시 계획했을 텐데 2021년 3월에 스티븐 스퍼리어가 암으로 세상을 떠나, 여러 가지로 안타까울 뿐이다.

파리의 심판에서 얘기치 않은 결과가 나왔지만, 전 세계 와인 시장의 흐름을 단번에 바꿔 놓을 수 있었던 계기를 만든 업적은 계속 기억되길 바란다.

미국 와인 산지 중에서 **워싱턴** Washington주는 생산량 비율이 5%에 불과하며, 두 번째로 큰 와인 산지인 캘리포니아보다 북쪽에 위치한다. 위도가 높은 만큼 해가 오랜 시간 동안 비추어 일조량이 풍부하다. 또한, 나파 밸리와 유사하게 케스케이드 Cascade 산맥이 태평양 바다의 비와 차가운 해류를 막아 주어 카베르네 소비뇽과 메를로 품종을 많이 재배할 수 있는 산지이다.

케스케이드산맥의 동쪽의 **콜롬비아 밸리** Columbia Valley에 위치한 콜롬비아 크레스트 Columbia Crest Winery에서 만든 H3 카베르네 소비뇽 품종 와인이나 '리슬링편'에 나온 샤토 생 미셸에서 만든 레드와인, 인트린직 Intrinsic의 카베르네 소비뇽 품종 와인 등이 국내에도 많이 수입되고 있는데, 가격 대비 품질이 좋다고 평가받으면서 인기를 끌고 있다.

금주령(禁酒令)

미국의 금주령에 대해서는 '피노 누아편'에서 설명하였다. 미국에서 금주령으로 기존의 음주 사망자 수보다 가정에서 제조되어 유통된 산업용 알코올을 마시고 사망한 수가 더 많았다고 전해져 내려오는데, 국내에서도 과거 금주령이 있었다.

《한국민속대백과사전》금주령에 따르면 금주령 및 서민의 술이자 우리의 전통술이라 착각하고 있는 희석식 소주(사실상 고구마술)에 대한 슬픈 발전사가 다음과 같이 설명되어 있다.

1945년 광복 이후 식량 부족은 계속되었고, 5·16 군사정변으로 집권한 박정희 정권 초기 1962년에는 벼농사가 대흉작이었으며, 1963년 봄보리마저 흉작이었다. 이를 보완하기 위해 미국에서 대량의 밀을 도입하고자 했으나 미국이 원조를 중단하면서 정부는 막걸리를 비롯하여 술 제조에 쌀 사용을 제한하는 조치를 취했다.

정부에서는 1963년 '탁주 제조자에 대한 원료 미곡 사용 금지 조치'를 내려, 쌀로 막걸리를 빚지 못하도록 하였고, 판매하는 막걸리 재료는 멥쌀 20% 이하, 잡곡 60% 이상, 고구마 전분 20% 이상이 들어가도록 했으며, 1966년 멥쌀 사용을 전면 금지하고 그 대신 밀가루로만 막걸리를 만들도록 했는데, 이때부터 100% 밀막걸리가 만들어졌다. 밀막걸리는 단맛을 내기 위해 완전 발효가 되지 않은 술을 판매하는데, 완전히 발효되지 않은 채 유통되는 밀막걸리 내에서 탄산이 생겨 톡 쏘는 식감의 새로운 술맛이 나타났다.

고구마를 원료로 한 희석식 소주의 생산도 이 시기부터 증가했는데, 1964년 주정과 소주 제조에 백미와 잡곡을 사용하지 못하도록 하였는데, 이 시기 급증한 도시 노동자들은 고된 노동을 잊기 위해 희석식 소주를 찾았으며, 도시화-산업화와 함께 희석식 소주의 전성 시대가 열렸다.

1976년, 쌀 생산량이 확대되고 식량 자급에 성공, 풍년이 계속되어 1977년에는 쌀 생산량이 세계 최고 수준에 오르며, 쌀이 남아돌게 되자 쌀막걸리 제조를 14년 만에 허가하였고 이것은 보릿고개와 이별했음을 알리는 대사건이었다.

물론, 지금도 마시고 있고 젊은 시절 회식에서 1차는 당연히 소주와 함께 시작했던 추억을 가진 이 술의 좋은 점은 모든 종류의 한식뿐만 아니라, 일식, 중식 등과도 궁합이 아주 좋은 것이다. 최근에는 가급적 소주를 마셔야 할 때는 가격은 조금 비싸지만, 일품 진로를 선택하고 있으며, 와인을 마시는 것처럼 테이스팅도 하고, 나름 페어링도 연습, 연구하고 있다.

프랑스는 주요 지역별로 기후에 맞게 다양한 포도나무가 길러지고 있다. 지역별로 테루아의 차별성에 따라 오랜 전통과 몇 대를 이어오는 장인 정신, 적절한 자본의 유입과 양조 기술에 대한 끊임없는 연구 개발과 발전을 통해 거대한 산업으로 지켜오고 있다. 반면에 우리나라의 전통주는 다소 비싼 가격대와 함께 구매 접근성, 무형 문화재와 같이 인식되며 일반인들과는 다소 거리감이 있는 실정이다. 막걸리는 유통 기한 이슈뿐만 아니라, 젊은 세대에게는 더욱 다른 술에 비해 친근감이 부족한 술이 되어 버렸다.

9월 수확기를 앞둔 포도나무 잎이 온통 황금 빛깔을 띤 황금언덕 코트 도르 못지않게 우리 나라에서도 황금 들판과 장인 정신을 가진 농부들이 이렇게 많은데, 우리는 왜 세계적인 술이 없을까 항상 아쉬운 생각이 든다. 고구마술, 그것도 동남아시아 등 열대 지역에서 수입해 오는 '카사바'라는 구황식물을 발효하여 증류해 얻은 고순도 주정에 물을 넣어 희석하고, 온갖 감미료를 첨가해 만든 참으로 민망한 술을 우리 전통주라고 생각하며 국민 술, 서민의 술이라 믿고 마시는 것에 대해 많은 아쉬움이 남는데, 일품 진로를 마시면서 그나마 우리 소주에 대한 가능성을 충분히 가늠해 본다.

» 오스트레일리아

주요 3개 산지인 사우스오스트레일리아주, 빅토리아주, 뉴사우스웨일즈주 중에서 카베르네 소비뇽 품종을 재배하는 곳은 1개 주이다.

사우스오스트레일리아주의 남동쪽 끝, 빅토리아주와의 경계 쿠나와라 Coonawarra 지역이 유일한 주요 산지이다. 이 지역의 토양은 철분이 매우 풍부한 붉은색의 테라로사 Terra Rossa 로 유명하며, 주로 석회암 지대에서 나타나는 풍화토로 배수가 매우 잘되는 특징을 가져 카베르네 소비뇽 품종 재배에 적합한 토양을 가지고 있다. 또한, 바다와 가까이 있어 차가운 바닷바람의 영향을 받아 비교적 온화한 날씨의 해양성 기후를 가져 해당 품종 재배에 좋은 조건을 가지고 있다. 이 지역에서만 갖는 주요 풍미 중 하나는 유칼립투스 향이 은은히 나는 특징을 가진다. 아무래도 코알라의 천국인 이곳의 토양이 오랜 기간 가지고 있던 것을 포도나무와 와인을 통해 맘껏 뽐내고 있는 것 같다.

웨스턴오스트레일리아주의 **마가렛 리버** 지역은 남서쪽 끝에 위치한다. 바다와 인접해 해류의 영향을 받아, 보르도 지역과 유사하게 온화한 해양성 기후를 가진다. 자갈 토양으로 이루어져 있는 곳이 많아 카베르네 소비뇽 품종 재배에도 매우 용이한 지역이다.
이 지역 카베르네 소비뇽 품종 와인의 대표 생산자 중 하나인 로버트 오틀리 Robert Oatley 에서 만든 시그니처 시리즈 Signature Series 가 국내에도 5만 원 이하의 가격에 판매가 되고 있다. 풀바디하면서도 우아하며, 붉은 과일 풍미가 강한 와인으로 신대륙 프리미엄 산지에 적합한 스타일을 가지고 있다. 10만 원 정도의 가격대에도 몇 가지 와인이 출시되어 있으니 이 지역의 와인이 궁금하다면 한번쯤 경험해 보길 바란다.

» 칠레

칠레는 이 책에서 처음 다루는데, 매년 다르지만 보통 전 세계 와인 생산량 기준으로 6위~9위 정도의 와인 대국이다.
이탈리아와 프랑스가 항상 1~2위를 경쟁하는데 최근 5년간은 이탈리아의 생산량이 10% 정도씩 앞서고 있다. 3위는 스페인으로 프랑스보다 10~15% 정도 낮은 규모이고, 4위는 미국으로 스페인의 60% 정도 규모이다. 그다음으로 아르헨티나, 오스트레일리아, 칠레, 중국 등이 경쟁한다. 이들 국가는 미국의 50% 정도 규모이나, 각 국가별로 품질 대비 가격 등에 있어 경쟁력이 있는 대표 품종을 가지고 전 세계 시장에서 주요한 위치를 선점하고 있다. 국내에서는 과거 한국-칠레 간 FTA 협상 체결 이후 칠레 와인이 급속도로 유입되어 칠레가 스페인, 미국 이상의 와인 생산국으로 아는 독자도 있을 것이다.

칠레가 생산에 비해 수출 비중이 매우 높아 그렇게 생각하게 만드는 요인이 될 수 있다. 칠레는 나라의 모양이 북에서 남으로 매우 길쭉한 형태를 가져, 다양한 기후를 가진다. 차가운 기운의 해안가와 건조한 내륙으로 나뉘어 있어 더욱 다양한 포도 품종의 재배가 가능하다. 또한, 안데스Andes산맥의 눈과 얼음이 봄에 녹아 내리는 등 풍부하고 자연 친화적인 물 자원을 충분히 가지고 있어, 미국의 캘리포니아나 오스트레일리아에서 가뭄에 따른 관개용수 부족과 대형 산불 피해가 매년 발생하는 것과는 매우 대조적이며, 과거 필록세라의 영향을 받은 적도 없는, 포도 재배에 있어 최적의 자연환경을 가졌다.

칠레에서는 보르도 품종인 카베르네 소비뇽과 메를로 품종이 50% 이상을 차지하는데, 덥고 건조한 기후를 가진 내륙 지역에서 주로 재배하고 있다. 내륙에서는 강이 많아 포도밭이 주로 강가 옆에 주로 위치한다. 이곳은 서쪽에서는 바닷바람이 강을 타고 들어오며 동쪽에서는 안데스산맥에서 서늘한 바람이 불어와 과거 유럽 이민자들이 거대한 토지를 구입해 이곳에서 와인을 만들기 시작했다. 현재는 대기업이 되어 칠레 와인 시장과 전 세계 수출 시장에서 큰 역할을 하고 있다.

미국 와인에 파리의 심판이 있다면, 칠레 와인에는 유명세는 다소 떨어지나 2004년 1월 23일 개최된 '베를린Berlin 테이스팅'이 있다. 6종의 칠레 와인과 6종의 미국 와인, 6종의 구대륙 와인을 블라인드 테이스팅했다. 36명의 유럽 전문가들을 베를린으로 초청해 테이스팅한 이벤트이다. 이 중 비냐 에라주리즈Vina Errazuriz의 비녜도 채드윅Vinedo Chadwick 2000 빈티지가 1위를 차지했으며, 에라주리즈와 미국의 로버트 몬타비가 합작하여 설립한 비냐 세냐Vina Sena의 세냐 2001 빈티지가 2위를 차지하였다.

이때 출시된 유럽의 와인은 샤토 마고, 샤토 라피트 로쉴드, 샤토 라투르, 이탈리아 와인 최초로 미국 와인 전문지인 《와인 스펙테이터》 Top 100 중 1위를 차지한 마르케시 안티노리의 슈퍼 투스칸인 솔라이아Solaia, 티냐넬로의 2000, 2001 빈티지였다. 프랑스는 파리의 심판에 이어 큰 충격을 받았으며, 이탈리아와 800년 이상의 역사를 가진 마르케시 안티노리 가문 역시 그러했다.

이 외에도 칠레 와인 중 비냐 에라주리즈의 돈 막시미아노Don Maximiano를 포함해 5종류의 와인이 Top 10 안에 들었으니, 칠레 입장에서는 해외 마케팅에 있어 이보다 더 좋은 이벤트는 없었을 것이다.

센트럴 밸리 Central Valley

칠레의 수도 산티아고Santiago로부터 시작하여 남쪽으로 길게 이어져 있는 칠레 최고의 와인 산지가 바로 센트럴 밸리이다. 이곳은 해안가와 가까이 있어 서늘한 바람의 영향으로 산도가 좋은 와인을 만들 수 있으며, 강가 옆의 넓은 평지에 포도밭이 있어 기계 수확을 하기에도 용이하다는 장점이 있다.

이 중 가장 북쪽에 있고, 칠레에서 가장 오래된 산지 중 하나인 **마이포 밸리**Maipo Valley는 마이포강을 따라 내륙, 안데스산맥 쪽으로 이어진다. 가장 칠레스러운 카베르네 소비뇽 품종 와인을 만드는 전통을 가진 지역이다. 1997년 샤토 무통 로칠드와 칠레의 콘차 이 토로Concha y Toro가 합작 투자하여 만든 알마비바Almaviva_모차르트의 '피가로의 결혼'에 나오는 남자 주인공의 이름가 마이포 밸리에서 가장 서늘한 고지대에 위치한 푸엔테 알토Puente Alto에서 만들어진다. 이 와인은 보르도 지역의 그랑 크뤼 2등급 이상의 가치를 인정받고 있으며, 최근 국내에서도 가격이 끝을 모르고 오르는 중이다. 《와인 스펙테이터》 Top 100에도 9번이나 선정된 바 있는 콘차 이 토로의 돈 멜초Don Melchor도 이 지역에서 만들어지며, 국내에서도 꾸준히 인기가 있는 와인 중 하나이다.

마이포 밸리 남쪽으로는 **라펠 밸리**Rapel Valley가 있는데, 라펠 밸리는 다시 해안가 쪽의 **콜차구아**Colchagua와 내륙 쪽의 **카차포알**Cachapoal로 나뉜다.

콜차구아가 칠레에서 최고의 카베르네 소비뇽 품종 와인을 만드는 곳으로 가장 유명한 산지이다. 작은 호수들의 계곡이라는 의미의 지명에 맞게 마이포 밸리보다 다소 서늘하면서도 균형미가 좋고, 단단한 와인이 많이 만들어진다. 국내에서는 칠레 와인 중 가장 유명한 몬테스Montes의 프리미엄 와인인 알파 엠Alpha M이 보르도 블렌딩으로 이곳에서 만들어지고 있다. 특히, 언덕이 형성되어 있는 아팔타Apalta에서는 라포스톨의 클로 아팔타가 만들어지고 있다. 2021년은 특별히 20주년 기념 빈티지가 나와 물량이 꽤 많이 풀려 아직도 많은 곳에서 구할 수 있으니 한번쯤 컬렉팅해 보길 바란다.

아콩카구아 Aconcagua

센트럴 밸리 북쪽으로는 또 하나의 산지인 아콩카구아가 있는데, 이곳은 칠레에서 가장 더운 산지 중 하나이다. 이곳에서 만들어지는 카베르네 소비뇽 품종 와인은 매우 진하고 탄닌과 알코올이 강한 특징을 가지고 있다.

칠레 와인의 개척자이자 명문 가문으로 돈 막시미아노 에라주리즈Don Maximiano Errazuriz

가 있다. 그가 아콩카구아산 기슭에서 최초로 와인을 만든 이래 현재 대표인 5대손 에두아르도 채드윅Eduardo Chadwick과 미국 나파 밸리의 로버트 몬다비가 합작하여 만든 세냐 와인이 있다. 세냐는 이 지역에서 만든 최고의 걸작으로 평가받고 있는데, 국내에서도 최근 장터나 아웃렛 행사에 많이 나오고 있으니 한번쯤 경험해 보길 바란다.

반면, 해안가 지역은 남극 부근에서 시작하여 남아메리카 서쪽 해안을 따라 적도 방면으로 흐르는 차가운 태평양 해류인 홈볼트Homboldt 해류의 영향을 받아 샤르도네나 소비뇽 블랑과 같은 화이트와인의 품종이 주로 만들어진다.

테이스팅 비교

《How Wine》은 '와인은 겸손하게 마셔야 된다. 와인 맛을 표현하는 것은 단순하게 혹은 즉각적으로 결론을 내릴 수 없는 까다로운 과정이다.'라고 말한다.
《와인 인문학 산책》도 '와인 시음은 겸손의 시험장이며, 우리의 판단이 어떠하든 절대적 진실에 도달할 수 없음을 깨우쳐 주는 과정이다. 와인 평가는 과학적 검증이 불가능한 지극히 주관적이고 불완전한 감각 기관에 의지할 뿐이니 더욱 겸손해야 하며, 한 잔의 와인은 한 단어로 시 전체를 이해하는 것만큼이나 부분적이고 어렵다'고 한다.

탄닌과 바디감이 강하며 산도까지 높아 장기 숙성형 와인에 가장 적합한 카베르네 소비뇽 품종의 와인은 특히 쉽게 결론을 내릴 수 없는 와인 중 하나이다. 해당 빈티지가 언제, 어디서, 어떻게 보관했느냐, 사전에 얼마나 브리딩하였느냐 등 많은 요소가 와인의 풍미에 영향을 미친다. 또한, 빈티지나 샤토에 따라 숙성 잠재력에 있어 매우 큰 차이를 보이니 같은 와인도 마실 때마다 큰 차이를 느끼게 된다.

와인의 맛은 보는 것에서 시작된다고도 한다. 보르도 지역의 올드 빈티지는 사실 보는 것만으로 대부분을 캐치하기에는 필자의 내공이 모자라서 매우 어렵다. 따라서 그만큼 후각으로 느끼고 그 향을 기억하여 재빨리 머릿속에서 과거의 경험과 매칭하는 것 역시 매우 중요하다.

《신의 물방울》에서 보르도 와인을 언급한 인상적인 문구 '보르도는 절정에 이르기까지의 긴 세월 동안 조금씩 덧칠해 온 시간이라는 물감의 복잡함을 즐기는 것이라고 생각해'라는 심오한 말이 머릿속에 맴돈다.

긴 세월이 어느 정도까지일지, 필자가 과연 얼마나 이 복잡함을 이해하고 제대로 즐길 수 있을지는 잘 모르겠지만, 최대한 지역별 차이와 배경을 이해한 상태에서 빈티지를 감안하여 잘 느껴보고 싶다.

» (미국) 나파 밸리 지역

첫 번째로는 초급자들이 처음에 칠레의 카베르네 소비뇽 품종 와인을 마시다가 보르도 지역이나 나파 밸리의 와인을 경험하게 된다. 대부분 보르도의 탄닌과 풍미에 깜짝 놀라 거리감을 느끼면서도 나파 밸리의 적당히 달달하고 부드러운 풍미에 엄지척을 하게 된다. 중급자로 넘어가면서부터는 나파 밸리 와인 중에서도 파리의 심판에 나왔던 주인공이나, 보르도 지역의 느낌을 가진 와인, 유명 시그니처 와인 등을 찾게 된다. 이 중 중급자들이 편하게 마실 수 있으면서도 유명세와 품질, 지역적 특징과 우아함을 가진 와인을 선택했다.

앞서 살펴본 바와 같이, **나파 밸리**의 **스택스 립 디스트릭트**는 카베르네 소비뇽 품종 재배에 있어 최적의 지역이며, 실크처럼 부드러운 질감과 바이올렛과 체리 향과 부드러운 탄닌, 섬세함을 가진 와인이 만들어진다. 이 지역을 포함해 나파 밸리 전역에서 재배된 훌륭한 품질의 포도를 가지고 양조하기도 한다. 과거 1960년대 이곳으로 이주하여 로버트 몬다비에서 와인 메이커로서 경력을 쌓은 워렌 위니아스키가 1970년 와이너리를 설립하고 그로부터 6년 만에 파리의 심판에서 1973 빈티지를 가지고 1위를 차지하며 전설이 되어버린 와이너리가 바로 **스택스 립 와인셀라**이다.

스택스가 상징하는 사슴은 절대 잡히지 않았다는 전설 속의 사슴으로 이 와인의 레이블 정중앙 위에 크게 자리잡고 있다. 해당 수입사는 이 와인의 명칭인 **아르테미스**가 그리스 로마 신화에서 사냥의 신답게 나파 밸리에서 선별된 포도만을 사용한다는 것과 히스토리를 매칭하고 있다.

보르도 지역의 와인을 일찍 오픈할 경우, 보통 '유아 살해'라는 표현을 쓴다. 신대륙 와인의 경우에는 그 지역의 기후나 사용하는 오크, 양조 방법 등에 따라 어린 빈티지에서도 탄닌이 이미 부드럽고 깊게 스며들어 있으며, 숙성 풍미도 일찍 발현되는 경우가 많아 보르도에 비해서는 일찍 만나 볼 수 있다는 장점이 있다.

참고로 이번 테이스팅 노트에 추가한 2016 빈티지는 2019년 백화점에서 13만 원에 여러 병 구매 후 셀러에 잘 보관해 둔 와인 중 하나이다.

최근에 2018 빈티지가 코스트코에 13만 원에 풀렸으니 구매를 추천한다. 그 이유는 백화점이나 와인숍을 가보면 미국 와인이 2021년 많이 오른 것을 확인할 수 있기 때문이다.

» (칠레) vs (프랑스) 보르도 그랑 크뤼 5등급 비교

두 번째로는 국내에서 쉽게 구할 수 있는 칠레 와인 중 우수한 품질을 자랑하는 와인을 프랑스 와인과 비교하고자 한다. 이 중, 10년 정도 숙성된 비슷한 가격대의 와인을 셀러에서 찾다 보니 다음과 같이 **2011 빈티지의 칠레 와인과 보르도 그랑 크뤼 5등급 와인** 간의 비교 테이스팅을 선택하게 되었다.

국내에서 인기가 많고 로버트 파커에게도 꾸준한 평가와 90점대 점수를 받고 있는 시데랄Sideral이라는 와인의 프리미엄급에 해당되는 와인이 **알타이르**Altair이다. 1865 시리즈로 유명한 산 페드로San Pedro와 프랑스 생테밀레옹 그랑 크뤼 등급의 샤토 다쏘Dassault가 합작 설립한 와이너리에서 만들어진 와인이다. 이 와인은 프리미엄 산지인 **라펠 밸리** 내에서 덥고 건조한 내륙 계곡에 위치한 **카차포알**에서 주로 카르메네르와 카베르네 소비뇽 품종을 가지고 와인을 만들고 있다. 이 와인은 안데스산맥 쪽에 위치해 높은 고도와 산맥의 영향을 많이 받고 일교차가 있으며, 자갈 토양의 장점과 나무 1그루당 소량 포도를 재배하여 와인의 농축미가 매우 좋다고 알려져 있다.

보르도 지역에서 카베르네 프랑 품종을 통해 느낄 수 있는 식물성 캐릭터를 칠레에서는 카르메네르 품종을 통해 블렌딩 비율에 따라 다양하게 느낄 수 있을 것이다.

이와 비교하는 **보르도 그랑 크뤼 5등급** 와인은 샤토 무통 로칠드와 바로 이웃하는 샤토이다. 작고한 바론 필립 드 로칠드Baron Philippe de Rothschild가 인수, 소유했던 와이너리로 품질뿐만 아니라 발효와 오크 사용에 있어 매우 우수한 생산자 중 하나로 인정받고 있는 **샤토 다르마이악**Chateau d'Armaihac이다.

테이스팅 노트에서 확인할 수 있겠지만, 보르도 지역의 와인은 특성상 오픈 후 바로 마실 수가 없다. 그래서 디캔팅Decanting 숙성된 와인의 병에 가라앉은 침전물을 분리, 카라파주 (Carafage)가 와인을 산소와 접촉시키기 위해 카리프에 옮겨 담는 것을 의미하는데 두 단어를 혼용해서 디캔팅이라고 많이 사용함 한 이후 보통 4시간 정도 후에 마셨다.

처음 오픈 후, 1시간 후, 2시간 후에는 아주 조금씩, 한 모금 정도만 테이스팅해서 일단 향과 풍미의 변화를 느껴 보았고, 4시간 이후부터 본격적으로 테이스팅하여 노트를 작성했다. 그리고 절반 정도를 남겨 다음 날 다시 테이스팅했는데, 와인의 등급과 품질이 좋다 보니 전반적으로 다음 날에 더 부드럽고 맛있게 드링킹을 할 수가 있었다.

참고로, 2019년부터 진공 스토퍼 대신 풀텍스Pulltex에서 나오는 안티옥스AntiOx 제품을 여러 개 사용하고 있다. 코르크나 진공 마개에 비해 10일 정도는 월등하다고 제시하는 차트를 100% 믿지는 않으나, 경험상 3일 정도는 충분히 안심하고 마실 수 있는 것 같아서 평소 여러 병을 테이스팅할 수 있는 장점이 있다. 이번 테이스팅 노트에 추가한 와인 중, 알타이르는 3~4년 전 백화점에서 11만 원에 구매했고, 샤토 다르마이약은 2019년 제주도 면세점에서 8만 원대에 구매 후 셀러에 잘 보관해 둔 와인이다.

» (프랑스) 보르도 그랑 크뤼 3등급

세 번째로는 두 번째 테이스팅 노트에서 풍미의 강도, 여운 등이 다소 아쉬웠는데, 이 와인 자체가 가진 체력 부족인지, 관리 상태 부실로 인한 과숙성인지는 분명하지 않다. 다만 이 아쉬운 부분을 해결해 보고자 좀 더 체급이 좋은 2003 빈티지 **보르도 그랑 크뤼 3등급** 와인을 선택했다. 추가로 1855년 그랑 크뤼 클라세 선정 이후 와이너리가 만들어져 현재는 **등급에 미선정**되어 있으나 전문가들 사이에서 충분히 선정될 수 있는 품질로 평가되는 **생 쥴리앙** 마을의 와인으로 2011 동일 빈티지를 선택하여 앞선 5등급 와인과 맞짱 승부를 해보고 싶었다.

샤토 칼롱 세귀르는 고가에도 불구하고, 언제부터인가 밸런타인데이에 사랑하는 연인과 함께 마시는 와인의 상징이 되어 버렸는데, 하트 모양의 레이블이 한몫하였다. 18세기 초부터 중반 보르도 지역에서 가장 유명한 부자 중 한 명인 니콜라스 알렉산드르 세귀르 Nicolas Alexandre Ségur는 당시 그야말로 보르도 와인의 왕과 같았다.

아버지로부터 샤토 라피트 로칠드를, 어머니로부터 샤토 라투르를 상속받았으며, 20대 초반에 샤토 무통 로칠드를 인수하였다. 여기까지도 어마어마하지만 혼인하면서 처가에서 결혼 지참금으로 샤토 칼롱칼롱은 이후 칼롱 세귀르와 샤토 몽로즈로 나누어진다을 가져오면서 거의 끝판왕이 되어 버리는데, 이를 두고 프랑스의 루이 15세 왕이 "포도의 왕"이라 불렀다고 전해진다.

현재는 생-테스테프 마을에서 가장 유명하고 아시아에 수출도 많이 되는 3등급 와인이다. 그렇지만 주인이 몇 번 바뀌면서 품질에 있어서 침체기를 거쳤고, 생-테스테프 마을의 와인이 아무래도 포이약이나 생 쥴리앙 마을에 비해서는 좀 더 터프한 부분이 있어 국내에서도 조금은 저평가받고 있다. 이 생산자의 와인만이 유독 3등급 와인 중에서 인기가 많은 이유는 레이블의 힘도 있지만, 이 마을의 다른 와인에 비해서 풀바디하지 않으면서 숙성이 잘되면 매우 부드러운 와인이 되기 때문이다.

이 생산자의 홈페이지(https://www.calon-segur.fr/)에 들어가 보면 과거 역사적 스토리만큼이나 현재 이들의 감성을 느낄 수 있을 것이다. 마치 콘텐츠나 예쁜 액세서리를 파는 회사 홈페이지 같다고 느낄 것이다.

《신의 물방울》에서는 '부르고뉴 와인이 젊은 시절의 매력과 맞바꿔 시간이 안겨 주는 매력을 지니게 되는 것과 달리, 보르도 와인은 젊을 때의 매력을 어느 정도 남긴 상태에서 그 위에 오래된 와인의 독특한 매력을 쌓아간다는 것'이라 했다. 과연 최근 마신 매우 영한 빈티지인 2014의 어떤 매력이 남아 있고, 2003 빈티지에 새로 쌓인 매력은 어떤 것인지 느껴 보고 싶어, 2021년 이마트 장터 올빈 코너에서 25만 원에 구매한 귀한 녀석이다. 생 줄리앙의 샤토 글로리아의 홈페이지에 들어가 보면, "그래서 왜, 샤토는 Cru Classe가 아닌가?"라는 질문에 대한 대답으로 다음과 같이 답변한다. "답은 간단하다. 1855년 분류 당시에 존재하지 않았다."

아마도 다음에 생략된 이야기로는 "그게 뭐가 중요해?, 우린 그랑 크뤼 클라세와 견주어도 충분히 경쟁력이 있어, 이미 그런 대접을 받고 있어" 등이 아닐까?

» (프랑스) 보르도 그랑 크뤼 2013 빈티지

네 번째로는 "일명 망빈 혹은 물빈이라 불리는 2013 빈티지 와인은 정말로 물을 많이 먹어 풍미가 약하고 맛이 없으며, 장기 숙성이 불가능한가?"라는 질문에 대한 답으로 테이스팅 노트를 추가한다.

사실, 백화점이나 마트의 장터에 가보면 보르도 지역의 그랑 크뤼 와인 중 가격이 저렴해 사고 싶다가도 빈티지를 보면 대부분 2013인 경우가 많아 막상 망설이게 된다.

이 책을 쓰면서 이 주제를 가지고 테이스팅해 보고 싶어서 이마트 장터에서 일부러 **보르도 그랑 크뤼 5등급 2013 빈티지** 와인을 15만 원에 구매했다. 국내에서 보르도 지역 와인 중 가장 인기가 많고 최근 그 인기가 계속적으로 급상승 중인 와인이어서 선택했다. 로버트 파커가 2009, 2010, 2019 빈티지에 100점을 주었고, 2016과 2018 빈티지에는 98점, 가장 낮은 점수를 준 2013 빈티지에 대해서도 92점을 줄 정도로 파커에게 지난 20년간 대부분 95점 이상의 점수를 받은 와인이다.

샤토 무통 로칠드와 샤토 다르마이약의 바로 아래쪽에 위치한 **샤토 퐁테 카네**는 파워풀한 구조감과 복합미, 오랜 숙성 잠재력을 지녀 다른 4~5등급의 와인보다도 높은 평가를 받

고 있다. 세계적인 와인 컨설턴트이자 로버트 파커의 오랜 친구인 미셸 롤랑Michel Rolland
과 건축가 등이 1999년부터 참여하면서 만든 거대한 현대식 시멘트 양조 시설과 2004년
부터 모든 포도밭을 유기농 농법을 적용하며 한 단계 더 발전한 생산자이다.

이 생산자의 설명에 의하면, 2013년은 춥고 습기찬 봄 날씨 때문에 꽃이 늦게 6월 초순에
피었으며, 그나마 7월 초순부터 9월 중순까지 맑은 날씨가 지속되면서, 10월 초순 수확
을 마칠 수 있었는데, 대신 수확량이 매우 적었다고 한다. 그러면서 "날씨의 변덕은 곧 잊
혀질 것이고, 역사는 포도주의 품질만 기억할 것이다."라고 말한다.

참고로, 망빈, 물빈이라는 단어는 쉽게 사용해서는 안 될 단어이다. 포도를 어렵게 재배
하고 양조하는 분들의 노력을 간과해서는 안 되니 우리가 좀 더 단어 사용에 있어서 신중
을 기해야 할 것이다. '포도 작황이 조금은 어려웠던 해'나, '이런 어려움을 잘 극복하고 만
든 와인' 등으로 표현해야 할 것이다.

전문가들의 조언을 들어 보아도 역시나 유명한 생산자들은 어려운 해에도 결국은 균형
감 좋은 와인을 만들어내는 전통과 노하우가 있다. 의외로 맛있는 경우가 매우 많다는 뜻
인데, 필자의 경험상으로도 우박, 서리, 비 등으로 어려웠던 해나, 너무 서늘했던 해의 와
인이 잘 열리고 부드러워서 좋았던 테이스팅이 많았던 것으로 기억이 난다.

그래서 보르도 지역뿐만 아니라, 여러 주요 산지의 유명 생산자들이 만든 와인 중 어려웠던
해의 빈티지가 심하게 저렴할 경우에는 필자라면 꼭 구매할 것이다. 파워풀함과 장기 숙성
관점에서 주로 평가를 하는 로버트 파커의 점수에 너무 민감하게만 반응할 필요는 없다.

» (프랑스) 보르도 그라브 지역, 페샥-레오냥

마지막으로는 위에서 오-메독의 생-테스테프, 포이약, 생줄리앙 마을의 와인을 시음했으
니, **그라브** 지역의 **페샥-레오냥** 마을의 와인을 마지막으로 선택했다. 샤토 라 마시옹 오 브
리옹만큼은 아니어도 샤토 스미스 오 라피트는 그라브 그랑 크뤼 등급으로 페샥-레오냥
AOC에 해당되며, 최고급 보르도 블렌딩으로 지역 특성의 풍미를 잘 드러내 주는 와인이다.
그라브 지역은 북부 쪽에 위치해 있으며, 1990년대에 소유주가 바뀌면서 많은 투자와 변
화를 겪었다. 이 중 지속 가능한 유기농 재배 방식의 선택이나 지하 셀러의 개조 및 확장,
오크통에 대한 선별, 제작, 고급화 등을 통해 와인의 품질이 획기적으로 발전했다. 결국
2000년대 들어 로버트 파커로부터 100점을 받으며 '잠자는 숲속의 미녀가 잠에서 깨어
났다'는 명성이 생긴 곳으로 점수만큼이나 가격도 2~3배 폭등한 와인 중 하나로 평소 가
던 와인숍에서 20만 원에 구매한 와인이다.

페어링

카베르네 소비뇽 품종 와인에는 단연코 붉은 육고기 하나면 충분하다고 생각한다. 고기와 함께할 때 이 와인이 가장 맛있고 와인이 가진 강한 특징과 고기의 묵직한 질감과 단백질 및 약간의 지방이 충분히 매칭되면서 시너지를 발휘하는데, 이것이 진정한 페어링이 아니겠는가.
그렇다 보니, 많은 참고 서적에서도 페어링으로 추천하는 음식이 바로 구운 고기이다. 《와인폴리》는 카베르네 소비뇽 품종이 가진 높은 탄닌과 풍부한 풍미에는 구운 고기와 후추, 소금이면 완벽한 페어링이라고 한다.

《와인 바이블》도 보르도 지역의 레드와인에는 소고기나 양고기와 같은 붉은 고기를 잘라내어 포도나무 가지 위에 올려놓고 구워 먹을 수 있다면 최고라 하고 있으며, 양고기나 야생 버섯을 곁들인 오리 가슴살 요리 등을 추천하고 있다. 나파 밸리의 레드와인도 주로 양고기나 소고기, 오리고기를 추천하고 있다.

《열두 달의 와인 레시피》는 무더위가 서서히 끝나가는 8월에 기분 좋은 흙내음의 보르도 와인과 시금치와 크림치즈, 잣을 채운 표고버섯 요리를 페어링하라고 추천하고 있다. 버섯과 시금치의 어렴풋한 흙내음과 크림치즈의 부드러움, 잣의 고소함 등이 보르도 지역의 와인과 매우 잘 어울린다고 하니, 조만간 한번 먹어봐야겠다. 또한, 올드 빈티지 와인에 대해서는 뵈프 부르기뇽 bœuf bourguignon을 함께 추천한다. 소고기에 레드와인과 야채를 듬뿍 넣고 끓이는 요리이니, 당연히 맛있을 수밖에 없을 것 같다.
칠레 와인도 특별한 양념 없이 버터 한 조각에 두툼한 등심 스테이크를 구워 먹는 기본 조합을 추천한다.

아무래도 레드와인의 강한 탄닌이 스테이크에 있는 단백질과 만나면 잘 결합하여, 탄닌과 육질을 모두 부드럽게 만드는 효과가 있기 때문이다.

《더미를 위한 와인 푸드 페어링》에서도 국가별로 요리법은 다양하면서도, 다소 다르기는 하지만 기본적으로 동서양을 막론하고 붉은 고기와의 페어링을 언급하고 있으니, 정답은 무조건 고기 !!!

와인잔

레스토랑이나 일반 식당에서 주로 서빙하는 와인잔은 보통 범용성 레드 와인잔인 경우가 많다. 가장 기본이 되는 막잔의 모양이 보르도 품종 와인잔의 기본이고 대부분의 메이커가 이 형태를 가지고 있다 보니, 통상 와인잔을 그려 보라고 한다면 다들 보르도 품종 와인잔을 그린다.
필자는 개인적으로 피노 누아 품종 와인잔과 카베르네 소비뇽 품종 와인잔을 엄격히 구분해서 사용하는데, 이유는 볼과 립의 비율이 매우 다르기 때문이다.

피노 누아 품종 와인잔은 앞서 살펴본 바와 같이 립 부분이 다소 상이하나, 볼이 매우 넓어 향을 모아 주는 형태를 가지고 있다. 결국 모아만 주느냐, 모았다가 다시 펼쳐 주느냐의 차이였다면, 카베르네 소비뇽 품종 와인잔은 모아는 주지만, 극단적으로 모으지는 않는 형태로 대부분의 와인잔이 비슷한 형태를 가지고 있다.

리델(Riedel)　　　잘토(Zalto)　　　지허(Zieher)

[출처: 제조사, 판매처 홈페이지]

품종별로 몇 차례에 걸쳐 와인잔에 대해 지속적으로 언급했다. 조금이라도 공감이 되거나 한번 구매, 경험을 해볼 생각이라면, 조금만 더 큰맘 먹고, 신속히 구매해서 사용해 보길 바란다. 리델 소믈리에 라인의 레드-블랙 타이 시리즈를 구매한다면, 아마도 한동안은 문을 열어 보고 다시 닫고를 반복하게 될 것이고, 직접 와인잔 세척이나 린넨과 스팀을 이용해 열심히 닦고 있는 자신을 발견하게 될 것이다.

1. 스택스 립 와인 셀라스, 아르테미스 카베르네 소비뇽

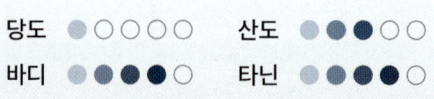 레드

Stag's Leap Wine Cellars, Artemis Cabernet Sauvignon

원산지	미국 / 나파밸리 Napa Valley
와이너리	스택스 립 와인셀라스 Stag's Leap Wine Cellars
포도 품종	카베르네 소비뇽 Cabernet Sauvignon 95%
	메를로 Merlot 4%, 말벡 Malbec 1%

당도 ●○○○○   산도 ●●●○○
바디 ●●●●○   타닌 ●●●●○

2016 D 95, JD 93, JS 92, RP 92
2015 RP 93
2008 WE 95

WINE ENTHUSIAST 2021 VINTAGE CHART

Region	Wine Variety	2019	2018	2017	2016	2015	2014	2013	2012	2011
Napa	Cabernet Sauvignon	94	94	90	95	95	94	95	95	89

2016년 캘리포니아의 봄은 따뜻했고, 더운 여름을 보낸 이후 8월부터 해안에서 밀려온 안개의 효과로 기온이 서늘해지면서 포도의 숙성에 있어 유리한 조건이 형성되며 고급 빈티지의 조건을 갖추게 되었다고 한다. 이 지역은 2000년대 들어 2011년을 제외하고는 계속적으로 좋은 작황을 보이고 있으며, 이러한 부분이 점수에도 충분히 반영되어 있다.

와인 애드버킷도 나파 밸리를 포함하고 있는 노스 코스트 지역 North Coast 의 카베르네 소비뇽 2016년 빈티지에 대해 98 T Still tannic, youthful, or slow to mature 로 평가하며, 2013년 98 T와 함께 1970년 이후 지난 46년간 최고의 점수를 준 바 있다.

와인 서처는 이 와인의 품질, 컨디션, 시음 적기에 대해 아래와 같이 설명한다.

Vintage quality	Excellent
Current condition	Ready to drink, will keep
When to drink	2019 to 2032

2020/12 ('16)

Tasting Note (2016)

시각   선명도는 맑고, 색상은 퍼플~루비 → 가넷은 거의 없고, 색의 강도는 깊음.

후각   상태는 깨끗, 후각의 강도는 medium(+)
1차 향: 블랙커런트(카시스), 블랙체리, 자두
2차 향: 바닐라, 버터, 삼나무, 육두구, 정향
3차 향: 가죽, 담배 → 너무 부드럽고 병 숙성 향이 많이는 안 느껴짐.
발전 단계는 숙성 중

미각   당도: dry, 산도: medium → 나파밸리 와인 중에는 덜 달고, 산도가 괜찮음.
            medium(+) 수준, 바디: medium(+), 탄닌: medium(+),
알코올: medium(+) → 14.5%인데 부드러워서 높게 안 느껴짐.
풍미 강도는 medium(+)
여운이 medium(+) ~ 길어

매우 좋은 와인이며, 지금 마셔도 좋고, 숙성 잠재력이 많이 있음.
→ 균형미, 복합미, 풍미 강도, 여운 모두 Very Good

⇒ 나파밸리 와인 중 탄탄함과 우아함을 동시에 지니고 있는 와인은 많지 않은데, 이 중 하나임. 복합미와 힘을 지닌 와인. 와이너리의 힘!!! 빈 잔에서는 초콜릿, 바닐라 향이 길게 남음.

1일 후   힘이 넘치고, 탄닌은 더 부드러워짐.
초콜릿 향이 강한 데 비해, 전에 많이 났던 진한 과일 향과 맛, 바닐라, 가죽, 담배, 향신료 등의 향이 다소 약해짐.

vivino
평점   4.4
가격   13.2만 원

wine-searcher.com
평점   89
가격   8.8만 원

2. 알타이르
Altair

🇨🇱 레드

원산지	칠레 / 센트럴밸리 > 라펠밸리Rapel Valley
와이너리	알타이르Altair
포도 품종	카베르네 소비뇽Cabernet Sauvignon 86% 카르미네르Carmenere 7%, 메를로Merlot 7%

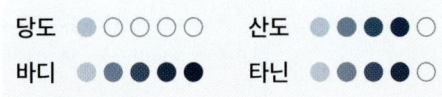

당도 ●○○○○ 산도 ●●●●○
바디 ●●●●● 타닌 ●●●●○

2016, 2017 Tim Arkins 95
2015 RP 92, JS 93, WS 92
2011 CellarTracker 91

WINE ENTHUSIAST 2021 VINTAGE CHART

Region	Wine Variety	2015	2014	2013	2012	2011	2010	2009	2008	2007
Maipo	Red	90	88	90	88	89	88	88	89	95
Colchagua	Red	90	85	87	88	90	90	87	90	94

2011년 칠레는 예년에 비해 평균적으로 좋은 편으로, 건조하고 시원한 기후 속에서 절제된 풍미를 가졌다. 카차포알은 마이포와 콜차구아 중간에 위치한 산지로 덥고 건조해 카르미네르, 카베르네 소비뇽 등 진한 레드와인을 만드는 곳이다.

와인 애드버킷도 칠레의 카베르네 소비뇽 2011년에 대해 92 RReady to drink로 평가하며, 지난 2000년대 중에서 가장 높은 점수를 준 바 있다.

와인 서처는 이 와인의 품질, 컨디션, 시음 적기에 대해 아래와 같이 설명한다.

Vintage quality	Excellent
Current condition	Ready to drink, will keep
When to drink	2015 to 2024

2020/11 ('11)

Tasting Note
(2011)

시각 선명도는 맑고, 색상은 퍼플~가넷 → 가넷빛 많고, 색의 강도는 깊음.

후각 상태는 깨끗, 후각의 강도는 medium(+)
→ 가죽 향, 과일 향 조금 느껴짐. → (30분 병 브리딩 후) 진하고
부드러운 검은 과일 향, 탄닌 → (3시간 병 브리팅 후)
1차 향: 블랙커런트, 블랙체리, 베리, 자두류, 피망
2차 향: 바닐라, 육두구, 초콜릿
3차 향: 가죽, 담배, 흙
발전 단계 - 숙성 중

미각 당도: dry, 산도: medium(+), 바디: medium(+), 탄닌: medium(+)~ high,
알코올: medium(+)
풍미 강도는 medium
여운 medium
좋은 와인이며, 지금 마시기 좋고, 추가 숙성도 가능
→ 균형미, 복합미는 Very Good , 풍미 강도, 여운은 Good

⇒ 강한 탄닌에 비해 맛이 부드럽고 과일 향도 풍부하고 힘이 있어 좋으나, 전반적인 풍미 강도나 여운은 다소 아쉽고, 약간 실망스러움.

vivino
평점 4.4
가격 -

wine-searcher.com
평점 90
가격 10.4만 원

1일 후 과일 향이 더 진해졌고, 탄닌이 좀 더 부드러워짐.
힘은 아직 짱짱!!!
추가 숙성 후 마시면 여운이나 강도에서 변화가 생길지?

3. 샤토 다르마이약
Chateau d'Armailhac

🇫🇷 레드

원산지 프랑스 / 보르도Bordeaux > 포이약Pauilac
와이너리 샤토 다르마이약Chateau d'Armailhac
포도 품종 카베르네 소비뇽Cabernet Sauvignon, 메를로Merlot, 카베르네프랑Cabernet Franc, 쁘띠 베르도Petit Verdot

당도 ●○○○○   산도 ●●●○○
바디 ●●●●○   타닌 ●●●●○

2011 WS 90, Gilbert & Gaillard 92

WINE ENTHUSIAST 2021 VINTAGE CHART

Region	Appellation/Type	2016	2015	2014	2013	2012	2011	2010	2009	2008	2007
Bordeaux	Médoc	98	99	94	88	90	91	99	97	93	87

보르도는 2009~2010년 최고의 빈티지를 경험한 이후 2015년 다시 최고를 만나기 전까지 2013년을 포함해서 3년간 힘든 해를 맞이했다. 2011년 봄은 건조하고 더위가 심했으며 7월 여름은 서늘한 편으로 간헐적으로 비와 더위가 계속 변덕스럽게 찾아왔다. 생-테스테프 마을은 수확기에 우박 피해를 입었으나, 그래도 장인들의 손을 거치면서 수확량도 줄이고 포도를 신중하게 수확, 분류하는 등의 노력을 거쳐 품질을 많이 높일 수 있었다.

와인 애드버킷도 오-메독의 북쪽 3개 마을의 2011년에 대해 88 E_Early maturing and accessible로 다소 낮게 평가하며, 2006~2007년보다는 조금 높은 점수를 준 바 있다.

와인 서처는 이 와인의 품질, 컨디션, 시음 적기에 대해 아래와 같이 설명한다.

Vintage quality	Poor
Current condition	Ready to drink
When to drink	2014 to 2035

2020/11 ('11)

Tasting Note
[2011]

시각 선명도는 맑고, 색상은 퍼플~가넷 → 가넷빛 많고, 색의 강도는 깊음.

후각 상태는 깨끗, 후각의 강도는 medium(+)
→ 가죽 향, 오크 숙성 향이 많이 느껴짐.
→ 마구간 냄새 같은 눅눅한 향이 과일 향을 압도
→ (3시간 병 브리팅 후, 다시 테이스팅)
1차 향: 블랙커런트, 블랙체리, 베리, 자두류
2차 향: 바닐라, 삼나무, 연필심, 정향, 육두구
3차 향: 가죽, 담배 → 2~3차 Main 향
발전 단계 - 숙성 중 ~ 완전 숙성 넘어가는 중

미각 당도: dry, 산도: h, 바디: medium(+), 탄닌: medium(+)~ high,
알코올: medium(+)
풍미 강도는 medium
여운 medium

좋은 와인이며, 지금 마시기 좋고, 추가 숙성은 조금 가능
→ 균형미, 복합미는 Very Good, 풍미 강도, 여운은 Good
⇒ 강한 탄닌이 다소 텁텁하고, 복합적인 향은 나오나 G.C 5등급 와인치고는 풍미 강도나 여운이 다소 아쉽고, 약간 실망스러움.

1일 후 블랙체리, 베리류의 과일 향이 많이 올라오고, 탄닌이 강하나 무겁지 않고 부드러워 매우 좋아졌으나 여운은 여전히 아쉬움.
→ (2일 후) 완전 맛있어!!! 부드러워~ 보르도 G.C 5등급 와인다워!

평점 4.1
가격 22만 원

평점 90
가격 11만 원

4. 샤토 칼롱 세귀르
Chateau Calon Segur

🇫🇷 레드

원산지	프랑스 / 보르도 > 생-테스테프 Saint Estephe
와이너리	샤토 칼롱 세귀르 Chateau Calon Segur
포도 품종	카베르네 소비뇽, 메를로, 카베르네 프랑, 프티 베르도

당도 ●○○○○ 산도 ●●●●○
바디 ●●●●○ 타닌 ●●●●○

2018 JD 99, RP 98, WE 97, JS 97, WS 95
2016 JS 98, WE 94, D 96, WS 96, RP 96
2003 WS 95, RP 94, WE 94, JS 94

WINE ENTHUSIAST 2021 VINTAGE CHART

Region	Appellation/Type	2008	2007	2006	2005	2004	2003	2002	2001	2000	1999
Bordeaux	Médoc	93	87	90	100	89	89	86	96	96	88

보르도의 2003년은 매우 더운 날씨에도 불구하고 좋은 품질의 와인이 만들어진 해이다. 밤에도 기록적인 온도를 보였는데, 9월에 내린 단비로 인해 메독 지방 중 생-테스테프 마을이 매우 성공적인 빈티지를 만들어 냈으며, 세계적인 평론가 사이에서 많은 논쟁거리를 만든 해였다.

와인 애드버킷은 오-메독의 북쪽 3개 마을의 2003년에 대해 95 T Still tannic, youthful, or slow to mature로 매우 높게 평가하며, 2000년대 최고의 빈티지 중 하나라고 하는 2000년, 2005년과 비슷, 동일한 점수를 준 바 있다.

와인 서처는 이 와인의 품질, 컨디션, 시음 적기에 대해 아래와 같이 설명한다.

Vintage quality	Good
Current condition	Ready to drink
When to drink	2009 to 2029

2021/5 ('03)

Tasting Note
(2003)

시각   선명도는 맑고, 색상은 가넷, 색의 강도는 깊음.

후각   상태는 깨끗, 후각의 강도는 medium(+)
1차 향: 블랙커런트, 블루베리, 블랙체리, 검은 자두, 바이올렛
2차 향: 바닐라, 삼나무, 연필심, 정향, 육두구, 후추, 버터, 크림
3차 향: 가죽, 담배, 스모키, 초콜릿
발전 단계 - 완전 숙성 → 추가 숙성해도 충분히 힘이 있을 듯

미각   당도: dry, 산도: medium(+), 바디: medium(+), 탄닌: medium (+)~ high ,
알코올: medium (+)
풍미 강도는 medium (+)
여운 medium (+)

매우 좋은 와인이며, 지금 마시기에 적합하고 좋음, 추가 숙성도 가능
→ 균형미, 복합미, 풍미 강도, 여운 모두 Very Good

⇒ 30분 브리딩된 상태에서 첫 잔을 조금 마시니, 전혀 열리지 않았고, 과일 풍미와
탄닌만이 느껴질 정도로 매우 짱짱함.
이후, 디캔터에 4시간 동안 브리딩 후, '보르도 생-테스테프 와인이 이렇게 부드러울
수가 있는가?' 하며 계속 마시기 시작했고, 1잔만 남겨 둠.

1일 후   오크와 향신료, 초콜릿 풍미가 매우 부드럽고 여운이 은은하게 길게 느껴지며,
가죽, 담배, 스모키 등 숙성 풍미가 매우 고급스럽게 느껴짐.
하지만 숙성된 풍미의 강도가 조금씩 꺾이는 느낌도 있음.

평점   4.2
가격   14.7만 원

wine-searcher.com

평점   92
가격   20.4만 원

Tasting Note #4

칼롱 세귀르 2003 빈티지를 이번 테이스팅 노트에 추가한 것은 매우 잘한 것 같다. 칠레의 와인과 보르도 지역의 5등급 와인과의 체급 차이나 빈티지 차이도 확인할 수 있었으며, 마을별로 차이도 느끼고 싶었지만, 이는 숙성된 칼롱 세귀르가 마치 '나는 그라브 지역 와인이야' 하는 것처럼 느껴져서 완전 실패를 하기도 했다.

이렇듯 숙성도나 빈티지 차이가 와인 테이스팅에 있어서 매우 중요한 요소 중 하나이다. 샤토별로 매년 같은 레이블에 숫자만을 변경하기도 한다. 그러나 일부 샤토는 레이블이나 캡에 일정 주기로 부분 변화를 주거나 특별한 계기를 가지고 변화를 주기도 한다. 샤토 무통 로칠드처럼 매년 레이블을 변경, 제작하는 곳도 있어서 많은 컬렉트의 타깃이 되며 일반인들도 가능한 수준에서 와인을 골라 모으는 재미를 갖기도 한다.

이번에 테이스팅했던 칼롱 세귀르는 최근 출시된 2017 빈티지가 2003 빈티지와는 레이블의 색이나 빈티지를 표기한 위치, 샤토나 주변 나무나 포도밭 등의 그림이 전반적으로 달라졌다. 2014 빈티지와도 비슷해 보이나, 자세히 보면 레이블이나 하트의 크기가 조금씩 다른 걸 확인할 수 있다.

같은 와인을 빈티지별로 모으는 재미와 이렇게 사진으로 간직하는 재미도 꽤 쏠쏠하니, 한번쯤 해보길 바란다.

캡슐은 보통 레이블에 비해서 주목을 받지 못한다. 하지만 옆의 사진처럼 한 개의 샤토에서도 이렇게 다양하며, 특히 2017 빈티지의 하트는 너무나도 사랑스럽다.

코르크와 병목의 오염을 방지하기 위해 씌워진 캡슐은 그동안 잘 몰랐던 많은 정보가 기록되어 있다. 그러나 우리가 이 모든 정보를 자세히 알아야 할 필요는 없다.
몇 년 전에 폐지되었지만, 과거에는 프랑스에서 수출하는 와인에 대해서는 세금 납부 여부 등을 증명하기 위해 다양한 표기를 넣었다. 작은 글씨와 숫자는 Recoltant 와 Negociant 를 구분하기도 하고, 그들에게 부여된 번호를 의미하며, 캡슐의 색깔을 가지고 AOC, IGP 등을 구분하기도 했다. 그동안의 변천사를 캡슐을 통해 확인할 수 있는 것이다.

이뿐만 아니라, 부르고뉴 지역의 한 와인 메이커가 만든 마을별 와인을 모으거나, 한 마을의 등급별 와인이나, 동일 포도밭의 여러 빈티지를 모아 놓고 사진을 찍어 놓으면 매일 마시지 못해도 휴대 전화 속 사진을 보면서 매일 흐뭇한 웃음을 지을 수도 있다. 이 또한 와인 러버들로서는 얼마나 행복한 일이 되겠는가?

중급자들은 울라지Ullage라는 말을 들어 보았을 것이다. 영어 사전을 찾아보면 '부족량'이라고 되어 있다. 와인을 병에서 장기간 숙성하다 보면 코르크를 통해 와인이 미세하게 증발되어 병목 안에 코르크 끝과 와인 간 틈이 점점 벌어져 생기는 빈 공간을 의미하며 점점 커질수록 와인은 쉽게 산화된다.

와인을 셀러에 보관하지 않고 덥고 습기가 낮은 곳에 세워 둔다면 코르크가 쉽게 말라 쪼그라져 금세 공간이 커질 것이다.

아래 사진은 필자의 셀러에서 보관 중인 동일한 샤토의 와인 중 특히 차이가 많이 나는 몇 개의 울라지를 비교해 본 것이다.

해외에서 구매한 샤토 마고 2004 빈티지와 해외 사이트에서 직구한 1979 빈티지를 보면 현격한 차이를 느낄 수 있을 것이다. 해외에서 구매한 샤토 무통 로칠드 1985 빈티지와 국내 백화점에서 구매한 2014 빈티지와의 현격한 차이도 느낄 수 있다.

여기서 필자가 말하고 싶은 부분은 가격이 비싸서 문제지 백화점이나 수입사 직영 매장에서 사는 와인이 내 경험상 가장 안전하다는 것이다.

해외여행이나 출장 시 해당 와이너리에 방문하여 직접 구매하거나 유명 판매처에서 구매하는 것이 바람직하겠지만, 그렇게 하지 못하는 경우 해외 사이트에서 구입하는 올드 빈티지의 울라지를 정확히 확인할 수 없다. 또한, 와인에 문제가 생겨도 환불이나 교환 받기가 매우 불편하고 어떤 환경에서 얼마나 많은 손을 거치고 자체 보관하며, 판매하는지 등도 전혀 알 수가 없다.

5. 샤토 글로리아
Chateau Gloria

🇫🇷 레드

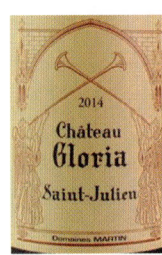

원산지	프랑스 / 보르도 > 생 줄리앙 Saint Julien
와이너리	샤토 글로리아 Chateau Gloria
포도 품종	카베르네 소비뇽, 메를로, 카베르네 프랑, 프티 베르도

당도 ●○○○○   산도 ●●●○○
바디 ●●●●○   타닌 ●●●●○

2018 WS 96, JD 94, WE 94, JS 94, D 93
2015 JS 94, WE 93, WS 93, D 92, RP 91
2011 RP 91, WE 90, WS 90, JS 90

WINE ENTHUSIAST 2021 VINTAGE CHART

Region	Appellation/Type	2016	2015	2014	2013	2012	2011	2010	2009	2008	2007
Bordeaux	Médoc	98	99	94	88	90	91	99	97	93	87

포도의 생장 기간 동안 계속된 변덕스러운 날씨에 고생을 했지만, 건조하고 무더운 여름과 수확철을 잘 보내면서 풍부히 익고 농도를 지켜, 조기 수확을 할 수 있었다고 한다.

와인 애드버킷도 오-메독의 북쪽 3개 마을의 2011년에 대해 88 E Early maturing and accessible로 다소 낮게 평가하며, 이 와인에 대해서도 RP는 비슷한 수준의 점수를 주고 있다.

와인 서처는 이 와인의 품질, 컨디션, 시음 적기에 대해 아래와 같이 설명한다.

Vintage quality	Poor
Current condition	Ready to drink
When to drink	2014 to 2028

2021/5 ('11)

Tasting Note
[2011]

시각   선명도는 맑고, 색상은 가넷, 색의 강도는 깊음.

후각   상태는 깨끗, 후각의 강도는 medium(+) 이상
→ 4시간 디캔팅 후, 테이스팅
1차 향: 블랙커런트, 블루베리, 검은 자두, 바이올렛, 퍼퓸
2차 향: 바닐라, 삼나무, 연필심, 정향, 육두구
3차 향: 가죽, 담배
발전 단계 - 완전 숙성 → 추가 숙성해도 몇 년은 꺾이지 않을 듯

미각   당도: dry, 산도: medium(+), 바디: medium(+), 탄닌: medium(+) ~ high
알코올: medium(+) 이상
풍미 강도는 medium
여운 medium

좋은 와인이며, 지금 마시기 좋고, 추가 숙성은 조금 가능
→ 균형미, 복합미는 Very Good, 풍미 강도, 여운은 Good

⇒ 강한 탄닌이 다소 텁텁하고 스파이시한 느낌이 매우 강하게 느껴지나, 과일 및 복합적인 풍미나 힘이 좋음. 생 줄리앙의 느낌보다는 좀 더 터프하고 야생적인 느낌이 강함.

1일 후   매우 부드러워짐. 과일, 오크, 향신료, 가죽 풍미가 전반적으로 좋으며, 생 줄리앙의 리치함을 제대로 느낄 수 있음. G.C 5등급 못지않은 매력이 분명히 있는데, 역시, 풍미 강도나 여운은 다소 아쉬움.

평점   4.1
가격   6.5만 원

평점   89
가격   6.8만 원

6. 샤토 퐁테 카네
Chateau Pontet Canet

🇫🇷 레드

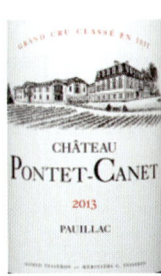

원산지	프랑스 / 보르도 > 포이약 Pauilac
와이너리	샤토 퐁테 카네 Chateau Pontet Canet
포도 품종	카베르네 소비뇽 65%, 메를로 30%, 카베르네 프랑 4%, 프티 베르도 1%

당도	●○○○○	산도	●●●●○
바디	●●●●●	타닌	●●●●●

2019 RP 100, WE 99, JS 99, D 96
2016 WE 100, V 99, D 98, RP 98, JD 98
2013 WE 95, JS 93, WS 92, RP 92

WINE ENTHUSIAST 2021 VINTAGE CHART

Region	Appellation/Type	2019	2018	2017	2016	2015	2014	2013	2012	2011	2010
Bordeaux	Médoc	97	97	96	98	99	94	88	90	91	99

2013년의 보르도는 최악의 한 해를 보냈다. 봄 서리와 습한 봄~여름, 극심한 폭염, 여름 우박 등 최악의 조합이 한번에 찾아왔던 해이다.

많은 포도나무가 피해를 입었는데, 익지 않은 포도를 많이 잘라내고 수확량을 최소화함으로써 품질을 높일 수 있었는데, 전문가들 사이에서는 별로 기대되지 않는 빈티지로 평가받고 있다.

와인 애드버킷도 오-메독의 북쪽 3개 마을의 2013년에 대해 81 C Caution, may be too old로 1994년 이후 가장 낮은 평가와 숙성 잠재력에 대해 의문을 가지고 있다.

와인 서처는 이 와인의 품질, 컨디션, 시음 적기에 대해 아래와 같이 설명한다.

Vintage quality	Poor
Current condition	Ready to drink
When to drink	2017 to 2035

2021/6 ('13)

Tasting Note (2013)

시각   선명도는 맑고, 색상은 퍼플 → 테두리는 루비~가넷, 색의 강도는 깊음.

후각   상태는 깨끗, 후각의 강도는 medium
→ 최초, 과일 풍미만 느껴짐 → 4시간 디캔팅 후, 다시 테이스팅
1차 향: (블랙&레드) 체리, 베리, 블랙커런트, 자두, 바이올렛, 미네랄
2차 향: 삼나무, 연필심, 정향, 육두구, 바닐라, 치즈, 크림
3차 향: 가죽, 담배, 흙
→ (처음) 과일 > 숙성 향 > 부드러운 오크 → (6시간 후) 스파이시 main
발전 단계 - 숙성 중

미각   당도: dry, 산도: high, 바디: medium, 탄닌: medium(+) 이상
알코올: medium
풍미 강도는 medium
여운 medium(+) → 은은하게 삼나무 향이 은근히 길게 느껴짐.

좋은 와인이며, 지금 마실 수도 있고, 추가 숙성도 가능
→ 균형미, 여운은 Very Good, 복합미, 풍미 강도는 Good

⇒ 매우 Young한데, 과일 풍미가 좋아, 망-물빈이라고 평가 절하를 하기에는 너무 맛있음. 가볍고 부드러워 지금 더 맛있고 메를로의 높은 비중이 느껴짐. 색이 매우 진하지는 않고, 바디감은 좋은데, 풀바디는 아니며, 과일 향과 부드러운 숙성 향이 main인 파워풀하지 않은 포이약 와인임.

→ 퐁테 카네 '10, '15 빈티지와 비교 시음해 보면 '13 빈티지가 어떤 부분에서 많이 부족한지를 정확히 알 수 있을 것임.

평점   4.2
가격   13.3만 원

wine-searcher.com
평점   91
가격   14.1만 원

7. 샤토 스미스 오 라피트
Chateau Smith Haut Lafitte

🇫🇷 레드

원산지	프랑스 / 페샥-레오냥 Pessac-Leognan
와이너리	샤토 스미스 오 라피트 Ch. Smith Haut Lifitte
포도 품종	카베르네 소비뇽, 메를로, 카베르네 프랑, 프티 베르도

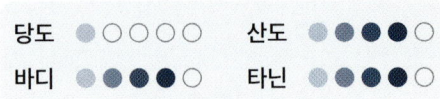

2016 RP 98, WS 98, D 98, JS 97, WE 97
2009 RP 100, WS 96, JS 96, WE 94
2007 RP 91, WS 90, WE 90

WINE ENTHUSIAST 2021 VINTAGE CHART

Region	Appellation/Type	2012	2011	2010	2009	2008	2007	2006	2005	2004	2003
	Graves(red)	91	90	96	96	91	86	88	95	89	89

2007년의 보르도는 쉽지 않은 한 해였는데, 여름철에 습기가 많았고 곰팡이 문제로 수확량에도 영향을 미쳤으며, 가을에 그나마 햇빛을 많이 받으며 빈티지를 지켜낼 수 있었다고 한다. 장기 숙성을 위한 무거운 구조감보다는 조금 가벼운 와인이 만들어졌다.

와인 애드버킷도 그라브/페샥-레오냥의 2007년에 대해 87 E Early maturing and accessible 로 평가했으며, 2007년은 우안, 좌안 할 것 없이 모든 마을에 대해 낮은 점수를 주었다.

와인 서처는 이 와인의 품질, 컨디션, 시음 적기에 대해 아래와 같이 설명한다.

Vintage quality	Good
Current condition	Likely past it
When to drink	2012 to 2030

2021/7 ('07)

Tasting Note (2007)

시각 선명도는 맑고, 색상은 가넷, 색의 강도는 깊음.

후각 상태는 깨끗, 후각의 강도는 medium (+)
→ 브렛Brett 조금 느껴짐 → 4시간 디캔팅 후, 다시 테이스팅
1차 향: 블루베리, 블랙커런트, 자두, 바이올렛, 퍼퓸
2차 향: 정향, 육두구, 후추, 삼나무, 연필심, 바닐라
3차 향: 가죽, 담배, 흙
→ (처음) 과일 > 숙성 향 > 부드러운 오크 → (6시간 후) 스파이시 main
발전 단계 - 완전히 숙성(때가 지난?)

미각 당도: dry, 산도: medium(+), 바디: medium(+), 탄닌: medium(+) 이상
알코올: medium
풍미 강도는 medium(+)
여운 medium(+) → 가죽 향이 매우 길게 느껴짐.

매우 좋은 와인이며, 지금 마셔야 되며, 추가 숙성 잠재력은 없음.
→ 균형미, 복합미, 풍미 강도, 여운 모두 Very Good

⇒ 처음에는 가죽 냄새와 꿉꿉한 마구간 냄새가 느껴지고, 디캔팅 이후에는 모두 날아가 버렸음. → 브레타노마이시스Brettanomyces 영향은 없음.
힘은 다 빠진 상태로 과일 향도 적게 느껴지는데, 와인의 품질이나 균형미가 워낙 좋아, 뻑뻑하게 느껴지는 탄닌도 부드럽고, 보르도 와인에서 느낄 수 있는 가죽, 스파이시 풍미가 돋보이며, 마실수록 고급스러움.

평점 4.2
가격 24.2만 원

평점 90
가격 12.1만 원

보르도 vs 나파 밸리
비교 시음기

(2021/6/4 WSA 와인아카데미)

동호회나 모임 활동을 하는 독자들은 아마도 보르도 지역 와인과 나파 밸리의 와인을 비교 테이스팅해 본 경험이 있을 것이다.
아직 해보지 않은 분들이 있다면, 집에서 2~3일에 걸쳐서 시간에 따라 단계별로 해 볼 것을 추천한다. 이를 통해 자기만의 스타일을 다시 한번 정립할 수 있는 좋은 기회가 될 것이며, 가끔은 너무나도 보르도스러운 나파 밸리 와인을 마시며 깜짝 놀랄 것이다. 반대로 전형적인 나파 밸리 카베르네 소비뇽 와인을 쉽게 구별해 낼 수도 있을 것이다. "보르도가 최고야"라고 하는 독자들 중에 나파 밸리의 와인에 최고의 점수를 주는 경우도 있을 것이다.

최근 카베르네 소비뇽 품종의 와인 중 보르도 와인 2종과 나파 밸리 와인 2종을 비교 시음하는 데 참여했던 후기를 첨부하였다.
필자는 최소 한 달에 한 번은 반드시 시음회에 참석하려고 노력하고 있다. 시음회의 장점은 여러 와인을 비교적 충분한 시간 동안 편견 없이 비교하면서 테이스팅할 수 있고 관련된 지식과 정보도 얻을 수 있다는 것이다. 필자가 평소 자주 마시고, 셀러에도 가지고 있는 와인의 다른 빈티지를 경험할 수도 있다. 그리고 비슷한 캐릭터나 반대의 캐릭터를 가진 와인을 서로 비교하다 보면 그동안 몰랐거나 과소평가되었던 장점을 알게 될 수도 있다. 반대로 다소 아쉬운 부분도 새로 발견할 수 있게 되기 때문에 적극 추천한다.

첫 번째 와인은 샤토 오 브리옹의 2nd 와인인 **클라랑스 드 오 브리옹**Le Clarence de Haut Brion 2017 빈티지로 JS 95, WE 93, D 92, RP 92, WS 90의 평가를 받은 와인이다. 메를로 품종 55%, 카베르네 소비뇽 품종 38%, 카베르네 프랑 품종 5.3%, 프티 베르도 품종 1.7%가 블렌딩되어 있는 이 와인은 이날 필자에게 최고 점수를 받은 와인이다. 탄닌이 실키하게 넘어가며 새콤한 과일

향과 산도, 삼나무와 보르도 와인임을 확인할 수 있는 연필심 향이 잘 느껴졌고, 적절한 오크 풍미가 잘 어우러져 어린 빈티지임에도 불구하고 좋은 임팩트를 준 와인이다.

두 번째 와인은 무통 로칠드의 2nd 와인인 **르 프티 무통 드 무통 로칠드**Le Petit Mouton de Mouton Rothschild 2017 빈티지로 JD 94, JS 93, WE 92, D 92, WS 91, RP 91의 평가를 받은 와인이다. 카베르네 소비뇽 품종 81%, 메를로 품종 17%, 카베르네 프랑 품종 2%가 블렌딩되어 있는 이 와인은 어린 빈티지임에도 불구하고 카베르네 소비뇽 품종의 비중이 높고, 2017년이 햇실이 좋아서 진반직으로 잘 익은 풍미와 힘을 가진 와인이었다. 구조감이나 볼륨감이 탄탄하고 파워풀하며, 1시간 정도 지난 후 테이스팅할 때에는 오크의 느낌도 과하지 않게 적절히 잘 드러난 전형적인 보르도 스타일의 와인이 되어 있었다. 첫 테이스팅에서는 탄닌이나 구조감이 너무 강하고 약간은 짠 느낌까지 받아서 거부감이 조금 있어서 클라랑스 드 오 브리옹보다는 낮은 점수를 주었다.

세 번째 와인은 조셉 펠프스 빈야드Joseph Phelps Vineyards에서 만든 프리미엄 와인이다. 나

파 밸리에서 보르도 블렌딩 스타일의 와인을 최초로 선보였다고 하는 **인시그니아**Insigniga 2017 빈티지이다. D 96, RP 6, JS 96, JD 96, WS 94, V 93의 높은 평가를 받고 있으며, 특히 로버트 파커뿐만 아니라 디캔터에서도 오 브리옹과 무통의 2등급 와인에 비해서 월등히 높은 평가를 받고 있는 미국의 와인이라 더욱 기대감이 생겼다.

이 와인은 처음 색깔부터 신대륙 와인의 잘 익은 카베르네 소비뇽 품종, 메를로 품종, 카베르네 프랑 품종, 프티 베르도 품종이 블렌딩되어 있는 느낌을 받았다. 향에서 블랙 계열의 진한 과일 풍미와 약간은 단 느낌이 나면서 나파 밸리의 와인임을 확신할 수가 있었는데, 물론 케이머스에 비하면 나파 밸리 느낌은 적게 난다.

특유의 진한 바이올렛 꽃향기와 바닐라 느낌의 부드러운 오크, 파워풀한 구조감이 느껴진 좋은 와인이었으나, 역시 보르도의 스타일을 느끼기에는 다소 부족하며, 나파 밸리의 와인 중 밸런스가 매우 좋은 와인으로 평가하고 싶다.

마지막 와인은 필자가 두 번째로 높은 점수를 준 와인으로, 사실 보르도 와인이라고 착각했을 정도로 좋은 점수를 주었으며, 결과에도 너무 놀라 당황했다.

실버 오크 와이너리Silver Oak Winery에서 만든 **실버 오크 나파 밸리 카베르네 소비뇽**Silver Oak Napa Valley Cabernet Sauvignon 2016 빈티지이다. 카베르네 소비뇽 품종, 메를로 품종, 카베르네 프랑 품종, 프티 베르도 품종, 말벡 품종이 블렌딩되어 있다. 이 와인은 미국 오크에서 느껴지는 바닐라보다 프렌치 오크에서 느껴지는 삼나무 풍미가 적당히 느껴지면서 과일 향과 조화를 이루고 있었다. 탄닌은 강하지만 부드러움이 같이 있으면서 여운도 길게 느껴져 어린 빈티지에도 불구하고 훌륭한 퍼포먼스를 보여 주었다.

아주 조금 초콜릿 향도 느껴졌지만, 반대로 보르도 지역의 카베르네 프랑 품종에서 느껴지는 식물성 풍미가 있었고, 산도나 밸런스, 오크 느낌 때문에 도저히 나파 밸리 와인이라고 생각할 수가 없었다.

필자는 이 와이너리에서 만든 알렉산더 밸리 카베르네 소비뇽Alexander Valley Cabernet Sauvignon 2014 빈티지를 2020년에 테이스팅한 적이 있었다. 너무나도 찐득한 나파 밸리 스타일의 와인이라 사실 비싼 가격과 비비노 평점을 고려할 때 매우 실망하였다. 그런데 이번에는 왜 전혀 다른 결과가 나왔을까?

우선 지역적인 차이가 있을 것이다. 2020년에 마신 와인이 만들어진 알렉산더 밸리 지역은 소노마 지역 내 북동쪽에 위치한 지역으로 매우 더운 지역이다. 그러다 보니 이 지역은 진판델 품종이나 카베르네 소비뇽 품종, 메를로 품종 등을 재배한다. 물론 강과 가까운 지역에서는 화이트와인도 만드나, 이곳 카베르네 소비뇽 품종 와인은 초콜릿을 포함한 매우 잘 익은 풍미를 갖는다.

이에 비해 이번에 마신 와인은 가격도 물론 1.5배 이상 더 비싸고, 스택스 립 디스트릭트

보다 우측에 위치한 **아틀라스 피크**에서 만들어진 것이다. 이 지역은 구글 지도에서 확대해 보면 다소 고도가 느껴지는 짙은 색이 있다. 《월드 아틀라스 와인》에서 나파 밸리의 상세 지도를 살펴보면 포도밭 주변으로 숲과 관목이 덮여 있고, 높고 넓은 등고선이 표기되어 있는 것을 비추어 볼 때 산도나 우아함은 이 지역의 특징으로부터 도움을 받았을 것이라는 추측도 해 본다.

《월드 아틀라스 와인》은 이 지역에 대해 다음과 같이 설명한다. '헤네시 호수와 프리차드 힐Prichard Hill을 지나 남쪽의 스택스 립 마을 주위 고지대에 위치한다. 산 파블로 베이에서 바로 불어오는 바람으로 날씨가 서늘하며, 1990년대에 이탈리아의 안티노리가 이곳에 도착해서 처음에는 얇은 토양에 수많은 이탈리아 품종을 심었다. 지금은 선명한 과일향과 자연스러운 산미를 자랑하는 카베르네 소비뇽 품종이 아틀라스 파크의 특산 와인이 되었다.'

시음회를 다녀와서 또 이렇게 몇 개를 배우게 된다. 와인을 눈과 코, 입, 마음으로 현장에서 느끼고 배우며, 이 궁금증을 참지 못해 집에 와서는 바로 관련 책을 펼쳐보고 구글링을 해서 다시 한번 머리로 배우게 된다.

와인의 길은 정말이지 끝이 없고, 늘 새롭다는 게 매력이다. 계속 나에게 뭔가를 더 해보라고 부추기는 것 같아, 지금처럼 할 수 있을 때 더 해보고 싶고, 나중에 할 수 있을 때까지만 해보자고 다짐한다.

Syrah
시라

"힘을 지닌 고가 와인은
커다란 동심원을 만들어 내죠."

피터 코프 Peter Koff

불타는 언덕과 교황의
새로운 집이 있는
2천 년 역사의 와인 산지를 만나다

네비올로편에서 이탈리아 와인의 왕을 만난 스토리를 얘기한 바 있다. WSET Level 2 수업을 들으면서 스스로 특정 품종에 대한 편견을 없애기 위해 다양한 품종별 와인을 경험하였다. 그러면서 만나게 된 또 하나의 명품 와인이 바로 프랑스 북론Northern Rhône 지역의 시라Syrah 품종 와인과 남론Southern Rhône 지역의 시라 품종 등이 블렌딩된 GSMGrenache-Syrah-Mourvèdre 품종의 샤토 네프 뒤 파프Chateauneuf-du-Pape 와인이다.

필자는 평소 오스트레일리아의 중저가 시라즈Shiraz 품종 와인을 모임에서 자주 접했다. 그때마다 늘 '나랑은 안 맞아, 너무 진하고 달아', '굳이 내 돈 내고는 안 사 마셔' 등의 섣부른 결론을 내렸다. 그러나 이 두 가지 프랑스 와인에 대해 공부하고 진지하게 테이스팅하게 된 날 이후부터는 지금까지 시라 - 시라즈 품종 와인에 대한 생각이 완전히 바뀌었다. 불타는 언덕에서 만들어진 이 와인은 엄청난 힘과 강한 탄닌을 가졌으면서도 우아하며, 포도가 잘 익었는 데도 산도가 좋고, 스파이시한 풍미가 이렇게 매력적일 줄 전혀 생각도 못했다. 여운은 왜 이리 길고 다양하며 좋은지. 마치 부르고뉴 지역의 진한 레드와인을 마시는 듯한 착각에 빠지기도 하였는데, 이 매력에 빠져들 수밖에 없는 와인을 또 만났다.

교황의 새로운 집에서 만들어진 와인은 워낙 남쪽에 위치하여 랑그독 루시옹 지역의 와인이나 스페인의 저렴한 레드와인과 같은 산도와 풍미를 예상했는데, 블렌딩의 힘이라고 할까? 복합미가 대단했다. 그리고 그르나슈Grenache 품종의 과일 향, 풍미와 시라, 무

르베드르Mourvèdre 품종의 강한 색과 탄닌, 바디감 등이 조화롭게 어우러져 생각지도 못한 즐거움을 누릴 수 있었다.

이후, 수입사 직영 숍이나 해외 사이트에서 이 지역의 다양한 빈티지 와인을 구매, 시음하기 시작했다. 부르고뉴 지역의 피노 누아 품종에서 시작된 레드와인 편식이 이제는 미국 일부 지역의 피노 누아 품종 와인과 바롤로, BDM, 코트 로티Côte Rôtie, CDPChateauneuf-du-Pape까지 추가되었으니, 너무나도 행복하고 즐거운 와인 생활의 연속이었다.

시라 & 다양한 지역의
기후와 토양 특징에 따라
성공적으로 자리 잡은 시라즈

《만화로 배우는 와인의 역사》에 따르면 과거 동로마 제국의 주요 포도 산지 중 한 곳인 베카 평원비옥한 땅으로, 최대의 곡창 지대였으며, 로마 제국은 '제국의 빵 바구니'라 칭함이 위치한 오늘날의 레바논은 지중해 전역에 와인을 수출한 곳으로 4세기에 기독교가 전파되면서 포도원이 많이 생겼다. 또한, 고대 사산 왕조의 페르시아에서도 각종 궁정의 의식에서 와인이 중심에 있었는데, 페르시아 와인의 상징이자 명성을 지닌 곳이 바로 남부 도시 시라즈 Shiraz_이란 남서부에 위치한 도시로 중세 페르시아의 문학과 예술의 본 고장, 즉 오늘날의 이란이다.

이 와인이 너무나도 유명해져 로마 성당의 기사단들이 이 포도의 묘목을 유럽으로 가져왔고 오늘날 프랑스의 시라가 되었다는 설도 있다. 이미 기원전 6세기부터 이곳에서 포도가 재배된 흔적이 발굴되고 있다고 한다.
고대 로마가 프랑스 지역으로 진출하면서 거쳐간 곳이 로마와 지중해 연안에 가까운 론 지역으로 이곳의 기후에 적합한 품종이 자연스럽게 재배, 발전되었을 것이다. 일각에서는 시라 품종은 프랑스 토착 품종으로, 프랑스 남동부의 옛 지방인 사부아Savoie와 론 지역에서 재배되었던 토착 품종 간 교배 품종이라는 이야기도 있다.

프랑스 북론 지역과 같이 온화한 기후에서 재배되는 시라 품종은 붉은 과일의 새콤한 풍미와 검은 과일의 진한 풍미를 모두 가지며, 후추와 같은 스파이시한 향신료 풍미를 풍겨 매우 매력적이다. 이에 비해, 프랑스 못지않은 시라즈 와인 생산국인 오스트레일리아와 같은 따뜻하거나 더운 기후에서는 검은 과일과 말린 과일의 풍미와 함께 향신료도 감초나 시나몬과 같이 좀 더 달콤한 풍미가 지배적이며, 산도는 다소 낮은 특징이 있다.
와인 초보자들에게는 적당히 달콤하고 부드러우며 진한 과일의 풍미가 마시기 쉽다는 장점으로 부각이 되면서 칠레 와인의 가격 메리트 못지않게 큰 인기를 얻었다.

일반적으로는 위와 같이 구분, 설명하는데 좀 더 세부적으로 보면, 프랑스의 론 지역 내에서도 마을이나 생산자별로 시라 품종 외에 사용되는 화이트와인 품종이나 블렌딩 비율에 따라 풍미가 매우 달라진다. 아르헨티나와 같은 신대륙의 프리미엄급 와인은 프랑스 론 지역의 화이트와인 품종을 재배하고 블렌딩하면서 신대륙의 느낌과 론 지역의 우아한 느낌을 동시에 표현한다. 스페인이나 남아프리카공화국, 미국 등 더운 지역에서도 나름대로의 특성을 반영한 좋은 와인이 많이 만들어지고 있다.
특히, 오스트레일리아의 일부 지역에서는 수령이 100년이나 지난 포도나무에서 만들어지는 와인이 보르도 5대 샤토 못지않은 가격에 팔리며 매우 우수한 품질의 귀한 와인으로 대접받고 있다.

시라-시라즈 품종으로 만든 와인은 지역별로 가지고 있는 산도와 바디감, 과일 풍미의 강도 등에 맞게 오크나 숙성 기간 등 양조 테크닉이 발휘되어 궁극적으로는 균형감을 잘 유지하는 좋은 와인이 될 것이다. 그다음부터는 각자의 기호에 따라 선택하면 될 것 같다.

론 지역은 대규모 산지 중 하나인데, 최근에는 샤블리 지역이나 부르고뉴 지역처럼 기후 변화에 따른 후유증과 피해를 입고 있다. 《와인 리뷰》 2021년 6월호 '프랑스 4월의 냉해, 어린 포도나무를 덮치다'에 따르면, 이 지역도 서리의 피해를 많이 입었고, 한때 영하권의 날씨를 기록한 날도 있었다고 한다. 특히, 프리미엄 와인 산지인 코트 로티 마을의 포도밭은 급경사 언덕에 있어 난방기구 설치가 어려워 피해가 심하여, 수확량이 많이 감소할 것으로 보고 있다.
뿐만 아니라, 시라즈 품종의 최대 산지인 오스트레일리아도 가뭄과 산불 피해가 매년 반복되면서 오래된 고목이나 여기서 만들어지는 고급 와인에 치명적인 위협 요인이 되고 있다.

GSM 블렌딩

프랑스 남론 지역을 포함한 남부 지역 전역과 스페인 북부 지역에서는 그르나슈-가르나차Garnacha 품종이 매우 잘 자라는 환경을 가지고 있다.

그르나슈 품종은 포도 껍질이 얇아 빨리 익고 색이 엷다. 과일 향은 매우 풍부하고 산도나 탄닌은 다소 부족하나 맛과 향이 풍부한 레드와인이다. GSM 블렌딩에 있어서 가장 중요한 역할을 하며 통상적으로 블렌딩 비율이 가장 높은 품종이다.

그르나슈 품종은 피노 누아 품종처럼 아름다운 루비색부터 진한 석류색, 가넷색까지 숙성도에 따라 변화를 보인다. 또한, 부족한 진한 색과 바디감과 탄닌, 향신료 풍미 등을 보완하기 위해 추가로 시라 품종과 무르베드르 품종을 블렌딩하는데 이를 통해 균형미를 높이고 새롭고 수준 높은 와인이 만들어진다.

스페인은 거의 모든 지역에서 가르나차 품종을 재배하며, 지중해의 중심에 위치한 이탈리아 남부 지역의 샤르데나Sardinia섬과 미국의 캘리포니아 등에서도 많이 재배되고 있다. 프랑스 남론의 GSM이나 CDP와는 매우 다른 스타일을 가지며, 같은 품종일까 싶은 생각이 들 정도의 와인을 만들고 있다.

풍미

시라-시라즈 품종은 더운 날씨에서 잘 자라는데, 포도알도 크고 포도 껍질도 두껍기 때문에 짙은 색과 풀바디, 중간(+) 이상의 강한 탄닌, 향신료 풍미를 맘껏 뿜낸다. 어릴 때에는 짙은 검은색을 띠다가 숙성되면서 퍼플에서 진한 석류에 가까운 루비색을 띠며, 재배 지역과 날씨에 따라 다양한 농도의 과일과 향신료 풍미를 가진다.

개인적으로 시라 와인을 마실 때는 강렬하면서도 수준 높은 산도를 자랑하며, 강한 탄닌과 스파이시함을 느끼면서도 우아한 과일 풍미를 느끼게 될 때 가장 행복한 테이스팅을 하게 된다.

《와인 폴리》홈페이지에 따르면, 시라-시라즈 품종은 리치하고 파워풀한 와인으로 블루베리, 검은 자두, 밀크 초콜릿, 담뱃잎, 허브, 후추, 정향, 녹색 후추 Green Peppercorn 등의 풍미를 가지며, 그르나슈 품종은 스페인이 원조로 '가르나차'라고도 불리는데, 설탕에 조린 딸기 Stewed Strawberry, 구운 자두 Grilled Plum, 가죽, 말린 허브, 붉은 오렌지 Blood Orange 등의 풍미를 가진다. 또한, GSM 블렌딩은 라즈베리, 블랙베리, 로즈마리, 라벤더, 베이킹 향신료의 풍미를 가지며, 복합적인 붉은 과일의 풍미와 숙성 잠재력을 언급하고 있다.

《와인 바이블》은 시라-시라즈 품종의 포도가 가진 풍미는 향신료와 검은 과일, 블루베리 등이며, 와인 양조를 통한 풍미로는 토스트, 바닐라, 커피 등이 있다고 한다. 뒤에서도 자세히 다루겠지만, 향신료나 과일의 풍미가 프랑스와 오스트레일리아 간에 매우 다른데 지역에 대한 설명 및 테이스팅 노트에서 구체적으로 차이점을 볼 수 있을 것이다.

《월드 아틀라스 와인》에서 프랑스와 오스트레일리아의 시라-시라즈 품종에 대한 비교를 한 부분을 발췌해 보면, 프랑스 론 북부 지역은 시라 품종의 고향으로 에르미타주 Hermitage는 색이 매우 진하고 장기 보관이 가능한 와인을 만들며, 코트 로티는 향이 풍부한데, 오스트레일리아 바로사 밸리Barossa Valley는 따뜻한 지역으로 진하고 풍부하며 강한 와인이 나오고, 빅토리아주처럼 서늘한 지역에서는 블랙 페퍼향이 살짝 느껴진다고 한다.

한편, 그르나슈 품종에 대해서는 세계적으로 부활하고 있는 품종으로 색이 연하고, 달콤하며 높은 알코올 함량이 있고 긴 숙성 기간이 필요한 품종으로 설명하고 있다. 프랑스에서 만들어진 와인이 스페인의 와인보다는 부드럽고 풍미도 자연스러운 느낌을 받게 된다. 그르나슈 품종의 비율이 많이 블렌딩된 와인은 엷은 색이나 붉은 과일 향과 풍미 등에서 언뜻 피노 누아 품종과도 비슷한 느낌을 약간 받을 수 있다. 시라나 무르베드르 품종이 많이 블렌딩될 경우에는 색도 좀 더 진해지고 바디감이나 탄닌이 강해지면서 균형감이나 전반적인 구조감이 훨씬 좋아진다. CDP 와인의 경우에는 더 많은 품종이 블렌딩되고, 산도 높은 화이트와인 품종이 블렌딩되면서 균형감이 더 좋아지고 단단하며 진한 풍미를 갖게 된다.

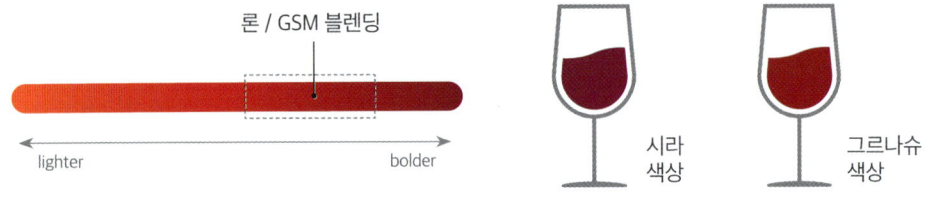

위대한 와인

풍미를 느끼고, 와인을 테이스팅하는데 평론가가 밝힌 위대한 와인의 조건을 알아보자.
2008년 출간된 로버트 파커의 《The Greatest Wine》은 현재 국내에서는 번역본을 구할 수가 없다. 이와 관련해서 《삶에는 와인이 필요하다》에는 로버트 파커가 이 책에서 말한 위대한 와인의 여덟 가지 조건에 대해 다음과 같이 설명하고 있다.

① 미각과 지적 호기심을 동시에 만족시킬 수 있어야 한다(복합적, 여러 차원의 풍미).
② 시음자의 관심을 끌 수 있어야 한다(여러 겹의 풍미 발산).
③ 지나치지 않으면서도 강렬한 향기와 풍미가 있어야 한다(균형감).
④ 마실수록 맛이 더욱 좋아진다(다채롭게 발전).
⑤ 시간이 지나면서 진화한다(숙성).
⑥ 독창적인 개성을 표현한다(빈티지).
⑦ 탄생한 땅의 특성을 반영한다(테루아).
⑧ 와인 생산자의 열정과 사명감이 있어야 한다(문화적 산물로 평가).

와인을 마실 때 WSET의 체계적 시음법뿐만 아니라, 특히 고급 와인을 마실 때에는 로버트 파커가 말한 8가지 조건을 염두에 두고 풍미를 느끼고, 테이스팅한다면 좋은 와인을 규정하는 데 도움이 될 것이므로 참고하기 바란다.

주요 지역의
특징과 등급 체계

» 프랑스 론

론 지역은 보르도 지역과 같은 샤토 등급 체계나, 부르고뉴 지역과 같은 포도밭 등급 체계는 가지고 있지 않다. 100개 이상의 마을로 이루어진 론 지역 전체에서 만들어진 와인의 50% 이상이 가장 큰 지역 개념인 코트 뒤 론Côtes du Rhône AOC로 출시되고 있는데, 대부분 남론 지역에서 만들어진 와인으로 구성되어 있다.

코트 뒤 론 지역 중, 한정된 마을에서 좀 더 좋은 품질의 포도를 가지고 수확량과 품종 비율의 규제를 받는 최고의 21개 마을 와인이 모여, 코트 뒤 론 빌라주Côtes du Rhône Villages AOC로 출시된다. 이 중 일부 마을은 자신의 마을 이름을 AOC에 함께 기재할 수 있다.

이 외의 등급으로는 마을명을 AOC로 하는 와인인데, 북론 지역 대부분의 와인이 이 등급에 해당된다. 특히 일부 마을은 그 마을명이 사실상 보르도 지역의 유명 샤토나 부르고뉴 지역의 유명 포도밭에 해당되는 프리미엄을 제공하는 단어가 되어 있다. 그 마을에서도 유명한 포도밭에서 만들어진 와인은 이미 부르고뉴 지역의 그랑 크뤼 포도밭과 같은 명성과 대접을 받고 있다.

부르고뉴 지역에서 남쪽으로 조금 내려가면 프랑스에서 3번째로 큰 도시이며, 론강이 흐르는 리옹Lyon이 나온다. 남쪽으로 약 30km를 더 내려가면 비엔Vienne이라는 인구 3만 명의 작은 도시가 나온다. 이곳에서부터 론 지역의 포도밭이 펼쳐지기 시작하여, 남쪽으로 약 70km를 더 내려가면 인구 6만 명의 도시 발랑스Valence가 나오며, 이곳이 북론으로 최고급 시라 와인의 산지이다.

북론

북론 지역은 프랑스의 남부 지방에 해당됨에도 불구하고 지중해와 만나는 최남단에서는 거리가 100km 이상 떨어져 있어 사실상 대륙성 기후에 가깝고 미스트랄Mistral_프랑스 남부, 겨울에 부는 춥고 강한 바람의 영향을 많이 받는다. 연평균 강수량도 900mm 이상으로 시라나 그르나슈 품종과 같은 건조하고 더운 기후에서 재배가 잘되는 품종을 기르기에는 그리 좋지 않은 환경이다.

론강 옆으로는 급격한 경사를 이룬 언덕에 주로 포도밭이 있다. 그러다 보니 대부분 기계 사용 대신 수작업으로 포도의 재배나 관리, 수확이 이루어져 생산량도 적다. 앞서 '리슬링편' 모젤 지역의 사진에서 본 포도밭의 경사도 매우 가파른 비탈에 조성된 계단식 포도밭에서 위태로운 포도 재배 작업이 이루어지고 있다.

대신 단단한 화강암 바위와 편암이 많은 경사면 포도밭에서는 뜨거운 햇살을 한껏 받고, 정성껏 관리된 포도나무에서 만들어진 이 지역의 와인은 시라 품종 중 전 세계 최고의 품질을 자랑하며 생산량도 론 지역의 5% 미만밖에 되지 않아 매우 높은 가격에 팔리고 있다.

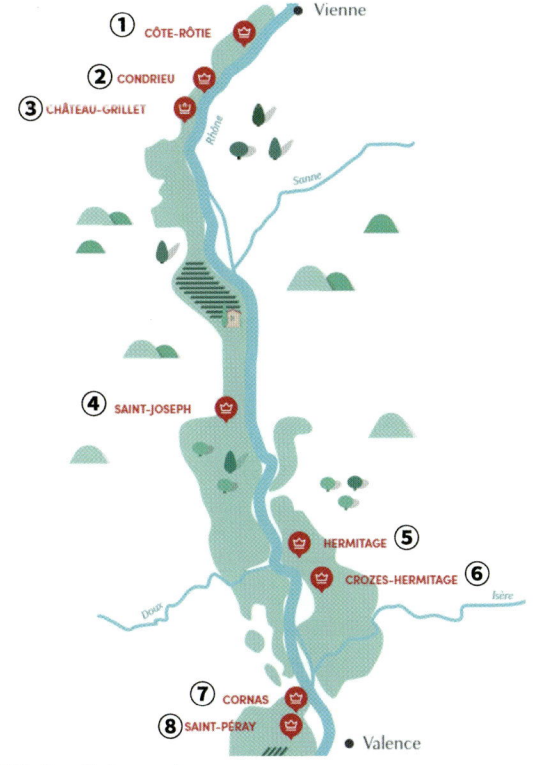

① 코트 로티Côte Rôtie
- 우아&최고의 시라

② 콩드리유Condrieu
- 우아한 꽃향기

③ 샤토 그리에Chateau-Grillet
- 꽃향기&모노폴-고급 와인

④ 생 조셉Saint Joseph
- 산딸기, 제비꽃 향의 가벼운 시라

⑤ 에르미타주Hermitage
- 왕&파워풀&숙성 잠재력

⑥ 크로즈 에르미타주Crozes Hermitage
- 가벼운 에르미타주

⑦ 코르나스Cornas
- 풀바디, 100% 시라

⑧ 생 페레Saint Peray
- 화이트, 스파클링 와인

[출처: Vins-Rhône.com]

북론 지역의 주요 마을이 표시된 지도 옆에 이 마을의 특징을 매우 간단히 적어 보았다.

① 부르고뉴 지역의 황금 언덕 중, 언덕에 해당되는 단어가 코트이며, 로티는 '구운', '로스팅한'의 의미가 있는데 말 그대로 **코트 로티**는 '불타는 언덕'을 뜻한다.
론강을 끼고 경사면 언덕에 위치한 포도밭은 화강암 기반에 많은 돌이 깔려 있는 토양으로 이루어져 있고, 이런 포도밭이 마을을 구성하고 있다. 구글 지도에서 이 마을을 검색해 보면 그 주변이 론-알프스 지역에 있는 산악 지대 중에서 보호 지역인 필랏 자연 지역 공원Pilat Natural Regional Park이 광대하게 펼쳐져 있고 색도 진하므로 높이나 경사도를 짐작해 볼 수 있다.

강 상류에 있는 갈색 언덕을 뜻하는 코트 브륀Côte Brune에서는 매우 파워풀한 시라 품종을 재배한다. 강 하류에 있는 황금 언덕을 뜻하는 코트 블론드Côte Bronde에서는 비오니에 품종Viognier을 재배하고 블렌딩하여 우아한 느낌의 시라를 만든다. 이 두 언덕이 가장 유명하다 보니 생산자에 따라 레이블에 두 지명을 기재하여 강조하는 곳도 많이 있다.
이 마을에서는 바로 아래 동네에서 만들어진 비오니에 품종을 일정 부분 블렌딩하는데, 최대 20%까지 가능하지만 실제 출시되는 와인은 필자의 경험상 3~7% 정도 사이가 가장 많았던 것 같다.
특이한 점은 보통 각자 양조된 와인을 나중에 블렌딩하는 데 비해, 이 마을에서는 처음부터 적포도인 시라 품종과 청포도인 비오니에 품종을 함께 발효하여 꽃향기의 아로마와 색상이 좀 더 자연스럽게 융합, 안정화하는 방법을 택하고 있다.

국내에서도 매우 유명한 론 지역 최고의 생산자 중 하나인 이 기갈E. Guigal에서 만든 '라라라' 시리즈를 들어보았을 것이다. 코트 로티 마을에서 만들어진 3개의 고급 와인인 라 랑돈La Landonne, 라 물린La Mouline, 라 튀르크La Turque의 앞 자를 섞어서 만든 단어이다. 이 와인들은 단일 포도밭의 이름으로 로버트 파커로부터 모두 100점을 받은 유명한 고가의 와인이다. 이 기갈이 새롭게 단일 빈야드에서 새 오크통을 사용해 장기간 숙성을 하는 등 트렌드를 만들어 가면서 짧은 역사에도 불구하고, 이 마을의 와인이 좀 더 조명받고 밸류도 크게 높일 수 있도록 기여한 바가 크다.
라라라 시리즈 중 장기 숙성력이 가장 좋은 것으로 평가받는 라 랑돈은 로버트 파커로부터 무려 10개의 빈티지가 100점을 받은 와인이다. 라 물린은 가장 적은 생산량을 가진 고가의 와인이며, 라 튀르크는 1985년 처음 출시된 빈티지가 100점을 받은 와인이다.

라라라 시리즈는 매년 각각 1만 병 이하 출시되어 백화점 등에서 구할 수는 있으나 가격대가 매우 비싸 쉽게 경험하기 어렵다. 2,400년 역사를 가진 앙퓌ampuis 마을에서 처음 포도를 재배하고 와인을 만들기 시작한 생산자인 이 기갈이 만든 코트 로티 샤토 당퓌 Chateau D'ampuis를 대안으로 한 번 경험해 보길 바란다.

얼마전 셀러에서 오랜 기간 잘 보관되어 있던 2013 빈티지를 모임에 가지고 나갔는데 빈티지와 크게 관계없이 기대한 만큼 매우 호평을 받은 훌륭한 와인이다.

② 코트 로티 바로 아래에 위치한 **콩드리유** 마을은 매우 희귀하고 고가에 팔리는 포도 품종 중 하나인 비오니에 품종을 재배한다. 이 품종으로 만든 와인은 화이트와인임에도 불구하고 산도가 낮고 알코올은 생각보다 높다. 그래서 프랑스 알자스 지역의 대표 품종 중 하나인 게뷔르츠트라미너Gewurztraminer가 생각날 수도 있고, 비싼 가격이 떠올라 다소 당황스러울 수도 있는데, 곧바로 뿜어내는 향에 취하게 되는 와인이다.

서양배, 복숭아, 살구와 같은 과일, 퍼퓸, 향수 등의 향과 풍미가 진동하며, 허니서클과 같은 풍미도 느껴지고 매우 풀바디하여 확실히 고급스럽다는 느낌이 든다. 솔직히 필자 스타일은 아니지만, 경험해 볼 만하다는 생각이 든다. 《신의 물방울》에서도 1994년도의 첫 빈티지가 출시된 이후, 한때 품귀 현상을 빚었던 와인으로 소개된 바 있다.

국내에 출시된 와인의 수도 꽤 많으니, 한번쯤 경험해 보길 바란다. 여건이 된다면 이 기갈에서 출시한 콩드리유 라 도리안La Dorian을 경험해 보길 바란다. 라 도리안은 연간 2만 병 수준으로 소량 생산되기 때문에 매우 귀한 와인이다. 최근에 선호도가 많이 떨어져서인지 2021년 초에 이마트에서 행사가로 2018 빈티지를 13만 원에 구매할 수 있었다.

③ **샤토 그리에** 마을은 북론 지역에서 가장 작은 마을로 하나의 밭, 모노폴에서만 재배된 비오니에 품종으로만 와인이 만들어진다.

콩드리유 마을의 와인보다 산도가 높고 과일 향도 풍부하며 좀 더 숙성이 가능하다고 하여, 부르고뉴 지역의 몽라셰 와인과 비교되기도 한다. 가격대도 매우 높으며 국내에는 수입도 거의 안되어, 아직 마셔 보질 못했기 때문에 좀 더 구체적인 설명은 어렵다.

④ **생 조셉** 마을은 지도에서 보는 것처럼 북론 지역에서 가장 크고 길쭉한 마을이다. 화강암 토양 베이스의 언덕에 주로 포도밭이 있다. 위의 3개 마을에 비해서는 전반적으로 높이가 낮고 경사가 완만한 곳에 위치한다.

이 마을에서는 시라 품종 와인에 2가지 화이트와인을 최대 10% 내로 블렌딩하여 우아한 아로마와 산도를 더해 준다. 여기에 사용되는 청포도 품종 중에서 생산량이 적고 다소 고가인 루산느Roussanne 품종이 높은 산도와 아로마를 제공하고, 마르산느Marsanne 품종은 다양한 과일 풍미와 바디감을 제공한다.

⑤ 지금까지 북론 지역의 와인 산지가 모두 론강의 좌측에 위치하고 있었다면, 유일하게 강의 우측에 위치한 2개의 마을에 대해 설명하겠다.

코트 로티의 시라 품종 와인이 가장 우아하다고 하면, **에르미타주** 마을에서 만든 시라 품종 와인은 가장 힘이 있고, 장기간 숙성 잠재력이 매우 뛰어난 와인으로 유명하다. 이 품종은 '시라의 왕' 이라고도 불리는데, 과거부터 보르도나 부르고뉴 지역의 최고급 와인과 함께 손에 꼽힌 와인이다.

수도사의 은신처라는 뜻의 명칭을 가진 이 마을도 생 조셉 마을처럼 루산느 품종과 마르산느 품종으로 만든 화이트와인을 최대 15% 내로 규정하여 블렌딩할 수 있는 부분이 조금 다르다. 유명한 생산자들은 보통 화이트와인을 블렌딩하지 않고, 100% 시라 품종으로 파워풀한 와인을 만드는 경우가 많다.

이 마을에서는 마르산느 품종을 포함한 화이트와인 품종을 약 25% 정도 재배하는데, 100% 마르산느 품종만 가지고 출시하는 화이트와인도 종류가 꽤 많다. 이 지역의 대표 생산자 중 하나인 엠 샤푸티에M. Chapoutier_30년 전부터 이미 바이오 다이내믹 농법을 실시에서 만든 화이트와인은 장기 숙성 잠재력을 지닌 와인으로 평가받으며, 보르도 지역의 1등급 와인과 같은 가격에 팔리기도 한다. 프랑스 최고의 시라 와인 중 하나로 뽑히는 폴 자불레 애네Paul Jaboulet Aine의 에르미타주 라 샤펠La Chapelle_에르미타주 언덕 맨 위에 위치한 900년 전 세워진 석조 예배당은 로버트 파커로부터 3번이나 100점을 받았다. 이 중 하나는 파커가 "지금까지 마신 레드와인 중에서 최고이다"라고 할 만큼 최고의 와인이며, 《와인 스펙테이터》가 20세기의 와인 12가지 중 하나로 뽑히기도 해 컬렉터들의 타깃이 되는 와인이다. 워낙 소량 생산하다 보니 특히 좋은 빈티지는 구하기 어렵다.

이 와인은 대부분 사람들이 쉽게 경험하기는 힘드니, 이 기갈에서 출시한 에르미타주를 우선 경험해 보길 바란다. 에르미타주는 매우 파워풀하며 코트 로티에 비해서 가격도 저렴하고 두 마을 간의 차이점을 확실히 느낄 수 있다. 만약, 폴 자불레 애네를 경험해 보고 싶다면 반대로 이 생산자가 만든 코트 로티가 합리적인 가격으로 판매되고 있으므로 이 와인을 먼저 경험해 보는 것도 하나의 방법이다.

⑥ 에르미타주 마을을 둘러싸고 있는 **크로즈 에르미타주** 마을은 북론 지역에서 최대 와인 생산지이며, 에르미타주와 동일한 방식으로 포도를 재배하고 블렌딩한다. 이곳에서는 좀 더 가벼운 스타일의 저렴한 와인을 만들고 있다.
에르미타주 마을의 포도밭이 주로 강가 옆 경사면에 위치하고 있다면, 크로즈 에르미타주 마을의 포도밭은 에르미타주 마을의 옆과 뒤쪽인 경사면 뒤 평지 지역에 주로 위치하여 햇살을 적게 받게 되는 단점이 있다. 그래서 와인을 가볍고 일찍 마실 수 있는 특징을 가지게 된다.

⑦ 북론 지역에서 가장 남쪽에 위치한 **코르나스** 마을은 에르미타주 마을처럼 힘 있고 풀 바디한 스타일의 와인을 만든다. 위치상 가장 남쪽에 있어 따뜻한 날씨와 화강암 토양을 베이스로 하여 블렌딩 없이 오직 시라 품종만을 100% 사용하여 와인을 만든다. 에르미타주보다 여운이 다소 짧다.
이마트에 가면 주로 이 기갈이 만든 와인이 많고, 경기도 김포에 위치한 아웃렛 매장에는 코르나스나 생 조셉, 콩드리유 마을의 와인이 몇 종류씩 있으니 참고하기 바란다.

남론

북론 지역에서 남쪽으로 내려오면 몽텔리마흐Montelimar 마을이 나온다. 이곳에서부터 론강을 끼고 남쪽으로 포도밭이 펼쳐져 있다. 이 중 역사적 중심지인 아비뇽Avignon까지가 남론 지역이다. 이후 남동쪽으로 더 내려가면 론강은 지중해와 만나고, 로제 와인으로 유명한 프로방스Provence 지역이 나온다.
이곳은 북론 지역과는 달리 지중해성 기후를 가지며, 넓은 평야와 완만한 구릉 지대가 많다. 구글 지도를 검색하면 북론 지역과 남론 지역의 고도나 지형의 색이 매우 다름을 알 수 있다. 이러한 환경 때문에, 품종도 그르나슈 품종을 베이스로 하여 GSM 블렌딩을 한 와인이 만들어지고 있다.

이 지역도 북서풍의 미스트랄의 영향을 받는데, 심한 경우에는 나뭇가지가 꺾이기도 하는 등의 문제를 일으켜 악명이 매우 높다. 이를 극복하기 위해서 포도나무를 재배할 때 키를 작게 하는 방식을 선택한다.

덥고, 건조한 날씨에 론강의 유속이 느려지면서 갈레Galet라고 불리는 둥글고 큰 돌과 같은 자갈이 많이 깔린 토양에서는 포도나무 간 경쟁을 피해 넓은 간격으로 포도나무를 심어 재배한다. 충분한 햇살을 받은 큰 돌은 밤에도 포도나무를 따뜻하게 보호하면서 포도가 매우 잘 익게 만들다 보니, 와인에도 그 특징이 고스란히 전해지게 된다.

남론 지역에서는 GSM 블렌딩에 사용되는 품종 중, 로제 와인에도 사용되는 생소Cinsault 품종과 바디감이 있고 무거운 스타일의 그르나슈 블랑Grenache Blanc과 같은 청포도 품종도 몇 가지를 재배하고 있다. 날씨, 온도 등의 영향으로 레드와인의 생산량이 절대적으로 많다.

남론 지역은 코트 뒤 론이라는 AOC로 많이 생산하다 보니, 이로 인한 이미지로 인해 알코올이 높고, 숙성 잠재력이 없는 저렴한 마트 와인이라는 인식을 와인 초보자들에게 주고 있다. 이 지역의 대표 와인이자 최고 수준의 품질과 명성, 역사 등을 자랑하는 샤토 네프 뒤 파프 와인이 있기 때문에 남론 지역에 대해 다시금 생각을 해봐야 한다.

샤토 네프 뒤 파프는 아비뇽에서 북쪽으로 약 12km 정도 떨어져 있다. 인구 약 2천여 명의 작은 마을의 이름이자, AOC의 하나로, 프랑스에서 적용되는 원산지 명칭 통제 이후 처음으로 적용된 명칭이다. 네프는 새로운new을 의미하고, 파프는 이곳에 거주한 '교황'을 의미한다.

와인을 좋아하는 분들은 '아비뇽 유수'라는 단어를 한 번쯤은 들어봤을 것이다. 1309년부터 68년간 7대에 걸쳐 로마의 교황청이 아비뇽으로 이전된 역사를 말하는데, 프랑스왕이 프랑스 최초의 교황인 클레멘스 5세Clemens V_보르도의 대주교인 베르트랑을 교황으로 선출에게 압력을 가해, 사실상 인질로 확보하여 간섭하고 프랑스 내에 체류하게 만든 사건이다. 이를 바빌론 유수Babylonian Captivity_예루살렘 함락, 이스라엘의 유다왕국 사람들이 신바빌로니아의 바빌론으로 포로가 되어 이주한 사건와 빗대어 아비뇽 유수라고 한 것이다.

이때, 아비뇽에 거주한 교황들이 새로운 성을 짓고, 성 주변에 많은 포도밭을 만들었는데, 그곳의 오랜 역사를 지닌 품질 좋은 와인이 현재까지도 많이 만들어지고 있다.

남론 지역의 주요 마을이 표시된 지도 옆에 이 마을이 가진 특징으로 알려진 내용을 간단, 명료하게 적어 보았다.

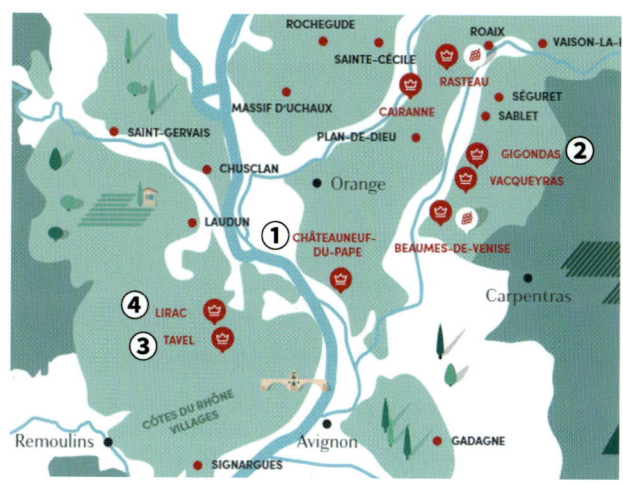

① 샤토 네프 뒤 파프
- 교황의 와인, 깊고 진함.

② 지공다스Gigondas
- 합리적 가격의 CDP 스타일

③ 타벨Tavel
- 드라이한 로제 와인

④ 리락Lirac
- 로제, 레드, 화이트 모두 생산

[출처: Vins-Rhône.com]

① 샤토 네프 뒤 파프 마을의 와인 생산자들은 1936년 와인 명칭에 대한 체계를 만들었고, 론과 GSM 블렌딩을 최초로 성문화하였으며, 청포도 품종을 포함한 총 13가지 포도 품종의 사용 승인을 했다.

13가지 포도 품종을 모두 사용하는 경우보다는 보통 그르나슈를 기반으로 하여 GSM 3가지 품종이 90% 이상 주를 이루고, 생산자에 따라서는 생소나 기타 품종을 20~50% 가까이 블렌딩하는 곳도 있다. 특이한 점은 청포도 품종 중, 북론 지역에서 많이 사용하는 비오니에 품종과 마르산느 품종은 사용이 불가능하고, 대신 높은 산도를 가진 루산느 품종은 사용이 가능하다.

CDP 와인은 기본적으로 색이 깊고, 농도가 진한 풀바디한 스타일의 와인이다. 이 와인은 덥고 건조한 날씨에서 좋은 일조량을 기반으로 재배된 포도를 사용하다 보니, 알코올 함유량이 높다. 최소 알코올 도수 기준이 12.5%로 프랑스 와인 중에서 가장 높고, 워낙 포도가 잘 익는 지역이라, 지구 온난화 등의 영향으로 오히려 알코올이 너무 높아지지 않게 만드는 것이 숙제가 되고 있다.

13가지 품종

그르나슈, 시라, 무르베드르, 생소, 쿠누아즈Counoise, 뮈스카르딘Muscardin, 바카레스Vaccarese, 테레 누아Terret Noir, 루산느, 클레레트Clairette, 피카르딘Picardin, 부불랭Bourbouienc, 픽풀Picpoul

CDP 와인은 생산자별 가격대가 매우 차이가 크다. 특히 유명한 몇 개 생산자들의 좋은 빈티지들은 비쌀 뿐만 아니라 구하기도 쉽지 않아, 가능하면 미리 컬렉션을 해 놓고 중요한 날이나 모임에 한번쯤 가지고 나가 보길 바란다. 향과 풍미뿐만 아니라 역사적인 스토리를 주제로 이야기를 나눌 수 있고, 교황청의 로고가 멋지게 새겨진 와인병에서도 또 다른 가치를 느낄 수 있을 것이다.

지난 500년간 오직 CDP 와인만을 만들고 있는 클로 데 파프Clos des Papes의 샤토 네프 뒤 파프 루즈Rouge나 블랑Blanc은 국내 백화점이나 와인숍 등에서 쉽게 구할 수 있는 필자의 CDP 최애 와인이다. 그 외에도 많은 생산자들의 훌륭한 CDP 와인이 있는데, 도멘 뒤 페고Domaine du Pegau의 CDP는 경기도 김포에 있는 아웃렛에서 구매할 수 있다. 《신의 물방울》에도 소개된 바 있는 도멘 드 라 자나스Domaine de la Janasse나, 로버트 파커가 남론에서 가장 훌륭한 와이너리라고 극찬한 샤토 드 보카스텔Chateau de Beaucastel의 CDP는 백화점에서도 쉽게 구할 수는 없고 가격도 비싸다. 그러므로 해외 직구 사이트를 통해서 구매하는 것이 바람직하다.

해외 직구 사이트에서 보통 보르도 지역이나 부르고뉴 지역의 유명한 생산자들이 만든 와인의 가격대에 비하면 매우 합리적인 수준으로 구매할 수 있다. 샤토 드 보카스텔의 경우 직구를 통해 배송비, 세금을 포함해도 10만 원 중후반대에 구매가 가능하다. 이 와인은 높은 가격에도 불구하고 2018~2019년 연속으로《와인 스펙테이터》에서 97점을 받아 18위점수는 Top 100중 5위, 6위점수 2위에 선정될 정도로 매우 합리적인 가격대를 가진 훌륭한 와인이다.
보통 CDP에서 인정되는 13가지 품종을 모두 사용하는 생산자는 적은데, 샤토 드 보카스텔은 직접 유기농 재배하여 블렌딩에 사용하는 진정한 CDP의 1인자라 할 수 있다.

② **지공다스** 마을도 CDP와 같이 GSM 블렌딩을 한 비슷한 스타일의 와인으로 매우 유명하다. 가격대도 합리적이라 국내에서도 많이 수입되는 와인 산지이다. 론강에서는 다소 떨어진 곳에 위치하나, 높은 고도와 석회질 토양을 가지고 있어 GSM에 사용되는 모든 레드와인 품종이 CDP와는 다소 다르며, 충분한 알코올과 구조감, 바디감도 보인다.

구글에서 이 지역에 대해 검색을 하면, 지공다스 마을에서 약 700m 높은 곳에 당텔 드 몽미라이Dentelles de Montmirail라고 불리는 석회암 바위가 보이고, 그 아래에 포도밭과 보라색의 너무나도 예쁜 라벤더밭이 보인다. 언덕에는 수도원과 오래된 성을 개조했는지는 불분명하나 정말 멋진 호텔이 위치한 장면을 볼 수 있다. 바위는 마치 서울에 있는 북한산, 인왕산처럼 바위산으로 펼쳐져 있고, 모양새가 뾰족한 특징이 있다. 이 장면을 보고 나면, 언젠가는 반드시 이곳에 가서 이 호텔에서 지공다스 마을 와인을 멋지게 한잔 마시고 말겠다는 꿈을 가지게 된다. 우선은 아웃렛 같은 대형 매장을 가면 론 지역 와인 중 지공다스 마을의 와인은 항상 구비되어 있으니 부담 없이 마셔보고, 위드 코로나 이후에 꼭 꿈을 이루어 보자 !!!

③ **타벨** 마을은 세계적으로 유명한 로제 와인 산지로 CDP 건너편에 위치한다.
이곳에서 만든 로제 와인은 석회질 토양에서 자란 그르나슈, 생소 품종 등 9가지 품종을 블렌딩하여 만든 가벼운 로제 와인이다. 레드와인에 가까운 진한 풍미를 가지는 드라이한 스타일의 와인을 만드는데, 장미꽃과 바이올렛의 풍미가 잘 느껴지는 것으로 유명하다. 품질 좋은 포도나 포도 품종이 가진 특징뿐만 아니라, 로제 와인을 양조하는 과정에서 짧은 기간 동안 저온 침용 등의 방식을 사용하기 때문이다. 이 기갈에서 만든 타벨 로제 와인을 식사 초반에 간단한 음식과 함께하면 괜찮은 조합이 된다. 그리 무겁지 않은 바디감과 탄닌으로 산뜻함도 선사하는데, 국내에도 저렴한 가격에 몇 종류의 로제 와인이 수입되고 있으므로 꼭 경험해 보길 바란다.

④ **리락** 마을은 타벨 마을과 바로 위쪽으로 붙어 있는 와인 산지이다. 이곳도 로제 와인으로 유명한데, 최근에는 레드와인으로도 유명세를 얻고 있으며, 화이트와인도 만들고 있는 곳이다. 국내에는 레드와인 중 GSM 3가지 품종을 동일한 비율로 만든 와인도 수입되고 있으니, 쉽게 찾기는 어렵지만 한번쯤 경험해 보길 바란다.
이 외에도 남론 지역 여러 마을의 와인을 블렌딩한 코트 뒤 론이 있는데, 론 블렌딩은 총 19가지 품종을 블렌딩할 수 있는 가벼운 와인이다. 론 와인을 어렵게 생각하는 독자들이 처음에 아주 가볍게 시작하기 좋은 가격대에 있으니, 한번쯤 경험해 보길 바란다. 또한, 최대한 빨리 CDP나 북론 지역의 와인으로 취향을 끌어올려 부르고뉴 지역에 못지않은 우아함과 보르도 지역과는 또 다른 깊이를 맘껏 느껴보길 바란다.

» **오스트레일리아**

시라-시라즈는 국내에서는 프랑스보다는 오히려 오스트레일리아를 떠올리는 독자들이 많을 것이며, 시라 품종보다는 시라즈 품종에 익숙한 독자들이 많을 것이다. 사실 5만 원 미만의 가격대를 가진 오스트레일리아 시라즈 와인은 초보자들이 처음에 레드와인을 마실 때 탄닌감이 적고 부드럽게 느껴지고, 진한 과일 향이 달달하게 느껴지면서 매우 편하게 마실 수 있는 와인 중 하나이기 때문이다.

주요 3개 산지인 사우스오스트레일리아주, 빅토리아주, 뉴사우스웨일즈주의 기후와 주요 품종, 필록세라 등의 영향으로 인한 주요 산지의 변화 등에 대해서는 앞서 '리슬링편'에서 언급한 바 있다.

이 중, 시라즈 품종을 재배하는 곳은 2개 주인데, 사우스오스트레일리아주가 최대 산지이며, 최고급 와인을 만드는 유명 산지이다. 이곳에 위치한 여러 밸리에서는 특화된 품종을 가지고, 브랜드도 잘 구축하고 고급화하여 명성을 계속 끌어 올리고 있다.

《신의 물방울》에도 프랑스, 이탈리아와 같은 구대륙 와인과 비교하면서 '웅장한 자연에의 도전'이라고 표현하였다. 대륙의 스케일과 천혜의 자연, 이주민들의 노력과 정부 차원에서의 많은 지원과 수출 전략 등이 만들어낸 복합적인 결과물이라는 생각이 든다.

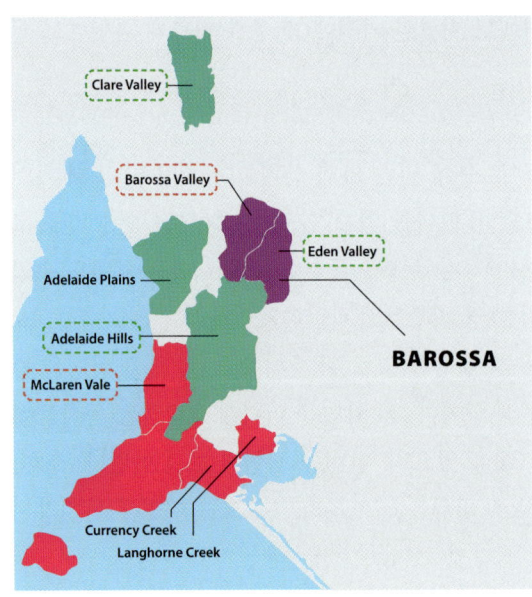

클레어 밸리 Clare Valley
- 거친 & 탄닌 & 장기 숙성

바로사 밸리 Barossa Valley
- 파워풀 & 남성적 & 장기 숙성

에덴 밸리 Eden Valley
- 풍부한 풍미, 부드러움

애들레이드 힐스 Adelaide Hills
- 우아함 & 섬세함 & 부드러운 탄닌

맥라렌 베일 McLaren Vale
- 좀 더 거친 편

사우스오스트레일리아

① **바로사 밸리**는 170년이 넘는 오랜 역사를 가진 와인 산지이다. 필록세라의 피해를 입지 않는 곳으로 100년 가까이 된 포도나무에서 포도를 수확하고 있다. 따뜻한 지중해성 기후에서 자란 포도나무에서는 검은 과일, 건자두, 계피나 감초 같은 향신료, 초콜릿 등의 풍미와 함께 매우 파워풀한 스타일의 시라즈를 만들고 있다.

바로사 밸리는 지구 온난화의 영향 등으로 여름이 매우 덥고 건조하며 산불, 가뭄 등이 지속되면서 내륙에는 물 부족 현상이 계속되고 있어 오스트레일리아 전체적으로 큰 위기를 맞고 있다. 그러나 고도가 높은 계곡에 개발된 포도밭은 매우 서늘한 기후를 가지고 있어 바로사 밸리와 같은 산지에서 만든 와인은 밸런스가 좋은 편이다. 100년 이상 된 포도나무는 뿌리를 깊게 내려 인위적인 관개를 하지 않아도 버틸 수 있는 힘이 있고 복합미와 농축미를 가진 포도 재배가 가능하다.

위의 지도에서 보는 바와 같이 옆에 붙어 있는 에덴 밸리의 와인과 함께 블렌딩하여 만든 경우에는 '바로사'라고 레이블에도 표기가 되는바, 구매 시 바로사 밸리와 바로사는 엄연히 다르며, 품질이나 값도 매우 다르다는 것을 꼭 기억하길 바란다.

이 지역의 유명 생산지로는 오스트레일리아 와인의 상징과도 같은 펜폴즈Penfolds가 있다. 이곳에서 만든 국보급 와인인 그랜지Grange는 로버트 파커가 "지구상에서 가장 뛰어난 레드와인"이라고 극찬한 바 있는 오스트레일리아의 국가 문화재 중 하나이다. 이곳의 상징 중 하나이자 당시 와인 메이커였던 독일 이민자 가정 출신의 맥스 슈버트Max Schubert의 도전 정신이 깃들어져 있다.

1951년에 맥스 슈버트가 만든 그랜지 와인은 2021년 7월에 열린 경매에서 약 14만 AUD 약 1억 2천만 원에 거래되어 지금까지 판매된 가장 비싼 오스트레일리아 와인이 되었다.

프랑스에서는 카베르네 소비뇽 품종과 시라 품종의 블렌딩 와인이 랑그독 루시용과 같은 일부 지역에서나 IGP 등급으로 출시되고 있다. 그런데 이곳에서는 최고 품질의 시라즈에 소량의 카베르네 소비뇽 품종이 블렌딩되어 특유의 리치한 과일 향과 바디감, 탄탄한 구조감과 여운 등을 갖춘 아이콘이 되어 버렸다. 또한, 로버트 파커로부터 '시라즈의 달인'이라 불리며, 첫 빈티지부터 99점, 이후 100점을 4번이나 받은 바 있는 크리스 링랜드Chris Ringland에서 연간 약 1천 병밖에 생산하지 않는 호프만Hoffmann 시라즈나 클라렌던 힐스Clarendon Hills의 아스트랄리스Astrails 등이 있다. 좀 더 저렴한 생산자들 중에는 국내에서도 매우 인기가 높은 투 핸즈 와인즈Two Hands Wines의 벨라스 가든Bella's Garden 시라즈나, 울프 블라스Wolf Blass, 그랜트 버지Grant Burge에서 만든 시라즈 와인 등이 있다.

얼마전 시음회를 다녀왔다. 고도가 조금 있는 곳에서 재배된 포도로 만든 고급 와인은 역시 산도가 매우 좋았다. 마치 북론 지역 에르미타주 마을의 와인을 마시는 듯한 착각을 일으킬 정도였다. 말린 과일의 풍미까지는 아니면서도 진한 과일과 강한 풍미, 탄닌에 충분히 어울릴 수 있는 우아한 산도와 적절한 오크 사용이 가미되어 있었다. 그래서 이 지역 고유의 특징을 최대한 배제하고, 고급스러운 느낌을 가미했음에도 불구하고 장기 숙성에 대한 기대감을 갖게 한다.

② **맥라렌 베일**은 바로사 밸리와 기후나 와인의 스타일이 거의 유사한데, 해안에 있어 바다의 영향을 직접적으로 받고 있는 곳이다. 바다에 가까운 해안 지역은 점토 토양을 가진 평지에 가깝고, 높은 고도를 가진 지역은 모래가 많은 토양의 특징을 가진다.

맥라렌 베일 지역은 덥고 건조하며 강수량이 적어 관개가 필요한 지역이다. 바다에서 불어오는 해류가 그나마 더위를 식혀 주고 있고 과거 필록세라의 피해를 많이 입은 빅토리아주에서 사우스오스트레일리아주로 포도 재배의 축이 넘어올 때, 이곳에서 처음으로 포도나무를 심었다고 한다. 100년 넘은 올드바인도 지금까지 지켜져 내려오고 있다. 이곳에서는 시라즈 품종 외에도 그르나슈 품종과 이탈리아의 토착 품종을 많이 재배하고 있는데, 매우 좋은 평가를 받고 있다.

이 지역의 유명 생산자는 레이블이 무척 귀여운 몰리두커Mollydooker의 아이콘 와인이라 할 수 있는 벨벳 글로브Velvet Glove와 《와인 스펙테이터》 Top 100에도 수차례 선정된 바 있는 카니발 오브 러브Carnival of love가 있다. 국내에서도 코스트코에 가면 다소 비싸지만 항시 진열되어 있다. 좀 더 저렴한 생산자들 중에는 국내에서도 매우 인기가 높은 투 핸즈 와인즈의 엔젤스 쉐어Angels' share 시라즈나, 양가라Yangarra, 우드스톡Woodstock에서 만든 시라즈 와인 등이 있다. 오스트레일리아 시라즈 품종 와인의 과일 폭탄 풍미를 경험하고 싶다면, 이 지역의 고급 시라즈를 한번 경험해 보길 바란다.

③ **에덴 밸리**는 최고의 리슬링 산지이지만, 400m의 고지대 헨쉬키에서 만든 시라즈, 힐 오브 그레이스Hill of Grace가 있다. 다른 시라즈 품종 와인에 비해 섬세하다는 평가를 받으며 최고의 시라즈 중 하나로 뽑힌다.

빅토리아

① **히스코트**Heathcote와 **골번**Goulburn은 빅토리아주 내에서 유일하게 시라즈 와인을 만드는 곳으로 국내에 수입되는 와인은 매우 극소수이므로 경험하기 힘들다. 히스코트는 피노 누아 품종 와인 산지인 야라 밸리보다는 좀 더 내륙에 위치한다. 그렇지만 서늘한 기후와 수분 함량이 매우 높은 캄브리아기Cambrian period 토양으로 독특하게 이루어져 있어 여름에도 건조하지 않고 온도가 유지된다. 그래서 바로사 밸리와 같은 묵직한 스타일의 시라즈가 아닌 마치 프랑스 북론 지역과 같은 섬세하고 우아한 스타일의 와인이 만들어지는 곳이다.

《월드 아틀라스 와인》에서도 이 지역의 와인이 잊을 수 없을 만큼 향이 풍부하고 과즙이 많은 시라즈로 유명하다고 설명하고 있다. 이에 비해 골번은 빅토리아주의 최북단과 뉴사우스웨일즈주와 인접하고 있으며, 매우 덥고 건조한 지역으로 풀바디한 시라즈 품종 와인이 만들어진다고 한다.

테이스팅 비교

국내에 수입되는 론 지역의 와인은 그리 많지가 않다. 경험상 경기도 김포에 위치한 와인 아웃렛에 그나마 한쪽 라인에 진열되어 있다. 수입사가 다양하지는 않은 편이라, 다양한 와인숍이나 마트, 백화점을 다니며 발품을 팔며 저렴한 가격에 이 지역 와인을 구하고 있다.

이렇게 다녀도 북론 지역 최고의 생산자 중 하나인 이 기갈이나, 남론 지역의 최고 생산자 중 하나인 클로 데 파프, 남론 지역 지공다스 마을을 대표하는 샤토 드 생콤Chateau de Saint Cosme 등 익숙한 몇몇 생산자들을 제외하고는 라인업이 그리 많지 않다. 최근 빈티지로만 구성된 것도 다소 아쉽고, 백화점이나 수입사 직영 숍을 가면 그나마 샤토 드 보카스텔과 같은 생산자의 올드 빈티지를 구할 수는 있지만, 가격대가 만만치 않다. 그래서 발품 외에도 결국은 밀레짐이나, 엑스트라 와인Xtrawine 등에서 더운 여름을 피해 선선할 때 직구로 구매하게 된다.

국내에서 선풍적인 인기를 끌고 있는 유튜브 '와인킹' 채널에서 샤토 드 생콤의 코트 뒤 론 루즈가 가성비 좋은 와인으로 방송되면서 2021년 초에 거의 품절 수준으로 대박이 난 적이 있다. 네이버 카페 '와인 싸게 사는 사람들' 일명 '와쌉'에서 많은 회원이 거의 실시간으로 코스트코 각 매장별 재고 현황을 사진으로 올렸던 유명 와인이다.

론 지역의 와인을 마실 때마다 항상 느끼는 감정은 '이렇게 좋은 와인이 그만큼의 대접을 받지 못하는구나' 하는 것이다. 여건이 되는 독자들은 쉽게 구할 수 있는 샤토 드 생콤이나 이 기갈의 레드와인 라인업 중 코트 로티, 생 조셉, 에르미타주, 크로즈 에르미타주 마을과 같은 북론 지역 와인과 샤토네프 뒤 파프, 지공다스 마을 등 남론 지역의 와인을 비교 시음해 보길 적극 추천한다. 시라 품종 와인에 대해서 이론이 아닌 코와 혀, 몸이 전체적으로 이해를 하게 될 수 있기 때문이다.

2020년 연말 집 근처에 있는 와인바에서 도멘&메종 알렉산드린Domaine & Maison Les Alexandrins에서 만든 코트 로티 루즈Cote Rotie Rouge 2017 빈티지를 마신 적이 있다. 매우 어린 빈티지임에도 불구하고 마신 후 30분 정도 후부터 바로 다양한 아로마와 입안에서 느껴지는 우아함뿐 아니라 파워풀함도 정확히 느낄 수 있었던 좋은 와인이었다. 2021년에도 같은 와인을 마시고 싶어 몇 번 방문한 적이 있는데, 결국 북론 지역의 와인은 필자가 찾아 다녀야 구할 수도 있고 많이 경험할 수 있음을 깨닫고 있다.

» (프랑스) 북론 지역, 코트 로티 마을

첫 번째 테이스팅으로는 코트 로티 마을의 와인을 선택했다. 라 랑돈 포도밭을 소유하고 있는 유명한 생산자인 로버트 파커가 "코트 로티에서 가장 뛰어난 재배자 중 한 명René Rostaing is one of Côte Rôtie's most masterful growers"이라고 극찬한 바 있는 **르네 로스탕**Rene Rostaing에서 만든 **코트 로티 코트 블론드** 2009 빈티지이다. 국내에서 구하기 쉽지 않은 와인인데, 평소 남론 지역의 CDP를 다양한 루트로 구매해 즐기는 반면, 북론 와인은 이 기갈의 코트 로티 샤토 당쀠를 자주 마셨다. 그러다 보니, 이번 테이스팅에서는 새로운 수준 높은 생산자의 와인을 테이스팅하고 싶어 직구로 밀레짐 사이트에서 4월에 125유로17만 원+세금/배송료=30만 원를 주고 구매한 후, 3개월가량 셀러에 잘 모셔 두었다.

미국의 와인 도소매 중개상인 Rare Wine Co. 홈페이지https://www.rarewineco.com에는 좋은 기사가 많이 올라와 있다. 이 중 르네 로스탕을 소개하는 기사에 따르면, 이 생산자는 양조 시 포도 줄기를 100% 사용하며, 줄기가 말로 표현할 수 없는 코트 로티의 향을 만드는 데 기여한다고 한다. 이 와인을 마셔 보면 줄기 사용으로 인한 부정적인 부분을 못 느끼며, 과일 향과 함께 매우 우아하고 실키한 풍미를 느끼게 된다.

» (프랑스) 북론 지역, 에르미타주 마을

두 번째로는 북론 지역 최고의 생산자 중 하나인 **이 기갈**이 만든 **에르미타주** 2014 빈티지이다. 앞서, 코트 로티의 최고 밭에서 만든 라라라 시리즈나 퍼퓸, 향수 등의 풍미가 진동하는 콩드리유 라 도리안 등을 언급한 바 있다. 시라의 왕이라 불리는 에르미타주 마을의 파워풀한 느낌을 충분히 느끼고 싶다면, 합리적인 가격에 이 와인을 선택하라고 추천한다.

이 기갈은 오크통을 자체 제작하여 자신만의 스타일과 풍미를 유지하려고 노력한다. 수입사의 설명에 따르면, 연간 800개를 제작하며 이 기갈의 와인에 대한 숙성용으로만 사용하며, 에르미타주 와인은 오크통에서 3년간 숙성 후 출시된다고 한다.

이번에 마신 2014 빈티지는 2021년 초 1월에 타계한 우리나라의 '물방울 화가' 김창열 화백의 물방울이 라벨에 그려져 있는 아트 레이블이다.

영롱하게 빛나는 물방울이 마치 실제 떨어질 것 같은 느낌을 주는 걸작이라 처음 출시될 때, 정가 12만 원을 주고 4병을 구매해 셀러에 보관 중이었다. 현재는 2병이 남아 있어 이 중 1병을 골라 테이스팅 노트를 작성해 보았다.

며칠 전에 김창열 화백의 작품이 다수 전시되어 있는 인천 파라다이스 호텔에 있는 아트 스페이스의 전시회를 방문했다. 여러 작품을 보고 온 직후라 물방울이 마치 와인병에 맺혀 있다가 떨어지는 모습을 한동안 바라보면서 문득 와인 한 방울의 가치와 비교해 보았다. 이 생산자가 마치 자신들의 노력과 전통을 거장 김창열 화가의 작은 물방울에 비유하려고 한 것이라는 생각도 해본다.

테이스팅 노트가 이미 있으나, 두 마을 간의 차이점을 다시 한번 느끼고 싶어, 르네 로스탕의 코트 로티 코트 블론드와 이 기갈의 에르미타주를 비교 테이스팅하여, 우아함과 파워풀함을 비교하고자 하며, 추가로 마지막에 나올 이스카이 시라 비오니에도 비교 테이스팅하여, 신대륙의 우아함과 파워풀함이 론 지역과는 어떤 차이가 있는지를 같이 비교해 보았다.

사실 시라 품종 와인과 같이 묵직한 레드와인은 가벼운 안주와 혼술하기에는 다소 버겁기는 하지만 테이스팅을 위한 1잔으로는 매우 좋다. 다만, 좋은 품질의 와인을 3병이나 비교 테이스팅하고 나면, 진한 과일이나 플로럴, 퍼퓸 등의 향기에 취하다가 결국은 아까워 계속 마시게 된다. 몇 잔 이후에는 풍미와 바디감에 눌려 테이스팅은 잠시 접어 두고 냉동실에서 얼려 놓은 떡갈비 하나를 해동하게 되니, 이게 바로 부작용 중 하나이다. 특히 신대륙의 시라즈 품종은 다양한 고기 종류와 잘 어울려 테이스팅은 잠시 접어 두고 맘 편하게 고기와 함께 한다면 술이 술술 들어가는 와인이다.

» **(프랑스) 남론 지역, 샤토 네프 뒤 파프 마을**

세 번째로는 남론 지역을 대표하는 CDP 와인을 선택했는데, **클로 데 파프의 '샤토 네프 뒤 파프 루즈'** 2006 빈티지이다.

CDP 와인 및 이 와인을 좋아하게 된 이후, 매년 마트나 백화점에서 새로운 빈티지를 꾸준히 구매하고 있다. 이번 테이스팅을 위해 밀레짐 사이트에서 4월에 85유로12만 원+세금/배송료=22만 원를 주고 구매한 후, 셀러에 잘 모셔 두고 있다.
국내에서 마트 판매 가격이 보통 15만 원 정도임을 감안하면 직구임에도 가격대가 비싼 편인데, 국내에서는 구할 수 없는 올빈임을 감안하여 기꺼이 지급했다. 15년이 된 이 와인은 아마도 지금이 가장 좋은 시음 시기에 해당될 것이다.

이 생산자는 CDP의 선구자로 불리는 남론 지역 최고의 생산자 중 하나이다. 해당 수입사의 홈페이지에 따르면, 와이너리를 소유하고 있는 아브릴Avril 가문은 CDP 와인의 위상을 높이기 위해 포도 재배부터 와인 양조까지 전 과정을 아우르는 규칙을 만들었다고 한다. 또한, 이 마을의 와인을 위조할 수 없도록 법률을 만들었다고 한다. 이렇게 함으로써 1935년부터 시행된 프랑스 최초의 원산지 명칭 통제의 근간을 이루었다고 한다.
이 생산자는 레드와인과 화이트와인 각 1종류씩만을 만들며 바이오 다이내믹 농법으로 오직 CDP 와인만을 연간 10만 병 만든다. 프랑스 샤를르 드 골Chaeles De Gaulle 대통령 1959~1969년과 조르주 퐁피두Gorges Pompidou 대통령1969~1974년 시절에는 엘리제 궁Palais de l'Élysée에도 공급되었으며, 로버트 파커가 "생애 최고의 샤토 네프 뒤 파프"라고 극찬하였다. 이번 테이스팅을 할 2006 빈티지에는 98점, 2010 빈티지에는 99점을 주는 등 장기 숙성 잠재력도 인정받았다.
2007년 《와인 스펙테이터》 Top 100에서 2005 빈티지가 1위를 차지한 이후에도 2012년에는 2010 빈티지가 98점으로 가장 높은 점수를 받으며 4위를 차지했다. 2014년에는 2012 빈티지가 97점으로 7위를 차지할 정도로 꾸준히 높은 품질과 좋은 가격을 인정받고 있다.
2021년 2월 2018 빈티지를 테이스팅한 바 있다. 어린 와인임에도 전형적인 CDP 스타일의 과일 향과 향신료, 탄닌 등이 강하게 느껴졌다. 알코올이 15%로 2017 빈티지가 15.5%인 것에 비하면 조금 낮아졌다. 그렇지만 여전히 이 지역에서는 포도가 워낙 잘 익기 때문에 높은 알코올이 나올 수밖에 없는 데도 산도가 좋은 다른 품종과 블렌딩되고, 과일 풍미가 넘쳐나며, 새 오크통을 쓰지 않는다. 이 때문에 탄닌이 강해도 부드러운 특징을 가져 전반적으로 질감이나 느낌이 모두 부드러웠던 기억이 난다.
이 와인은 가급적이면 오랜 기간 숙성해서 마셔야 진정 돈값을 하는 와인이라 생각된다. 만약 좀 더 저렴하게 CDP를 경험하고 싶다면, 샤토 보쉔Chateau Beauchene의 CDP도 괜찮다.

2020년 연말에 아웃렛 매장에서 CDP 그랑 리저브 2016 빈티지를 6만 원에 구매해서 갈비와 함께 마셨는데, 바로 마시기에도 좋았고 CDP 스타일을 편하게 느낄 수 있었다.

» (오스트레일리아) 바로사 밸리

네 번째로는 **오스트레일리아 바로사 밸리**의 시라즈를 선택했다. 펜폴즈 그랜지와 같은 훌륭한 와인도 좋겠지만, 어느 매장을 가든 적절한 가격에 구매할 수 있으면서도 바로사 밸리의 파워풀한 특징과 진한 과일 풍미를 잘 보여 주는 **투 핸즈 와인즈**의 **벨라스 가든**을 선택했다.

투핸즈는 각자 건축업과 오크통 제조 회사를 하다 이 와이너리를 설립한 두 친구를 의미한다. 짧은 역사에도 불구하고 로버트 파커가 "남반구 최고의 와인 메이커"라고 극찬한 바 있는 이곳은 오스트레일리아와 바로사 밸리를 대표하는 유명 생산자로 벨라스 가든은 이곳에서 시라즈 품종으로 만든 고급 와인이다.

테이스팅 노트에 추가된 2016 빈티지는 3~4년 전에 10만 원에 구매했다. 인기가 많아져 수입량이 증가해서인지 프랑스나 미국 와인과는 반대로 가격이 조금씩 떨어지는 추세며, 발품을 잘 팔면 7~8만 원대에도 구매가 가능한 와인이다.

» (아르헨티나) 멘도사 지역, 우코 밸리

마지막으로 **아르헨티나** 와인을 테이스팅해 보자. 세계적으로 생산과 소비에 있어 TOP 7 내에 드는 와인 강국으로 칠레처럼 나라의 모양이 남북으로 길쭉하여 기후대가 다양하고 안데스산맥에서 흘러내려오는 눈 녹은 물을 관개에 이용할 수 있는 최적의 자연환경을 가지고 있다. 칠레와는 반대로 안데스산맥이 차가운 태평양 해류인 훔볼트의 영향과 비, 바람 등을 막아줘 덥고 건조한 기후를 가지고 있다.

고도가 높은 곳에 대표적인 와인 산지가 있는데, 가장 유명하고 70% 이상의 생산량을 담당하는 멘도사Mendoza는 해발 고도 약 1,000m에 위치한다. 멘도사 내에서도 가장 고급 산지인 우코 밸리Uco Valley는 1,000~1,500m, 가장 높은 곳에 위치한 카파야테Capayate는 무려 약 3,000m에 위치하고 있다.

아르헨티나의 대표 품종으로는 말벡 품종이 있다. 프랑스 남서부의 카오르Cahor 지역에서 유래한 품종으로 탄닌이 강하고, 동물적인 풍미가 강한 스타일의 와인이 만들어진다. 아르헨티나에서는 높은 고도에 일조량이 워낙 좋고 길기 때문에 안에 있는 포도 씨를 보호하기 위해 껍질이 두껍게 변했으며, 좀 더 탄탄한 스타일을 가지게 되었다.

국내에서도 아르헨티나 와인이 가격 대비 품질이 좋고 초보자들이 마시기에 진하면서도 매우 부드러워 인기가 높다. 그래서 마트나, 아웃렛 등에서 행사 때 아르헨티나에서 가장 유명한 와인 브랜드인 트라피체Trapiche가 미셸 롤랑과 합작하여 만든 이스카이 말벡 카베르네 프랑Iscay Malbec Cabernet Franc이 불티나게 팔린다. 병도 마치 고급 올리브유 병처럼 길쭉하여 특이하고 예쁘며, 풍부한 과일 향과 남성적인 느낌이 있고, 단단한 바디감과 힘을 가지고 있는 좋은 와인이다.

2019년에 한 와인 모임에 갔다. 장소는 한남대교 남단에 위치한 아르헨티나 레스토랑이었기 때문에 아무래도 아르헨티나 음식과 문화의 와인을 함께 페어링을 하고 싶어서 평소 자주 찾던 백화점을 들러 아르헨티나 혹은 스페인 와인을 추천해 달라고 했다. 그랬더니, 센스 있는 매니저님이 "아마도 다들 말벡 와인만 가져오실 테니, 이 와인은 어떠실까요?" 하면서 추천해 줬던 와인이 바로 **이스카이 시라 비오니에**Iscay Syrah Viognier 2015 빈티지 와인으로 6·7만 원 정도에서 구매한 기억이 난다.

이스카이는 잉카 언어로 '둘'이라는 의미를 갖는데, 자연과 인간의 조화라는 콘셉트라고 한다. 그래서인지 이스카이 말벡 카베르네 프랑처럼 이스카이 시라 비오니에도 2가지 품종을 블렌딩한다. 마치 프랑스 론 지역의 코트 로티 마을처럼 비오니에를 3% 블렌딩한 이 와인은 아르헨티나 와인 특유의 진한 과일 향과 바디감, 탄닌 외에도 꽃향기와 약간의 우아함을 가지고 있어 마시면서 감탄했던 와인이다. 이후 가끔 신대륙의 시라즈가 필요할 때면 호주의 저렴한 시라즈보다는 이 와인을 더 찾게 된다.

"냄새를 잊지 않으려면 특정한 기억과 함께 저장해야 한다"라고 Enrico Bernardo가 말했다.

아르헨티나 레스토랑에서 그날의 기억은 그날의 장소와 함께했던 사람들일 수도 있으며, 혹은 와인 그 자체나 페어링일 수도 있다.

페어링

《와인 바이블》에서 저자가 고객들로부터 소믈리에 시절, 양갈비 요리나 소 안심요리에 맞춰 부르고뉴 지역의 레드와인을 추천해 달라고 했을 때, 부르고뉴 지역의 와인 대신 더 묵직하고 높은 알코올과 감칠맛 나는 론 와인을 추천했다고 한다.

이 이야기는 필자가 부르고뉴 와인과의 사랑에 빠져 있던 시기여서 론 지역 와인을 경험한 이후부터 현재까지 느낀 점과 정확히 일치한다. 과거에는 너무 진한 양념만 아니라면 무조건 고기 요리에도 피노 누아 품종 와인을 찾았었는데 피노 누아 품종 와인을 마시기 위해 억지로 고기 요리를 끼워 맞추었을 수도 있다, 론 지역의 와인을 만난 이후부터는 한식에서 특히 메인 요리인 살짝 간장 양념이 되어 있는 소갈비나 불고기 요리 등에 있어서는 너무나도 찰떡궁합이다. 장어나 꼼장어, 곱창 등의 요리도 된장-쌈장 소스에 찍어 먹거나, 된장 기반의 소스를 바른 기름진 고기와 함께해도 매칭이 매우 좋다. 그렇기 때문에 론 지역 와인에 한식과의 페어링에 있어서는 피노 누아 품종 와인보다는 한 수 위라는 것을 알게 되었다. 물론, 양념의 강도나 굽기 정도에 따라 론 지역에서도 다양한 마을, 블렌딩 비율, 와이너리 스타일을 맞춘다면 더 좋은 페어링이 될 것이다. 이건 계속 경험하다 보면 경험치로 대충 잘 맞춰지게 되어 있으니, 처음부터 완벽한 조합을 찾기보다는 경험을 통해 스스로의 입맛에 맞추면 될 것이다.

《더미를 위한 와인 푸드 페어링》에는 타벨에서 만든 그르나슈 로제 와인을 잡채와 함께 페어링할 것을 추천한다. 필자의 경험상 로제 와인과 잡채에 들어 있는 간장 양념이 된 표고버섯과 얇게 썬 고기, 당면은 잘 맞는 조합이며, 로제 와인에 사용된 품종별 비율에 따라 좀 더 가벼운 음식도 충분히 매칭할 수 있다고 생각한다.

《와인 폴리》는 짙은 색 고기와 이국적인 향신료가 시라 품종의 과일 향을 부각시키므로 양고기 샤와르마Shawarma_양념한 양고기를 구워 야채, 빵에 함께 싸 먹는 아랍 요리, 오향으로 양념된 돼지고기, 탄두리Tandoori 향신료와 요구르트로 양념하여 구워낸 닭고기로 인도 요리를 함께할 것을 제안하고 있다. 그르나슈는 이국적인 향신료로 양념해서 구운 고기와 채소를 함께하면 좋다고 한다. GSM도 다양한 음식과 어울리는데, 특히 붉은 고추, 로즈마리, 올리브와 같은 지중해식 향신료가 들어간 요리와 잘 맞는다고 한다. 필자의 경험상 아랍, 인도, 지중해가 아니어도 우리의 전통 발효 식품이자 최고의 양념장인 고추장, 간장, 된장 등이 들어간 고기 요리와 페어링할 때 프랑스 북론 지역의 시라 품종 와인이나 남론 지역의 CDP 와인이 가장 맛있다. 그래서 보통 와인 모임을 하는 이탈리아 레스토랑이나

중식집, 일식집이 아니어도 평소 먹는 한식과의 궁합이 꽤 좋은 편이다. 한우 갈비찜뿐만 아니라, 쉽게 접할 수 있는 곱창, 대창 등과도 매우 잘 어울리며, 간장 양념의 민물장어나 소금으로 살짝 간을 낸 꼼장어 구이와도 매우 잘 어울린다.

《열두 달의 와인 레시피》에서도 CDP 와인과 불고기를 추천한다. 스파이시한 향신료 풍미와 양념 소갈비나 간장 양념의 불고기와의 찰떡궁합을 얘기하고 있으니, 여러 전문가들의 조언과 필자의 경험을 종합 정리해 볼 때 한식의 여러 요리와 론 지역의 와인은 잘 맞는다. 참고로, 론 지역의 우아한 꽃향기를 느끼고 싶다면, 콩드리유에서 만든 가장 화려한 아로마를 가진 비오니에 품종 와인에 레몬 버터 소스를 곁들인 구운 관자 요리를 추천하고 있다. 어렵지 않으니 한 번쯤 해보길 바란다.

이 간단한 안주에는 비오니에 품종 외에도 버터 사용량에 따라 샤블리 와인이나 퓔리니 몽라셰와 같은 고급 샤르도네 품종 와인과 가벼운 스파클링이나 N/V 샴페인, 이탈리아의 화이트와인 등도 모두 궁합이 좋으니 한번 해보면 이후 집에서 관자 외에도 다양한 냉동 해산물을 활용하여 간단히 혼술하기에 매우 좋은 궁합이 될 것이다.

1. 르네 로스탕, 코트 로티 코트 블론드
Rene Rostaing, Cote Rotie Cote Blonde

 레드

원산지	프랑스 / 론Rhone < 코트 로티Cote Rotie
와이너리	르네 로스탕Rene Rostaing
포도 품종	시라Syrah 95%, 비오니에Viognier 5%

당도 ●○○○○ 산도 ●●●●○
바디 ●●●●○ 타닌 ●●●●○

2001 RP 94, WS 91

WINE ENTHUSIAST 2021 VINTAGE CHART

Region	Appellation/Type	2013	2012	2011	2010	2009	2008	2007
Nothern Rhône	Reds	88	92	91	95	95	86	87

북론 지역의 코트 로티 마을도 보르도 지역처럼 2009년~2010년이 매우 좋은 해였는데, 이 중에서도 2009년 빈티지는 WE의 평가 중 가장 높은 점수이며, 이미 숙성되어 마실 준비가 된 와인으로 평가하고 있다.

와인 애드버킷은 북론 지역의 2009 빈티지에 대해 98 TStill tannic, youthful, or slow to mature로 평가하며,

2010 빈티지 97T와 함께 2개년을 지난 50년간 최고의 빈티지로 평가하고 있는데 숙성, 시음 적기에 대해서는 WE와 의견이 다르다.

와인 서처는 이 와인의 품질, 컨디션, 시음 적기에 대해 아래와 같이 설명한다.

Vintage quality	Excellent
Current condition	Ready to drink, will keep
When to drink	2014 to 2035

2021/8 ('09)

Tasting Note (2009)

- **시각** 선명도는 맑고, 색상은 루비 → 가넷은 거의 없어, 색의 강도는 진한 편

- **후각** 상태는 깨끗, 후각의 강도는 medium(+)
  1차 향: 검/붉은 자두, 체리, 블랙베리, 바이올렛, 퍼퓸
  2차 향: 정향, 육두구, 후추, 바닐라, 삼나무, 치즈, 감초
  3차 향: 가죽, 담배
  발전 단계는 숙성 중

- **미각** 당도: dry, 산도: medium(+), 바디: medium(+), 탄닌: medium(+),
  알코올: medium → 13%, 매우 낮은 편으로 마시기 더 부드러움.
  풍미 강도는 medium(+)
  여운이 medium(+) → 붉은 과일의 풍미가 비강으로 은은히 길게 느껴짐.

  매우 좋은 와인이며, 지금 마셔도 좋고, 숙성 잠재력이 많이 있음.
  → 균형미, 복합미, 풍미 강도, 여운 모두 Very Good

  ⇒ 숙성 기간에 비해 색이 연하고 과일 향이 뿜어져 나오며, 풍미나 강도가 짱짱해
  진하고 힘이 센 와인처럼 느껴지다가 시간이 지나면서 부드러움을 계속 표출하는
  와인임.
  알코올 도수도 낮고, 적당히 스파이시하면서 뛰어난 산도와 블렌딩된 비오니에
  품종의 풍미가 힘께 어우러져 우아함을 끌어올린 요소가 됨.

평점 4.3
가격 26.8만 원

평점 94
가격 29.1만 원

2. 이 기갈, 에르미타주 루즈 '아트 레이블'
E. Guigal, Hermitage Rouge 'Art Label'

 레드

원산지	프랑스 / 론Rhone < 에르미타주Hermitage
와이너리	이 기갈E. Guigal
포도 품종	시라Syrah 100%

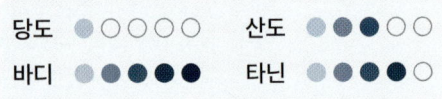

2015 WE 96, WS 95, JD 94, RP 92
2014 WS 93, JS 93, JD 92, RP 90
2010 WS 94, RP 92

WINE ENTHUSIAST 2021 VINTAGE CHART

Region	Appellation/Type	2019	2018	2017	2016	2015	2014	2016	2015	2014
Nothern Rhône	Reds	96	94	94	95	99	87	88	92	91

북론 지역의 2014년은 습한 여름 기후로 인해 초파리와 부패가 있었으며, 7월에는 에르미타주 마을에 우박이 내리면서 타격을 입은 해로 전반적인 빈티지는 좋지 않았지만, 일부 최고의 생산자들이 만든 와인은 좋고 지역의 특징을 잘 반영하였다고 한다.

와인 애드버킷도 북론 지역의 2014년 빈티지에 대해 87 EEarly maturing and accessible로 평균 이상Above Average to Excellent 정도로 평가하고 있다.

와인 서처는 이 와인의 품질, 컨디션, 시음 적기에 대해 아래와 같이 설명한다.

Vintage quality	Average
Current condition	Ready to drink
When to drink	2018 to 2040

2021/8 ('14)

Tasting Note
(2014)

시각   선명도는 맑고, 색상은 루비 → 테두리에 가넷 조금, 색의 강도는 중간

후각   상태는 깨끗, 후각의 강도는 medium
        1차 향: 검은 자두, 블랙 체리, 블랙 베리, 바이올렛
        2차 향: 정향, 육두구, 후추, 삼나무, 흑연, 감초, 계피, 바닐라, 치즈, 크림
        3차 향: 담배, 가죽, 재
        발전 단계는 숙성 중

미각   당도: dry, 산도: medium 이상, 바디: medium(+), 탄닌: medium(+),
        알코올: medium(+) → 14%
        풍미 강도는 medium 이상
        여운이 medium

        좋은 와인이며, 지금 마셔도 좋고, 숙성 잠재력이 있음.
        → 균형미, 복합미 Very Good, 풍미 강도, 여운은 Good

        ⇒ 여운과 풍미 강도가 전에 마셨을 때에는 m(+)였는데, 이번에는 다소 아쉬움이 남음.
        마을의 특징인 파워와 품위가 느껴지는 와인으로, 스파이시, 향신료, 오크 풍미에도
        매우 부드럽고 균형감이나 단단한 구조감, 은은한 삼나무 향을 느낄 수 있어 좋음.
        코트 로티 마을의 우아함과는 확실히 비교되는 테이스팅이었음.

평점   4.0
가격   6만 원

평점   90
가격   15.4만 원

Tasting Note #2

3. 클로 데 파프 샤토네프 뒤 파프 루즈
Clos des Papes Chateauneuf du Pape Rouge

 레드

원산지　프랑스 / 론Rhone < 샤토네프 뒤 파프
와이너리　클로 데 파프Clos des Papes
포도 품종　그르나슈Grenache 65%, 무르베드르Mourvedre 20%, 시라Syrah 10%, 바카레스 & 쿠누아즈 & 무스카르딘 5%

당도 ●○○○○　산도 ●●●○○
바디 ●●●●○　타닌 ●●●●○

2015　WS 98,　RP 97,　D 95,　JD 95,　JS 93
2010　RP 99,　WS 98,　D 98
2006　RP 98, JD 96, WS 95

WINE ENTHUSIAST 2021 VINTAGE CHART

Region	Appellation/Type	2010	2009	2008	2007	2006	2005	2004	2003	2002
Southern Rhône	Reds	98	93	85	96	90	92	90	90	NR

남론 지역의 샤토네프 뒤 파프 마을은 2015년부터 최근까지 매우 좋은 작황을 보이고 있는데, 그 이전 15년간은 평가가 들쑥날쑥했던 곳이다. 2005 빈티지가 WS 1위를 차지한 후, 다음 빈티지인 2006은 성공적인 한 해를 보낸 론 지역의 작황과 전년도에 비해서는 WE의 평가를 다소 낮게 받았다.

와인 애드버킷도 92 RReady to drink의 평가를 하고 있어, 괜찮은 점수와 적정한 시음 시기로 보고 있다.

와인 서처는 이 와인의 품질, 컨디션, 시음 적기에 대해 아래와 같이 설명한다.

Vintage quality	Excellent
Current condition	Ready to drink, will keep
When to drink	2010 to 2026

2021/9 ('06)

Tasting Note
(2006)

시각   선명도는 맑고, 색상은 진한 루비 → 테두리는 가넷, 색의 강도는 깊음.

후각   상태는 깨끗, 후각의 강도는 medium(+)
1차 향: 검붉은 자두, 검붉은 체리, 블랙 베리, 블랙커런트, 바이올렛
2차 향: 후추, 육두구, 감초, 정향, 계피, 바닐라, 치즈, 삼나무
3차 향: 가죽, 담배 → 아직도 1~2차 향이 main
발전 단계는 숙성 중

미각   당도: dry, 산도: medium 이상 ~ medium(+), 바디: medium(+),
탄닌: medium(+), 알코올: high → 15%인데 부드러워서 15%까지는 안 느껴짐.
풍미 강도는 medium(+)
여운이 medium(+) 이상 → 붉은 과일, 미네랄 Good

매우 좋은 와인이며, 지금 마셔도 좋고, 숙성 잠재력이 많이 있음.
→ 균형미, 복합미, 풍미 강도, 여운 모두 Very Good

⇒ 산도나 균형감이 좋은 와인으로, 진하고 알코올, 탄닌이 처음에는 다소 강하게
   느껴지나, 금세 부드럽고 적정하게 느껴지며, 미네랄 풍미가 좋음.
   (새 오크는 사용하지 않는데, 무르베드르 비중이 높은 듯, 응축감 ↑)
   복합적인 풍미와 여운이 강하고 길게 느껴지는 진정한 CDP 와인
   (시리즈의 찐득함과 그르나슈의 과일 풍미가 아닌 그냥 CDP !!!)

vivino
평점 4.4
가격 14.1만 원

wine-searcher.com
평점 94
가격 15.8만 원

4. 투 핸즈, 벨라스 가든 시라즈
Two Hands, Bella's Garden Shiraz

 레드

원산지	호주 / 바로사 밸리 Barossa Valley
와이너리	투 핸즈 와인즈 Two Hands Wines
포도 품종	시라즈 Shiraz 100%

당도 ●○○○○   산도 ●●●●○
바디 ●●●●○   타닌 ●●●●○

2016 JD 94, WS 93, RP 92, JS 90
2013 WS 94, WA 94
1 WS 95, WA 93

WINE ENTHUSIAST 2021 VINTAGE CHART

Region	Wine Variety	2019	2018	2017	2016	2015	2014	2013	2012
Barossa / McLaren Vale	Shiraz	93	95	92	92	91	90	93	96

호주의 바로사 밸리 지역은 2011년 이후 꾸준히 좋은 평가를 받고 있다.

와인 애드버킷은 2016년 빈티지에 대해 91 T Still tannic, youthful, or slow to mature로 평가하고 있어, 숙성, 시음 적기에 대해서는 WE와 다소 의견이 다르다.

와인 서처는 이 와인의 품질, 컨디션, 시음 적기에 대해 아래와 같이 설명한다.

Vintage quality	Excellent
Current condition	Ready to drink, will keep
When to drink	2018 to 2025

2021/1 ('16)

Tasting Note
(2016)

시각 선명도는 맑고, 색상은 퍼플 → 잔 끝에 살짝 루비색, 색의 강도는 매우 진하고 깊음.

후각 상태는 깨끗, 후각의 강도는 medium(+)
1차 향: 블랙커런트, 검은 자두, 유칼립투스, 퍼퓸
2차 향: 바닐라, 정향, 육두구
3차 향: 가죽, 담배, 초콜릿
발전 단계는 숙성 중

미각 당도: dry, 산도: medium, 바디: medium(+), 탄닌: medium(+),
알코올: high → 15%인데 부드러워서 15%까지는 안 느껴짐.
풍미 강도는 medium(+) ~ 강렬
여운이 medium(+)

매우 좋은 와인이며, 지금 마셔도 좋고, 숙성 잠재력이 있음.
→ 균형미, 복합미, 풍미 강도, 여운 모두 Very Good

⇒ 향과 풍미에서 호주 시라즈의 특징을 명확하게 가지고 있으며, 신대륙 레드와인답게 높은 알코올과 바디, 탄닌 그럼에도 부드럽고 크리미하면서도 적당히 스파이시, 화한 느낌의 향신료 향의 균형미와 복합미가 좋음.
개인적으로 좋아하는 지역과 품종은 아니지만, 오늘은 편하고, 즐겁게 마셨는데, 역시 내 입맛보다는 테이스팅에 강한 신대륙 와인답다 !!!

평점 4.2
가격 6.8만 원

평점 91
가격 6.9만 원

Tasting Note #4

5. 트라피체, 이스카이 시라 비오니에
Trapiche, Iscay Syrah Viognier

 레드

원산지	아르헨티나 / 멘도사 Mendoza
와이너리	트라피체 Trapiche
포도 품종	시라 Syrah 97%, 비오니에 Viognier 3%

당도 ●○○○○ 산도 ●●●○○
바디 ●●●●○ 타닌 ●●●●○

2017 JS 97, Tim Atkins 94
2015 Decanter 93, WE 90
2014 Tim Atkins 94

WINE ENTHUSIAST 2021 VINTAGE CHART

Region	Wine Variety	2019	2018	2017	2016	2015	2014	2013	2012	2011	2010
Argentina / Mendoza	Reds	93	92	91	84	85	85	90	87	89	90

아르헨티나 멘도사 지역의 프리미엄 산지인 우코 밸리 Uco Valley를 포함한 주요 산지에서 만들어진 와인은 늘 좋은 평가를 받고 있는데, WE는 2014년~2016년 빈티지에 대해 좋지 않은 평가를 하고 있으며, 와인 서처는 2015년은 습기와 우박으로 수확량도 줄고 칠레의 화산 폭발로 인해 화산재가 떨어지기 이전에 빨리 수확을 하는 등 어려움이 계속되었다고 한다.

와인 애드버킷은 2014년 빈티지에 대해 91 Irregular, even among the best wines로 점수는 훌륭한 편인데, 불규칙성에 대해서도 평가하고 있다.

와인 서처는 이 와인의 품질, 컨디션, 시음 적기에 대해 아래와 같이 설명한다.

Vintage quality	Poor
Current condition	Ready to drink
When to drink	2018 to 2028

2020/7 ('15)

Tasting Note (2015)

시각 선명도는 맑고, 색상은 퍼플 → 테두리는 루비, 색의 강도는 깊음.

후각 상태는 깨끗, 후각의 강도는 medium(+)
1차 향: 검은 자두, 블랙 체리, 블랙 베리, 블랙커런트, 퍼퓸, 바이올렛, 민트(멘솔)
2차 향: 정향, 육두구, 바닐라, 치즈, 삼나무, 크림
3차 향: 담배, 초콜릿
발전 단계는 숙성 중

미각 당도: dry, 산도: medium, 바디: full, 탄닌: medium(+),
알코올: medium(+) → 14.5%, 찐 과일-부드러움으로 덜 느껴짐.
풍미 강도는 medium(+)
여운이 medium

좋은 와인이며, 지금 마셔도 좋고, 숙성 잠재력도 조금 있음.
→ 복합미, 풍미 강도는 Very Good, 균형미, 여운은 Good

⇒ 검은 과일 풍미가 main으로, 비오니에 품종이 가진 향기로운 플로럴, 오크, 스파이시한 향신료 풍미가 조화롭게 합쳐져 높은 알코올과 뻑뻑한 탄닌을 부드럽게 해줌. 산도나 숙성 풍미가 다소 부족한 편인데, 테이스팅이 아닌 양념 갈비나 족발 등과 함께 페어링할 때, 취약점은 살짝 가려지고, 쭉쭉 들어가는 와인임.

평점 4.1
가격 5만 원

평점 91
가격 6.3만 원

8

빈티지 샴페인, 스위트 와인, 주정 강화 와인

"좋은 와인은 끝을 봐야 하고, 맛있는 음식은 접시를 비워야 하죠."

베르트랑 뒤가 Bertrand Dugat

마지막에
마시는 와인

필자는 본래 음식을 먹을 때도 원재료 본연의 맛이 잘 나는 음식을 좋아한다. 반대로 너무 많은 양념이 들어가거나, 특히 너무 맵고 짠 음식은 피하는 편이다.
양념 갈비나 기름기가 많은 등심보다는 안심을 살짝 데치는 수준으로 구워 먹거나, 빨간 양념의 매콤하고 달달한 장어구이보다는 소금구이를 선호한다. 낙지볶음이나 새우튀김보다는 두툼한 방어회나 참치회 몇 첩을 먹는 것을 선호한다. 페어링을 할 때도, 《와인 푸드 페어링》이나 《열두 달의 와인 레시피》, 《와인 치즈 빵》과 같은 책을 참고는 하나, 집에서는 대부분 브리치즈나 카망베르 치즈 몇 조각이면 충분하다.

그러다 보니, 와인 역시 무겁고 찐득한 과일 향이 강하고 오크나 크리미한 버터 풍미가 강하면서 강한 와인보다는 레드나 화이트, 스파클링 구분 없이 기본적으로 산도가 좋고, 섬세한 풍미를 보여 주며, 여운이 은은하게 길게 남는 와인을 선호한다.
특별한 모임이나 행사에서 정식에 맞춰 페어링이 필요할 때에는 책도 찾아보고 고민도 많이 하면서 정성껏 준비를 한다. 이때도 가급적이면 산뜻한 샴페인, 화이트 부르고뉴 샤르도네, 리슬링, 레드 부르고뉴 피노 누아, 바롤로, 코트 로티 시라, 카베르네 소비뇽, 스위트-주정 강화 토카이-포트나 빈티지 샴페인으로 마무리하는 것을 선호한다. 이보다 적은 인원이 가볍게 마실 때에는 화이트 샤블리, 레드 부르고뉴 피노 누아, 산지오베제, 빈티지 샴페인으로 마무리하는 것도 선호하는 조합 중 하나이다.

집에서 마실 때는 가족과 식사를 하면서 마시는 경우도 있고, 혼자서 밤에 TV나 유튜브를 보면서 마시기도 하고 심지어 책을 보며 마시는 경우도 있다. 식사를 할 때에는 가급적 페어링 이론에 맞춰 보려고 노력하며 다양한 국가와 주요 산지, 품종 등을 고려하여 신중하게 선택한다. 이후 잘 어울렸는지, 뭐가 부족했는지 임상 실험 결과를 열심히 노트에 남기는 편이다. 혼자 마실 때에는 가장 좋아하는 피노 누아 품종이나 샤르도네 품종의 와인과 샴페인을 선택하여 치즈 몇 조각과 함께한다.

보통 스위트 와인을 디저트와 함께 마지막에 마시는 와인이라고 생각하는 것과는 달리 다양한 조합이 가능하다. 스위트 와인 외에도 상황에 따라서 가볍고, 때론 깔끔한 기분으로 마무리하게 만들어주는 와인이 필요하며, 때론 적당히 달달한 와인이 필요하다. 이 중에서 필자는 빈티지 샴페인과 주정 강화 와인 중에서도 포르투갈에서 만든 포트 와인과 헝가리나 독일, 프랑스 소테른 지역의 귀부 와인을 선호하는 편이다. 적절하고 충분한 당도와 복합적인 숙성미, 그러면서도 높은-적절한 산도와 바디감을 가진 와인이어서 마무리하는 데 깔끔함과 묵직함을 동시에 가질 수가 있기 때문이다. 다음 몇 가지 상황을 보면 결국은 필자의 마지막 와인 선택이 앞서 말한 몇 가지 와인임을 확인할 수 있다.

» 상황 1. 프랑스, 이탈리아 레스토랑에서 정식

정식에 나오는 음식에 따라 다소 다르지만, 보통 에피타이저, 해산물, 흰살 생선 요리, 붉은 육고기 요리, 디저트 등의 순서로 이어지는 경우가 많다. 그렇기 때문에 이 경우 제일 잘 알려진 대로 가벼운 N/V 샴페인이나 가볍고 신선한 화이트와인으로 시작해서 → 부르고뉴 지역의 샤르도네 품종 → 부르고뉴 지역의 피노 누아 품종 와인이나 키안티 클라시코Chianti Classico 지역의 산지오베제 품종 와인 → 바롤로 와인, 보르도 지역이나 나파 밸리의 카베르네 소비뇽 품종 와인 → **귀부 와인**으로 마무리하는 것이 가장 좋은 순서라고 생각한다.
다만, 음식의 구성이 가벼운 음식과 해산물 종류가 많을 경우, 혹은 반대의 경우에는 그에 맞춰서 화이트와인과 레드와인의 비중이나 품종을 맞추면 된다.

"좋은 와인은 끝을 봐야 하고, 맛있는 음식은 접시를 비워야 하죠"
'파리로 가는 길'이라는 방송 프로그램에서 루 뒤몽과 도멘 클로드 뒤가Domaine Claude Dugat를 방문하고 셀러에서 시음도 하며, 이후에는 다같이 모여 루 뒤몽의 박재화 대표님 집에서 함께 식사를 하는 장면이 나온다. 이 중 도멘 클로드 뒤가의 3대째를 이어가고 있는 베르트랑 뒤가가 방송에서 직접 한 말로, 기억에 남아 남겨 본다.

» 상황 2. 일식당

여름에 일식당에서 마시는 샴페인과 화이트와인은 정말 최고다. N/V 샴페인으로 시작해서 → **빈티지 샴페인** 혹은 **올드 빈티지 샴페인** 조합이 필자가 가장 좋아하는 순서이다.
N/V 샴페인 → 이탈리아 피노 그리지오 품종 와인이나 스페인 리아스 바이사스 지역의 알바리뇨 품종 와인 → 부르고뉴 지역의 화이트와인 중 오크 숙성 기간이 짧거나 새 오크 비율이 낮은 와인의 조합도 꽤 괜찮은 순서이다.
참치나 방어회에는 가벼운 피노 누아 품종 와인도 매우 좋은데, 이를 의외의 조합이라고도 생각하는 독자들이 있겠지만, 이미 와인러버들에게는 잘 알려져 있는 조합이다.
부르고뉴 지역의 풀바디한 화이트와인이나 샤블리 지역의 와인, 리슬링 품종 와인 등이 마시고 싶을 때는 흰살 생선 요리나 굴 요리, 스시롤 등 상황에 맞춰 다양한 요리를 페어링한다.

» 상황 3. 중식당

중식은 와인과 함께하기에 매우 좋은 조합이다.
긴 역사만큼이나, 음식의 역사도 오래되었고, 다양한 민족과 거대한 영토를 가진 중국은 지역별로 음식의 재료와 요리 방법, 사용되는 향신료의 종류도 다양하다. 특히 기름기도 많고, 고기가 포함된 경우가 많으며, 담백한 요리부터 매운 요리까지 다양하다.
중식당에서 정식을 먹을 경우 와인 페어링이 까다롭다. 서빙되는 음식이 식당별로 많이 다르고 광동, 북경, 쓰촨, 상해 지역 스타일에 따라, 음식 간의 세기와 향신료에 차이가 많이 나기 때문이다. 그래서 필자는 중식당에서 와인을 마실 경우에는 콜키지가 되고 가급적 콜키지 프리나 콜키지 비용이 싼 곳에 가서 음식을 여러 개 깔아 놓고 마신다. 음식을 충분히 시키면, 여러 병을 함께 마실 수 있고, 잔도 제공되는 곳이 많기 때문이다.
일단, 튀김과 해산물이 접목된 멘보샤와 닭고기로 만든 궁보기정을 시켜서 샴페인과 화이트와인을 마시고, 매콤한 쓰촨요리에는 살짝 당도가 있는 리슬링 품종 와인이나 그뤼너 벨트리너Grüner Veltliner_오스트리아 청포도 품종 품종 와인도 좋지만, 리슬링 품종이 가진 아로마와 오일리한 질감이 충분히 매콤한 음식을 받쳐 주기 때문에 드라이한 리슬링 품종 와인도 좋은 조합이다.
이후 북경요리나 광동식 고기요리 등에 다소 달달한 느낌의 묵직한 바디감을 지닌 미국 나파 밸리의 피노 누아 품종 와인이나 카베르네 소비뇽 품종 와인을 함께 마신다.
함께한 사람들의 선호도에 따라 다르겠지만, 이렇게 기름기가 많은 음식을 먹고 나면, 달달한 **귀부 와인**이나 **포트 와인** 한잔이 마지막에 마시는 와인으로 좋은 순서가 된다.

» 상황 4. 한식당

한식도 중식처럼 와인과 함께하기에 좋은 조합인데, 정식에서는 어려운 조합이다. 우리나라 음식이 반찬도 많고, 고추장, 된장, 간장 등과 소금 등 맵고, 짜고 감칠맛이 많은 음식이 많기 때문이다. 남도 음식점이나 보쌈, 장어, 곱창 등 개별 음식만 파는 곳에 가면 페어링할 음식도 많고 와인과의 조합이 단순해지지만, 한정식은 어려운 도전이 된다.
사실, 강남의 유명 셰프들이 하는 한정식집을 가봐도, 음식은 훌륭하지만 페어링에 있어서 기본도 안 된 곳이 많다. 품종까지는 좋았는데 지역을 잘못 선택해서 음식과의 궁합이 2%씩 모자랄 경우도 많이 경험했는데, 그만큼 어렵다.
그래서 필자는 개별 음식이 아닌 한정식, 그것도 풀코스 음식을 먹을 경우에는 우리 음식에 우리 술, 일품 진로를 추천한다. 혹시나 와인이 꼭 필요하다면 샴페인과 론 지역의 샤토네프 뒤 파프를 추천한다.
샴페인은 한식에 있어서 맥주와 소주 심지어 양주의 역할까지 다 해주는 것 같은 만능 와인으로 김치, 동치미, 온갖 짭조름한 반찬과 비빔밥까지도 잘 소화한다. 마지막에도 결국은 간장 양념 베이스의 한우 갈비나 불고기 등이 메인 요리로 나오기 때문에 마지막을 위해서는 CDP 1병이 필요하다. 이 경우, 만약 **올드 빈티지 샴페인**이 있다면, 고기와 함께 마무리하는 것도 강추한다. 마지막에 나오는 디저트까지도 어느 정도 커버할 수 있기 때문이다.

» 상황 5. 기념일, 가벼운 파티

1병만을 마신다면, 특히 달달한 인스턴트 음식과 함께라면, 나의 선택은 **빈티지 샴페인** 혹은 **귀부 와인**이다. 좋은 날, 1병만 마시니까 당연히 좋은 와인을 마셔야 하지 않겠는가.

» 상황 6. 집에서 혼술

저녁식사를 하면서 음식에 와인을 맞추는 경우가 있다. 야심한 밤에 마시고 싶은 와인을 오픈하고 살이 찔까 걱정도 되고, 아침에 속도 더부룩할 걱정도 되니, 거한 음식보다는 가벼운 치즈 몇 조각을 냉장고에서 꺼낸다.
만능 치즈인 브리치즈나 카망베르 치즈 몇 조각이면 끝. 혹시라도 안주가 좀 당길 때는 아보카도 몇 조각이나, 코스트코에서 산 그리스 체리페퍼 알미토 몇 개를 추가 !!!
다양한 와인을 음식에 맞춰, 혹은 그날마다 그냥 손이나 마음이 가는 와인을 마시지만, 뭐니뭐니해도 혼술에 강술로는 **N/V 샴페인**이나, **빈티지 샴페인**이 최고다.
뭔가 예술을 하는 사람처럼 혼자서 느끼고, 즐기고, 적고, 사진 찍고 …. 다소 이상해 보일 수도 있으나 이것도 쩐이다 !!!

» **상황 7. 밖에서 마시고 집에 왔는데, 와인이 또 생각날 때**

생각보다 이런 날이 자주 있어서 문제다. 코로나로 난리가 나기 전에는 항상 1~2차를 하고 와서 이런 날이 없었는데, 이젠 10시도 안 돼서 집에 오니, 차(대리)에서 술이 다 깬다. 집에 도착했는데, 술이 완전히 깨고, 뭔가 맛있는 냄새가 주방에서 나면 나도 모르게 가볍게 **샴페인**을 오픈하게 된다. 이때는 뭔가 배 속에서 많은 것을 원하며, 주방이나 냉장고에 있는 걸 다 꺼내 먹게 된다. 술을 마신 후 포장마차나 편의점에 가서 라면을 사 먹는 분들과 같은 심정이 아닐까 싶다.
적당히 취기가 있으나 아직까지는 이성적인 판단이 가능할 때에는, **포트 와인**을 딱 한 잔만 마신다. 이게 한 잔은 수면에도 도움이 되고, 20년 이상 된 녀석들은 풍미가 꽤 좋은데, 혹시 싱글 몰트 위스키Single Malt Whisky를 좋아하는 독자들은 마지막에 몰트 한 잔으로 깔끔하게 입안을 헹구는 그런 느낌이라고 상상하면 될 것 같다.
이 묵직한 녀석이 한 잔으로는 정말 최고다 !!!

테이스팅 비교

마지막에 마시는 와인에 대한 테이스팅은 전혀 다른 스타일의 몇 가지 와인을 하고자 한다.

» 빈티지 샴페인

첫 번째는 **빈티지 샴페인**이다.

《신의 물방울》에는 세계적인 와인 평론가인 칸자키 유타카의 친구이자 운명의 대결을 주관하는 로베르라는 괴팍한 노인이 등장한다. 이 노인은 과거 친구를 떠올리며, "요리와 마리아주를 필요로 하지 않는 와인도 있다는 점을 유타카가 언급했었다."라고 회고하는 장면이 나온다. 특출난 와인은 때론 요리를 거부하며, 그 자리에 있는 사람들의 칭찬을 독차지하려고 한다는 대사도 나온다.

필자는 마리아주와 관련하여 특출난 와인으로는 주로 빈티지 샴페인이 떠오르는데, 그 이유는 혼자 마시든 요리와 함께하든 언제나 주인공이 되기 때문이다.

일식당이나 한식당에서 메인 요리뿐만 아니라, 기념일에 마지막을 고급지게 마무리할 때, 매우 좋은 선택지가 된다. 혹은 i) 서로 다른 특징의 블랑 드 블랑 빈티지 샴페인과 블랑 드 누아 빈티지 샴페인을 심도 깊게 비교 테이스팅, ii) 샤르도네 품종의 비율이 높은 샴페인과 피노 누아 품종의 비율이 높은 샴페인을 비교 테이스팅, iii) 동일한 샴페인 중 10년 정도 빈티지 차이가 나는 것을 비교 테이스팅, iv) 마지막으로 유사한 품종 비율이나 스타일별로, 혹은 가지고 있는 샴페인 중에서 유명한 샴페인 간 비교 테이스팅해 보는 것도 추천한다.

빈티지 샴페인은 2가지를 선택했다. 2월 테이스팅일 기준 구매가 가능한 샴페인 중에서 샤르도네 품종의 비율이 높고, 빈티지 차이가 10년 정도 나는 두 샴페인을 비교해 보았다.

돔 페리뇽 샴페인을 가지고 2002, 2010 빈티지를 비교해 '250만 개의 은하수'를 마셔 볼까 했다. 2002 빈티지는 현재 시장에서 구하기가 어려우므로 **파이퍼 하이직**Piper Heidsieck의 **레어**Rare 2002 빈티지와 이마트 트레이더스에서 대량 판매 중인 **페리에 주에**Perrier-Jouet의 **벨 에포크**Belle Epoque 2012 빈티지를 선택해 보았다.

평소 샴페인을 마실 때에는 셀러에서 맞춰 놓은 6℃에서 오픈 후에는 항시 쿨러나 아이스버킷에서 칠링하면서 마신다. 레어 2002의 경우에는 품질과 빈티지를 고려하여 1시간 전에 미리 오픈을 하였고, 시음 온도를 8~10℃까지 올려서 테이스팅했다.

초~중급자 독자들은 아무래도 돔 페리뇽 샴페인에 대한 관심이 많을 것이다. 2008 빈티지를 포함하여 추가로, 2021년 초 다녀온 빈티지 샴페인 시음회에서 만난 몇 가지 샴페인에 대한 비교 시음기를 별도로 기재하였으니, 참고하기 바란다.

평균 판매가, 출고가가 가장 비싼 와인이면서, 유일하게 TV 광고도 하는 와인인 샴페인은 고급스러움의 대명사이면서, 다소 사치스러운 이미지도 가지고 있다. 그러다 보니, 프랑스의 명품 그룹들이 많이 소유하고 있으며, 할리우드 스타뿐만 아니라 유럽의 유명 연예인이나 스포츠인 등을 활용하여 마케팅적인 측면에서도 매우 유용하게 이용되고 있다. **파이퍼 하이직**도 프랑스 EPI 그룹에서 소유하고 있다. **레어**병에 장식된 화려한 금장 무늬의 장식은 특별히 유명 주얼리 디자이너와의 콜라보를 통해 만든 것으로 유명하다.

수입사의 홈페이지에 따르면, 이 샴페인 하우스의 설립 100주년을 기념하여 러시아 황제의 주얼리를 담당하던 디자이너가 다이아몬드, 금 등으로 장식된 병을 제작한 바 있다. 200주년에도 이를 기념하여 레어 1985 빈티지는 유명 주얼리 하우스에 의뢰하여 다이아몬드, 금으로 장식된 병을 제작한 적이 있다.

이번에 테이스팅할 레어 2002 빈티지는 프랑스의 유명 주얼리 하우스인 아르튀스 베르트랑Arthus Bertrand이 디자인한 티아라가 병에 새겨져 있다. 다이아몬드와 금이 없는 데도 보기만 해도 너무 고급스러워 마시기가 부담스러울 정도이다. 다 마신 후에는 빈 병에서 골드 티아라를 잘 분리해서 셀러 위에 올려 놓아도 예쁘며, 빈병에 해바라기꽃 한 송이를 꽂아 놓아도 매우 예쁘니 참고하기 바란다.

파이퍼 하이직은 이 외에도 만인의 연인 마릴린 먼로가 사랑한 샴페인으로 유명하다. "나는 매일 밤 샤넬 NO.5와 잠이 들고, 파이퍼 하이직 한잔으로 아침을 시작해요"라는 말이 40년 넘게 회자되고 있다. 이 하우스의 N/V 샴페인 350병을 욕조에 받아 놓고 목욕도 했다고 하니, 비싼 모델을 고용하지 않고도 자연스럽게 최고의 홍보가 되고 있다.

테이스팅 북닷컴Tastingbook.com과 파인 샴페인 매거진Fine Champagne Magazine이 함께 2000년~2009년 사이 만들어진 샴페인 1천여 종 중에서 블라인드 테이스팅을 통해 2000년대 최고의 샴페인을 선정, 발표했다. 레어 2002 빈티지가 1위로 선정되었다. 다음 순위에 위치하는 샴페인들의 명성이 매우 높기 때문에 레어 2002 빈티지가 1위에 오른 것이 정말 대단한 일이다.

두 기관의 명성이나 공신력은 필자가 정확히 알 수는 없으나, 홈페이지를 들어가 보면 활동을 열심히 하고 있어 보이는바, 저가 와인 하우스나 수입사들에게 광고료를 받고 온갖 상과 메달을 만들어 수상하고 있는 곳은 절대 아닐 것 같다.

참고로, 크룩Krug의 클로 디 메닐Clos du Mesnil 2000 빈티지가 2위, 2002 빈티지가 4위, 루이 로드레Louis Roederer의 크리스털Cristal 로제 2002 빈티지가 3위, 2002 빈티지가 7위를 차지했으며, 돔페리뇽 2002 빈티지가 5위를 차지했다. 따라서 레어 2002 샴페인의 우수성에 대해서는 개인의 취향이나 스타일을 떠나 의심의 여지가 없어 보이며, 비슷한 가격대에서는 최고의 퍼포먼스를 보여 주는 와인이 확실해 보인다.

참고로, 이번 테이스팅 노트에 추가된 2002 빈티지는 2020년 말에 백화점에서 32만 원에 여러 병 구매했다. 2021년에는 아웃렛 등에 물량이 많이 풀리면서 20만 원 중후반대에도 구매가 가능하다.

레어만큼이나 레이블이 예쁜 꽃문양으로 화려한 **페리에 주에, 벨 에포크**는 역시나 지난 200년간 고급 샴페인의 상징이며, 샴페인의 꽃이라고 불리는 유럽 왕실이 사랑했던 샴페인 중 하나이다. 또한, 이 하우스는 페리에Pierre Nicolas Perrier라는 남성과 주에Adele Jouet라는 여성이 결혼하면서 탄생한 곳으로 결혼과 로맨틱, 사랑 등의 이미지가 연상되는 스토리를 가진 곳이다. 그래서 여름에 시원한 휴가지에서 사랑하는 사람과 한잔한다면 정말 센스 있는 선택이 되지 않을까 싶다.

레이블에 그려져 있는 아네모네Anemone는 쌍떡잎식물 중 하나이다. 그리스어로 바람을 뜻하는 아네모스Anemos에서 꽃 이름이 기원되었다. 꽃말이 '사랑의 괴로움', '쓴맛'이라고 하니 뭔가 잘 나가다가 이상해지는 느낌도 생긴다. 사실 여기서의 아네모네의 의미는 '영원한 사랑'을 뜻한다.

수입사에 따르면, 아르누보Art Nouveau_1890~1910년 유럽 등에서 유행한 양식의 대가인 프랑스의 유리 공예가 에밀 갈레Emile Galle가 1902년 벨 에포크에서 흰 꽃향기를 형상화해 디자인한 것으로 벨 에포크가 가진 우아함과 섬세함을 잘 표현해 주는 매우 현대적인 디자인으로 평가받는다. 하나의 작품과도 같은 빈 병은 흰꽃이나 유칼립투스 등을 꽂아 놓으면

예쁘니 참고하기 바란다. 또한, 벨 에포크와 관련해서는 전용 잔을 언급하지 않을 수 없다. 갤러리아 백화점에서 해당 수입사가 가끔 전용 잔을 주는 행사를 하니 관심 있는 독자들은 이때를 꼭 이용해 보길 바란다.

립이 좀 두껍고 유리 느낌이 강해서 막상 마실 때는 고급스러운 느낌이 나지는 않는다. 하지만 보고 있으면 너무나도 행복해지는 디자인이며, 샴페인 잔보다 볼이 넓어 샴페인뿐만 아니라 부르고뉴 화이트와인을 마실 때도 가끔 이용하고 있다. 역시 숙성을 거친 샴페인은 큰 잔에 마셔야 풍미를 다 얻을 수가 있고 매우 작은 기포를 눈에서도 일부 느낄 수 있다. 그리고 넓은 면적의 립을 통해 입술, 혀의 많은 면과 부드럽게 닿으면서 싹 달라붙는 느낌을 얻을 수 있는 장점이 있다. 특히 중요한 사람에게 선물을 한다면, 그분께는 너무나도 좋은 선물이 될 것이다.

참고로, 이번 테이스팅 노트에 추가된 2012 빈티지는 2021년 초에 이마트 트레이더스에서 20만 원에 여러 병 구매했다. 이후 아웃렛 등에 물량이 많이 풀리면서 패키지 상품 등으로 묶여 사실상 10만 원대 중후반에도 구매가 가능해졌다.

» 스위트 와인

두 번째로는 **스위트 와인**을 다루고자 한다. 전 세계 3대 귀부 와인이라 불리며 샤토 디켐이라는 상징적인 와인이 만들어지는 프랑스 **보르도의 소테른**Sauternes 마을에서 세미용 품종과 소비뇽 블랑 품종을 블렌딩하여 만든 소테른 와인과 헝가리 북동쪽에 위치한 최고의 와인 산지인 토카이 헤갈랴Tokaj Hegyalja에서 푸르민트Furmint, 하루쉬레벨루Harslevelu, 샤르가 무스코탈리Sarga Muskotaly=뮈스카데(Muscadet) 3개 품종을 블렌딩하여 만든 **토카이 와인**과거 프랑스의 루이 14세가 "왕 중의 왕은 짐이며, 와인의 왕은 토카이"라고 하여 왕의 와인이라 불리었던 세계 최고의 스위트 와인 중 하나, 독일에서 리슬링 품종 중 선별 수확하여 거의 건포도화된 귀부 포도인 **트로켄비렌아우스리제**가 해당한다. 이 와인들은 당도뿐 아니라 산도와 복합적인 숙성미 등을 모두 가진 와인이기 때문에 마무리하는 데 깔끔함과 묵직함을 동시에 가진다.

이 중 필자는 가끔 마시는 토카이 하프 바틀250mL_1병도 500mL을 선택하여 테이스팅 노트를 작성했다. 헝가리를 대표하는 선두주자로 인정받고 있는 로얄 토카이Royal Tokaji에서 만든 블루 라벨 5 푸토뇨스Blue Label 5 puttonyos 2013 빈티지로 달면서도 매우 신선한 과일 향과 풍미를 가진 와인이다. 아직 오랜 기간 숙성이 필요하다 보니, 꿀이나 숙성 풍미는 부족했다.

토카이 와인은 헝가리 대표 품종 중 하나인 푸르민트 품종이 크게 중심을 잡아 주는 고급 품종이다. 향이 복합적이며, 산미가 좋고 여운이 긴 편인데, 드라이하고 달콤한 스타일의 와인을 모두 만들 수 있다. 과거 WSET Level 3 과정에서 토카이 오레무스Tokaj Oremus라는 생산자가 푸르민트 품종 100%로 만든 오레무스 토카이 드라이 만돌라스 Oremus Tokaj Dry Mandolas 2016 빈티지를 테이스팅했다. 와인의 산도와 풍미의 강도가 상당히 좋았고, 초록 과일~핵과류부터 삼나무와 같은 오크 풍미, 요거트, 크림과 같은 유산 발효 풍미나 건초, 아몬드 껍데기 같은 숙성 풍미 등 다양성을 표현한 바 있다.

이후 마트에서 2017 빈티지를 3만 원에 행사 판매를 하여, 구입해서 다시 테이스팅해 보니 역시나 가격 대비 꽤 높은 수준의 향과 맛을 뽐냈던 와인이다.

2차 세계대전 이후, 헝가리의 국력이 쇠퇴한 만큼이나, 생산량과 과거의 명성도 많이 줄어들었다. 그렇지만 푸톤-푸토뇨스 Putton-Puttonyos라 불리는 바구니통을 얼마나 섞느냐에 따라 단계를 구분하고 꿀처럼 끈적한 최고 등급의 에센스Essence도 있어 매력적이다. 숙성 가능 기간도 매우 길고, 가격도 합리적이며 와인병도 500mL로 다소 작아 하프 바틀을 집에 쟁여 놓으면 언제든지 편하게 1~2잔씩 마실 수 있는 장점이 있는 와인이기 때문에 강추하는 와인이다.

최근 대학원 동기 중 친한 Bible 형님이 소테른 마을의 **샤토 디켐 1990 빈티지**를 와인앤모어에서 60만 원대에 구했다고 한다. 이 소중한 녀석을 경험할 기회를 감사하게도 나에게까지 준다고 했다. 관련 정보를 확인해 보니 지난 30년간 로버트 파커가 가장 높은 점수를 준 빈티지이기에 꼭 공유하고 싶어, 체급 차이가 좀 나는 토카이 와인을 배제하고 샤토 디켐에 대한 테이스팅 노트를 새로 작성하여 변경코자 한다.

포도나무 한 그루에서 디켐 와인 한 잔이 나온다는 말도 있다. 100년까지도 보관이 가능한 이 와인은 오크통에서 42개월 숙성을 거치며, 풀바디하고 매우 긴 여운을 가진 세계 최고의 스위트 와인이다. 과거 나폴레옹 3세가 소테른 마을의 와인 등급을 별도로 정했으며, 1855년 그랑 크뤼 클라세 선정에서도 1등급 와인보다 더 높은 등급인 특등급에 해당되는 프리미에 크뤼 슈페르에르Premier Cru Superieur 등급으로 지정하였던 화려한 역사를 가졌다. 이 샤토는 1999년부터 루이뷔통 그룹LVMH에 인수되어 여러 샴페인 하우스와 함께 명품 라인업으로 선택받았다.

루이 14세가 토카이 와인을 좋아했다면, 프랑스의 한 대통령이 샤토 디켐을 좋아했다. 프랑수아 미테랑Francois Mitterrand은 변호사 출신으로 제2차 세계대전 중 레지스탕스대독일 파시즘 저항 운동에 참가하였고, 사회당 서기를 지낸 좌파 계열의 첫 프랑스 대통령으로 유명하다. 그가 사망한 이후, 개인 카브에서는 1986 빈티지 샤토 디켐과 다른 소테른 마을 와인이 보르도 지역의 와인과 샴페인 등과 함께 있었다고 한다.

노동, 인권 문제나 문화 산업 등에 관심을 가지고 많은 개혁을 이루었다는 좌파 지도자라는 긍정적인 평가와 비교하면, 호화로운 카브는 사실 정반대의 이미지와도 가깝다. 하지만 프랑스왕이 궁전에서 매일 즐긴 헝가리 토카이 와인에 비하면, 자국의 스위트 와인을 자비로 선택한 대통령이 조금은 검소해 보이는 것도 사실이다.

2020년 초에도 2002 빈티지를 마신 적이 있다. 생크림 케이크와 함께하니 입안에서 절로 노래와 흥이 나온 적이 있다.《신의 물방울》44권에서 마지막 제12사도로 등장하며 '영혼의 계승'이라 평가된 와인이다. 그러니 나의 평가가 무슨 의미가 있을까 싶고 그냥 즐기면 될 것 같다.

사진은 와인숍을 방문해서 직접 촬영한 샤토 디켐의 여러 빈티지이다. 사진으로도 색의 변화를 확연히 느낄 수 있으며, 볏짚색이 골드를 거쳐 진한 호박색이 되어 가고 있는 것을 볼 수 있다. 이 와인이 100년간 보관이 가능한 건 마치 꿀을 상온 보관해도 상하지 않는 것과 같은 원리인데, 당이 천연 보존제와 같은 역할을 하기 때문이라 한다.

《신의 물방울》에서 주인공인 칸자키 유카타에게 늘 스승이 되어 주는 단골 와인바의 사장님은 "정말로 훌륭한 고주는 그것을 기다리는 사람이 있는 한 절대 죽지 않아. 오래된 와인의 세계는 그것을 마시는 사람이 있어서 완성되는 거야."라고 말했다. 2021년 8월에 경험한 샤토 디켐Chateau d'Yquem 1990 빈티지와 칼 에어베스 위르치거 뷔르츠가르텐 리슬링 아우스레제Karl Erbes, Urziger Wurzgarten Riesling Auslese 1989 빈티지, 2020년에 경험한 31년이 된 샤토 리유섹Chateau Rieussec과 22년이 된 닥터 파울리 버그와일러 아이스와인 리슬링Dr. Pauly-Bergweiler Eiswein Riesling 등에서 공통적으로 느낀 점은 바로 절대 꺾이지 않았다는 것이다. 숙성된 풍미를 보이면서도 아직은 짱짱한데 일부 와인은 왜 벌써 오픈했냐고 나에게 힘으로 저항을 하는 것 같다.

1990 빈티지에는 LVMH가 인수하기 전, 200년 가까이 디켐을 소유한 루르 살루스Lur Saluces 가문의 흔적이 레이블 정면에 남아 있다. LVMH가 인수한 이후부터는 소테른을 대신 표기하고 있어, 올빈이 가진 또 다른 매력과 역사의 흔적을 느끼게 된다.

사람들 간의 관계를 좀 더 편안하게 그리고 가깝게 만들어 주는 장점은 대부분의 술이 가지고 있다. 와인은 특히 그 사람과 와인 간의 스토리나, 와인이 스스로 가진 역사적 스토리와 많은 이야깃거리가 와인 러버들을 더욱 끈적하게 이어 준다. 더구나 그날의 스토리는 영원히 내 머릿속에 그날의 와인과 함께 입력되는 마력을 가지고 있는 것 같다.

와인은 늘 소중한 사람들과 함께 나누고 함께 즐기라고 한다. 스위트한 와인은 더욱 그런 것 같다. 혼자서는 테이스팅을 해도 기분이 나지 않는 것이 와인이다. 때문에 테이스팅을 하지 말고 소중한 사람과 그날의 시간과 느낌, 기억에 충실하면 되는 와인인 것 같다.

» 주정 강화 와인

세 번째로 **포르투갈**의 주정 강화 와인인 **포트 와인**은 중식당에서 느끼함을 마지막에 잡아 주거나, 술이 조금 부족할 때, 집에 와서 술은 깼는데 한 잔 정도 더 마시고 싶을 때, 매우 좋은 선택지가 된다. 포트 와인에 대한 자세한 설명은 테이스팅 노트 앞에서 하겠다.

1. 파이퍼 하이직, 레어
Piper Heidsieck, Rare

🇫🇷 스파클링

원산지 프랑스 / 샹파뉴 Champagne
와이너리 파이퍼 하이직 Piper Heidsieck
포도 품종 샤르도네 70%, 피노 누아 30%

당도 ●○○○○		산도 ●●●●○	
바디 ●●●●○		타닌 ●○○○○	

2002 D 98, WS 97, WE 94, WE 94, JS 93
2013 Decanter World wine awards Gold Medal
세계 10대 명품 샴페인 선정_Tom Stevenson

WINE ENTHUSIAST 2021 VINTAGE CHART

Region	Appellation/Type	2008	2007	2006	2005	2004	2003	2002	2001	2000
Champagne		98	91	89	93	95	86	98	NV	88

샹파뉴 지역의 2002년은 겨울이 춥고 서리가 내렸으나, 꽃을 피우기에 이상적인 봄이었고, 건조하고 따뜻한 여름을 보내면서, 높은 알코올과 산도를 지녀 균형 잡히고 풍성한 우수한 품질의 와인이 만들어졌다고 한다.

와인 애드버킷도 2000년대 중 2008년 99 T, 2012년 96 T에 이어 2002년을 3번째로 높은 95 T Still tannic, youthful, or slow to mature로 평가하고 있다.

와인 서처는 이 와인의 품질, 컨디션에 대해 아래와 같이 설명한다.

Vintage quality	Excellent
Current condition	Ready to drink
When to drink	2016 to 2032

2021/2 ('02)

Tasting Note (2002)

시각　선명도는 맑고, 색상은 골드, 색의 강도는 medium(+)
　　　→ 거품이 작고 섬세하며, 힘이 있고, 거품의 지속성 우수

후각　상태는 깨끗, 후각의 강도는 medium(+)
　　　1차 향: 레몬, 사과, 배, 복숭아, 망고, 파인애플 → 과일 범위 넓음.
　　　2차 향: 토스트, 브리오슈, 버터, 스파이시-스모키한 향신료
　　　　　　　→ 효모 향이 구수~쌉싸름 다양
　　　3차 향: 견과류, 꿀, 생강즙, 건초 → 달달&쌉싸름&고소한 향 올라옴.
　　　발전 단계는 숙성 중~숙성

미각　당도: dry, 산도: high, 바디: medium(+) → 빈티지가 느껴짐.
　　　풍미 강도는 medium(+)
　　　여운이 길어 → 잔당, 부드러운 효모 향이 은은, 마지막에 쌉싸름

　　　매우 좋은 와인이며, 지금 마실 수 있지만, 숙성 잠재력이 있음.
　　　→ 균형미, 복합미, 풍미 강도, 여운 모두 Very Good

　　⇒ 샤르도네 품종의 우아함과 산도, 넓은 범위의 과일 풍미를 느낄 수 있으며, 피노 누아
　　　품종의 구조감과 힘도 동시에 잘 느껴짐. 시간이 지나면서, 2~3차 향이 잘 올라오며,
　　　진한 풍미와 향신료 풍미가 복합적으로 다가옴.
　　　맛있게 즐겼지만, 앞으로 5년만 추가 숙성을 하고 시음한다면, 모든 면에서 지금보다
　　　더 훌륭한 테이스팅이 될 것 같음.

평점　4.6
가격　40만 원

평점　94
가격　30.9만 원

Tasting - 샴페인 잔에 따른 풍미 비교

지허(Zieher)　　　　리델(Riedel)　　　　슈피겔라우(Spiegelau)

| 지허 | 볼Bowl과 립Lip부분이 매우 넓어(지름 8cm, 5.6cm) 아로마를 느끼는 데 장점이 있고, 샴페인의 색이 더 진하게 느껴짐.
넓은 잔은 미세한 기포를 관찰하는 데 단점이 있지만, 빈티지 샴페인의 경우 눈보다는 향과 풍미로 즐기면 좋고, 이산화탄소가 위로 날아가는 속도(향 발현)도 분명히 느림. |
|---|---|
| 리델 비늄 | 볼과 립 부분이 조금 넓어(지름 6.2cm, 5cm) 아로마를 느끼거나, 미세한 기포를 관찰하는 데 무난한 편임.
이에 비해, 소믈리에 블랙타이(지름 6.8cm, 5.5cm)는 좀 더 부드러운 볼의 라인과 높이, 립 부분의 넓이를 가져 아로마와 기포를 좀 더 느낄 수 있고, 립의 두께나 블랙 디자인에서 장인의 수작업 공정을 한번 느껴 볼 수 있는 장점이 있음. |
| 슈피겔라우 살루트 | 볼과 립 부분이 가장 좁은데(지름 5.3cm, 4.1cm), 기포는 금세 올라오는 데 비해, 탄산이 과하게 올라왔다가 꺼지며, 아로마를 느끼기에 확실히 단점이 많음.
리델 비늄 잔으로도 충분히 기포를 관찰하는 데 문제가 없어, 평소에는 이 잔을 사용하지 않으며, 손님들이 방문했을 때, 샴페인 잔이 모자란 경우에만 사용함. |

[출처: 볼의 지름은 판매사의 홈페이지에서 제품 정보를 확인했으며, 립의 지름은 직접 측정함]

2. 페리에 주에, 벨 에포크
Perrier Jouet, Belle Epoque

🇫🇷 스파클링

원산지 프랑스 / 샤파뉴Champagne
와이너리 페리에 주에Perrier-Jouet
포도 품종 샤르도네 50%, 피노 누아 45%, 피노 뫼니에 5%

당도	●○○○○	산도	●●●●●
바디	●●●●○	타닌	●○○○○

2012 WE 95, D 94, WS 92
2008 WS 94, WE 93, JS 93
대한항공 퍼스트 클래스 샴페인

WINE ENTHUSIAST 2021 VINTAGE CHART

Region	Appellation/Type	2019	2018	2017	2016	2015	2014	2013	2012	2011	2010
Champagne		97	97	95	93	95	93	NV	98	90	90

2012년 샤파뉴 지역의 봄은 서리와 우박으로 큰 피해를 입었다. 매우 힘든 조건으로 시작했는데, 8월 더위와 화창한 9월을 맞이하면서 샤르도네 품종은 산도를 유지하면서 풍부함을 가지게 되었고, 피노 누아 품종은 완전히 익을 수가 있었던 해였다고 한다. 2012년은 수확량 조절을 통해 가장 위대한 해인 1996년, 2002년, 2008년에 버금가는 해를 맞이하였다.

와인 애드버킷도 96 T Still tannic, youthful, or slow to mature로 평가하고 있다.

와인 서처는 이 와인의 품질, 컨디션에 대해 아래와 같이 설명한다.

Vintage quality	Legendary
Current condition	Ready to drink, will keep
When to drink	2020 to 2040

2021/5 ('12)

Tasting Note (2012)

시각 선명도는 맑고, 색상은 연한 골드,
색의 강도는 medium
거품이 작고 섬세하며, 힘이 있음. 거품의 지속적이
우수함.

후각 상태는 깨끗, 후각의 강도는 medium
1차 향: 레몬, 청사과, 배, 복숭아
→ 시트러스~핵과류 계열 신선한 향, 갓 피어난 꽃, 젖은 돌
2차 향: 비스킷, 빵 반죽, 버터, 크림
3차 향: (-) → 꿀이 조금 느껴지나, 견과류, 캐러멜 등의 향은 아직임.
발전 단계는 숙성 중

미각 당도: dry, 산도: high, 바디: medium,
알코올: medium
풍미 강도는 medium
여운이 medium(+) → 처음보다 10초 후부터 오히려 은은하고 길게 느껴짐.

좋은 와인이며, 지금 마실 수 있지만, 숙성 잠재력이 있음.
→ 균형미, 복합미, 풍미 강도 Good , 여운은 Very Good

3시간 후

크림 향이 진함, 효모 향은 쌉쌀 → 피노 누아 품종의
단단한 구조감 느껴짐.

high 이상의 산도, 탄산이 시원하고 신선한 과일 풍미가
좋음.
→ 페리에 주에 전용 잔인 아네모네 글래스에서도 기포의
    지속성 좋음.
(잔이 넓어서 기포 관찰이 다소 어려움. 눈보다는 코 향을
위한 잔)

아카시아 같은 달달한 꽃과 꿀의 향과 풍미가 더 느껴짐.
→ 도자주 8g인데, 실제로는 당도가 더 높게 느껴짐.

⇒ 취향에 따라 3~10년 추가 숙성 후 시음한다면
    숙성 풍미가 충분히 발현되어 복합미가 훨씬
    좋아질 것 같음. 다소 아쉬운 테이스팅임.

평점 4.5   평점 94
가격 17.5만 원   가격 20.7만 원

빈티지 샴페인 비교 시음기

(2021.1.22. WSA 와인아카데미)

동호회나 모임 활동을 하고 있는 독자들 중 고급 빈티지 샴페인으로 구성된 비교 테이스팅을 해 본 경험이 있을 것이다. 사실 워낙 유명한 대형 샴페인들의 N/V는 와인 초보자나 중급자들이 느끼기에 크게 차이가 나지 않는 경우가 많다. 일률적인 향과 풍미, 3가지 품종을 1/3씩 혹은 40%:40%:20%의 비율로 블렌딩하는 경우가 대부분인데, 일부 고급 샴페인 하우스나 RM 하우스는 그들의 정체성에 따라 일부 품종의 비율을 확연히 높게 가져가는 경우가 있다.

많은 고급 샴페인 하우스가 포도 농사가 매우 좋았던 해에만 빈티지 샴페인을 출시한다. 이에 비해, M/V를 표방하는 크룩과 같은 하우스는 가장 정성을 다해 만드는 퀴베 샴페인에 10년~15년에 걸친 여러 빈티지 와인을 베이스로 하여 150여 개의 그랑 크뤼 리저브 와인을 블렌딩한 샴페인이다.

이는 마치 마법사라 할 수 있는 유명 셀러 마스터와 여러 조력자들의 손에서 만들어지고 있다. 그런데 각자의 지하 카브에 최소 3년에서 7~8년 이상 숙성된 후, 출고되며, 자신들만의 넘버링을 하여 베이스가 되는 와인의 빈티지에 대한 표시를 하고 있는 것도 매우 큰 특징이다.

빈티지 샴페인은 각 샴페인 하우스별로 추구하는 스타일의 결정판이자 최고급 포도로 만든 와인을 베이스로 하여 만든 샴페인이다. 그러다 보니, 특별히 포도 농사가 좋았던 해에만 출시한다. 특정 포도밭에서만 재배된 포도를 가지고 샴페인을 만드는 곳도 있고 계약된 여러 농가의 포도밭에서 재배된 포도로 만드는 경우도 있으며, 하우스별로 그 빈티지 출시 시기가 다른 경우도 많다. 가격대도 천차만별이므로 자존심 대결의 끝판왕이라 할 수 있다.

단순하게는 샤르도네 품종으로만 만들어진 블랑 드 블랑과 피노 누아 품종으로만 만든 블랑 드 누아, 피노 뮈니에로 만든 블랑 드 누아 중 자신만의 스타일을 정해 볼 수 있다. 이후에는 샤르도네 품종과 피노 누아 품종을 70%:30%, 혹은 반대로 블렌딩한 샴페인을 비교해 보면서 스타일을 느껴 볼 수도 있다. 마지막으로는 유명하다는 샴페인을 마셔보면서 자기만의 스타일을 정할 수도 있을 것이다.

또한, 하나의 샴페인 하우스에서 만든 각기 다른 빈티지를 비교해 보는 방법도 있다. WS, WA에서 매년 샹파뉴 지역의 빈티지를 평가하니 이를 참고하여, 왜 좋았는지도 느껴 볼 수도 있다. 또한, 많이 숙성된 것과 숙성이 이제 시작된 것도 경험해 보면 다소 아쉬운 부분에 대해서도 느껴 볼 수 있다. 때문에 위의 모든 방법 중 본인이 가능한 것은 반드시 해 보길 바란다.

빈티지 샴페인 비교 시음회에서 필자의 원픽은 테탕저Taittinger의 **콩트 드 샹파뉴 블랑 드 블랑 브뤼**Comtes de Champagne Blanc de Blancs Brut였다.

예전에도 여러 번 마셔 봤지만, 코트 드 블랑의 그랑 크뤼 포도밭에서만 재배된 포도를 가지고, 10년간이나 숙성 후 출시하는 이 샴페인은 특유의 산도와 미네랄이 엄청나고, 구수하면서도 부드럽고 고소한 효모 풍미의 빵 냄새와 아몬드, 은은한 꽃향기와 과일 향이 신선하면서도 고급 샴페인이 주는 묵직함과 길게 이어지는 여운을 가지고 있다.

2007 빈티지에 대한 평가는 JS 98, WE 97, RP 95, WS 93, D 92 등의 점수에서도 알 수 있듯이 품질이 매우 우수한 샴페인이다.

테탕저 스타일이 엔트리급 N/V 샴페인인 리저브 브뤼Reserve Brut부터 녹턴Nocturne, 고급 N/V 샴페인인 프렐뤼드Prelude 그랑 크뤼까지 샤르도네 품종의 비율이 40~50%로 높아 부드럽고 우아한 샴페인을 만드는 곳이니 다양한 라인업을 경험해 보자.

두 번째로 좋았던 샴페인은 **폴 로저**Pol Roger의 **퀴베 서 윈스턴 처칠**Cuvee Sir Winston Churchill이다. 시음한 2008 빈티지는 샹파뉴에서 그레이트 빈티지로 통하며, 이 샴페인에 대한 평가도 WE 100, RP 96, WS 96 등의 점수를 받은 매우 우수한 샴페인이다. 최근에 출시된 2012 빈티지나 이전 2009 빈티지 역시 WS 97, WE 97을 받는 등 기후 조건이 훌륭한 해에만 좋은 샴페인을 만들어 출시하고 있다.

 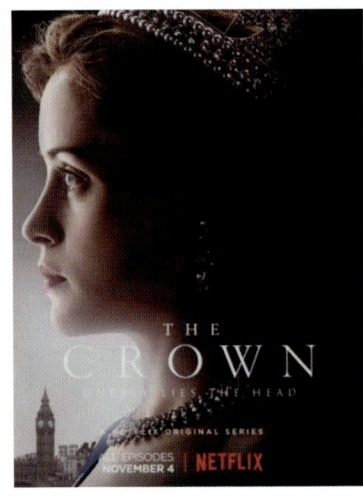

영국의 정치인이자 노벨 문학상 수상자인 샴페인 러버, 윈스턴 처칠은 평생 42,000병의 폴 로저 샴페인을 마셨다는 데도 91세까지 장수하였다.

그는 자신의 경주마 이름을 폴 로저라고 지을 정도로 샴페인을 좋아했다. 처칠이 사망한 후 10년 뒤인 1975년 폴 로저에서는 추모하는 의미로 퀴베 서 윈스턴 처칠을 탄생시켰는데, 블렌딩 비율이나 자세한 사항은 비공개로 알 수는 없으나, 그랑 크뤼 포도밭에서 재배된 포도가 기본일 것이고, 바디감이나 구조감 등을 감안하면 피노 누아 품종의 비율도 꽤 높을 것으로 생각된다. 섬세하고 풍부한 과일 향과 산도, 구수한 숙성 풍미 등을 감안하면 매우 좋은 샤르도네 품종도 상당 부분 블렌딩되었을 것이다.

그는 생전에 "My tastes are simple, I am easily satisfied with the best"와 "알코올을 통해서 잃은 것보다 얻은 것이 더 많다"고 얘기했다고 한다. 이 애주가의 한마디가 와인 러버들에게는 매우 인상적으로 들린다.

처칠에 관한 영화나 드라마에 관심이 있다면 영화 '다키스트 아워'나 드라마 넷플릭스의 '더 크라운'을 추천한다. '다키스트 아워'는 1940년 독일이 프랑스를 침공한 이후 영국 총리에 취임하면서부터의 이야기가 나오는 영화이고, '더 크라운'은 샴페인보다는 담배를 피우는 모습만 나오는 처칠의 마지막 생이 그려지며, 영국 왕실을 주제로 한 드라마이다.

세 번째로 좋았던 샴페인은 **돔 페리뇽**이었다.

역시 2008 빈티지였는데, 이에 대한 평가로는 JS 98, JD 98, WS 96, D 96, RP 96까지 거의 모든 평가 기관으로부터 높은 점수를 받았다. 평소, 이 샴페인이 가진 진한 골드 색과 진한 과일 향, 특유의 구수한 누룩이나 고소한 빵의 풍미를 내는 효모 향은 너무나도 매력적이다. 10년이 넘었음에도 부드럽고 섬세한 기포와 거품, 미네랄 풍미를 가득 담고 있으면서 높은 산도로 신선함을 느끼게 해준다. 그러면서도 마지막 여운에서 은은하고 길게 느껴지는 짭조름한 미네랄과 진한 과일의 캐릭터가 너무나 좋아서 최애 샴페인 중 하나라고 지칭하였던 샴페인이다. 어찌된 일인지 경쟁 상대들이 워낙 훌륭해서인지 이 날은 나에게 중간밖에 되질 않았다.

샴페인 하우스나 수입사에서 정확히 공지를 하고 있지는 않으나, 피노 누아 품종의 비율이 50~60%대로 높은 것으로 알려져 있다. 이 때문인지 묵직함과 쌉싸름한 뒷맛도 일품인데, 샤르도네 품종의 특징도 잘 담고 있어서 필자는 이 샴페인이 매우 좋다.

돔 페리뇽은 비싼 가격에도 불구하고 연간 생산량이 수백만 병 수준으로 워낙 많고 흔하다 보니 한편으로는 저평가를 받는 샴페인 중 하나라고 생각된다. 모바일 쿠폰을 잘 활용하면 제주 공항에서 N/V 샴페인 가격에 집어올 수 있는 제주 특산물 중 하나로 유명하다. 가끔은 코스트코 매장에 일제히 깔리는 샴페인이기도 하다. 《신의 물방울》에서는 2002 빈티지를 마신 후 "피겨스케이팅 금메달 리스트의 화려한 연기가 떠오르는 와인입니다."라고 극찬한 바 있다. 이 샴페인이 아마도 이날은 100% 샤르도네 품종의 샴페인이 가진 우아함과 처칠이 가진 힘에 잠깐 밀리지 않았나 싶기도 하고, 2008 그레이트 빈티지는 아직 마시기에는 너무나도 이른 감이 있어서 이 샴페인의 포텐셜이나 숙성 풍미 등을 필자가 제대로 느끼지 못한 부분도 있었던 것 같다.

생각보다 다소 실망했던 샴페인이 바로 **볼랭저 라 그랑 아네**Bollinger La Grande Année 2012 빈티지이다. 이 샴페인은 2020년 《와인 스펙테이터》 Top 100 중 10위로 점수는 가장 높은 97점을 받은 샴페인이다.

이 외에도 WE 96, RP 95, V 94의 좋은 평가를 받아서 사실 필자가 뭐라 하기에는 너무나도 훌륭한 샴페인이다.

필자는 평소 라 그랑 아네보다 저렴한 볼랭저의 엔트리급 N/V 샴페인 스페셜 퀴베 브뤼

Special Cuvee Brut를 좋아하는데, 피노 누아 품종의 비중이 높아 묵직한 구조감과 질감, 다양한 풍미를 느낄 수 있기 때문이다. 상위 등급인 빈티지 샴페인에 대한 기대치가 높았고, 빈티지 샴페인이 이에 미치지 못한 부분이라고 생각한다.

Great Year라는 뜻의 '그랑 아네'는 좋은 빈티지에만 만들어지는 고급 빈티지 샴페인으로, 영국 왕실에서 최초로 Royal 워런트를 받은 볼랭저의 대표 선수이다. 아마도 이날은 2012 빈티지에서 오는 아직은 너무나도 단단함을 뛰어넘는 딱딱한 느낌의 구조감과 진한 붉은 과일과 오크 풍미가 조금은 거슬렸던 것 같다. 효모의 풍미도 구수하기보다는 너무 쌉싸름하고 오크의 풍미가 좀 과하게 느껴졌던 것으로 노트에 기록되어 있다. 아마도 짧게는 4년 후에 마신다면, 좀 더 부드럽고 매우 균형감이 좋은 샴페인으로 되어 있을 것 같다.

볼랭저는 모든 샴페인에 늦게 수확하여 잘 익은 피노 누아 품종을 60% 이상 블렌딩하고 오크통 발효를 하여, 묵직한 바디감과 견고한 구조감을 기본으로 하는 하우스이다. 이 때문에 007 시리즈에서는 늘 단골 손님으로 약 40여 년간, 10여 편에서 주인공과 함께 출연했다. 볼랭저는 제임스 본드의 검은 턱시도나 권총 소음기 등을 형상화한 케이스와 함께, 고급 빈티지 샴페인을 리미티드 에디션 제품으로 꾸준히 출시하고 있다. 이후 유리 케이스가 위로 멋지게 열리는 2011 빈티지 에디션도 출시했다. 다니엘 크레이그Daniel Craig가 '007 카지노 로얄' 이후 15년간 제임스 본드 역할을 마무리하는 '007 노 타임 투 다이No Time to Die' 개봉 기념 한정판 에디션이 다시 한번 출시되니 케이스와 함께 구매해 보길 바란다.

이산화황

와인을 마시다 보면 이산화황Sulfur Dioxide 화학식으로는 SO_2로, 황과 산소의 화합물인데 황이 연소할 때 발생하는 기체이나 무수아황산이산화황의 다른 이름으로 식품의 보존 중 일어나는 갈변, 착색 등의 변화를 억제하기 위해 사용되는 보존제, 항산화제 성격의 기체 첨가물이라는 단어를 들어 봤을 것이다.

이산화황은 와인뿐만 아니라 우리가 접하는 많은 가공식품에 들어 있는 첨가물로 오랜 기간 사용되다 보니 식품별 적정 사용량이 정해져 있어 신체에는 크게 유해하지 않은 것으로 알려져 있다. 와인의 병입 시 각종 유해균이나 숙성에 필요 없는 효모 등의 활동을 멈추게 하고 번식을 막는 살균이나 색과 향의 보존을 위한 산화 방지 등의 긍정적인 역할을 한다.

이산화황을 매우 소량 사용할 경우 성분이 산화되어 없어지기 때문에, 긍정적인 효과를 거둘 수 있다. 문제는 이산화황이 병입 전부터 이미 과다하게 사용된다는 것이다. 최초 포도의 수확 시에 산도 유지를 위해 대량 살포되고, 발효 전에도 압착된 포도즙에 미생물의 영향을 막기 위해 사용되며, MLF 방지를 위해서도 사용되고, 와인의 숙성을 위한 오크통 제작 시에도 살균을 위해 사용되는 등 전 과정을 거치면 상당한 양의 이산화황이 쓰여진다.

이산화황은 우리 주변에 있는 많은 식품에 사용된다. 특히 말린 과일이나 프렌치 프라이, 냉동식품, 잼, 주스 농축액, 제빵 등 유독 달고 가공된 식품에 많이 사용되며 사용량도 많다. 말린 과일에도 일반 레드와인에 사용되는 양보다 20배 이상이 사용되는 것으로 알려져 있으니 와인 1병에 사용된 이산화황이 그리 위험해 보이지는 않는다.

보통 드라이한 와인 속의 당분 함량은 1L당 3g 이하이다. 샴페인이나 잔당이 좀 있는 리슬링과 같은 와인은 3~50g, 포트 와인이나 귀부 와인의 경우 150~200g까지 함유한다. 그렇다면 스위트한 와인일수록 자연스럽게 사용량이 높을 것이라 추측할 수 있다. 실제 포트 와인이나 귀부 와인, 드미 섹과 같은 샴페인의 당도가 수십 배씩 높은 것을 감안하면 말린 과일 못지않은 이산화황이 사용되었을 것이라 추측해 볼 수도 있어 자주 마시지 않는 것이 좋을 것 같다.

그래서 오가닉Organic이나 바이오 다이내믹Biodynamic과 같은 친환경 농법으로 포도를 재배 시 생산자에 따라서는 화학 비료나 제초제의 사용뿐만 아니라 이산화황의 사용을 배제하거나 좀 더 엄격한 사용량 수치 기준을 적용하고 있다. 내추럴Natural 와인을 만들 경우에는 위와 같은 친환경 농법으로 재배된 포도를 가지고 양조나 병입 시에도 이산화황을 최소한의 양만 허용하고 소량의 탄산을 남겨 이산화황을 대신하거나 자연 효모의 사용이나, 여과나 청징 등을 지향하며 와인을 만드는 추세이다. 프랑스의 부르고뉴나 루아르 지방, 이탈리아나 슬로베니아, 스페인 등에서는 이미 많은 유명 생산자들이 100%는 아니어도 많은 부분을 오가닉, 내추럴화하고 있다. 특별히 인증마크나 내추럴이라는 단어를 사용하지 않고 묵묵히 그들의 와인을 만들고 있어 포도밭의 지속 가능성을 높이는 데 집중하고 있다.

2021년 '내추럴 와인 마스터 클래스' 과정을 이수했는데 아직은 유럽이나 미국, 프랑스가 별도의 인증을 가지고 있으며, 명확하지 않은 기준도 매우 많고 필자 스스로도 테이스팅에 대한 경험이 많지 않아 이번에는 주제에서 제외했다. 다음 번에 기회가 된다면 마니아들에게는 매우 유명한 스템베르거Stemberger, 르크뤼 데 성스Recrue des Sens, 도멘 드 라 팡트Domaine de La Pinte와 같은 생산자들의 와인과 오가닉이나 내추럴을 내세우지는 않지만 이미 비슷한 경지에 올라 있는 부르고뉴의 유명 생산자들의 와인에 대한 비교 테이스팅 노트를 작성해 보고 싶다. 또한, 와인 양조 과정에서 청징제Fining agent 달걀 흰자, 카세인와 같은 동물성 제품을 사용하지 않는 비건 와인도 비교 테이스팅해 보고 싶다.

3. 샤토 디켐
Chateau d'Yquem

🇫🇷 스위트

원산지	프랑스 / 소테른Sauternes
와이너리	샤토 디켐Chateau d'Yquem
포도 품종	세미용, 소비뇽 블랑

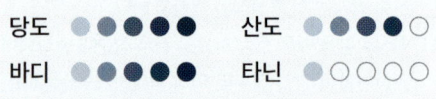

당도 ●●●●●   산도 ●●●●○
바디 ●●●●●   타닌 ●○○○○

2009 RP 100, WS 100, WE 100, JS 98
2001 RP 100, WS 10
1990 RP 98, WS 97

WINE ENTHUSIAST 2021 VINTAGE CHART

Region	Appellation/Type	2000	1999	1998	1997	1996	1995	1994	1993	1992	1991	1990
Bordeaux	Sauternes / Barsac	81	94	87	92	85	88	83	NR	NR	NR	96

1990년 소테른은 매우 덥고 건조한 여름 덕분에 포도의 당분이 집중될 수 있었으며, 8월에 내린 비로 보트리티스가 생겼다. 생산자에 따르면, 9/17~10/10에 수확하였는데, 균형과 힘을 지닌 놀랍고도 전형적인 그레이트 빈티지가 되었다고 한다. 위의 표에서도 알 수 있듯이 매우 높은 평가를 받고 있다.

와인 애드버킷도 보르도 소테른의 1990 빈티지에 대해 98 RReady to drink 로 평가하고 있어 이후 약 10년간 1991~2000년 사이에 낮은 점수와 주의하라는 평가와는 매우 상반되며, 최근 30년 내 가장 높은 평가 점수를 주고 있는 빈티지이다.

와인 서처는 이 와인의 품질, 컨디션, 시음 적기에 대해 아래와 같이 설명한다.

Vintage quality	Legendary
Current condition	Ready to drink
When to drink	2013 to 2044

2021/8 ('90)

Tasting Note
(1990)

시각   선명도는 맑고, 색상은 호박색, 색의 강도는 깊음.

후각   상태는 깨끗, 후각의 강도는 medium(+) 이상
         1차 향: 복숭아, 살구, 모과, 말린 과일, 미네랄 → 광물성 느낌 Good
         2차 향: 바닐라, 크리미~오크 풍미
         3차 향: 꿀, 견과류 → 1차 향이 강해, 아직 숙성 풍미가 강하게 느껴지지 않음.
         발전 단계는 완전히 숙성이라고 해야 될 텐데, 필자가 느끼기에는 여전히
         숙성 중 → 아직 너무 어려서 놀람. 숙성 풍미보다 과일 풍미가 생각보다 신선

미각   당도: sweet, 산도: medium(+) 이상, 바디: full, 알코올: high (white)
         풍미 강도는 medium(+) 이상~강렬
         여운이 매우 깊.

         매우 좋은, 뛰어난 와인이며, 지금 마실 수 있지만, 숙성 잠재력도 있음.
         → 균형미, 복합미, 풍미 강도, 여운 모두 Very Good

         ⇒ 10~20년을 더 기다린 후, 마신다면 훨씬 뛰어난 복합미와 숙성 풍미를 제대로
           느낄 수 있을 거라는 확신이 들 정도로 너무나도 뛰어난 산도와 신선함, 미네랄을
           가진 상태에서 바디감과 알코올을 풀바디하게 가지고 있다 보니 구조감이나
           균형감에 있어 단점을 잡아내기가 힘든 와인임.
         ↔ 그럼에도, 단맛을 싫어하는 분들은 딱 1잔만!!!
           이 와인은 그냥 단맛이 아닌 디켐이니까요!!!

평점   4.8
가격   41.1만 원

wine-searcher.com

평점   95
가격   65.2만 원

포트 와인
Port wine

포트 와인은 포르투갈 외의 다른 나라에서는 잘 알려지지 않은 이 지역만의 많은 토착 품종으로 만들어진 매력적인 와인이다. 이 와인은 상황에 따라서 마지막에 마시는 스위트 와인의 좋은 대안이 되기도 한다. 서양에서는 와인을 곁들여 식사를 한 이후에 마지막 디저트를 스위트 와인과 함께하지만 깔끔하게 커피나 코냑Cognac으로 마무리하는 경우도 많다. 그래서 몇 년 전에 한번 따라 해 봤더니, 매우 좋은 궁합이었다.

말 그대로 깔끔한데, 한 병 더 마시기에는 버겁고, 그만하자니 아쉽고, 이럴 때 정말이지 딱인데, 2~3차를 가서 꽐라가 되는 양주나 폭탄주가 아니라, 포도로 만든 와인을 증류해서 만든 코냑 1잔이 이렇게 깔끔할 줄이야. 이렇게 달달한 스위트 와인과 묵직한 양주, 깔끔함 이 3가지의 장점을 동시에 가진 와인이 바로 포르투갈에서 만들어지는 포트 와인이다. 묵직한 알코올과 충분한 당도, 캐러멜, 견과류, 오크 풍미 등 복합적인 숙성미가 있고 적절한 산도를 유지하는 포트 와인은 디저트와 함께하든 안주 없이 마지막 잔을 하든 풍미와 멋, 묵직함과 동시에 깔끔함을 선사하기 때문에 매우 좋은 선택이 될 것이다.

포트 와인에는 거의 30개의 포도 품종이 사용 가능하다. 대부분의 포도가 포르투갈의 토착 품종으로 이를 블렌딩해서 만드는데, 자세한 내역을 공개하지는 않고 생산자만이 그 비율을 비밀로 하고 전해 내려오고 있다. 수입사에서도 품종별 블렌딩 비율에 대해서는 구체적으로 알지 못한다. 일부 포도밭에서는 여러 품종을 같이 재배하다 보니 수확, 양조할 때 그 정확한 비율을 몰라서 와인 메이커조차도 정확한 비율을 알 수 없다고 한다.

블렌딩되는 주요 품종으로는 포르투갈의 대표 품종이자 단일 레드 품종으로도 주목받고 있는 장기 숙성용 품종을 들 수 있다. 이에는 진한 풍미와 탄닌, 바디, 여운을 가져 포트 와인의 구조감을 잡는 데 큰 역할을 하고 있는 토리가 나시오날Touriga Nacional과 색과 바디, 탄닌 등을 담당하는 토리가 프란카Touriga Franca와 틴타 바호카Tinta Barroca 품종이 있다. 스페인에서는 '템프라니요'라고 불리는 틴타 호리츠Tinta Roriz, 틴타 카오Tinta Cao, 틴타 아마렐라Tinta Amarela 등 적포도 품종도 있다. 주요 포도 산지는 덥고 건조한 대륙성 기후를 가진 내륙 지역으로 두에로스페인에서 포르투갈로 흐르는 강, 포르투갈에서는 도우로(Douro)강의 주변 경사진 지역에 위치하고 있다.

포트 와인은 1~2일에 걸친 짧은 발효 기간 도중에 77%의 알코올 함량을 가진 프랑스 브랜디 계열의 아구아르덴트Aguardente를 첨가하여 중간에 발효를 멈추기 때문에 높은 알코올과 바디감을 가진 반면, 높은 당분과 부드러움을 가진 스위트 와인이다. 발효 기간이 짧다 보니 좀 더 진한 색과 탄닌을 얻기 위해 과거에는 사람들이 줄을 지어 직접 통 안에서 포도를 밟기도 하였으나 현재는 기계나 자동 양조기 등을 활용하고 있다.

포트 와인은 과일 향의 가벼운 스타일을 가진 루비 포트Ruby Port와 오크에서 장기간 숙성을 한 토니 포트Tawny Port, 장기간 병 숙성을 요구하는 빈티지 포트Vintage Port로 크게 구분한다. 루비 포트는 오크 숙성 없이 출시되는 가벼운 와인으로 과일의 풍미가 강한 와인이며, 오크에서 숙성한 리저브 루비Reserve Ruby와 충분히 숙성 후 병입한 LBVLate Bottled Vintage도 있다. 토니 포트는 숙성 기간에 따라 최소 7년 오크 숙성한 리저브 토니Reserve Tawny, 8년 이상의 빈티지 토니Colheita Port (Vintage), 10년 이상의 장기 숙성 토니Tawny with Age 등이 있다.

빈티지 포트는 샴페인처럼 기후 조건이 좋은 해에만 생산하는 와인으로 제조사별로 상이하며 오크 숙성을 18개월 정도로 짧게 하고 이후 40~50년에 걸쳐 장기간 병 숙성을 하는 특징이 있다. 이번에 추가한 테이스팅 노트는 토니 포트 중에서도 20년 된 장기 숙성 토니 와인이다. 포트 와인은 사실, 영국인들이 만든 와인이라고도 할 수 있는데, 유명 생산자의 명칭만 해도 모두 영국식 이름이다.

다우Dow's는 200년 이상 포트 와인을 만든 전통을 가지고 있는 전 세계 포트 와인의 No. 1 생산자이다. 1600년대에 한 영국인이 포르투갈에 터전을 잡은 이후, 시밍턴 패밀리Symington Family라는 이 가문이 현재는 도우로 밸리에서 가장 좋은 포도밭을 가지고 있다. 그라함 포트Graham's Port는 두 형제가 운영하며 스코틀랜드 등 전 세계에 포트 와인을 수출하던 중에 1800년대에 시밍턴 패밀리가 인수하였다. 테일러Taylor's도 1600년대에 영국인이 설립한 회사로 400년의 역사를 가진 최고급 품질의 포트 와인 생산자이다.

3개사의 와인은 모두 국내에 수입되고 있으니 다양한 스타일로 경험해 보길 바란다.

이번 테이스팅 노트에 추가된 **다우의 20년 숙성 토니 포트**는 백화점에서 12만 원에 구매했다. 최근에는 국내에서 포트 와인에 대한 인기가 늘어나면서, 코스트코에서 대량으로 와인을 구매하여 풀면서 9만 9천원에 구매할 수 있게 되었다.

영국과 프랑스 간의 100년 전쟁을 얘기하면 앞서 '카베르네 소비뇽편'에서도 언급한 바와 같이 항상 보르도 지역의 와인이 회자된다. 17세기에도 보르도 지역의 와인 명성이 워낙 강하다 보니, 수백 년에 걸쳐 영국의 왕실과 귀족들이 최고의 소비자 중 하나였다. 1600년대 후반부터 양국 간 사이가 다시 벌어지면서 1679년에 영국이 프랑스 와인의 수입을 전면 금지시키면서, 프랑스에서 와인을 수입할 수 없게 되자 포르투갈이 대체 지역으로 부각되었다. 포르투갈과의 조약을 통해 관세를 낮게 부과하는 등의 혜택을 부여하며, 많은 양의 와인을 수입하는데, 이때 배에 실어 보내야 하기 때문에 도우로강 지역의 포도밭에서 만들어진 와인을 대서양 연안에 있는 아름다운 포르투Porto의 항구Oporto를 와인 수입의 첨병 기지로 키웠다. 강 건너에 위치한 빌라 노바 데 가이아Vila Nova de Gaia 지역은 습한 해양성 기후를 활용해 와인 숙성에 적합한 저장고의 역할을 하고 있다.

이후, 수입 과정에서 생기는 와인의 변질오랜 수송 기간이 원인을 막기 위해서 와인에 브랜디를 첨가하여 보존성을 높이게 되었는데, 이것이 현재 우리가 마시고 있는 20%에 가까운 알코올을 가진 포트 와인의 기원이다.

포트 와인과 함께 주정 강화 와인으로 가장 유명한 것이 스페인의 쉐리Sherry 와인이다. 쉐리 와인은 포트 와인과 달리 발효를 마친 후 알코올을 첨가하는 드라이한 와인이다. 물론, 스페인 헤레즈Jerez 지역에서 햇볕에 말린 페드로 시메네즈Pedro Ximenez 포도로 만든 와인은 달콤하고 아로마가 강한 시럽 같은 특징이 있다. 드라이한 쉐리 와인에 당분이 첨가되어 페일 크림Pale Cream이나, 크림 쉐리Cream Sherry 등의 명칭으로 영국에 수출되는 와인도 있지만, 그 외에는 대부분의 쉐리 와인은 청포도인 팔로미노Palomino를 가지고 드라이한 스타일로 만든다.

쉐리 와인은 오크 숙성 과정에서 플로르Flor층의 생성 여부에 따라 효모 풍미가 강한 피노 쉐리Fino Sherry와 산화적 풍미가 강한 올로로소 쉐리Oloroso Sherry로 구분된다. 피노 쉐리는 플로르가 와인의 산화를 방지해 주며 빵 반죽과 같은 효모 풍미를 주는 고급 와인이다. 올로로소 쉐리는 플로르 생성이 안 된 견과류 느낌의 산화적 캐릭터가 강하고 알코올이 17%로 강한 와인이다. 아몬티야도 쉐리Amontillado Sherry는 중간의 느낌으로 얇게 형성된 플로르층에 알코올을 강화하여 효모 풍미와 아몬드, 헤이즐넛 같은 산화 풍미를 동시에 얻을 수 있는 부드러운 와인이다.

국내에는 쉐리 와인이 많이 수입되지 않는다. 헤레즈 지역에서 만든 와인이 그나마 종류가 여러 가지가 있고, 올로로소 쉐리, 아몬티야도 쉐리, 크림 쉐리 등이 수입되는 것으로 조회가 된다.

Tasting - 편의점 간식

샤토 디켐과 같은 스위트 와인은 블루 치즈나 생크림 케이크와 함께 하면 매우 좋다. 달아서 비슷할 것 같지만 다소 위스키의 느낌과 적포도 품종의 특징이 고스란히 반영되어 있는 포트 와인의 페어링은 무엇과 어울릴까? 보통 초코 케이크나 티라미수, 초콜릿, 아이스크림, 견과류, 말린 과일, 프랑스의 대표 디저트 과자인 마카롱Macaron이나 커스터드Custard에 얇은 캐러멜을 덮어 만든 크림 브륄레Crème brûlée 등이 많이 추천된다.

《열두 달의 와인 레시피》는 포트 와인에 아망드 쇼콜라Amande Caramélisée au Chocolat를 추천한다. 카라멜과 초콜릿을 입혀 만든 아몬드는 와인과 함께 끊임없이 손이 가는 마력이 있고, 싱글 몰트 위스키와도 잘 어울린다고 설명하고 있다.
얼마전 빌리엔젤에서 사 온 고구마 케이크와 포트 와인을 함께한 적이 있는데, 매우 맛있었던 기억이 난다. 케이크의 크리미한 식감과 매우 달달한 맛에 와인이 함께 어우러져 어느 것 하나 부족함 없이 입 안에서 노래를 부르는 듯했다.
이번에는 디저트가 아닌 늦은 밤 혼술에는 어떤 안주가 가장 적합할지를 시험해 보고 싶었다. 가볍게 구할 수 있는 것으로만 하고 싶어 늦은 밤 집 앞 편의점에서 몇 가지를 사 왔다.

		(고구마 케이크 기준)
허쉬 프레첼	초코, 크리미함이 잘 어울림(O) 과자 부스러기가 입안에서 거슬림(X)	50점
크림 치즈 인절미	식감, 부드러움(O) 와인보다 덜 달아서 밀림(X)	50점
오레오 쿠키	부드럽게 녹는 코코아 가루와 설탕을 입힌 크림의 식감(O) 과자 부스러기, 프레첼보다는 덜 거슬림(△)	60점
고디바 초콜릿	최고로 맛있음. 당도의 수준이 비슷(O) 2~3개밖에 못 먹음(△)	70점
롤 케이크	식감이 부드럽고, 당도의 수준이 비슷(O) 고구마 케이크 대비, 모든 게 30% 부족(△)	70점

4. 다우, 20년 숙성 토니 포트
Dow's 20 Year Old Tawny Port

주정강화

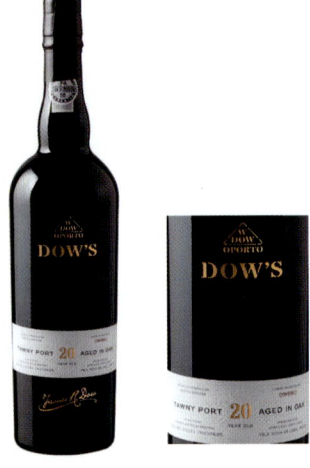

원산지	포르투갈 / 도우루 Douro
와이너리	다우 Dow's
포도 품종	토리가 나시오날, 토리가 프란카, 틴타 바호카, 틴타 호리츠 등 블렌딩

당도 ●●●●○ 산도 ●●●●○
바디 ●●●●○ 타닌 ●○○○○

D 94, WS 93, WE 91

WINE ENTHUSIAST 2021 VINTAGE CHART

Region	Appellation/Type	2004	2003	2002	2001	2000	1999	1998	1997	1996	1995
Port		90	96	87	92	85	88	83	NR	NR	96

2020년 5월에 병입한 이 와인은 20년간 숙성한 점을 고려할 때, 1999~2000년에 재배된 포도로 와인을 만들었을 것으로 예상할 수 있다. 그러나 포트 와인의 숙성은 정확히 그해에 생산된 것만 의미하지는 않고 통상 평균 수치를 가지고 얘기하기 때문에, 이 와인의 빈티지는 아마도 '98~'01이 될 수도 있고, '96~'03이 될 수도 있는데, 평균적으로 20년은 숙성이 되었다고 생각하면 된다.

1999년 겨울, 포르투갈의 와인 산지는 춥고 건조했으며, 2000년 봄은 비가 많이 내리고, 여름부터 건조한 기후를 보이며, 8월~9월 초까지 매우 더운 날씨가 이어지면서 포도가 매우 잘 익은 한 해가 되었다고 한다. 그리하여 2000년에 만들어진 와인은 매우 좋은 색과 풍미, 바디감을 가진다고 한다.

와인 애드버킷도 2000년 빈티지 포트에 대해 92 R Ready to drink로 평가하고 있으며, '98~'99, '01~'02년은 NT Not yet sufficiently tasted to rate로 평가하고 있어 포르투갈 포트 작황에 대해서는 WE와 비슷한 평가를 하고 있다.

2021/4 ('20/5 병입)

Tasting Note
[20년 숙성]

시각 선명도는 맑고, 색상은 갈색 → 테두리는 호박색
색의 강도는 깊고 진함.

후각 상태는 깨끗, 후각의 강도는 강렬함.
1차 향: 말린 자두, 건포도
2차 향: 삼나무, 버터 스카치, 정향, 육두구
　　　→ 오크, 부드러운 풍미와 살짝 화한 향신료 풍미가 은은하게 남.
3차 향: 캐러멜 Caramel, 토피 Toffee, 벌꿀 → 산화 캐릭터, 알코올 향 강함.
발전 단계는 완전히 숙성

미각 당도: sweet, 산도: medium, 바디: medium(+), 알코올: high
풍미 강도는 강렬
여운이 길어 → 약밥=꿀 풍미와 크리미함.

매우 좋은 와인이며, 지금 마시기 좋고 추가 숙성은 부적합하나 2~3년은 가능.
→ 균형미, 복합미, 풍미 강도, 여운 모두 Very Good

⇒ 3차 향이 특히 인상적이며, 전반적으로 복합미나 균형감 모두 좋고 강렬한 풍미에도 진한 과일 향과 적당한 산도로 인해 물리지 않고 맛있게 마실 수 있었음. 마지막에 길게 느끼는 약밥의 풍미가 절정을 느끼게 함.
스위트하면서도 깔끔한 향과 맛, 마지막 1잔으로 최고의 와인!

평점　4.2
가격　5.8만 원

평점　91
가격　7.1만 원

에필로그

"와인은 예술처럼 남에게 보여 주기 위해 모으는 것이 아니고, 누군가와 즐기기 위해 모으는 것이니까요"
"와인은 행복할 때 마시느냐, 행복해지고 싶을 때 마시느냐, 둘 중 하나잖아요?"
《신의 물방울》중

늦은 나이에 대학원 간다고, 그것도 비싼 MBA 간다고 했을 때 한 번도 부정적인 얘기를 안 하고 오히려 응원해 주었던 Wife, 비싼 와인 처음 살 때부터 지금까지 한 번도 뭐라 구박 안 했던 Wife

저녁 식사와 함께하는 와인은 당연한 줄 아는 우리 집 꼬맹이들
책 쓴다고 주말에 잘 놀아주지 못해서 미안해~~ JJ, Chloe 사랑해 ~

어릴 때부터 그리 술 먹고 다니더니 이젠 와인을 더 마신다고, 그것도 죽을 때까지 마실 거라고 저리 셀러를 채우고 있어 늘 걱정만 하시는 우리 엄마, 아버지

Ricky~ 몸 건강히, 군대 잘 다녀와라~

주위의 소중한 모든 분들과 함께 평생 이 와인을 즐기기 위해, 그리고 행복할 때나 행복해지고 싶을 때 늘 함께하고 싶습니다.

감사합니다! 모두 사랑합니다 ^^

2021.9.23

색인

ㄱ

가넷Garnet 177
가라지Garage 284
가르나차 Garnacha 332
가메Gamay 178
갈레Galet 342
갈리아Gallia 229
게뷔르츠트라미너Gewurztraminer 86
경성 치즈Hard cheese_가열 압착 치즈 243
고세Gosset 39
골번Goulburn 349
구츠바인Gutswein 80
굴참나무 32
귀부Noble Rot 80, 371
그라브 지역의 주요 마을 280
그랑 시에클Grand Siecle 42
그랑 크뤼Grand Cru 121, 182
그랜지Grange 347
그로Gros 패밀리 145, 185
그로세 게백스Grosse Gawachs 81
그로세 라게Grosse Lage 81
그뤼너 벨트리너Grüner Veltliner 372
그르나슈 블랑Grenache Blanc 342
그르나슈Grenache 328
글레라Glera 50
금주령(禁酒令) 291
기로팔레트Gyropalette 29

ㄴ

나이츠 밸리Knights Valley 132, 136
나파 밸리Napa Valley 132, 139
나파 밸리의 주요 와인 산지 287
나헤Nahe 84
남론 지역의 주요 마을 342
네고시앙 189
네비올로Nebbiolo 230, 242
네이베Neive 237
뉘 생 조르쥐Nuits St. Georges 181, 199
뉴사우스웨일즈New South Wales 87

ㄷ

당도에 따른 표시 명칭 39
도멘 로베르 쉐비롱Domaine Robert Chevillon 199, 214
도멘 앙토넹 기용Antonin Guyon 200, 216
도자주 제로Dosage Zero 40
도츠Deutz 30, 42, 60
독일 와인 등급 체계 79
돔 페리뇽Dom Perignon 27, 28, 391
두Doux 39
드미 섹Demi Sec 39
들라모트Delamotte 42
디캔팅Decanting 298

ㄹ

라 모라La Morra 235

405

라 스피네타 La Spinetta 240, 252, 254
라 크레마 La Crema 136, 191, 203, 222
라두아 Ladoix 124
라인가우 Rheingau 75, 83
라인헤센 Rheinhessen 83
라펠 밸리 Rapel Valley 294
람브루스코 Lambrusco 33
랑게 Langhe 235
랑그독 루시옹 Languedoc Roussillon 272
랭스 대성당 38
러더포드 Rutherford 287
러시안 리버 밸리 Russian River Valley 191, 203, 207
런던국제와인거래소 리벡스 Liv-ex 185
레거시 에디션 Legacy Edition 29
레지오날 Regional 120
로랑 페리에 Laurent Perrier 39, 41, 58
로스 카네로스 Los Carneros 136, 191
로제 샴페인 33, 41
로제 와인 33, 341
로케 델라눈치아타 Rocche dell'Annunziata 236
로케 디 카스틸리오네 Rocche di Castiglione 236
루 뒤몽 Lou Dumont 177, 197, 210, 371
루르 살루스 Lur Saluces 381
루비 포트 Ruby Port 397
루산느 Roussanne 340
루이 로드레 Louis Roederer 27, 192
뤼나르 Ruinart 38, 45, 68

르 프티 무통 드 무통 로칠드 Le Petit Mouton de Mouton Rothschild 323
르네 로스탕 Rene Rostaing 351, 358
르뮈어 Remueurs 29
르윈 에스테이트 Leeuwin Estate 138, 148, 168
리델 Riedel 53, 98, 153, 208, 209
리락 Lirac 343, 345
리무 Limoux 24
리베라 델 두에로 Ribera del Duero 47
리부르네 지역의 주요 마을 283
리스트락 메독 Listrac-Medoc 276, 277
리슬링 Riesling 74
리아스 바이사스 Rias Baixas 47, 372
리오하 Rioja 16, 47
리저브 루비 Reserve Ruby 397
리저브 토니 Reserve Tawny 397
리저브 Reserve 와인 26
리제르바 Riserva 234

ㅁ

마가렛 리버 Margaret River 88, 138, 147, 270, 292
마고 Margaux 270, 274, 278
마담 드 퐁파두르 Madame de Pompadour 35, 40
마르산느 Marsanne 340, 343
마리아주 Mariage 150, 375
마세라시옹 Maceration 174
마야카마스 Mayacamas 136, 191

마이크 그르기치Mike Grgich 144
마이포 밸리Maipo Valley 294
마카베오Macabeo 47
마콩Macon 115
막사네Marsannay 181
말벡Malbec 207, 270, 283
말보로Marlborough 195, 207
맥라렌 베일McLaren Vale 88, 346, 348
멈Mumm 38
메독 지역의 주요 마을 및 특징 277
멘도사Mendoza 354
모레 생드니Morey-St-Denis 181
모스카토 다스티Moscato d'Asti 234
모엣 에 샹동Moet et Chandon 39
모작Mouzac 24
모젤Mosel 74, 81, 82, 92
몽라셰Montrachet 114
몽타뉴 드 랭스Montagne de Reims 38
몽포르테 달바Monforte d'Alba 235
뫼르소Meursault 124
무르베드르Mourvèdre 362
뮈스카Muscat 86
뮈즐레Muselet 30
뮐러 투르가우Müller-Thurgau 84
뮬리Moulis 277
미셸 마니앙Michel Magnien 198, 212
미셸 롤랑Michel Rolland 301

미스트랄Mistral 337
밀레짐Millesime 37

ㅂ

바로사 밸리BarossaValley 88, 334, 347
바롤로Barolo 370
바르바레스코Barbaresco 230
바리크Barrique 235
바빌론 유수Babylonian Captivity 342
바이오 다이내믹Biodynamic 농법 174
바이오메탄Biogas 241
바인굿 로버트 바일Weingut Robert Weil 92, 100
바토나지Batonnage_저어주기 118
발레 드 라 마른Vallee de la Marne 39
발타사 레스 92, 93, 102
발효 115, 174
백년 전쟁 279
백악질Chalk 토양 44
버건디 189
베네딕트 수도회Benedict congregation 174
베를린Berlin 테이스팅 293
베카 평원 330
벵당쥐 타르디브Vendange Tardive 85
보르도 vs 나파 밸리 비교 시음기 322
보르도 메독 1~5 등급 와인 리스트 274
보르도 메독 지역의 등급 체계 274
보르도 블렌딩Bordeaux blending 272

407

보트리티스 시네레아 Botrytis Cinerea 80, 281
본 로마네 Vosne-Romanee 181, 185
볼랭저 Bollinger 39, 392
뵈브 클리코 Veuve Clicqot 29
뵈프 부르기뇽 boeuf bourguignon 302
부르고뉴 등급 체계 121
부샤 페레 피스 Bouchard Pere & Fils 44
부조 Vougeot 174, 181
부케 Bouquet 54, 91, 124
북론 지역의 주요 마을 338
브루나테 Brunate 236
브루넬로 디 몬탈치노 Brunello di Montalcino 230, 234, 263
브뤼 나투르 Brut Nature 39
브뤼 Brut 39
비렌아우스리제 Beerenauslese 79, 80
비비노 Vivino 9
비우라 Viura 47
빅토리아 Victoria 87
빈티지 샴페인 268, 370, 375
빈티지 샴페인 비교 시음기 388
빈티지 차트 286
빈티지 포트 Vintage Port 397
빌라 노바 데 가이아 Vila Nova de Gaia 398
빌카르 살몽 Bilecart-Salmon 30

ㅅ

사브라주 Sabrage 43
사시카이아 Sassicaia 233, 260
사우스오스트레일리아 South Australia 292, 346, 347
산타 리타 힐스 Santa Rita Hills 136
산타 마리아 밸리 Santa Maria Valley 136, 192, 204
살롱 Salon 38, 42
살리나스 Salinas 136
상세르 Sancerre 15, 91
생 조셉 Saint Joseph 337, 339
생 줄리앙 Saint Julien 275, 277
생 토방 Saint Aubin 123
생 페레 Saint Peray 337
생 호망 Saint Romain 123
생소 Cinsault 343
생테밀레옹 마을의 등급 체계 284
생테밀레옹 St-Emilion 283
생-테스테프 Saint-Estephe 277
샤르도네 Chardonnay 24, 42, 45
샤르마 Charmat 방식 47
샤블리 등급 체계 128
샤샤뉴 몽라셰 Chassagne-Montrachet 126
샤츠호프베르거 Scharzhofberger 82
샤토 그리에 Chateau-Grillet 337, 339
샤토 글로리아 Chateau Gloria 276, 316
샤토 네프 뒤 파프 Chateauneuf-du-Pape 328, 342, 344
샤토 다르마이약 Chateau d'Armaihac 275, 299, 310
샤토 디켐 Chateau d'Yquem 280, 379, 394
샤토 몬텔레나 Chateau Montelena 133, 134, 141, 158

샤토 발란드로 Chateau Valandraud 284
샤토 생 미셸 Chateau Ste. Michelle 90, 94, 110, 290
샤토 슈발 블랑 Chateau Cheval Blanc 284
샤토 스미스 오 라피트 Chateau Smith Haut Lafitte 281, 301, 320
샤토 오 브리옹 267, 290, 323
샤토 칼롱 세귀르 Chateau Calon Segur 275, 299, 312
샤토 퐁테 카네 Chateau Pontet Canet 276, 300, 318
샴페인 앙리오 Champagne Henriot 43, 64
샴페인 제조 방법 25
샴페인 포도 품종 24, 25
샴페인이 되기 위한 기본 조건 23
샹볼 뮈지니 Chambolle-Musigny 181, 183, 198
샹파뉴 주요 지역 38
샹파뉴 포도원 등급 체계 36
샹파뉴 Champagne 23
세니에 Saignee 33
세라룽가 달바 Serralunga d'Alba 236, 239, 258
세미용 Semillon 88
세인트 헬레나 288
세컨드 와인 282
섹 Sec 39
센트럴 밸리 Central Valley 294
셀러 마스터 Chef de Cave (셰프 드 카브) 27
셀렉시옹 드 그랑 노블 Selection de Grains Nobles 85
소노마 카운티 135
소노마 코스트 Sonoma Coast 136, 191
소테른 Sauternes 281, 378

솔레라 시스템 Solera system 45
수직 방향 트레이닝 VSP_Vertical Shoot Positioning 273
쉐리 Sherry 와인 398
슈패트리제 Spätlese 79
슈퍼 투스칸 Super Tuscan 228
슈페트부르군더 Spätburgunder 83
슐로스 요하니스베르크 Schloss Johannisberg 83
스월링 Swirling 4
스위트 와인 88, 371
스택스 립 와인셀라 Stag's Leap Wine Cellara 288, 289, 297
스택스 립 디스트릭트 Stags Leap District 297
스파클링 와인 22, 40, 46, 47
스푸만테 Spumante 48
슬랜더 Slander 202
슬로베니안 오크 캐스크 237
시라 Syrah 328
시토회 Cistercian 83
실버 오크 와이너리 Silver Oak Winery 324
싱글 빈야드 Single Vinyard 132

ㅇ

아구아르덴트 Aguardente 397
아네모네 Anemone 377
아로마 Aroma 54
아르곤 Argonne 39, 237
아르곤 오크 배럴퓌 드 셴 Fut de chene d'Argonne 45
아르누보 Art Nouveau 377

아르반Arbane 25
아마로네Amarone 230
아몬티야도 쉐리Amontillado Sherry 398
아비뇽 유수 342
아스티Asti 47, 234
아우스리제Auslese 80
아이렌Airen 118
아이스바인Eiswein 80
아콩카구아Aconcagua 294
아틀라스 피크Atlas Peak 287, 325
아페리티프Aperitif 22
안드레 첼리체프Andre Tchelistcheff 144
안젤로 가야Angelo Gaja 236
알렉산더 밸리Alexander Valley 136
알록스 코르통Aloxe-Corton 124, 188, 200
알마비바Almaviva 294
알바로 팔라시오스Alvaro Palacios 47
알바리뇨Albarino 47
알자스 74, 84
알자스 와인 등급 체계 85
알타이르Altair 298, 308
앙리 자이에Henri Jayer 175
앙리 지로Henri Giraud 39, 44, 66
애들레이드 힐스Adelaide Hills 88, 346
앤더슨 밸리Anderson Valley 192, 218
야라 밸리Yarra Valley 138, 193
엉 프리뫼르En Primeur 271

엉트르-두-메르Entre-Deux-Mers 281
에덴 밸리Eden Valley 15, 89, 106, 346
에르미타주Hermitage 337, 360
에르스트 라게Erste Lage 81
에밀리아 로마냐Emilia Romagna 33
에페르네Epernay 38
엑스트라 브뤼Extra Brut 39
엑스트라 섹Extra Sec 39
엠리치 쇤레버Emrich Schoenleber 93, 104
오 봉 클리마Au Bon Climat 204, 224
오르츠바인Ortswein 80
오린 스위프트Orin Swift 202, 220
오세 듀레스Auxey Duresses 123
오스트레일리아 주요 와인 산지 87
오에노트리아Oenotria 230
오크 237
오크 놀Oak Knoll District 287
오크빌Oakville 287
올로로소 쉐리Oloroso Sherry 398
올리비에 르플레브Olivier Leflaive 127, 140, 145, 154, 156
와인 서처wine-searcher 9
와인 인수지애스트Wine Enthusiast, WE 8
와인병 31
와인잔은 어떤 것이 좋을까 209
요하니스베르크성Schloss Johannisberg 79
욘트빌Yountville 288
우코 밸리Uco Valley 354

울라지Ullage 315

웨스턴오스트레일리아Western Australia 88

위대한 와인 335

윌라멧 밸리Willamette Valley 189

윌리엄 페브르William Fevre 129, 130, 147, 166

유산 발효MLF_Malolactic Fermentation 115

이 기갈E. Guigal 338, 360

이산화황 393

이탈리아 와인 등급 체계 234

이회암Marl 122

인시그니아Insigniga 323

ㅈ

자렐로Xarello 47

자페라노Zafferano 209

잘토Zalto 99, 153, 209

장기 숙성 토니Tawny with Age 397

잰시스 로빈슨Jancis Robinson 41

저온 침용(콜드 마세라시옹 Cold Maceration) 174

전채 요리Appetizer(애피타이저) 23

젝트Sekt 47

주필레스 숲Jupilles forest 197

죽은 효모 찌꺼기Lee 28

지허Zieher 99, 153, 208, 304, 384

ㅊ

찰스 하이직Charles Heidsieck 43, 62

청징제Fining agent 393

체레퀴오Cerequio 236

ㅋ

카델 보스코Ca'del Bosco 46, 70

카바Cava 22, 47

카베네 소비뇽Cabernet Sauvignon 266

카베네 프랑Cabernet Franc 266

카비넷Kabinett 79

카스틸리오네 팔레토Castiglione Falletto 235

카오르Cahor 270, 355

카탈루냐Cataluna 47

카파야테Capayate 354

칸타로스Kantharos 53

캄브리아기Cambrian period 349

캐비어Caviar 49

캘리포니아주 북쪽 해안가 및 소노마 카운티 주요 와인 산지 135

캡Cap 30

케스케이드Cascade 290

코르나스Cornas 337, 341

코르크Cork 30, 32

코르통Corton 123, 187

코뮈날Communal 120

코카르Coquard 25

코트 데 바Côte des Bar 39

코트 데 블랑Côte des Blancs 38

코트 도르Cote d'Or 120

코트 뒤 론Côtes du Rhône 336

코트 드 뉘 주요 마을 및 특징 181

코트 드 본 122

코트 드 세잔Côte de Sézanne 39

코트 로티Côte Rôtie 337, 358

코트 브륀Cote Brune 338

코트 블론드Cote Bronde 338

코트 샬로네즈Cotes de Châlonnaise 115, 120, 188

콜드 마세라시옹Cold Maceration 174

콜롬비아 밸리Columbia Valley 90, 290

콜차구아Colchagua 294

콩드리유Condrieu 337, 339

쿠나와라Coonawarra 270, 292

퀴베Cuvee 26

크레망 드 루아르Cremant de Loire 40

크레망 드 부르고뉴Cremant de Bourgogne 40

크레망 드 알자스Cremant de Alsace 40

크레망Cremant 40

크로 파랑투Cros Parantoux 10, 185

크로즈 에르미타주Crozes Hermitage 337, 341

크뤼 부르주아Cru Bourgeois 276

크발리테츠바인Qualitätswein 78

클라랑스 드 오 브리옹Le Clarence de Haut Brion 282, 323

클레멘스 5세Clemens V 342

클레어 밸리Clare Valley 88, 346

클로 데 파프Clos des Papes 344, 362

클로 뒤 메닐Clos du Mesnil 38

클로 드 부조Clos de Vougeot 174, 184

클로 아팔타Clos Apalta 268

클리마 174, 184, 188

키메리지안Kimmeridgian 토양 128

ㅌ

타르Tar 231

타벨Tavel 343, 345

타유Taille 26

태즈메이니아Tasmania 138, 194

테탕저Taittinger 38, 389

템프라니요Tempranillo 47

토니 포트Tawny Port 397

토리가 나시오날Touriga Nacional 396, 400

토리가 프란카Touriga Franca 396

토카이 헤갈랴Tokaj Hegyalja 378

투 핸즈 와인즈Two Hands Wines 347, 364

트라피체, 이스카이Trapiche, Iscay 366

트랜스코카서스Transcaucasus 229

트랜스퍼Transfer 방식 47

트레이소Treiso 237

트로켄비렌아우스리제Trokenbeerenauslese 80

트림바크Trimbach 85, 108

티냐넬로Tignanello 260, 263, 293

틴타 바호카Tinta Barroca 396

틴타 호리츠Tinta Roriz 397

ㅍ

파 니엔테 Far Niente 133, 288
파레야다 Parellada 47
파리의 심판 30주년 기념 시음회 결과 289
파리의 심판 Judgment of Paris 133
파이퍼 하이직 Piper Heidsieck, 레어 Rare 376, 382
팔로미노 Palomino 398
펀치 다운 Punch down 200
페네데스 Penedes 47
페드로 시메네즈 Pedro Ximenez 398
페르낭 베르젤레스 Pernand Vergelesses 124
페리에 주에 Perrier-Jouet, 벨 에포크 Belle Epoque 376, 377, 386
페샤-레오냥 Pessac-Leognan 274, 280, 301, 320
페어링 Pairing 23, 49
페일 크림 Pale Cream, 크림 쉐리 Cream Sherry 398
페트롤 Petroleum_석유 향 75, 76
페트롤 TDN 디하이드로나프탈렌 91
펜폴즈 Penfolds 347
포마르 Pommard 마을과 볼네 Volnay 마을 187
포므롤 Pomerol 261, 283
포므리 Pommery 38
포이약 Pauillac 277
포트 와인 371, 373, 374, 381, 396
포틀랜디안 점토 Portlandian Clay 128
폰타나프레다 Fontanafredda 228, 241, 258
폴 로저 Pol Roger 390
폴 자불레 애네 Paul Jaboulet Aine 340

푸이 퓌메 Pouilly-Fumé 91
푸톤-푸토뇨스 Putton-Puttonyos 379
푸피트리 Pupitre 29, 38
퓔리니 몽라셰 Puligny-Montrachet 115, 121, 125, 127, 134
프란치아코르타 Franciacorta 46, 232
프래티카츠바인 Prädikaswein 78
프레스티지 퀴베 Prestige Cuvee 38
프렌치 패러독스 French Paradox 190
프로세코 Procecco 22, 47, 50
프리미에 크뤼 슈페르외르 Premier Cru Superieur 281
프리미에 크뤼 Premier Cru (1er Cru) 120, 122, 166, 173
프리오랏 Priorat 47
프티 메슬리 Petite Meslier 25
프티 베르도 Petit Verdot 270
프티 시라 Petite Sirah 270
플라제 에세조 Flagey-Echèzeaux 186
플로르 Flor 층 398
플루트 Flute 52
플루트 Flute 잔 52
피노 그리 Pinot Gris 25, 86
피노 누아 Pinot Noir 24, 40, 58, 172
피노 뫼니에 Pinot Meunier 24
피노 블랑 Pinot Blanc 25
피노 쉐리 Fino Sherry 398
피안 델레 비네 Pian Delle Vigne 263
피에몬테 Piemonte 33
피에스 Piece 238

피오 체사레 Pio Cesare 228, 239, 246, 248, 250
픽상 Fixin 181
필록세라 Phylloxera 88, 180, 293
핑거 레이크 Finger Lakes 90

LIP Label Integrity Program 87
M/V Multi Vintage 37, 388
NM Negociant Manipulant 37
PDO Protected Designation of Origin 78

ㅎ

헌터 밸리 Hunter Valley 88
헤레즈 Jerez 398
헨쉬퀴 Henschke 86, 106
화이트와인 시음 결과 134
효모 찌꺼기 Lee 28, 118
히스코트 Heathcote 349

숫자

1차 발효 23, 26
1차 향 54
2차 발효 23, 25
2차 향 55
3차 향 55

영문

AOC Appellation d'Orgine Controlee 36
AOC Appellation d'Origine Controlee 78
AOP Protegee 78
Barolo & Barbaresco Communes 235
Degorgement(데고르주망) 26
Disgorgement(디스고지먼트) 26
DOCG Denominazione di Origine Controllata e Garantita 46
Dosage(도사주) 26
DRC Domaine De La Romanee-Conti 125, 185
G.G Grosse Gawächs 81
GSM Grenache-Syrah-Mourvèdre 328, 332
IGP 78, 233, 314
LBV Late Bottled Vintage 397

참고 문헌 및 사이트

- 《고급 와인》. 와타나베 준코. 그린쿡. 2021.
- 《더미Dummies를 위한 와인 푸드 페어링》. 존 사보John Szabo. 시그마북스. 2018.
- 《만화로 배우는 와인의 역사》. 브누아 시마Benoist Simmat, 다니엘 카사나브Daniel Casanave. 한빛비즈. 2019.
- 《삶에는 와인이 필요하다》. 정하봉. 아르테. 2018.
- 《역사와 와인》. 최훈. 자원평가연구원. 2015.
- 《열두 달의 와인 레시피》. 류예리. 보틀프레스. 2019.
- 《와인 바이블Wine Bible 35주년 스페셜 에디션》. 케빈 즈랠리Kevin Zraly. 한스미디어. 2022.
- 《와인 인문학 산책》. 장홍. 글항아리. 2020.
- 《와인 폴리 매그넘 에디션Wine Folly Magnum Edition》. 매들린 퍼켓Madeline Puckette, 저스틴 해맥Justin Hammack. 영진닷컴. 2020.
- 《와인과 외교》. 니시카와 메구미. 지상사. 2007.
- 《와인은 어렵지 않아》. 오펠리 네만Ophelie Neiman. 그린쿡. 2019.
- 《와인을 위한 낱말 에세이》. 소믈리에인 제라르 마종Gerard Margeon. 펜연필독약. 2017.
- 《와인이 있는 100가지 장면》. 엄정선, 배두환. 포틀프레스. 2021.
- 《월드 아틀라스 와인The World Atlas of Wine 8TH Edition》. 휴 존슨Hugh Johnson & 잰시스 로빈슨Jancis Robinson. 그린쿡. 2020.
- 《인문학으로 맛보다. 와인 치즈 빵》. 이수정. 팬앤펜. 2020.
- 《진짜 프랑스는 시골에 있다》. 문정훈. 상상출판. 2021.
- 《프랑스 와인 수업》. 스기야마 아스카. 한스미디어. 2021.
- 《프랑스 와인 여행》. 엄정선, 배두환. 꿈의 지도. 2021.
- 나무위키(https://namu.wiki)
- 와인폴리(https://winefolly.com) > Learn > Grapes & Varieties, Wine Region Guides
- Guide des Appellations des vins de Bourgogne_Bourgognes
- https://pixabay.com

좋은 와인, 맛있는 와인 제대로 즐기기

와인의 ◆ 맛 (스페셜 에디션)

Romanee 24 지음
2022년 11월 1일 스페셜 에디션판 발행

펴낸이	김종욱
교정·교열	조은영
디자인	정나영 (@warmbooks_)
마케팅	백인영, 송이솔
영 업	김진태, 이예지
주 소	경기도 파주시 회동길 325-22 세화빌딩
신고번호	제 382-2010-000016호
대표전화	032-326-5036
구입문의	032-326-5036 / 010-6471-2550 / 070-8749-3550
팩스번호	031-360-6376
전자우편	mimunsa@naver.com
ISBN	979-11-87812-33-3 (13590)

ⓒ Romanee 24, 2022

*이 책은 저작권법에 의해 보호되는 저작물이므로
 무단 전재, 복제는 법으로 금지되어 있습니다.